大展好書　好書大展
品嘗好書　冠群可期

易學智慧10

易學與儒學

任俊華／著

大展出版社有限公司

前言

兩千五百多年前，人類的文明史進入了樞軸時代（Axial Age）。存在主義哲學家卡爾·雅斯貝爾斯在《歷史的根源與目標》中斷定，只有中國、中東及印度三處有樞軸時代的文化，而中國出現樞軸時代文化的標誌就是孔子儒家學派——儒學的誕生。因此，不了解儒學也就不了解中國文化。

儒學曾通過孔子「三千弟子、七十二賢人」的辛勤耕耘而成爲中國歷史上的「顯學」。儒學的經典爲《詩》、《書》、《禮》、《樂》、《易》、《春秋》「六經」，其中《易經》對儒學的發展起了其它五經無法比擬的巨大作用。

以《易經》爲文本的易學，其發展史遠遠早於儒學。《漢書·藝文志》說：「易道深矣，人更三聖，世歷三古。」謂易學在儒學之前已經經歷了伏羲爲代表的上古易、周文王爲代表的中古易，而到孔子時代已是近古易了。

易學與儒學之所以能夠結合，其本質就在於有一種承續以「易道」爲代表的中華民族傳統理念精神的巨大推動力的存在。從孔子發現易道的「自強不息」和「厚德載物」思想開始，中國歷史上出現了一批又一批以承續易道爲己任的「聖賢之儒」人物，名炳史冊，光彩照人。

本書介紹了這些「聖賢之儒」弘揚易道的精神和深邃的易學思想，是從易學的角度觀察分析他們的儒學思想的一種新嘗試。

易學與儒學，是眞正可以稱得上「博大精深」的學問，幾千年來研習者無以數計，有史可查的著述之多，用「浩如煙海」來形容實不過分。因此，以筆者微薄之學力和凡人之軀體，實不敢奢望能夠「皓首窮經」，把易學與儒學的許多問題都弄清楚。既不能「窮經」，就只好先把一個階段的研習所得呈獻出來，以求教於讀者方家。

要探討「易學與儒學」，首先必須明瞭二者的關係。二者是怎麼樣的關係呢？這是本書一開篇就要解決的一大難題。不把二者的關係定好位，對這個問題的深入研究就很難。透過比較，可以發現二者存在這樣的關係：第一，儒學是借易學立論的學派。易學充實了儒學，完善了儒家的思想體系。第二，易學是靠儒學弘揚的學科。儒學弘揚了易學，使卜筮之書的《易經》成了無所不包的理論巨著。這兩層關係透過易學與儒學固有的學理內涵和「聖賢之儒」思想的詮釋，可以全面反映出來。

確立了二者的關係，接下來就要對兩千五百多年來在易學上有造詣的儒學人物進行學理剖析。這談何容易！首先是人物衆多，即便是那些可稱之爲碩儒、鴻儒、大儒的人物也有不少，像滿天璀璨的星斗，著實數也數不清。

其次是歸類困難，把握不好就寫成了易學史或儒學史，展現不出應有的特色來。怎麼辦呢？只有採取重點或典型分析法。重點當然應定在先秦，孔、孟、荀三大儒都是

「善爲《易》者」，由先秦儒學文獻和易學文獻的研究揭示他們的易學思想。因爲先秦儒學與易學的發展爲後世儒學各派奠定了基石，所謂萬變不離其宗，尋其源頭是必要的。突出重點還要根據歷史上出現的極具影響的思潮來分析。

漢儒董仲舒提出「罷黜百家，獨尊儒術」而使儒學有了政治地位，推動了漢儒經學的發展。這一時期漢儒易學也空前地繁榮，焦贛、京房易學和揚雄易學的別具風味，使儒學與易學在政治上熠熠生輝。宋儒在內憂外患的鞭策下，積極推行儒學復興運動，導致了新儒學——理學（Neo-Confucian）的出現，理學家「皆以《易》立論」，使得理學與易學更是難捨難分。至此理學成爲官學統治中國達七八百年之久，直到清王朝崩潰，理學的影響還餘煙未盡。明清之際王夫之集儒家易學之大成，在以史解《易》上頗有特色，而近代有「最後一個理學家」之稱的曾國藩，將易學作爲每天的必修課，在實踐儒家易學上也達到了同時代人難以達到的高度。

歷史進入現代，又出現了「現代新儒學」（Contemporary New—Confucian）中心開啓性人物熊十力，他的易學與儒學思想影響著當代新儒學（包括港臺和國外新儒學）的發展方向，因此，也有必要闡述。這樣，總算互貫古今儒林，能大致展現易學與儒學的理論建構風采了。

當然，這裡只是粗線條的展示，至於更爲全面、深入的全方位研究只有留在以後的進一步努力了。

「問渠哪得清如許，爲有源頭活水來」，易學是中國文化的重要源頭，只有把握了易學眞諦，才能眞正體悟儒學的精髓。願這塊粗糙的磚能引出更加奪目的美玉來。

開物無爲自成務　内聖由來是外王

——讀任俊華著《再塑民族之魂——易學與儒學》

清華大學思想文化研究所教授　廖名春博士

綜觀中國思想史，大凡有建樹的思想家都認眞研究過易學，因爲易學是華夏文明的源頭。我們今天經常提及的「自強不息」和「厚德載物」兩大中華民族精神，就是儒家易學首先闡揚的光輝思想。近讀當代新易家任俊華博士的著作《再塑民族之魂——易學與儒學》再一次感受到中華民族精神的燦爛光輝，頗多感慨，由此想談一談任著的三大特點，並向讀書界作些推薦。

第一個特點是，立意高遠，可謂是一部「再塑民族之魂」的用心良苦之作。儒家易學號稱是内聖外王之學，是中國古代的「帝王之學」，其立學目的是通過闡發儒家的形上哲理，開出修身治世的藥方。任著繼承了儒家積極向上的經世觀，從弘揚儒家易學提出的「自強不息」和「厚德載物」之民族精神入手，探索近二千年來這兩大民族精神不斷發展和昇華的歷史軌跡，爲復興中華民族、重建禮義之邦尋求一條「再塑民族之魂」的文化新路，這就跳出了傳統學術僅僅爲學術服務的小圈子，具有了更廣闊的理論視野。全書體現出來的強烈的民族責任感和時代使命感，讀之確實能動人心弦，引起共鳴。

第二個特點，是新意頗多，可謂是一部富有創意的學術專著。全書共十三章，近三十萬字，從儒家易學創始人孔子一直寫到現代新儒家的中心開啓性人物熊十力，是一部較爲完備的簡明儒家易學思想史專著。由於該書作者是當代新易家代表人物之一，所以這本書闡發了當代新易家的一系列重要思想，突出的如重新確認以易學爲代表的中華人文傳統的現代價值和理念精神，發揚易學文化彌綸天人、貫通時空的終極關懷品性等等。在闡述這些新思想時，提出了一些富有創意的觀點，例如對易學與儒學二者關係的界定，提出了「儒學是借易學立論的學派」和「易學是靠邊儒學弘揚的學科」的觀點。又如「仁」是儒家的核心思想，該書深入考察了「仁」與「易」的關係，獨具匠心地提出了「仁既是易的派生物，又是對易的範疇的拓廣」的觀點。此外，該書還深刻地揭示出《論語》、《孟子》、《荀子》、《大學》、《中庸》、《禮運》等典籍中的易學思想，新意疊出，不勝枚舉。更爲難能可貴的是，該書還實事求是地糾正了易學研究史上的一些錯誤或者證據不足的結論，如著名歷史學家白壽彝先生認爲「《易圖》九幅非《周易本義》原有」，任著指出得出該結論的證據是不充分的，並作了嚴肅認眞的分析，由此可窺見作者不一味迷信學術權威的嚴謹學風。

第三個特點是，深入淺出，可謂是一部熔學術性與可讀性於一爐的雅俗共賞之作。

易學歷來號稱「高深玄妙」，許多讀過易學著作的人都往往容易產生一種丈八金剛摸不著頭腦之感。確實易學著作跟一般人文學科著作相較不容易寫好，更不容易讀懂。而該書作者積十餘年易學研究之功力，又深受近代湖湘文化「考據、義理、辭章、經濟」（曾國藩言）四位一體樸實文風的影響，既講究論述之嚴謹（考據）、立意之高遠（義理）、文筆之典雅（辭章），更追求能經民濟世（經濟），爲普通文化人所能讀懂和接受，所以全書能做到深入淺出，祇要有中等文化程度的讀者就可以閱讀。這樣就起到了改造公民道德素質，再塑民族之魂的良好作用。

記得古代的一位帝王在讀完程朱理學的創始人程頤的易學著作時曾經寫下過這樣的詩句：「卜筮書違秦火殃，大程平正傳言常。周張朱介三賢卓，凶悔吝中一吉當。開物無爲自成務，仰陰有道在扶陽。幽明通以性命順，內聖由來是外王。」我在讀任俊華該著作時亦有古人之同感，「開物無爲自成務，內聖由來是外王」——這不也正是對任著的最佳概括麼?!但願這種開物成務、內聖外王的「再塑民族之魂」工程不僅僅祇是任著的個人「象牙塔設計」，而能在全國上下「以德治國」春風的沐浴下，爲廣大讀者所接受，開出更加璀璨奪目的精神文明的建設之花。

（原載《湖南大學學報（社會科學版）》二〇〇二年第三期封三）

目錄

第三章 孔子的學《易》之道

第十章　理學與易學

第十一章　王夫之的以史解《易》

第一章　易學與儒學的關係概述

《易》是儒家的經典之一。《莊子‧天運篇》記孔子走訪老子說：「丘治《詩》、《書》、《禮》、《樂》、《易》、《春秋》六經，自以為久矣，熟知其故矣。以奸者七十二君，論先王之道而明周召之跡，一君無所鉤用。甚矣夫，人之難說也，道之難明邪？」

莊子記事，往往荒誕不經。孔子是否訪問過老子，從來就是一樁疑案，而孔子治六經出自莊子之口，同樣不無可疑之處。縱覽《論語》全文，孔子僅在兩處提到《易》，一處是引《恆》卦九三爻辭立論，一處則是對自己學《易》太遲的追悔。孔子說：「加我數年（《史記》作「假我數年」），五十而學《易》，可以無大過矣。」（《論語‧述而》）參照《史記》「孔子晚而喜《易》」的記載，說明孔子是人到暮年才注意易學的，因為錯過了學習、研究易學的機會，才有「假我數年，五十而學《易》」的追悔和感嘆。這就說明《易》並不是儒家一開始就明確了的經典，像《詩》、《書》、《禮》、《樂》一樣，易學被拉入儒學，進而充實、發展儒學，有著一個漫長的過程。這個過程自孔子開始，至《易傳》出現趨於成熟，到西漢定儒學為一尊成高潮。易學在充實發展儒學的過程中也不斷得到發展充實，最後昇華為一部無所不包的理論巨著，而這個昇華主要是靠後起儒家托孔子所作的《易傳》完成的。因此，儒學與易學在發展過程中有著明顯的互動互補的關係。

一、儒學是借易學立論的學派

從儒學的角度看，儒學利用了易學，借易學完善了自己的思想體系。後世儒家更是引《易》立論，體現易學精華的《周易》成了儒家的首要經典。這個儒學與易學相結合的過程，也就是儒家思想發展完善的過程。

儒學在先秦稱顯學。《韓非子．顯學第五十》：「世之顯學，儒、墨也。儒之所至，孔丘也。墨之所至，墨翟也。」根據《韓非子》的記載，儒家尚孝，墨家尚儉，但都稱道堯舜，而且都稱自己是真堯舜。因為堯舜早在三千年之前，其事跡已無可考，且又是過時的故事，所以韓非稱儒、墨是「愚誣之學」、「雜反之行」。韓非把儒家的仁義說比作巫祝的祝詞。韓非說：「今巫祝之祝人曰：『使若千秋萬歲。』千秋萬歲之聲聒耳，而一日之壽無徵於人，此人所以簡巫祝也。今世儒者之說人主，不善今之所以為治，而語已治之功；不審官法之事，不察奸邪之情，而皆道上古之傳譽、先王之成功。儒者飾辭曰：『聽吾言，則可以霸王。』此說者之巫祝，有度之主不受也。」（《韓非

子・顯學第五十》）

韓非是法家，提倡法治，不講仁義，也不講民心背向，更不法先王，一切從是否有利於現實出發，言詞不免有些偏激，但也說明先秦的儒家主要是從傳說中的堯舜之治遊說諸侯，所謂「祖述堯舜，憲章文武」，鼓吹效法先王。至於自己，並沒有多少高深的理論，而且也不注重理論。根據儒家主要經典之一的《禮記・儒行》記載，當時的儒者們十分注意自己的儀容、志趣、作風、性格、氣度、事業、責任以及交友、助人等方面，於理論則閉口未談，於學習也僅有「儒有博學而不窮」一句。而於其他方面卻闡述得深刻精當。如表明儒者志趣的「備豫」條說：「儒有居處齊難，其坐起恭敬，言必先信，行必中正，道途不爭險易之利，冬夏不爭陰陽之和，愛其死以有待也，養其身以有為也，其備豫有如此者。」儒者平時刻苦持敬，言信行果，方便讓給別人，困難留給自己，關鍵時刻挺身而出，毫不吝嗇自己的生命，一種十足的儒俠風度。

儒者們愛護他人，但也十分尊重自己。《儒行》的「剛毅」條說：「儒有可親而不可劫也，可近而不可迫也，可殺而不可辱也。其居處不淫，其飲食不溽，其過失可微辨而不可面數也，其剛毅有如此者。」儒者不僅是可殺而不可辱，就是自己有了過失，也只能「微辨」而不可當面數落，可見其自尊。

儒者的自尊不是單純面子觀念的表現，而是建立在自己嚴於自立的基礎上的。《禮記・儒行》在「自立」條中說：「儒有忠信以為甲冑，禮義以為干櫓，戴仁而行，抱義而處，雖有暴政，不更其所，其自立有如此者。」人能戴仁而行，抱義而處，自然應該受到人們的尊敬，得到社會承認，即便有些過失，應當「微辨」而不可面數，也就在情理之中了。

據上所述，先秦儒家注重的是自己的修養、抱負，以及對社會承擔的責任，而不注重理論的探討。

說儒家不注重理論的探討，並不排除他們的刻苦學習。《論語》的開篇就說：「子曰：學而時習之，不亦說乎？有朋自遠方來，不亦樂乎？人不知而不慍，不亦君子乎？」接連闡述了學習中三種不同境界的快樂。孔子不僅提倡刻苦學習，而且提倡深入思考。他說：「學而不思則罔，思而不學則殆。」（《論語・為政》）不僅提倡思考，而且提倡考證。他說：「殷因於夏禮，所損益可知也；周因於殷禮，所損益可知也。其或繼周者，雖百世可知也。」（《論語・為政》）

孔子雖然提倡學習，但學習的內容只限於《詩》、《書》、《禮》、《樂》。《論語・述而》記載說：「子所雅言，《詩》、《書》、執禮，皆雅言也。」孔子自己說：「興於《詩》，立於《禮》，成於《樂》。」（《論語・泰伯》）他教育自己的兒子也只強調學《詩》、學《禮》，說不學詩無以言，不學禮無以立（見《論語・季氏》）。

孔子提倡學習，其目的在於通過學習以加強自己的修養。孔子把儒劃分為兩大類，一類是能學以致用，不斷加深自己修養的「君子儒」，一類是剽學某些詞句而與自己思想無涉的「小人儒」（見《論語・雍也》）。

孔子教學生雖然也設有德行、言語、政事、文學等科（見《論語・先進》），但第一位的是修養，也就是德行，其他都是次要的。他公開要求自己的學生說：「弟子入則孝，出則悌，謹而信，泛愛眾，而親仁。行有餘力，則以學文。」（《論語・學而》）孔子一生最為得意的學生是德行最好的顏回，孔子贊揚顏回說：「賢哉，回也！一簞食，一瓢飲，在陋巷，人不堪其憂，回也不改其樂。賢哉，回也！」（《論語・雍也》）顏回成天在人不堪其憂的陋巷幹什麼呢？主要是進行自我修養的鍛鍊。孔子在回答哀公的提問說：「有顏回者好學，不遷怒，不貳過，不幸短命死矣，今也則亡，未聞好學者也。」（《論語・雍也》）

孔子因為側重思想修養，講求實際，所以對宇宙生成、生來死去之類不加留意。《論語・先進》記載說：「季路問事鬼神。子曰：未能事人，焉能事鬼。敢問死。曰：未知生，焉知死。」雖然如此，但晚年對《易》表現出了濃厚的興趣。司馬遷作《史記》，於《孔子世家》篇說：「孔子晚而喜《易》，序《彖》、《繫》、《象》、《說卦》、《文言》。讀《易》韋編三絕。曰：『假我數年，若是，我於《易》則彬彬矣。』」司馬遷這段話雖然自相矛盾，但說孔子老而好《易》是確實的。馬王堆漢墓出土帛書《要》就明確記載道：「夫子老而好《易》，居則在席，行則在囊。」孔子自己也說：「加（假）我數年，五十以學《易》，可以無大過矣。」（《論語・述而》）孔子自己說的和上面引文的有關內容是完全吻合的。孔子其時已到暮年，才發現《易》的重要，所以感嘆說：如果能夠再給我一些時間，回到五十歲的年齡段，認真鑽研易學，就可以沒有大過了（按司馬遷的說法則是「於《易》則彬彬矣」）。但既有「假我數年」的感嘆，說明他識事太遲，動手太慢，於易學研究不深，因而追悔，成了終生憾事。如果像司馬遷說的，孔子晚年喜《易》，並序《彖》、《繫》、《象》、《說卦》、《文言》諸篇，則已經彬彬然了，又何嘆之有？所以，單憑孔子自己說的這段話，以及司馬遷《史記》的記載分析，孔子絕不可能親自作《彖》、《繫》等易傳。《易傳》是後儒發揮孔子思想而托孔子之名。

孔子雖然沒有親自寫過《易傳》，自己也深以對易學研究不夠為憾，但不等於完全沒有注意，《論語・子路》章記載孔子的言論說：「南人有言曰：『人而無恆，不可以作巫醫。』善夫！不恆其德，或承之羞。」「不恆其德，或承之羞」，是《周易・恆卦》九三爻辭，只是沒有點出「易曰」罷了，這說明孔子已經開始引《易》立論。

孔子因為開了引《易》立論的先例，所以六經有了《易》的名目。但因為是晚來好《易》，對《易》缺乏深入的研究，而且也未像《詩》、《書》、《禮》一樣將《易》列入教學的日課，所以在孔子時代《易》並未拉入儒家的理論體系，儒家的思想還只限於「祖述堯舜，憲章文武」。因此，儒家在先秦也只是與墨家並列的「顯學」。

儒學由先秦的顯學一躍而成為漢代獨尊的官方學術，一則得力於董仲舒的宣傳和漢武帝的決斷，二則得力於自身在理論上的充實和發展。理論充實、發展的主要標誌就是《易傳》（司馬遷提到的「《彖》、《繫》、《象》、《說卦》、《文言》諸篇」）的流傳以及引《易》立論風氣的興起，而引《易》立論又是和《易傳》的出現與流傳分不開的（《易傳》諸篇的出現有早有晚，但作為「十翼」整體的《易傳》的最後形成當在戰國末年、秦漢之際），因為《易傳》將卜筮之書的《易》提升到了統括一切的理論高度，在為後人開闢廣闊思路的同時提供了權威性的論據，董仲舒對儒學的宣傳就是借《易》立論的。

董仲舒在最後一次策對中說：「臣聞天者群物之祖也，故徧覆包函而無所殊，建日月風雨以和之，經陰陽寒暑以成之。故聖人法天而立道，亦溥愛而亡私，布德施仁以厚之，設誼立禮以導之。」董仲舒的這段話，除了摻入他自己一些天人合一思想外，其他全來自《易傳・繫辭》。董仲舒也直接引《易》立論，他的著名的「罷黜百家，獨尊儒術」的建議就是直接引《易》立論的。他說：「《易》曰：『負且乘，致寇至。』乘車者君子之位也，負擔者小人之事也，此言居君子之位而為庶人之行者，其患禍必至也。……《春秋》大一統者，天地之常經，古今之通誼也。今師異道，人異論，百家殊方，指意不同，是以上無以持一統，法制數變，下不知所守。臣愚以為諸不在六藝之科、孔子之術者，皆絕其道，勿使並進，邪辟之說滅息，然後統紀可一而法度可明，民知所從

矣。」（轉引自《資治通鑒》卷十七）

《易傳》的出現說明《易》學被拉入了儒學的思想範疇，從而大大充實和完善了儒家的思想理論，而引《易》立論風氣的興起，說明了儒家對《易》學思想運用的普及和深入。這種普及和深入在漢代達到了高潮，《漢書・藝文志》引《易》對諸家評論就是一個突出的例子。《藝文志》在《書》九家後引《易傳》總結說：「《易》曰：『河出圖，洛出書，聖人則之。』故《書》之所起遠矣。」

於《禮》十三家後引《易傳》總結說：「《易》曰：『有夫婦父子君臣上下，禮義有所錯（措）。』而帝王質文，世有損益，至周曲為之防，事為之制，故曰『禮經三百，威儀三千』。」

於《樂》六家後引《易傳》作結說：「《易》曰：『先王作樂崇德，殷薦之上帝，以享祖考。』故自黃帝至三代，樂各有名。」

於小說十家後引《易傳》作結說：「《易》曰『上古結繩以治，後世聖人易之以書契，百官以察，蓋取諸《夬》』……古者入小學，故《周官》保氏掌養國子，教之六書。」

於諸子百八十九家總括中引《易傳》立論說：「《易》曰：『天下同歸而殊途，一致而百慮。』今異家者各推所長，窮知究慮，以明其指。雖有蔽短，合其要歸，補六經之支與流裔。使其人遭明王聖主，得其所折中，皆股肱之材也。」

儒家引《易》是從引經開始的，這點孔子已經作出了榜樣。從整個發展歷程來看，有著一個由經到傳，由意義上引到全文徵引的過程。上面引用《漢書》的大量材料，反映了後漢人的思想風氣（因為《漢書》是後漢人的著作），其時已將《易傳》與《易經》相提並論，直接稱《易傳》為《易》，這與西漢似有區別。西漢人引《易》多引《易經》原文，引《傳》則多為意引，即使引用原文，一般不標出「《易》曰」字樣，這在被稱為「兼儒墨、合名法」的《淮南子》一書中反映得十分明顯。以《淮南子·繆稱訓》為例，該篇引《易》立論共七處，其中引《經》原文五處，引《傳》原文一處，意引《易傳》一處。徵引《易經》明顯多於《易傳》。如第一五三頁（見《諸子集成》第七冊《淮南子》，中華書局一九五四年版，下同），為了說明上下一心的力量，引《周易·同人》卦辭說：「故《易》曰：『同人於野，利涉大川。』」第一五六頁，為了說明上下脫節、「動於上不應於下」的危險，引《周易·乾卦》上九爻辭說：「故《易》曰：『亢龍有悔。』」第一五七頁，為了說明「動而有益，則損隨之」的事物發展向反面轉化的道理，引《易傳·序卦》說：「剝之不可遂盡也，故受之以復。」（與《序卦》原文「物不可以終盡剝，窮上反下，故受之以復」略有出入）徵引《易傳》原文雖然僅此一處，但並未說明是經是傳，都冠之以「易」，可知在西漢時期已有了經、傳不分的苗頭。但也有引《易傳》不稱「《易》曰」的，如第一六五頁說：「君子不謂小善不足為也而捨之，小善積而為大善；不謂小不善為無傷也而為之，小不善積而為大不善。」這與《易傳・繫辭》「善不積不足以成名，惡不積不足以滅身。小人以小善為無益，而弗為也；以小惡為無傷，而弗去也。故惡積而不可掩，罪大而不可解」基本上是一致的。這說明當時經、傳不分僅是苗頭，而並未成為風氣。

當然，《淮南子》並非儒家經典，我們引用這些材料，旨在說明漢初人引《易》的習慣。只是《淮南子》既屬雜家，其引《易》的步伐與正統儒家不一定同步。但正統儒家又有正統儒家的特點。以早於《淮南子》而又是儒家主要經典之一的《禮記》為例，其立論大量徵引《詩》、《書》，《易》主要意引《易傳》，而很少直接引用《易經》原文，似有把《易》拉入自己體系的意圖。如《禮運》、《樂記》、《緇衣》諸篇，僅引《易經》原文一處，而明顯意引《易傳》五處。其中除《禮運》的大同思想是《易傳・乾卦彖辭》的間接發揮，論史與《易傳・繫辭》大體相似外，其他或者將《易傳》原文組合，或者按《易傳》路數套用。如《樂記》：「天尊地卑，君臣定矣；卑高以陳，貴賤位矣；動靜有常，小大殊矣；方以類聚，物以群分，則性命不同矣。在天成象，在地成形，如此，則禮者天地之別也。」這段論「禮」產生的文字，除了「君臣定矣」是《易傳・繫辭》「乾坤定矣」的套用，「小大殊矣」是「剛柔斷矣」的套用，「則性命不同矣」是「吉凶生矣」的修改、「禮者天地之別也」是「變化見矣」的另立外，其他是《繫辭》開篇第一段的原文照抄。《樂記》又緊接上文論「樂」的起源說：「地氣上齊，天氣下降，陰陽相摩，天地相蕩，鼓之以雷霆，奮之以風雨……」整段文章除了開頭結尾根據需要略有增添，以及用詞略有改動外，其骨幹部分基本上是《繫辭》「剛柔相摩，八卦相蕩；鼓之以雷霆，潤之以風雨」的照錄。至於套用《易傳》路數，《禮運篇》關於「禮」的本源的說明，就是一例。《禮運》說：「是故夫禮，必本於大一，分而為天地，轉而為陰陽，變而為四時……」其思想和文章結構全是套用《易傳・繫辭》「是故易有太極，是生兩儀。兩儀生四象，四象生八卦」一段。這個例子還說明了另外一個問題：《禮記》的作者企圖說明「禮」與「樂」的產生與宇宙生成同步，這與《易傳》，特別與《易傳・繫辭》的思想完全一致，《樂記》的幾處例子亦是如此。這說明《禮記》產生的時代大體也是《易傳》主體形成的時代。而《易傳》的形成，宣告了儒家理論系統化，特別是宇宙生成論的正式確立。

在《禮記》中還有雖不引用《經》、《傳》原文，卻通篇發揮易學思想的篇章，最見儒學與易學的關係，被朱熹編入《四書》的《大學》、《中庸》便是其例，我們後面將專門論述。

二、易學是靠儒學弘揚的學科

易學之所以能成為易學，成為有著龐大體系乃至無所不包的學科，其能量並非它本身所固有，而是儒家注入、弘揚的結果。儒學在借易學充實發展自己理論的同時，極大地擴展了「易」的內涵，乃至完全改變了它本來的面貌。

《周易》本是卜筮之書，而「易」更是一個難以解說的概念。《禮記・祭義》：「昔者聖人建陰陽天地之情，立以為易。易抱龜南面，天子卷冕北面，雖有明知之心，必進斷其志焉。示不敢專，以尊天地；善則稱人，過則稱己，教不伐，以尊賢也。」據此說法，則「易」是當年聖人為了尊天而設立的、用活人充當的偶像，但又是一種特殊的、有具體活動並具有無上權威的偶像。坐朝時「易抱龜南面，天子卷冕北面」，公然與天子分庭抗禮。斷事時天子即使有了明確的意見，也不敢自專，「必進斷其志」，最後由「易」通過龜卜來決定。可知這裡的「易」是當時官名，他的職責是通過龜卜最後決定一個國家、一個部落的行事，但既是「抱龜南面」，用的是龜卜，似又與後世成書的《易》關係不大。其實這「抱龜南面」的「易」就是後來的「太卜」，是人而不是書。《周禮・春官》：「太卜主三兆、三易、三夢之占。」「三易」即《連山》、《歸藏》、《周易》，這裡的「易」才是書。可知是先有「易」之事，而後有「易」之官，最後才有《易》之為書。但無論是事是官是書，都離不開占卜，它們的區別在於：就書而言，卦爻是《易》的全部，而事與官指的是用卦爻占卜的人和操作，甚至是沒有卦爻的操作。我們今天所說的易學應該是以卦爻為基本內容、以文字為載體的《易》，而不是泛指一切占卜活動的「易」。

儒家對《易》的擴充也是經過了一個漫長過程的，這個過程簡單說來就是由《易》

原本的單純占卜到超出占卜的過程，也就是由原本的吉凶決斷到事理分析的預言，到具有普遍意義的理論指導的過程。儒者們的充實是從事理分析開始的。這個過程從《左傳》一書可以看出《左傳‧莊公二十二年》有如下一段記載——

陳厲公，蔡出也，故蔡人殺五父而立之。生敬仲。其少也，周史有以《周易》見陳侯者，陳侯使筮之，遇《觀》之《否》，曰：「是謂『觀國之光，利用賓於王』。此其代陳有國乎！不在此，其在異國；非此其身，在其子孫。光，遠而自他有耀者也。坤，土也。巽，風也。乾，天也。風為天於土上，山也。有山之材，而照之以天光，於是乎居土上，故曰『觀國之光，利用賓於王』。庭實旅百，奉之以玉帛，天地之美具焉，故曰『利用賓於王』。猶有觀焉，故曰其在後乎！風行而著於土，故曰其在異國乎！若在異國，必姜姓也。姜，大岳之後也，山岳則配天。物莫能兩大，陳衰，此其昌乎！」及陳之初亡也，陳桓子始大於齊。其後亡也，成子得政。

這是在典籍中最早出現的卦例。這段托名周史的著名解說肯定不是當時卜者的原話，而是後出儒者加工的結果。破解分兩個部分，一是根據《觀》卦六四爻辭（「遇《觀》之《否》」是變卦，而《觀》卦變《否》卦是因為《觀》卦的第四爻由陰變陽。故第四爻稱之變爻。凡是變卦，破解得以變爻爻辭為依據）。二是根據卦象，而主要是六四爻辭。周史根據「國」字，肯定孩子將來一定能繼承厲公為一國之君的事業；根據

「光」字，肯定孩子將來作國君不在自己的陳國，而在遙遠的異國；根據「觀」字又肯定作國君的不是孩子本身，而是他的子孫，因為觀有旁觀等待之意。

這段破解就解卦來說是十分高明的，推斷大膽而有根據，解說有自己的邏輯，結論自然，有相當的說服力，比之單純的吉凶可否的決斷，已經大大提高，也決非一般「抱龜南面」的卜者所能做到的了。《左傳》記載的卦例，卜卦解卦的都是「史」，而不是「卜」，說明占卜這個職業已由簡單的卜疑向事理分析方面發展，儒者就在這個當兒開始向《易》注入新的內容，周史的解析就是一個典型的例子。

周史的解析儘管深刻周到，但畢竟還是事理分析，只限於就卦解卦的預言，構不成有普遍指導意義的理論，一〇九年之後，卜穆姜幽居東宮，其破解情況就大不一樣了。

《左傳·襄公九年》記載——

夏，穆姜薨於東宮。始，往而筮之，遇《艮》之八，史曰：「是謂《艮》之《隨》。隨，其出也，君必速出。」姜曰：「亡。是於《周易》曰：『隨，元亨利貞，無咎。』元，體之長也；亨，嘉之會也；利，義之和也；貞，事之幹也。體仁足以長人，嘉德足以合禮，利物足以和義，貞固足以幹事。然，故不可誣也，是以雖隨無咎。今我婦人，而與於亂。固在下位，而有不仁，不可謂元；不靖國家，不可謂亨；作而害身，不可謂利；棄位而姣，不可謂貞。有四德者，隨而無咎。我皆無之，豈隨也哉？我則取惡，能無咎乎！必死於此，弗得出矣。」

這是一段大倒敘的文字，先寫穆姜死於東宮，然後寫當初被囚禁東宮卜卦的情況。穆姜是魯襄公的母親，在魯國的「三桓」爭鬥中堅決支持叔孫僑如，幾次逼著兒子襄公去掉季孫、孟孫氏，叔孫僑如也積極拉攏晉國，以為外援。後來爭鬥失敗，被囚禁東宮。就在押送她入東宮的那天，有人為她占了一卦，「遇《艮》之八」。《艮》卦卦體為䷳，艮下艮上。《艮》為山，山乃不動之物，今一山壓著一山，聯繫她眼前囚禁的事實，定然是永無出頭之日了。好心的史官怕穆姜傷心，按《周易》的成卦原則重新解釋，說不是《艮》卦，而應該是《隨》卦。《隨》者隨也，有跟著走的意思。於是史官安慰她說：「隨其出也，君必速出。」這穆姜倒有自知之明，她根據《隨》卦卦辭「元亨利貞，無咎」，作了上面的分析。穆姜解元亨利貞並不是就某卦某爻某事解的，先給元亨利貞確定界說，再加引伸歸納，於是「元亨利貞」成了總括仁義禮智、嘉善貞和諸德的概念，而且是外延極大，乃至無法具體限定的概念，有著普遍指導的意義，因而也就形成了理論。後來《易傳．文言》解釋《乾》卦卦辭元亨利貞，全文採用。

這段話是否出自穆姜之口，那是另外一個問題，我們從中看到的是它開始了易學由具體卦爻破解到理論化的質的飛躍。《周易》也就因此昇華了。

當然，《易》的全面理論化還是在《易傳》產生之後。《易傳》不僅將部分卦爻辭理論化，更重要的是將《易》的整個構成理論化，從而使《易》的內涵也上升到了理論的高度。唐人孔穎達在《周易正義．卷首》中概括《易傳》的觀點說：「夫易者，變化之總名，改換之殊稱。自天地開闢，陰陽運行，寒暑迭來，日月更出，孚萌庶類，亭毒群品，新新不停，生生相續，莫非資變化之力，換代之功。然變化運行，在陰陽二氣，故聖人初畫八卦，設剛柔兩畫象二氣也；布以三位，象三才也。謂之為《易》，取變化之義。」因為有了《易傳》的開拓，「易」的內涵變得無比深廣，外延更是無比開闊，從「天地開闢」的宇宙形成，到「陰陽運行」的眼前現象，以及庶類群品的生生相續，全在其中，從而構成了易學的龐大體系，並逐步上升為儒家六經之首。

前面提到，《莊子》第一次提到六經，以及後來《史記》第一次提到六藝，都把《易》排在倒數第二，但到了《漢書》情況大不一樣。《漢書・藝文志》列儒五十三家，而以《易》十三家為首，而且把主要屬於道家思想的《淮南子》中的《原道訓》、《道應訓》兩篇也歸入易學，成為十三家之一。並在六藝之後總括諸經大旨說：「六藝之文，《樂》以和神，仁之表也；《詩》以正言，義之用也；《禮》以明體，明者著見，故無訓也。《書》以廣聽，知之術也；《春秋》以斷事，信之符也。五者蓋五常之道，相須而備，而《易》為之原。故曰『易不可見，則乾坤或幾乎息矣』，言與天地為終始也。至於五學，世有改變，猶五行之更用事焉。」《漢書》不僅以《易》為六經之首，而且認定《易》是諸經之原。理由是：和神之《樂》，正言之《詩》，明體之《禮》，斷事之《春秋》，都是相須而備，世有改變的，惟獨《易》，探究的是宇宙之起源，人倫之根本，是與天地相終始而不可更易的原本之學。

這裡有一個需要說明的問題，《史記》與《漢書》，在內容上於漢初及其以前之事多是重複記述的，而且出入不大，有些章節《漢書》甚至照抄《史記》，為何對《易》的地位的處理相去如此遙遠？原因很簡單，《史記》記述的是「罷黜百家」以前的情景，而《漢書》評論的是「罷黜百家」之後的盛況。

後漢、魏晉、南北朝諸史，無藝文記載。《隋書》於《經籍志》中亦列《易》為諸經之首，收《易》六十九家，於「五行」收錄易學有關書目百餘種。並在編後詳細論述了秦漢以後《周易》的傳授情況及各家盛衰：「及秦焚書，《周易》獨以卜筮得存，唯失《說卦》三篇，後河內女子得之。漢初，傳《易》者有田何，何授丁寬，寬授田王孫，王孫授沛人施讎、東海孟喜、琅邪梁丘賀，由是有施、孟、梁丘之學。又有東郡京房，自雲受《易》於梁國焦延壽，別為京氏學。嘗立，後罷。後漢施、孟、梁丘、京氏，凡四家並立，而傳者甚眾。漢初又有東萊費直傳《易》，其本皆古字，號曰《古文易》……故有費氏之學，行於人間，而未得立。後漢陳元、鄭眾，皆傳費氏之學。馬融又為其傳，以授鄭玄。玄作《易注》，荀爽又作《易傳》，魏代王肅、王弼並為之注。自是費氏大興，高氏遂衰。梁丘、施氏、高氏，亡於西晉；孟氏、京氏有書無師；梁、陳，鄭玄、王弼二注列於國學。齊代唯傳鄭義。至隋，王注盛行，鄭學浸微，今殆絕矣。」

唐代擴大儒家經典，由漢代的五經擴而為九經，《舊唐書・經籍志》分諸經為十二

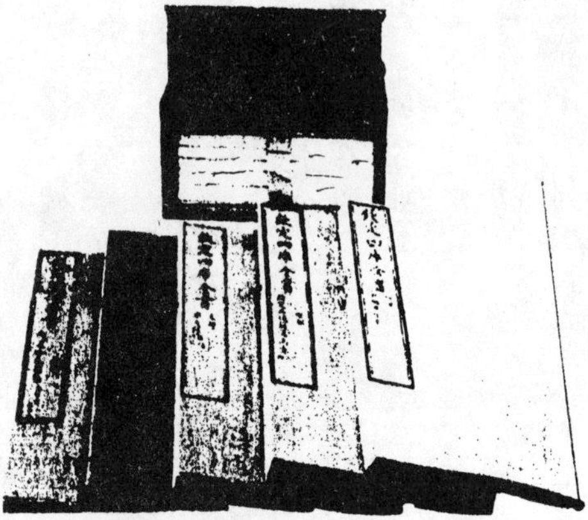

圖1-1　《四庫全書》（文淵閣本）

類，《易》為第一，收《易》七十八家。《新唐書・藝文志》分諸經為十一類，第一亦為《易》類，收《易》七十六家。

宋代立十三經，《宋史》分諸經為十類，第一為《易》類，收《易》二百一十三家，多為宋人自己的著作，易學的研究無論深度廣度，都有了長足的進展。

至清乾隆年間修《四庫全書》（見圖1－1），分經部為十類，列《易》為第一，收書一六七種，一七六〇卷，上起子夏《易傳》，下至清人翟均廉的《周易證異》，多為宋、清人著作。另外存目三一七種，二四〇〇卷。共計四八四種，三一六〇卷，為經部之最。易學也就成了儒者用力最勤、學派最多、玩味不盡、精深博大的學問。

第二章　借《易傳》發揮的儒家思想

如前所述，易學與儒學有著不可分割的關係，而以解釋《易經》名義出現的《易傳》更是儒家在一個特定的歷史階段藉以發揮自己觀點的重要文獻。

《易傳》共七篇，即《彖傳》、《象傳》、《文言傳》、《繫辭傳》、《說卦傳》、《序卦傳》、《雜卦傳》。《繫辭》較長，分上、下篇。後人為湊數，又將本不太長的《彖傳》、《象傳》拆分為上、下篇，合成十篇，謂之「十翼」，托言孔子所作。翼者輔也，以明十篇是《易經》的輔翼。從實際效果看，《易傳》遠遠超出了它的輔翼作用，使《易經》大大昇華，將一部零零碎碎地反映某些哲理而主要供卜筮之用的《周易》擴展成一部無所不包而又光芒四射的理論巨著，儒家的思想體系也在這裡得到了充分的展示。

一、立意高遠的《彖傳》

《彖傳》為「十翼」之首，每卦一條，共六十四條，文字長短不一。彖者斷也，有斷定一卦之義，也就是總括一卦的意思。因為是總括，不受卦、爻辭的限制，故能立意高遠，發揮盡致。如《乾》卦彖辭，僅根據卦辭「元亨利貞」四字，就從宇宙生成到萬物消長，從眼前景物到未來理想，從自然景物到人類社會作了十分大膽的發揮，展開了極其豐富的想象，從而展示了儒家深厚的思想底蘊。

《乾》卦《彖》辭說：「大哉乾元，萬物資始，乃統天。雲行雨施，品物流形。大明終始，六位時成，時乘六龍以御天。乾道變化，各正性命，保合太和，乃利貞。首出庶物，萬國咸寧。」全文五十七字，極力歌頌「乾元」之德，歌頌大自然的起始，歌頌萬物的生成，歌頌一切事物的原本，也歌頌了人類社會的根基。

「乾元」是什麼？是宇宙萬物的本原，是「乾元」創造了一切（萬物資始），也是「乾元」支撐著一切（乃統天）。雲行雨施靠它，發展變化靠它，天地運轉也靠它。因為有它的巨大作用，日月才能相推，寒暑才能交替，宇宙才能協調，萬物才能「保合太和、各正性命」。以此類推，人類社會也有自己的根本，也有自己的推動者和生存者，這個推動人類社會運轉的根本就是「庶物」，就是庶民百姓。只有還本返原，「首出庶物」，把普通百姓提高到首位，才能社會安定，才能「萬國咸寧」。這是儒家民本思想的表述，在某種程度上也可看作是革命思想的一種暗示（參見熊十力著《乾坤衍》，詳本書第十三章）。由於《彖》辭是從宇宙萬物的原本立論的，所以凡托言於龍的，無論是「潛龍勿用」、「見龍在田」、「或躍在淵」，或是「飛龍在天」、「亢龍有悔」、

「見群龍無」，有關龍的成長和活動的全過程無不在它的總括之中，而《乾》卦卦爻辭反映的思想也就因之更加深刻，更加系統，更具有社會意義。

和《乾》卦《彖》辭相類比，下經第一卦的《咸》卦《彖》辭也有這種尋根問源性質。《咸》卦辭共六字：「亨利貞，取女吉。」是個主吉利而尤其宜於娶女的好卦，六個爻位的爻辭全從「取女」的角度極有層次地說明了男女由初次接觸到達感情的高峰的全過程：「咸其拇」、「咸其腓」、「咸其股」、「咸其脢」、「咸其輔、頰、舌」。爻辭展現的是一對青年男女在初次接觸中由互相用腳的大指頭試探，到腓（小腿），到股，到脢（心之上口之下），到輔頰（臉頰），到舌頭，以致緊緊擁抱，長吻不止的生動圖畫。這幅春宮似的圖畫說明了什麼呢？《咸》卦《彖》辭概括、提高並加以發揮說：「咸，感也。柔上而剛下，二氣感應以相與。止而說（悅），男下女，是以亨利貞，取女吉也。天地感而萬物化生，聖人感人心而天下和平。觀其所感，而天地萬物之情可見矣。」

這條《彖》辭有著多層意思。首先是解釋卦名：「咸，感也。」什麼叫感？《廣韻》：「感，動也。」交相感應之意。什麼東西交相感應呢？以大自然而言，是剛、柔二氣，也就是陰、陽二氣；以人而言，是男、女二性。根據是《咸》卦的卦象。《咸》卦《艮》下《兌》上，《艮》陽而《兌》陰。按照《說卦》的說法，《艮》為少男，《兌》為少女。一對剛成年的少男少女在一起，而且情投意合，自然繫「感」了。

「感」到什麼程度呢？「止而說（悅）」，一直到他們性的衝動的終止，才是高潮，才能達到興奮、歡愉、和諧、交融的頂點。這種男女兩性交感的現象雖然近於鄙俗，但人類卻賴以延續，社會賴以發展，人的一切聰明才智都從這裡發源。推而廣之，天地交感而萬物化生，「聖人」之心與百姓之心交感而天下太平。反之，男女不「感」，人類滅絕；天地不「感」，物種全無；上下不「感」，天下大亂。不僅如此，《彖》辭還將這個「感」的普遍原則推到了更加深廣的領域：「觀其所感，而天地萬物之情可見矣。」

這個從「感」引發開去的萬物之情是什麼呢？簡而言之就是「男女一小天地，天地一大男女」，男女交感包括了宇宙和社會的一切現象和原則。這種交感是天然的，高度協調的，永恆不變而又生生不息的，容不得干擾和阻遏，於是「仁」的思想從這裡發端了，「衣食男女，人之大欲」，不僅不能因一己之欲以奪他人之欲，而且應該合己之欲以護他人之欲，於是「義」的思想又見端倪了。

而「仁」與「義」正是儒家思想的根本。這裡值得特別提出的是「聖人感人心而天下和平」一句。這裡的「聖人」也就是「大人」，指的是社會的最高統治者。表面看來似是歌頌之詞，因為「聖人」能和普通百姓之心相感應，以此天下和平。實際上這是個條件句。「聖人」既為「聖人」，就必須感人心，知民意，關心百姓，體恤百姓的疾苦，如此才能天下和平，否則就不和不平；「聖人」不聖而作了「聖人」，就會既逆了天理而又拂了民意，百姓就有理由「鳴鼓攻之」，直至廢黜。這個思想在《革》卦

《彖》辭中表現得最為明顯。

《革》卦《彖》辭：「革，水火相息，二女同居，其志不相得，曰革。巳日乃孚，革而信之。文明以悅，大亨以正。革而當，其悔乃亡。天地革而四時成，湯武革命，順乎天而應乎人，革之時大矣哉。」「革」就是皮革。「水火相息」即水火並用，指皮革水浸火燎的制革過程。同時也隱含《離》火《兌》澤的卦象。「二女同居」，純粹就《離》下《兌》上的卦象而言，《離》為中女，《兌》為少女，二女同居，純陰無陽，得不到應有的天性調劑，以致「其志不相得」，不得不作改變，所以叫「革」。說到這裡，作為卦義，也就清楚明白了，但《彖》辭緊接革字大加發揮：「天地革而四時成，湯武革命，順乎天而應乎人。」

湯、武為何要革命？因為夏桀、商紂無道。凡無道就得革命，儘管夏桀是大禹的後代，而商紂是革命的首倡者成湯的後代。凡無道就得「革」，只有「革」才順乎天理，應乎人情。真可謂革命的大旗高揚著，怪不得後世儒家要托古改制了。

但儒家並非革命黨，《彖傳》更不是革命宣言書，雖然有它倡導變革乃至鼓吹革命的一面，同時又有保守的一面。《家人》卦的《彖》辭就是一個典型的例子。《彖》曰：「《家人》，女正位乎內，男正位乎外。男女正，天地之大義也。家人有嚴君焉，父母之謂也。父父、子子、兄兄、弟弟、夫夫、婦婦，而家道正，正家而天下定矣。」《家人》的卦體是《離》下《巽》上，按照解卦的常規，二、四爻是陰位，三、五爻是陽位，《家人》的二、四爻正好是陰爻，三、五爻是陽爻，所以說，「女正位乎內，男正位乎外」。女管內男管外，正好是個理想的家庭。《彖》辭接著發揮說：「男女正，天地之大義也。」這樣就不單是個內外的分工，而帶有某種地位性質了。接著又說：「家人有嚴君焉，父母之謂也。」於是由家擴大到國，由父類推至君，君父並提，不單是個家庭尊卑問題，已經是社會名位問題了。這還不算，繼而又有「父父、子子、兄兄、弟弟、夫夫、婦婦，而家道正，家道正而天下定矣」的推演，至此，封建綱常的輪廓也就基本確定了。

《彖傳》有不少是揭示事物規律的，深刻周密，富有辯證思想，充分體現了儒家的處世原則。如《豐》卦《彖》辭：「日中則昃，月盈則食，天地盈虛，與時消息，而況於人乎？況於鬼神乎？」豐是滿的意思，大的意思。無論是滿，是大，都有一定的限度，上升的東西不能老是上升，太陽到了中午便開始西斜，而月亮圓到了十足也就是月缺的開始。「天地盈虛，與時消息」，這是自然規律，人能抗拒得了嗎？即便求助於鬼神，鬼神能起作用嗎？有說於此，居高思危，存而慮亡，也就成了自然之理了。

儒者們從「天地盈虛」的自然法則中發現事物往往向自己的反面轉化，盈到了一定程度必虧，虧到一定程度必盈，進而總結出盈虧互變的辯證關係，因而借《謙》卦發揮說：「天道虧盈而益謙，地道變盈而流謙，鬼神害盈而福謙，人道惡盈而好謙。」盈在這裡幾乎成了過街老鼠，為天地人神所共棄。這樣，儒家持謙防滿的修養原則也就牢固地樹立起來了。

二、別成一義的《象傳》

《象傳》分《大象》、《小象》，《大象》解卦，《小象》解爻，無論解卦解爻，大多著眼人事。特別是解卦的《大象》，更是儒家借以發揮自己思想的主要依托，最見儒家的思想本色。明人王夫之以為《大象》是「純乎學《易》之理」，肯定是孔子學《易》的心得體會。從內容看，《大象》確乎只講修身、齊家、治國、平天下的大道理，並不言及其他，而且滿口「君子」，行文用句，全是儒家風範。

比如《泰》卦《象辭》。《周易・泰》卦本來是個講陰衰陽盛的卦，三陽在內，有上長之勢；三陰在外，有離去之象，《泰》卦卦辭說：「小往大來，吉，亨。」《周易正義》據卦辭解釋說：「陰去故小往，陽長故大來，以此吉而亨通。」這個思想通過《大象》的解釋，意境完全變了。《大象》解釋說：「天地交，泰。后以財成天地之道，輔相天地之宜，以左右民。」后便是君，「財成」即裁成。《大象》以天地交感謂之泰。這在卦象上倒也有些依據，因為三陽為《乾》，乾便是天。三陰為《坤》，坤是地。《乾》在主位而《坤》處次位，各得其所，所以說「天地交」，天地交說明了什麼呢？接下來就完全因卦象而推及人事了：「后以財成天地之道，相輔天地之宜，以左右民。」君上裁定治理之道，臣下相輔助以致治理之宜，教化百姓，養護庶民，於是天下大治。在這裡，天地交感成了君臣合作。合作默契，處事得宜，天下大治，這就叫做「泰」。

儒家講治國平天下多是站在「輔相」的地位說的，討論的是如何輔助賢明君主治理天下。這裡的前提必須是賢明君主，是可治之世，如果遇上昏暴君主，遇上亂世，怎麼辦呢？《否》卦《大象》回答了這個問題：「天地不交，否。君子以儉德辟難，不可榮以祿。」《否》卦的卦象恰好與《泰》卦相反，三陰在內，三陽在外，陰占了主位，有陽衰陰長之象。《否》卦卦辭說：「否之匪人，不利君子貞，大往少來。」大往少來，失多得少，當然是不吉利了。但《大象》不是直接從往來的多少講利與不利，而是從人事的角度講何以叫《否》，何以不利。「天地不交」，故曰否。天地不交，大則天下大亂，小則在位非人，遇上這種情況，君子就只有「儉德辟難」，收斂起自己的德才，不可以榮祿為意，就像後世的「臥龍」一樣，「苟全性命於亂世，不求聞達於諸侯」。這確乎是經驗之談。因為在一人治的社會，天下是一人的天下，國家是一人的國家，國君要敗國毀家，誰也拿他沒法，最多出幾位「忠臣孝子」，作些毫無意義而又極端愚蠢的「尸諫」之類的舉動，也就算千古美談了。其實這並非儒家思想，至少不是正宗儒家的思想。儒家的原則乃是孔子曾經說過的：「危邦不入，亂邦不居，天下有道則見，無道則隱。」「君子以儉德辟難，不可榮以祿」就是孔子思想的再現。

《大象》講治國，更講修身，而修身必從立志始。《乾》卦《大象》：「天行健，君子以自強不息。」天德是剛健的，唯其剛健，才能運行不止，寒暑不易。作為君子，也應該像天的剛健一樣，堅強挺拔，奮發有為，自強不息。而「自強不息」一語也就成了激勵人們奮發前進的千古訓條。

與《乾》的剛健相對應，《坤》的特點在於篤厚。故《坤》卦《大象》說：「地勢坤，君子以厚德載物。」《大象》的作者從大地的寬厚特點出發，提出「君子」必須有大地一樣開闊的胸懷，深厚的修養，能容納眾物，吞吐眾物。特別是作為君王主要輔弼的宰相，最提倡這種胸襟。

又如《屯》卦《大象》：「雲雷屯，君子以經綸。」經綸有籌劃治理之義。作者從雷電的聲威和迅猛想到了「君子」行事應有的作風，於是「雷厲風行」一語也就相應產生了。

《大象》解卦，並不拘於卦辭的整體意思，往往只從某一角度、某一部分、甚至某一小點出發，引伸拓展，借以樹立自己的觀點。《蒙》卦《大象》就是典型的一例。《蒙》卦本是講童子求師以及師教童子二者之間的關係。《大象》的作者卻只抓住《蒙》卦《坎》下《艮》上的卦象，並不理會卦辭的意思。因《坎》屬水而《艮》屬山，《坎》下《艮》上表明山下有水，於是《大象》據以發揮說：「山下出泉，蒙。君子以果行育德。」這裡強調的是「君子」重在培養自己果敢堅毅、一往無前的精神。這個立論與卦的關聯僅在於「山下出泉」這一自然現象。山下一股泉水，要流入江河，流入大海，不知要遇到多少艱難險阻，然而泉水卻百折不撓，一往無前地向前流著，直至達到最後的歸宿。以此言之，「君子」要想成就自己的事業，必須用心培育這種「果行」的精神，不能半途而廢，更不能淺嘗輒止。

再如《訟》卦《大象》：「天與水違行，訟。君子以作事謀始。」《訟》卦卦體是《坎》下《乾》上，《坎》為水而《乾》為天。天上的太陽由東向西，地下的流水由西向東，完全相反，所以說「天與水違行」。天與水違叫做「訟」，人與人違也叫訟，於是就有了打官司的訴訟。孔子曰：「聽訟，吾猶人也，必也，使無訟乎！」怎樣才能無訟？就是說不和人發生爭執，不打官司的惟一的辦法是在處理每一件事前充分考慮到它可能產生的後果，這就叫「謀始」。因為不是每個人都能做到，所以說「君子以作事謀始」。「君子」一詞，對做到了的人有頌揚之意，對未能做到的有號召鼓舞之意。儒家的宗旨是希望成聖成賢，而孔子的「無訟」的著力點也正在這裡。

再如《頤》卦《大象》。頤本指口中有物，《頤》卦卦辭：「觀頤，自求口實。」意思是說，別人口中有物，看人家吃東西沒有任何實際意義，必須自己去尋找吃的，鼓勵人勿仰給於人，貴在自養。《彖傳》也全在養字上作文章，由觀人養而反身自養，由人自養而到天地養萬物，聖人養萬民。《大象》卻別立一義，從口的飲食、言語兩大功能出發，提出「君子以慎言語，節飲食」的修身訓條，而慎言語的修養和節飲食的崇儉原則，是儒家一貫提倡的。

《大畜》的《大象》更是如此，《大畜》卦象與卦辭本無聯繫。卦辭簡單含混，基本上沒有什麼實在的意義。卦辭說：「利貞，不家食，吉。利涉大川。」《大象》完全甩開卦辭，從《大畜》的畜字立論說：「天在山中，大畜。君子以多識前言往行，以畜其德。」這段《象》辭雖然與卦辭風馬牛不相及，但卻大大深化了《大畜》的主題思想，而且又能與卦象相一致，實際上是對經文的一種匡正。《大畜》卦體是《乾》下《艮》上，《乾》為天而《艮》為山，有天在山中之象。山要裝下一個天，自然是比天更大的儲藏庫了，所以叫「大畜」。推之人事，這個天大的儲藏庫該藏些什麼呢？《大象》認為，不是金錢，也不是穀米，更不是嬌妻美妾，而應該是思想品德。因為思想品德不是一夜之間突有的，必須從對先賢言論的學習和往事經驗教訓的總結中逐步積累起來，這就叫「畜德」。畜德自然是愈多愈好，所以叫「大畜」。

三、依文言理的《文言傳》

《文言傳》是圍繞《乾》、《坤》兩卦卦、爻辭展開的哲理性議論，因為是依文言理，故叫《文言》。《文言》雖只限於《乾》、《坤》兩卦，但鋪陳廣大、而又處處不離儒家宗旨，有些言論本身就是儒家的格言。

《文言》分《乾》卦《文言》和《坤》卦《文言》，因為貴陽賤陰的緣故，重點在《乾》卦。

《乾》卦《文言》在文字組織上分三大部分，一是以設問方式用孔子口氣發揮各爻爻辭（其中解釋卦辭的部分未用設問）。從「初九」到「上九」，無「用九，見群龍無首吉」條。第二部分是用韻文形式解釋各爻爻辭。每爻一句，每句或兩字或四字，最多五字，整齊劃一。第三部分是以散文形式解釋卦、爻辭的。三大部分各有特點，似乎出自三人之手，乃至是更多人的言論輯錄。但無論哪一部分，都以「龍」比君子，以龍所處的各個階段分別比喻「君子」所處的各種不同的境地，向處於不同境地的「君子」提出不同的修養目標和注意事項，設喻貼切，開掘深遠，富有警策性。如「初九」條：「初九曰：潛龍勿用，何謂也？子曰：龍德而隱者也，不易乎世，不成乎名，遁世無悶，不見是而無悶，樂則行之，憂則違之，確乎其不可拔，潛龍也。」作者借孔子的口勾勒出了作為「潛龍」的輪廓。

何謂潛龍？「龍德而隱者也」。經驗告訴人們，有德行的人不一定都能成名，但儒家的主張絕不許因為不能成名而不注意德行。能出人頭地而注意自己的德行是比較容易的，因為他的德行得到了社會的回報，而且又因為社會的制約不注意德行便不可能出人頭地，德行成了他出人頭地的條件。

「龍德而隱者」的潛龍，不是「潛」一陣子，而是「潛」一輩子。這樣的「潛龍」

需要具備一些什麼樣的條件呢？一不因世俗的污濁影響自己，二不以成名為意，三不能因為冷漠而感到孤獨，四不因不能被人理解而苦悶。放手去做自己願意做的事，而決不幹自己不想幹的事。對自己的理想和信念堅定不移，毫不動搖。這就叫「潛龍」。

在從來都是競爭激烈的人類社會，「潛」是容易的，難得的是潛而能有「龍德」，而儒家提倡的正是這種有龍德而不計較名利的君子風格，這就是「人人皆可為堯舜」的主旨所在。

與「潛龍」不同的是初露頭角的「見龍」。作為「見龍」又該怎樣呢？《文言》的作者再作設問說：「九二曰：見龍在田，利見大人，何謂也？子曰，龍德而正中者也。庸言之信，庸行之謹，閑邪存其誠，善世而不伐，德博而化。易曰，見龍在田，利見大人，君德也。」見龍即現龍，已經露面了的龍。比之人事，就是有了一定地位和聲望的「君子」。人處在這個階段，已經有了一個很好的基礎，所以說「龍德而中正者也」。中正指九二爻居下卦之中的有利位置，下卦的第二爻是和上卦第五爻相呼應的，標誌著前途遠大，所以說「君德也」。但基礎僅是發展的條件，能否發展還在本人。人處在這樣一個大有發展前途的階段應注意哪些呢？作者提出了信、謹、閑、存，以及不伐、博化等信條。信是對言語而言。言必信，這是儒家做人的基本信條。孔子說：「言必信，行必果。」（《論語‧子路》）又說：「與朋友交，言而有信。」（《論語‧學而》）所以把信放在第一位。和言語有信的重要一樣，就行為而言，謹慎是第一位的，最體現儒家思想的《禮記・中庸》說：「博學之，審問之，慎思之，明辨之，篤行之。」《中庸》把博學、審問、慎思、明辨、篤行五者看成是採取某種舉措的前提，所以接著又說：「有弗學，學之弗能，弗措也；有弗問，問之弗知，弗措也；有弗思，思之弗得，勿措也；有弗辨，辨之弗明，弗措也；有弗行，行之弗篤，弗措也。」五者集中起來，只是一個「謹」字，說的是採取行動之前必須十分謹慎，學而未博，問而未審，思而未得，辨而未明，以及決心不大，都不宜採取行動。

唐儒韓愈說「行成於思毀於隨」，更加深刻地說明了這個思想。（或以「措」字作措置之措，意即停止，那是別作一義。此處不取。）要把握自己，發展自己，只注意言之信、行之謹還是不夠的，因為這些畢竟是外表的，而尤其重要的是內在的修養。在思想上必須「閑邪存其誠」，閑者限也，控制自己的邪念，任何時候都要保持心地的坦誠和正直，在成績面前不滿足，努力擴大成果，尤其不能居功驕傲。「善世而不伐，德博而化」，如此才能符合《周易》說的「見龍在田，利見大人」。否則就見不到大人，也就再無發展，甚至保不住「在田」的現有地位。

《文言》對九三爻辭的解釋似無特別的針對性，是對所有人而言的。《文言》說：「九三曰，君子終日乾乾，夕惕若厲，無咎，何謂也？子曰：君子進德修業，忠信，所以進德也；修辭立其誠，所以居業也；知至至之，可與幾也；知終終之，可與存義也。是故居上位而不驕，在下位而不憂，故乾乾因其時而惕，雖危無咎矣。」行而不息之謂乾。然則終日行之不息忙些什麼呢？《文言》作了非常明確的補充規定：進德修業。人生要忙的事甚多，但最緊要的是兩件，一是進德，二是修業。進德是內向的，努力提高自己的思想品德。修業既有內向也有外化，講學習也講事業。進德以忠信為主，修業以學習和增強敬業思想為主。學習、修養都是無止境的，知道事物的必至而使之至，可以參與事物發展變化的探討了；知道所處事件之終而能與之終，可謂守義了。既進德又修業，既知至又知終，如此就能居上不驕、在下不憂了。在此基礎上因時警惕，也就危而無咎了。值得一提的是作者並沒有就「夕惕若厲」作「如履薄冰」之類的發揮，而是從「終日乾乾」方面作積極的引導，更加切中九三爻辭的主題。

《乾》卦《文言》的韻文部分也是頗見思想的。如九三條：「終日乾乾，與時偕行。」九六條：「亢龍有悔，與時偕極。」九三處在前進的加油階段，貴在及時，所以說：「與時偕行」。九六發展到了頂點，悔在失時，所以說「與時偕極」。這裡最值得注意的是一個「時」字。時間是一維性的，是一去不復返的，又是最能考驗人、檢驗事的。今日之是可能是來日之非，而今日之長更可能是來日之短，任何人為的掩飾，自然的妝點，以及人間的權力，世上的尊榮，在時間面前毫無作用。時間是永恆的見證者，更是無私的配給者，每人一份，不因權大而多給，不因卑微而少與。所謂生命也就是擁有的時間，時間就是一切，所以要「終日乾乾」，所以要「與時偕行」。待到「與時偕極」的盡頭，也就成了「亢龍」，徒有自悔了。

《乾》卦《文言》的散文部分最見思想的是對九五爻辭的贊辭和對上六爻辭的分析，《文言》說：「夫大人者，與天地合其德，與日月合其明，與四時合其序，與鬼神合其吉凶，先天而天弗違，後天而奉天時，天且弗違，而況於人乎？況於鬼神乎？」「九五」是最尊之位，也就是人極之位。人極有人極的品德，有人極的修養。這種修養與天同高，與地同厚，與日月共明，與四時同條其貫，與鬼神一樣福善禍淫，有求必應。行事在天之前天不違「大人」，行事在天之後「大人」不違天。天就是大人，大人就是天。向人們指出了一個完整無缺的天人合一的至高至大的形象。也為一切想做「大人」的人們提出了一個最為完美的典範。這就是儒家眼裡的聖人，也是中華民族崇尚的人品。

高位厚利，對常人來說是終生追求的目標，但清醒的儒者認為，位高不一定全是好事，更不一定能長期占有，於是借上九爻辭「亢龍有悔」的「亢」字發揮說：「亢之為言也，知進而不知退，知存而不知亡，知得而不知喪。其唯聖人乎！知進退存亡而不失其正者，其唯聖人乎？」有進必有退，有存必有亡，有得必有失，進退、存亡、得失，像三個打不開、拆不散的連環，在人生道路上循環往復。但就是這麼一個十分平常的道理，許多人，甚至許多「超人」卻看不清楚，想不透徹，往往知進而不知退，知存而不知亡。不是不知存亡進退，而是在存的時候不想知亡，在進的時候不敢知退，或者只能在理論上知存亡進退而不能在實踐中知存亡進退，而更多的人只在口頭上言存亡進退，於是「亢龍有悔」。亢者高也。從高空中掉將下來，大至一國之君，再，小至一家之主，小至一口一身，翻車翻船，彼彼皆是。

最有趣的是前面已經翻車了，後車正在笑前車因何會翻，不想笑猶未止，笑人的後車又恰好在被笑的前車翻倒的地方自己翻倒了。更有趣的是後面又繼續有人在笑，又繼續有車在翻。鑒於這樣一種層出不窮的現象，所以《文言》的作者深深地感嘆說：「其唯聖人乎！知進退存亡而不失其正者，其唯聖人乎！」

比之《乾》卦《文言》，《坤》卦《文言》簡單多了，也遜色多了，但也不乏閃光的思想。如講《坤》德「坤至柔而動也剛，至靜而德方」，並不以為坤永遠是柔弱的，是被動的。講人的修養：「直其正也，方其義也。君子敬以直內，義以方外，敬義立而德不孤。」為人處事，要直要方。為人要直，處事要方。敬以直內，義以方外。對己能持敬，對人能存義。以敬義待人，人亦以敬義待己，所以說：「敬義立而德亦不孤。」這就是孟子所說的「敬人者人恆敬之，愛人者人恆愛之」的思想。

《坤》卦《文言》有一條表面看來講因果報應實則是講由量變到質變、由長期積累到一朝突發的警語。《文言》說：「積善之家，必有餘慶；積不善之家，必有餘殃。」這條警語表面看來似乎是惡有惡報、善有善報的因果報應，實際是講事物發展的必然結果。積善之家，因為養成了善的作風、善的習慣、善的傳統，日積月累，善滿家門，所以有餘慶。相反，積不善之家，因為養成了不善的作風、不善的習慣、不善的傳統，日積月累，惡貫滿盈，所以有餘殃。基於這個思想，所以《文言》接著說：「臣弒其君，子弒其父，非一朝一夕之故，其所由來者漸矣，由辯之不早辯也。《易》曰：履霜堅冰至，蓋言順也。」臣弒君、子弒父，不一定全是君、父之過，但臣、子發展到弒君、弒父，必定有一個從微至著的過程，決非一朝一夕之故，所以說「其所由來者漸矣」。漸是一切事物發展的必然過程，貴在識別得早，防微杜漸。若待腳踩霜露，堅冰期的嚴寒也就緊接而來了。這就叫做「順」，順者因勢發展之謂。

由於儒家的等第觀念無所不至，反映在《文言》裡的等第觀念也是突出的。《坤》卦《文言》說：「陰雖有美，含之以從王事，弗敢成也。地道也，妻道也，臣道也。地道無成，而代有終也。」《文言》認為，陰始終是陽的輔佐，是陽的附屬物，即使有美德，有嘉謀，也只能「含之」，通過適當的方式為王獻計獻策，而弗敢自傲。其所以然者，地道如此。以此類推，妻道如此，臣道更是如此。正如偽《尚書．君陳》說的：「爾有嘉謀嘉猷，則入告爾後於內，爾乃順之於外，曰：斯謀斯猷，惟我後之德。」後者君也，做臣下的有什麼好主意，偷偷地在內室告訴自己的國君，然後做出一副順從的樣子，向外宣布說：這些主意，這些思想，都是我們國君的，國君才是天才！弄虛作假，欺天欺人更欺心，一副十足的奴才相。也不怪儒家保守，只因為任何國君都不希望自己的臣下高出自己，儒者既然要向國君討飯吃，就不能不維護國君的威信，乃至拍他馬屁了。風氣所開，不僅國君如此，一切權位壓過他人的人無不如此，於是武大郎的燒餅店不僅陽谷有，天下各地無處不有了。

四、博大精深的《繫辭傳》

在《易傳》諸篇中，篇幅最長，內容最多，體現儒家思想最為充分的，自然要算《繫辭傳》了。《繫辭傳》又叫《繫辭》，分上下兩篇。為什麼叫《繫辭》？唐人孔穎達《周易正義》解釋說：「謂之繫辭者凡有二義」，即文字「取繫屬之義」和「綱繫之義」。就《周易》卦、爻關係而言，它是繫屬性的；就自身內容而言，是提綱性的。但無論是屬繫性或者綱繫性，都離不開「繫」，所以叫《繫辭》。至於分上下兩篇，也各有說法，漢人何休以為上篇論「無」，下篇論「有」。也有人以為上篇論大理，下篇論小理。其實都不確切，上下篇都論及了「有」，也談及「無」，上下篇都涉及了大理小理。為了敘述方便，我們在這裡不分上下篇，而按內容組織。

(一)《繫辭》反映的儒家天道觀

儒家本不太講天道而特別注意人道，所謂「六合之外，聖人存而不論」，但《易傳》特殊，而《繫辭傳》更特殊，講天道甚多，而且很細，不僅對天人關係進行了諸多探討，而且對天的生成，物種的起源作了探究，它是儒家言論中講天道最早、最突出的著作。

天地是怎麼生成的？《繫辭上》解釋說：「是故易有太極，是生兩儀，兩儀生四象，四象生八卦，八卦定吉凶，吉凶生大業。」《繫辭》在這裡不但講了天的生成，而且也講了天人的關係。《繫辭》的作者把「易」看成是與天地相與俱來的，它是與天地的原始物同時存在的。天地的原始物是什麼？《繫辭》的作者認為是「太極」。然則太極又是什麼呢？說法不一。晉人韓康伯以為是「無」，他為《繫辭》作注說「夫有必始於無，故太極生兩儀也。太極者，無稱之稱，不可得而名，取有之所極，況之太極者也。」況者比也，他認為：太極僅是一種比喻，指的是天地萬物最原始的起點，「有之所極」，故名太極。孔穎達作《正義》，反對韓說，認為太極是天地未分之前的元氣，並引老子的觀點說：「故老子云『道生一』，即此太極是也。」韓、孔兩家的解釋各有其是，但又各有其非。就天地生成序列而言，韓康伯的解釋是對的，此點已為現代科學所證明❶，但《繫辭》所指「生兩儀」的太極卻不是「無」，即不是無形無體的氣前物。氣前的「無」不經過氣的階段是無法「生兩儀」的。

但就《繫辭》所指的太極而言，孔穎達的解釋是對的，這裡的太極確乎是天地未分之前的元氣。但元氣並不是天地的原始物，而且引老子的觀點也欠明確。「老子云『道生一』，即此太極是也。」老子在這裡說了兩樣東西，一是「道」，一是道所生的「一」，所謂「即此太極是也」，是指的生「一」的「道」呢？還是指的道生的

「一」？如果指的是「道」，則與韓康伯全同，不存在爭議了。

《繫辭》的作者認為，天地（即兩儀）是由太極生成的，天地又生「四象」。什麼是「四象」說法不一，有說金、木、水、火四物的，有說春、夏、秋、冬四時的。按照《繫辭》的體系，似以四時為是。其天地生成的序列是：太極生成天地，天地生成四時，四時生成八卦代表的木、火、金、水、山、澤諸物，在形式上由一而二，由二而四，由四而八，整齊劃一，最後以八卦的功能作結，天人合而為一。而「易有太極，是生兩儀」就成了儒家關於宇宙生成的定論，數千年未能移易。

天地既如上說，那麼萬物又是怎樣生成的呢？《繫辭》也有解說。《繫辭上》說：「是故剛柔相摩，八卦相蕩，鼓之以雷霆，潤之以風雨，日月運行，一寒一暑。乾道成男，坤道成女。」剛柔即陰陽，八卦即木、火、水、金、土原始諸物質。《繫辭》的作者認為，宇宙間萬物的生成，是因為陰陽二氣的交感，諸原始物質通過風雷雨雪等自然作用，隨著時間的推移逐漸形成的。生物的形成還曾經過性的分工（「男女」在這裡泛指雌、雄兩性，而並非特指男人和女人）。

《繫辭》對兩性分工後才有生物，言之甚詳，《繫辭下》說：「天地絪，萬物化醇；男女構精，萬物化生。」天地間有陰陽二氣，故能化生萬物；而萬物中有雌雄二性，故能產生各種物種，而且繁衍進化，延續不斷。這樣，宇宙不僅有了天地，而且有了萬物，還有了有生物，以至於人類。儒家關於宇宙萬物生成的天道觀也就大致形成了。儘管解釋比較粗糙，但樸實可信，都是人的感官所能直接感覺到的。

值得特別提出的是，《繫辭》所說的天都是自然天、物質天、無意志的天，而並非天神。如《繫辭上》開篇的「天尊地卑」，說的是天在地之上，地在天之下的自然現象。「在天成象，在地成形」，說的是天上的日月星辰等有象物體，地下的山川草木等有形物質。「有天道焉，有地道焉」指的是天地運轉的自然規律。「樂天知命」也不是天命，而是順乎自然。《正義》解釋說：「順天施化，是歡樂於天，識物始終，是自知性命，順天道之常數，知性命之始終，任自然之理，故不憂也。」不僅如此，連字面上看來全是講天神的而實際還是講自然。如《繫辭上》說：「《易》曰：自天祐之，吉無不利。」這裡的祐自然是保佑了，既能保佑，自然是有意志的天神了。

但《繫辭》接著用孔子的口氣解釋說：「子曰：祐者助也。天之所助者順也，人之所助者信也，履信思乎順，又以尚賢也，是以自天祐之，吉無不利也。」原來天之所佑僅僅是順乎自然的規律。

《繫辭》不僅言「天」是講自然現象，言「神」也是講自然現象。《繫辭上》：「陰陽不測之謂神。」從字面上看，似乎指鬼神的神，實則不然，說的是神秘莫測。韓康伯注釋說：「神也者，變化之極妙萬物而為言，不可以形詰者也，故曰陰陽不測……不知所以然而況之神。」原來神也是一種比喻。陰陽二氣變化莫測，既「不可以形詰」，也不可以理喻，實在說不清楚，所以才比之曰「神」。

《繫辭》不僅說「神」時不是講的鬼神，即使「鬼神」二字連用，也不全是講鬼神。《繫辭上》：「精氣為物，遊魂為變，是故知鬼神之情狀。」這裡不僅有「鬼神」，而且還有「遊魂」，但實際上並非講神鬼魂魄，而是講氣的聚散和物的消長。韓康伯解釋說：「精氣絪，聚而成物，聚極則散，而遊魂為變也。遊魂，言其遊散也。……盡聚散之理，則能知變化之道，無幽而不通也。」

根據韓康伯的解釋，遊魂即是游散，而鬼神則是幽深晦暗的代名詞。韓康伯的解釋是合理的，因為鬼神無所謂情狀，所謂情狀，也只是對幽深聚散認識、把握的一種比較具體的形容。當然也有講神靈鬼神的，但主要是講幽晦。這與《論語》記載「子不語怪力亂神」的思想原則是一致的。

(二)《繫辭》反映的儒家人道觀

儒家是天人合一論者，天道便是人道。《繫辭上》說：「易與天地準，故能彌綸天地之道；仰以觀於天文，俯以察於地理，是故知幽明之故；原始反終，故知死生之說。精氣為物，遊魂為變，是故知鬼神之情狀。與天地相似，故不違；知周乎萬物而道濟天下，故不過；旁行而不流；樂天知命故不憂；安土敦乎仁，故能愛。範圍天地之化而不過，曲成萬物而不遺，通乎晝夜之道而知，故神無方而易無體。」這個「與天地準」的易道實際上就是人道，不過它不是一般人之道，而是聖人之道。一般人即使做到了也不過是做了罷了。「百姓日用而不知」。唯聖人才能「與天地相似，故不違；知周乎萬物而道濟天下，故不過。」但有一點是聖人與常人共同的，這就是善的品性，因為它是與生俱來的，是從宇宙間帶來的。「一陰一陽之謂道，繼之者善也，成之者性也。」由陰陽二氣形成的人繼承了宇宙間善的品質，所以人性是善的，這是除荀子以外所有儒家關於人道的基本點，但因為有養成的不同，才有了具體的區別，「仁者見之謂之仁，知者見之謂之知」，於是有了類別，有了偏頗，有了等次，只有聖人才能完整地繼承「道」，理解「道」，運用「道」，所以說「君子之道鮮矣」。

聖人是天道的繼承者，所以人道只有在聖人身上才能得到完整的體現。因為是聖人在代行著天道，所以「天生神物，聖人則之；天地變化，聖人效之」。人道的一切都效法天道，這就是《繫辭》體現的儒家人道觀的根本所在。

天地給人的第一個印象是天在上、地在下，於是「聖人」為人們定的第一條原則便從這裡開始：「天尊地卑，乾坤定矣；卑高以陳，貴賤位矣。」《繫辭》用天尊地卑的自然現象類比貴貴賤賤的社會現象，是儒家等第觀念最為有力的佐證。天在上、地在下是永遠不變的，所以尊者為貴、卑者為賤也是永遠不能改變的，因為這是依天道確定的人道。

據實而言，「天尊地卑」這個所謂依天道確定的人道，實則是據人道附會的天道。自然現象雖然是天在上而地在下，但並無貴賤之分，自從「聖人」依尊卑而區分貴賤，於是一切事物無不分貴賤。天地二物天貴地賤，陰陽二氣陽貴陰賤，男女二性男貴女賤，父子二人父貴子賤，左右兩邊右貴左賤，奇偶兩數奇貴偶賤，上下四肢手貴腳賤，五臟六腑肝貴脾賤。本無貴賤的東西一概要人為地分出貴賤，目的只有一個，維護統治者的地位，並通過維護統治者的統治來安定社會，這就是「位」的實質。

聖人既居尊位替天行道，因而聖人也有了聖人的責任，《繫辭下》說：「天地之大德曰生。聖人之大寶曰位。何以守位曰仁，何以聚人曰財。理財正辭，禁民為非曰義。」天地以生為大德，聖人以仁為大德。仁者愛人，以造福百姓為務。但施仁是以有「位」為前提的，也是以權力為前提，所以說「聖人之大寶曰位」。有位則可施仁，施仁則可鞏固權位，所以說「何以守位曰仁」。人是以物質生活為存在前提的，所以說「何以聚人曰財」。聖人在位施政，不僅要有天地大德「生」的一面，同時還要有像大自然調控萬物一樣「止」的一面，生其所當生，止其所當止，所以要「理財正辭，禁民為非」。「理財」是對具體事務的管理，「正辭」是有關的規定條文，「理財正辭」的目的在「禁民為非」，而這些統稱之曰「義」。一個助生的仁，一個禁止的義，作為人道綱領的仁與義也就明確地產生了。

《繫辭》講人道效法天道，也不全是機械的模仿，更重要的在於融會貫通，推行擴大，落到事業的實處。《繫辭上》說：「是故形而上者謂之道，形而下者謂之器，化而裁之謂之變，推而行之謂之通，舉而錯之天下之民謂之事業。」道和器雖然有形上、形下之分，但兩者卻是渾然不可割裂。有器必有道，有道必有器，無無器之道，也無無道之器。一種事物出現，便有了該事物的道，無此事物便無此事物之道。但人之所以為人，在於有人的主觀能動性，不能只就此器見此道，也不能只就此道見此器，而應該舉一反三，由此器推及彼道，由此道推及彼器，「化而裁之」，這就叫做「變」，光變還不行，還得「推而行之」，使之暢通。所謂暢通，就是要向全社會推廣，使人人受益，這才叫「事業」。變通推廣，具體是什麼內容，《繫辭》沒有說，但它肯定這是聖人治天下的職責，也是人道固有的內容。

變通是必要的，但舉措卻必須慎重。《繫辭上》說：「擬之而後言，議之而後動，擬議以成其變化。」作為聖人（就是大人），要提出什麼，不能不事先考慮，故必須「擬」。擬者度也，有衡量揣度之意。事先全面衡量，以防思慮不到。採取某種行動，須聽取下屬意見，以補自己不足。如此才能「成其變化」。《繫辭》的作者看到了歷史和現實中為人君、為人上者的獨斷專行，以致每每僨事，才提出了這樣一條帶有某種民主色彩的原則，不能不說是儒家思想的一種進步。可惜古來知此言者不少，而能行此言者不多，以致大動大壞，小動小壞，禍國殃民之事時有發生。

作為社會的人，儘管有地位高低、事業大小的諸多不同，但有一點是絕對相同的，這就是生命只是一個過程，有生必有死，死是任何人都無法逃避的事實。人應該怎樣來對待死呢？《繫辭上》說：「仰以觀於天文，俯以察於地理，是故知幽明之故。原始反終，故知死生之說。」無論是天文，或者是地理，儘管有明有暗，有微有著，都是一種現象，都是一個過程，都在不斷變化。人也不例外，從無到有，從小到大，從大到老，從老到死，任何人也不例外，這就是生命的規律。表述這個規律的言辭謂之「死生之說」。但知道此說是一回事，承認此說、接受此說又是一回事。其實理解它也不難，只要原其始而返其終，認真加以考察，也就理在其中了。

此外《繫辭》上、下篇還有不少言及個人修養的，尤以對「君子」，要求居多，如《繫辭上》說：「言行，君子之樞機，樞機之發，榮辱之主也。言行，君子之所以動天地也，可不慎乎？」樞指門戶，機指弩機的弩牙。人的言語行動，就是人的心扉，一旦出口，心扉也就敞開，內心世界隨即暴露。又像弩機的弩牙，一旦扣動，利箭離弦，再也無法收回。或榮或辱、或敗或成，在此一舉。《繫辭下》甚至還說：「吉凶悔吝者，生乎動者也。」人的吉凶禍福，全是自己的行動造成的，不可不慎。因此之故，慎動成了儒家的重要信條。

那麼，怎樣才能掌握住自己的言行，使之榮而不辱、吉而不凶呢？《繫辭》提出了至精、至變、至神和深極研幾的修養目標。《繫辭上》說：「是以君子將有為也，將有行也，問焉而以言；其受命也如響，無有遠近幽深，遂知來物，非天下之至精，其孰能與於此？」對自己的言行能解釋得透徹，對人家提出的問題能迅速加以解答，而且無論遠近幽深。要做到這一點，對自己，對他人，對客觀諸事物沒有一個精審的了解是不可能的，所以說「至精」。

《繫辭上》又說：「參伍以變，錯綜其數。通其變，遂成天下之文；極其數，遂定天下之象，非天下之至變，其孰能與於此？」至變即變化之極。天下事物是無比複雜的，時刻變化的。要了解這些變化，掌握這些變化，適應這些變化，就必須了解這些變化終極的規律，故曰之「至變」。

《繫辭上》還說：「無思也，無為也，寂然不動，感而遂通天下之故，非天下之至神，其孰能與於此？」至神即神妙之至，神速之至。修養到家的人平時「心若死灰」，什麼也不想，這就叫「寂然不動」。唯其平時寂然不動，保持著充沛的精力和清醒的頭腦，故一旦接觸客觀事物，就能迅速準確地做出反應，這就叫「至神」。

於己於人於事的了解能「至精」，於事物變化的掌握能「至變」，對外來的反映能「至神」，是否就可以動而能吉、事而有成呢？這還未必，關鍵在於主事者念頭萌動之「幾」。《繫辭上》說：「聖人之所以極深而研幾也，唯深也，故能通天下之志；唯幾也，故能成天下之務。」這裡的極深和研幾是兩個概念，極深指對客觀事物的深刻了解，研幾是對心念萌動的把握。幾者動之微，在離無入有之間。人的思想行為的善惡得失，往往取決於思想萌動的「幾」，它是善惡的區分點，成功與失敗的分界線。人要使自己的思想行為都能正確，合乎規範，就得「研幾」，即在「幾」上狠下一番功夫。「唯幾也，故能成天下之務」，這個心念最初的萌芽對行事的好壞起著決定性的作用，故儒家論修養，最講究幾上的功夫。

《繫辭》論修養，也有君子、小人之分，不過《繫辭》說的君子、小人不是按名位劃分，而是按德行高低和見識深淺劃分的。《繫辭下》說：「小人不恥不仁，不畏不義，不見利不勸，不威不懲。」這簡直是對小人的一幅畫像。什麼叫小人？不以不仁為恥，也不怕別人說他不義，對自己沒有好處的事絕對不幹。只是最後一條說得不準：「不威不懲」。懲有恐懼終止之意。真正的小人，不僅不威不懲，甚至威而不懲，直至喪身喪家而後罷。

《繫辭》也和《文言》一樣，鼓勵人為善而警告其作惡，而且論理更加深刻，警策性更強。《繫辭下》說：「善不積不足以成名，惡不積不足以滅身。小人以小善為無益而弗為也，以小惡為無傷而弗去也，故惡積而不可掩，罪大而不可解。」成名之善是日積月累而成的，滅身之惡也是日積月累而成的。小善積多了就成了大善，小惡積多了也就成了大惡。小人之所以成為小人就是因為不正視善惡之行由量變到質變這樣一個客觀的事實，以小善為無益而不為，於是終身無一善；以小惡為無害而不改，於是惡貫滿盈，罪不可解。

《繫辭》論人道，還言及到不少處理人際關係的原則。《繫辭下》說：「君子安其身而後動，易其心而後語，定其交而後求，君子修此三者故全也。危以動，則民不與也；懼以語，則民不應也；無交而求，則民不與也。莫之與，則傷之者至矣。」《繫辭》的作者在這裡論及了動、語、求的前提。人在社會交往中難免要開展一些需要他人參與的活動，因為需要他人參與，所以必須有一個根本性的前提：你自己必須站得住，這就叫「安其身」。如果你自己還未站穩腳跟，甚至還給人有幾分坍臺的傾危感覺，誰還敢參與？所以說「危以動，則民不與」。

不僅動如此，言也如此。孔子說：「不可與言而與之言失言。」說的是對說話的對象要有一定的了解。《繫辭》的作者把孔子的思想推到了更高的程度：「易其心而後語」，要了解到可以互相換心的程度。當然，易字也可以作另一種解釋，就是更換位置，站在聽者的立場想想，是否可以接受。如果不去換位置想，只圖自己痛快，衝口而出，聽者就會「懼而不應」，這是另一種解釋。

在與人的交往中最該慎重的莫過於向人提出要求了。求人是一件不容易的事，所以要「定其交而後求」。交情尚未確定，或者雖然確定而沒有一定的深度，隨隨便便提出，「則民不與也」。民，人也，他人之意。動、語、求三者都是有條件、有前提的，都必須慎重，否則，輕則於事不成，重則要跌大跤子，所以說「傷之者至矣」。

(三)《繫辭》反映的儒家歷史觀

儒家是崇聖論者，他們的歷史觀自然是英雄史觀，這點在《繫辭傳》中有著明確而系統的反映，但《繫辭》表現的歷史觀又是和它的天道觀、人道觀緊密聯繫的，在作者的筆下，人類不斷進步的歷史就是人對客觀事物不斷加深認識的歷史，是人類不斷認識自然、適應自然、改造自然的歷史。因為《繫辭》是解釋《易》的，故《繫辭》又將人類的歷史和《易》的產生與運用緊密結合了起來，《易》的形成就是人類文明史的寫照。這些自然也是當時儒家的觀點。

人類的文明史是從什麼時候開始的呢？《繫辭》的作者認為是從八卦的製作開始的（見圖2－1）。《繫辭下》說：「古者包犧氏之王天下也，仰則觀象於天，俯則觀法於地，觀鳥獸之文與地之宜，近取諸身，遠取諸物，於是始作八卦，以通神明之德，以類萬物之情。」古代先民仰觀俯察倒不一定是為了作八卦，但人對自然的認識確實是從「仰觀俯察」開始的，其中提到的「觀鳥獸之文與地之宜」，實際上是人從鳥獸的生活習性中琢磨出自己適應環境以生存的方法，後來的仿生學便出於此。

圖 2-1　包犧氏製作八卦

人類改造自然的第一大舉措是火的利用。由於有了火，人類改變了自己的生活習性，同時也改變了對大自然的利用。《繫辭下》說：「作結繩而為網罟，以佃以漁，蓋取諸《離》。」離者火也，人類因為學會了捕魚打獵，由以植物為食進而到以動物為食，繼而由生食進到熟食，改進了食物結構和飲食方法，從而大大加速了人類自身的發展。《離》卦的形成，記錄了人類進入到了漁獵時代，而且懂得了對火的利用。

繼漁獵之後，農耕時代開始了，於是《繫辭下》接著說：「包犧氏沒，神農氏作，斫木為耜，揉木為耒，耒耨之利，以教天下，蓋取諸《益》。」《益》卦《震》下《巽》上。《震》是東方之卦，是太陽升起的地方。《說卦》指出：「萬物出乎

圖2-2　神農氏炎帝

《震》，《震》，東方也。齊乎《巽》，《巽》東南也。齊也者言萬物之絜齊也。」萬物何以出乎《震》？齊乎《巽》？因為其時斗柄指向東方，正是春天，是萬物生長的時節。待斗柄指向東南方時，萬物已經「絜齊」了。而東南方正是《巽》卦的方位。絜齊即整齊之意。這樣一個象徵春天到來、萬物蓬勃生長的《益》卦的形成說明了什麼呢？說明了春天對生活在中國這塊土地上的人們有了特別的意義：一年的耕作開始了，其時社會進入了以神農氏炎帝（見圖2－2）開端的農耕時代。

農耕既興，物資豐富，而人們生活也有了更多方面的要求，於是產品交換的行為出

現，相傳又是神農氏炎帝規定「日中為市」。《繫辭下》接著寫道：「日中為市，致天下之民，聚天下之貨，交易而退，各得其所，蓋取諸《噬嗑》。」

《易傳·繫辭》為了誇大《易》的作用，總是將歷史顛倒著寫，因為火的利用，有了漁獵、熟食而有《離》，《繫辭》卻說成先有了《離》然後才有漁獵熟食。因為有耒耜農耕才有《益》，《繫辭》卻說成因為有了《益》人們才知道農耕。《噬嗑》也一樣。《噬嗑》是人類社會有了商品交換的歷史記錄，而不是人們從《噬嗑》中學會了商品交換。什麼叫《噬嗑》？王弼注《周易》解釋說：「噬，嚙也；嗑，合也。凡物之不親，由有間也；物之不齊，由有過也。有間有過，嚙而合之，所以通也。」《彖辭》：「頤中有物，曰《噬嗑》。」王注和《彖辭》都是立足於口中有物這一形象解釋的。口中有物，嘴巴必須閉著，所以說：「嗑者合也」。

反過來說，嘴巴閉著，而且鼓鼓囊囊地突出兩頤，口裡必定含著東西，所以說「頤中有物」。市場的作用在於「聚天下之貨」，這就叫合，也叫嗑。再說墟市是吃喝所在，口福所生，人們從貨物的聚散和「頤中有物」的吃喝創造了《噬嗑》。反過來說，《噬嗑》的形成，記錄了商品交換的歷史事實。

神農氏發明耒耜，人類進入農耕時代，完全改變了人的生活習性，是人類社會發展的一大轉機。因為有了這個基礎，所以繼神農之後的黃帝、堯、舜才能大有作為。《繫辭下》繼續寫道：「神農氏沒，黃帝堯舜氏作，通其變，使民不倦。神而化之，使民宜之。」黃帝、堯、舜「使民不倦」的結果，有了諸多發明創造。《繫辭下》接連舉了大量事實：「黃帝堯舜垂衣裳而天下治，蓋取諸《乾》、《坤》。刳木為舟，剡木為楫，舟楫之利以濟不通，致遠以利天下，蓋取諸《渙》。服牛乘馬，引重致遠以利天下，蓋取諸《隨》。重門擊柝以待暴客，蓋取諸《豫》。斷木為杵，掘地為臼，臼杵之利，萬民以濟，蓋取諸《小過》。弦木為弧，剡木為矢。弧矢之利以威天下，蓋取諸《睽》。」所謂「垂衣裳」簡單說就是穿著衣服。上衣為衣，下衣曰裳。衣服有了衣與裳的區別，是物質文明的一大發展。衣分上下體，於是反映到八卦上就有了《乾》、《坤》上體與下體的區別。乾、坤的上下體實際上也就是男女的上下體，這是「近取諸身」的實際運用。

乾、坤的另一概念是天高地卑，參之人事，於是產生了等級。也就是說由於社會出現了等級，才有了《乾》、《坤》二卦。乾、坤既定，人類社會有了尊卑等級，物質文明也有了極大的發展，人類對自然的認識逐步加深，諸多重大發明相繼出現。「刳木為舟，剡木為楫」，於是濟河致遠的舟楫出現。舟是行在水上的，風催水促，速度甚快，於是人們據以創作了《渙》卦。《渙》卦《坎》下《巽》上，《坎》為水而《巽》為風，象風在水上。《象傳》據以解釋說：「風行水上，《渙》。」所以，《渙》卦是有了舟楫之後的產物。

舟楫雖然便利，但它需要有江河湖港等水面作為前提。比起舟楫來，使牛駕馬更加方便，隨時可用，隨地可用，於是人們有了「隨」的概念，因而就構想了《隨》卦。隨者隨也，隨時之所宜也。

爭奪本是人類獲得生存條件的一種手段，社會雖然進步了，但強凌弱、眾暴寡的現象仍然存在，於是人們琢磨出種種對付的辦法。首先是防備：「重門擊柝，以待暴客，蓋取諸《豫》。」一層門戶不足以抵禦，於是設置多層，謂之「重門」。門戶還不保險，又派出人員於夜間巡防。巡防的目的在於及時給人們發出訊號，因而巡防者手擊木柝，報人平安，於是就有了後來的巡夜更鼓。因為這些措施都是敵人到來之前採取的積極防禦，人們從此就有了事先豫備的概念，《豫》卦也就因之產生了。

防備僅是在應敵過程中使自己不致於全然不知，有所準備，並不能使敵人不至，更不等於能夠制敵，制敵還需要有更為積極、更加有效的措施，於是「弦木為弧，剡木為矢。弧矢之利以威天下，蓋取諸《睽》。」為了對付敵人，發明了弓矢。弓矢可禦寇，也可為寇；可以抵禦別人的侵略，也可以侵略別人，但「聖人」發明的目的在於震懾強暴、安定社會，所以說「以威天下」。弓矢出現了，而且被廣泛使用了，於是就有了《睽》卦記載的夜行者張弓搭箭，接連幾場虛驚的生動故事。

神農以後，不僅物質文明有了重大發展，精神文明也有了長足的進步。「上古結繩而治，後世聖人易之以書契，百官以治，萬民以察，蓋取諸《夬》。」社會的進一步發展，文字出現了，改變了上古結繩記事的局面。由於有了文字，於是書契出現了，政律產生了，百官治理有了章程，百姓行為有了規範，萬事有了決斷。因而也就有了《夬》卦。

此外，《繫辭下》還隱隱約約地提到了「禮」的產生。「古之葬者，厚衣之以薪，葬之中野，不封不樹，喪期無數。後世聖人易之以棺槨，蓋取諸《大過》。」以《大過》比喪禮雖然勉強，但後世「聖人」改上古之不封不樹為有封有樹，標誌著喪禮產生，於是人們開始有了具體的禮儀。

圖2–3　黃帝

《繫辭》述史，集中在下篇開頭，從「古者包犧氏」至「蓋取諸《夬》」，按朱熹章句，為下篇第二章，提到包犧氏、神農氏、黃帝、堯、舜等五人，乾、坤、舟楫等九事，敘事清楚，觀點鮮明，有條不紊，保留了不少很有價值的上古史資料，為某些史學問題的聚訟提供了分辨真偽的依據。如神農與黃帝（見圖2—3）的關係問題，自《國語・晉語》提出「昔少典娶於有蟜氏，生黃帝、炎帝」以後，不少人視為定論，《繫辭》卻說「神農氏沒，黃帝堯舜氏作」，明確提出神農和黃帝之間也和神農與包犧之間一樣，是兩個相去甚遠的歷史時代。《繫辭》的成書雖然在《國語》之後，但卻反映了孔子之後的儒家觀點，應該是有一定依據的。

《繫辭》述史，雖然條貫清楚，因為附會於卦，故不為史家重視，但只要透過表面的卦的迷霧，就其內容觀點而言，確是一篇不可多得的史論。同時也從反面說明，《易》並非成於一時，更非出自一人之手。

四《繫辭》反映的儒家方法論

《繫辭傳》因為有「形而上者謂之道，形而下者謂之器」之說，曾經受到人們的誤解，以為它是反辯證法的「形而上學」。實際上它們完全是兩類不同的事物，除了「形而上」三字相同而外，其他並無共同之處。「形而上者謂之道，形而下者謂之器」，表述的是三個不同的概念，即道、形、器，也就是物質形成的三個序列。道即「一陰一陽之謂道」的道，指的是氣前無聲無形但卻已判分為陰陽的原始物體。「形」指初具形體的氣，也就是儒家最愛引用的「太極」。「器」則指有形有質的物，而並不單指用器，故韓康伯解釋說「成形曰器」。「形而上者謂之道，形而下者謂之器」實際上是承「是故易有太極，是生兩儀」而來的，是對上文的總結。道就是所謂的「易」，形就是「太極」，器指天地萬物，講的是萬物的變化，所以緊接著又說「化而裁之謂之變」。「化」是陰陽之道對宇宙萬物的變化，「裁」指聖人對社會舉措的裁決，無論是化是裁，都在變，所以「變」是《繫辭傳》思想的核心。這種思想方法雖然與以孔孟為代表的儒家有些距離，但與荀子的思想是非常接近的。

《繫辭》發展變化的觀點是相當徹底的。天地之所以為天地是發展變化的結果：「在天成象，在地成形，變化見矣。」萬物之所以為萬物更是發展變化的結果：「剛柔相摩，八卦相蕩，鼓之以雷霆，潤之以風雨，日月運行，一寒一暑，乾道成男，坤道成女，乾知大始，坤作成物。」不僅有形有質的物是發展變化的，無形無質的物也是發展變化的：「精氣為物，遊魂為變，是以知鬼神之情狀。」天地既是發展變化所成之物，更是促成他物發展變化之物：「夫乾，其靜也專，其動也直，是以大生焉；夫坤，其靜也翕，其動也辟，是以廣生焉。」天地「生」萬物是生生不息、往來無窮的：「闔戶謂之坤，辟戶謂之乾，一闔一辟謂之變，往來不窮謂之通，見乃謂之象，形乃謂之器。」天地間發展變化之物不僅是天上可見的「象」，地下成形的「器」，所有已成形的，未成形的，可見的，不可見的，無不在發展變化之中：「天地絪，萬物化醇；男女構精，萬物化生。」

不僅一切自然現象是發展變化的，一切社會現象也是發展變化的，首先表現在歷代「聖人」。聖人無不由無位到有位，又由有位到無位。「包犧氏沒神農氏作，神農氏沒黃帝堯舜氏作」，一代交過一代，一代接過一代，任何人都不可能停止不動。不僅在位的人變，各代的「功業」也在變：包犧氏作，結繩以為網罟；神農氏作，為耒耜以教耕種；黃帝堯舜垂衣裳而治天下。概括歷史的經驗：「窮則變，變則通，通則久。」人類的歷史就是發展變化的歷史。「聖人」和他的事業是發展變化的，人的生命本身也是發展變化的，表現為生與死的交替：「原始反終，故知死生之說。」生命表現為生與死的交替，而生命的過程又表現為禍與福的交替：「吉凶悔吝者，生乎動者也」，沒有永恆的吉，也沒有永恆的凶。「危者安其位者也，亡者保其存者也，亂者有其治者也」，一切都在向其反面轉化。

自然與社會都在變化，故概括自然與社會的《易》更是變化的總匯。《繫辭下》說：「《易》之為書也，廣大悉備，有天道焉，有人道焉，有地道焉，兼三材而兩之，故六。六者非它也，三材之道也。道有變動，故曰爻；爻有等，故曰物；物相雜，故曰文；文不當，故吉凶生焉。」

或以為《繫辭傳》體現的發展變化觀點「基本上是循環的」，沒有什麼真正的新事物出現，理由是《繫辭下》說：「日往則月來，月往則日來，日月相推而明生焉；寒往則暑來，暑往則寒來，寒暑相推而歲成焉。」其實這是誤解，甚至是有意的曲解。一則《繫辭》言發展變化並不限於日月交替、寒暑相推，如說萬物之生：「天地絪，萬物化醇，男女構精，萬物化生。」說萬物之變：「化而裁之謂之變。」「窮則變，變則通，通則久。」說除舊布新：「富有之謂大業，日新之謂盛德。」二則日月、寒暑也只是現象上的重複，因為日月、寒暑本身無時無刻不在變化，未來的寒暑絕不是已去寒暑的重複。

和發展變化的觀點相聯繫，反映在《繫辭傳》中對立統一的觀點更是非常突出。在作者的筆下，天地萬物無一不是對立的統一。生成宇宙萬物的原始物質本身就是對立統一的：「一陰一陽之謂道。」宇宙化生之後是對立統一的：「易有太極，是生兩儀。」天地所處的位置是對立統一的：「天尊地卑，乾坤定矣。」天地的性質是對立統一的：「動靜有常，剛柔斷矣。」天地之間所有各物是對立統一的：「方以類聚，物以群分，吉凶生矣。」萬物的存在是對立統一的，萬物的變化發展也是對立統一的：「剛柔相摩，八卦相蕩；鼓之以雷霆，潤之以風雨。」沒有剛柔不能相摩，沒有八卦不能相蕩，沒有雷霆不能鼓動，沒有風雨不能滋潤，而沒有相摩相蕩，沒有鼓動滋潤就不可能變化發展。《繫辭》的作者進而認為，沒有對立統一就沒有事物，而《易》的原理也全在這對立與統一之中，《繫辭上》說：「乾坤其《易》之縕邪？乾坤成列而《易》立乎其中矣，乾坤毀則無以見《易》；《易》不可見，則乾坤或幾乎息矣。」縕者淵藪根本之謂，《易》理以乾坤為標誌的對立統一為根本，對立統一沒有了，因對立統一而形成的乾坤也就毀滅了；乾坤毀滅了，《易》理也就不存在了。反過來說，《易》理不存在了，乾坤也就沒有了。

《繫辭》講對立統一還有一個特點，既從對立講統一，又從統一講對立。如「一陰一陽之謂道」，「一闔一辟謂之變」，「日月相推而明生焉……寒暑相推而歲成焉」，「天尊地卑，乾坤定矣；卑高以陳，貴賤位矣」，「是故愛惡相攻而吉凶生，遠近相取而悔吝生」，都是從對立說統一。「是故易有太極，是生兩儀，兩儀生四象，四象生八卦，八卦定吉凶，吉凶生大業」是從統一講對立。從對立講統一時有「合二而一」之意，說的是任何事物都是由矛盾的對立物組成的。從統一講對立時有「一分為二」之意，說的是任何事物都可以區分為兩個矛盾的對立面。但無論從對立講統一，或者從統一講對立，都是講的同一事物的兩個不同方面，其內在性質並無區別。

《繫辭》講對立的統一是有它規定的條件的，失去了條件，對立的雙方就會發生轉化，就會改變統一的性質。這個規定的條件就是「度」，就是「中」。

《繫辭下》說：「其出入以度，外內使知懼。」「度」是規定事物性質的，過「度」就會有危險，固而必須「知懼」。又說：「二與四同功而異位，其善不同。二多譽，四多懼，近也。柔之為道，不利遠者，其要無咎，其用柔中也。」二、四指一卦中的二爻和四爻，二、四都是陰位。雖然同是陰位，但「二」多美譽而「四」多恐懼，其原因是「四」距「五」太近，有些過度，而「二」正好居中。性柔而位中，所以「多譽」。這就警告人們無論處理什麼事，都應注意度，哪怕是站立的位置，也要注意應該有的距離，否則就會產生「恐懼」，而這些在人們生活中，特別是政治生活中，又尤其在高級政治生活中是經常發生的。

陰不居中不好，陽不居中是否就好呢？也不好。《繫辭上》說：「亢龍有悔，子曰：貴而無位，高而無民，賢人在下位而無輔，是以動而有悔也。」「亢龍有悔」是

《乾》卦第六爻「上九」爻辭。《乾》卦第五爻是君位，如今到了第六爻，已經過度，所以說「貴而無位」，「是以動而有悔也」。可見陽也是不能過度的，過度同樣有悔。

卦爻不能過度，人事就更不能過度了。《繫辭下》說：「德薄而位尊，知小而謀大，力小而任重，鮮不及矣。《易》曰：『鼎折足，覆公餗，其形渥，凶。』言不勝其任也。」德與位，智與謀，力與任，相互間都有一定的量的規定，一定的德只能居一定的位，一定的智慧只能籌畫出一定的謀略，而一定的力氣只能負擔一定的重量，過量就要出事，所以說「鮮不及矣」。

大事如此，小事也是如此。《繫辭上》說：「《易》曰：負且乘，致寇至。負也者，小人之事也；乘也者，君子之器也。小人而乘君子之器，盜思奪之矣。上慢下暴，盜思伐之矣。慢藏誨盜，冶容誨淫。《易》曰：負且乘，致寇至，盜之招也。」強盜是人人必須防備的，但這個背著包袱又騎著馬的人不僅未能備盜，反而招來了強盜，原因是他的行為反常，超過了應有的「度」。如果只背包袱不騎馬，強盜會以為他是沒有錢的「小人」，不加注意。如果只騎馬不背包袱，又以為他雖然是有錢的「君子」，但不一定帶著錢，也不會太注意。如今既背包袱又騎馬，行為反常，是有意掩飾，肯定有錢，於是強盜就下手了。以此推之，居上位的人平易是必要的，但不能失之輕慢。在下位的人嚴肅一點也是可以的，但不能形成暴戾，輕慢、暴戾都是過「度」，都要出事。與之相類似，錢財看得輕一些是好的，但如果過於隨便，不予收藏，就會誘發他人的偷盜心理。女人適當的梳妝是必要的，但過於講究，無端打扮得花枝招展，無異在勾引男人。「慢藏誨盜，冶容誨淫」，是對不注意「度」與「中」而產生惡果的生動比喻，是儒者們經常引用的格言。

《繫辭》的作者還認為，對立面的雙方雖然可以互相轉化，但只要控制在一定限度內，轉化的結果並不影響統一物的性質。《繫辭下》說：「往者屈也，來者信（伸）也；屈信相感而利生焉。尺蠖之屈，以求信也；龍蛇之蟄，以存身也；精義入神，以致用也；利用安身，以崇德也。過此以往，未之或知也。」尺蠖按一定的幅度屈伸是為了前進；龍蛇在一定的時間內潛伏不動是為了保存生命。研究精微的義理是為了致用，考慮一定的物質利益使之能夠安身，是為了增進自己的道德修養。「過此以往，未之或知也」，超過了應有的限度，性質就變了，事物就會向反面轉化，前進成了倒退，存生成了毀生，致用成了無用，增進道德就成了蛻化變質。《繫辭》所有這些思想，與儒家的另一經典《中庸》是完全一致的。

(五)《繫辭》中義理與象數的關係

《繫辭》雖然著重文、字二義，但《周易》是和象數分不開的，故《繫辭》不能不涉及象數。《繫辭》關於象數方面的記載主要有兩個方面，一是關於成卦的方法，一是關於變卦的原則。《繫辭》說：「大衍之數五十，其用四十有九。分而為二以象兩，掛一以象三。揲之以四以象四時，歸奇於扐以象閏。五歲再閏，故再扐而後掛。」「是故四營而成易，十有八變而成卦。」

「五十」指占卦時所用蓍草的根數（蓍草後世改用籌策）。為什麼五十而只用四十九？《繫辭》本身沒有解釋，後世諸儒解說不一，有說得很玄的，也有說得比較實的。說得最實的要算後漢荀爽了。荀爽認為：《周易》八卦，每卦六爻，六八四十八；加《乾》、《坤》，共五十。《乾》卦第一爻「潛龍勿用」，既然勿用，所以去一，只用四十九。此說雖則簡單明瞭，但實在勉強，因為有六爻的不是八卦，而是六十四重卦，作為《周易》基礎的八卦又並無六爻。何以只用四十九，雖然解釋不一，但操作是一致的，歷來占卦雖然備有五十，而實際只用四十九根。

「分而為二以象兩」，在理論上以「太極生兩儀」為依據，實則是將四十九根籌策隨手分作兩份。「掛一以象三」以下一連五句都是講的成卦的方法，但十分含混。如按《繫辭》說的機械操作，無法成卦。

然而實際上並不複雜。將四十九根籌策先挑出一根放在一邊，即所謂掛一，既起記數作用，又起奇偶數的調節作用，然後隨手分作兩份。先拿過左邊一份，四根四根地分數，即所謂「揲之以四以象四時」，將分數所得放在一邊，最後剩下的無論多少，棄置不用。左邊數完，再數右邊，將所得與左邊數得的放在一起，剩餘照例棄置不用。左右兩份數完，兩次所得歸於一處，第一演算便告結束。接著是第二次演算開始。將前面兩次數得的籌策握在手中，從中抽出一策放在掛一的地方，再隨手分作兩份，按上面的方法分數，直至數完。第三次演算時將第二次演算所得合在一起，從中抽出一策放在一開始「掛一」的地方，再隨手分開，直至分數完畢。

三演算結束，其結果必然是以下各數之一：或三十六，或三十二，或二十八，或二十四。然後以四去除，其商或九，或八，或七，或六。如果是九、是七，便記作陽爻「⚊」，如果是八、是六，便記作陰爻「⚋」。於是一爻出來了。一個重卦是六爻，每爻得演算三次，三六一十八，所以說「十八變而成卦」。這種演算法便是著名的「《周易》大衍筮法」。

《繫辭》在提出「大衍之數五十，其用四十有九」的同時又提出了天數、地數之說：「天數二十有五，地數三十，凡天地之數五十有五，此所以成變化而行鬼神也。」所謂「天地之數」指的是十以內各數。從一到十，單數（奇數）為陽，即天數；雙數（偶數）為陰，即地數。一、三、五、七、九為天數，其和為二十五，所以說「天數二十有五」。二、四、六、八、十為地數，其和為三十，所以說「地數三十」。兩個數字加起來，其和為五十五，所以說「凡天地之數五十有五」。因為《繫辭》有「此所以成變化而行鬼神」的話，所以一般以天地之數減六爻各商數之和以求變爻。

或以為自「大衍之數」以下一節是竄入之篇，不屬《繫辭》內容，實則不然。《周易》本是卜筮之書，儘管《易傳》將它提到了系統理論的高度，但不可能完全不保留它原來的面目；如果完全改變了它的本色，也就不叫《易傳》。而且歷來「玩」《易》的人不僅玩味它的義理，同時也玩味它的象數，借象數的偶然性以補充自己的邏輯思維。故《繫辭》的作者借孔子的話總結《易》的功用說：「《易》有聖人之道四焉：以言者尚其辭，以動者尚其變，以製器者尚其象，以卜筮者尚其占。」四者指的是言辭之用、義理之用、製器之用和占卜之用。四者之中除「製器者尚其象」是歷史的顛倒外（見本節第三部分），其他都是實際存在的，是題中應有之義。

五、闡述天道、地道與人道的《說卦傳》

《說卦傳》顧名思義就是為八卦立說之傳。《周易正義》解釋說：「《說卦》者陳說八卦之德業變化及法象所為也。孔子以伏犧畫八卦，後重為六十四卦。八卦為六十四卦之本，前《繫辭》中略明八卦小成，引而伸之，觸類而長之，天下之能事畢矣。」六十四卦以八卦為本，本立而後枝幹立，故《說卦》要集中解說「八卦之德業變化及法象」。然則八卦的德業和法象又包括了哪些呢？《說卦》開篇就說：「昔者聖人之作《易》也，幽贊於神明而生蓍，參天兩地而倚數，觀變於陰陽而立卦，發揮於剛柔而生爻，和順於道德而理於義，窮理盡性以至於命。」從具體的蓍到抽象的數，從氣的陰陽到性的剛柔，從義理道德到生命始末，舉凡宇宙間各種道理和現象，無不包括在內。故

《說卦》接著說：「昔者聖人之作《易》也，將以順性命之理，是以立天之道，曰陰與陽；立地之道，曰柔與剛；立人之道，曰仁與義。兼三才而兩之，故《易》六畫而成卦；分陰分陽，迭用柔剛，故《易》六位而成章。」

「聖人」當年如何構想出八卦，我們無從知道，《易》的卦爻辭也未作任何有關的說明，但通過《說卦》作者這番精到的解說，以八卦為基本內容的《易》確乎是一個「與天地準」的無比巨大的思想體系，天道、地道、人道盡在其中，而且又顯得那樣自然，那樣有章有序，使你不能不信。傳統的說法以為《易傳》是孔子所作，自然不可信，但它必定出自以孔子為代表的儒家之手，因為只有儒家才有這樣立天、立地、立人的雄偉思想，才有那種「舉而錯之天下之民」的非凡氣魄。

六合之內，事物萬千，何者最貴？《說卦》的作者舉出了三項：天、地、人！在上為天，在下為地，其中為人，各有分疆。無限大的天從什麼角度才能說明它的特點呢？無所不有的地，什麼才是它的本質呢？人之所以為人，其基本點又在哪裡呢？要說明這樣的問題，實非易事，而作者卻僅用陰陽、柔剛、仁義六字，輕鬆地作了回答。現象也確實如此，天有陰晴，月有圓缺，白天黑夜，寒來暑往，無不是陰陽交替，故無陰無陽就不成天。地上事物甚多，而最多莫過山和水，而山是硬的，水是輕的，山剛而水柔。不僅山水，其他所有事物門類甚多，非剛柔無以概括，當今的所謂軟件、硬件分類就是例子。故有剛有柔才成地。和無陰陽不成天，無剛柔不成地一樣，無仁義就不叫人。

「立人之道曰仁與義」，是把仁義作為人的本質特點來考慮的，故其反命題便是無仁與義非人，把無仁無義的人排除在人的範圍之外。無仁無義便不叫人，自然不夠全面，但這僅是提倡仁義的儒家質而言之的說法，是一個以儒家的價值觀為取向的特殊命題。

要解釋清楚天道、地道與人道本來不易，而要將三項解釋有機地聯繫起來就更難了，《說卦》的作者做到了這點，陰陽、柔剛、仁義不但分別解釋了天道、地道和人道，而且三者又互相貫通。天道的陰陽反映在地道就是柔剛，反映在人道就是仁義，這就是《繫辭上》說的「一陰一陽之謂道，繼之者善也」的具體化。人繼天道之陰陽以成性，這個性的本質就是仁義。生生之謂仁，成之之謂義，天生地成，故仁又可理解為天道，義又可理解為地道，仁與義比較，仁是主要的，所以仁又為陽，義又為陰。這樣由天到地，由地到人，一而貫之，八卦的原理也就全在其中了，八卦的三爻是代表天地人三才的。單卦不足以盡事，所以要「兼三才而兩之，故《易》六畫而成卦」。有了六畫，表示物多了，不僅能分陰陽，而且能在內部以二、四為陰，三、五為陽，所以說「迭用」。這個合天地人於一、合八卦與人事於一的龐大思想體系，竟能在幾十字的短文中鮮明而深刻地體現出來，難怪歷來注家都要反覆強調此篇是孔子為了「備說重卦之由及八卦所為之象」而作了。

上面說的全是「重卦之由」，以下才是「八卦之象」。比起解說重卦之由的份量來，八卦之象就顯得淺薄多了，而且頗多牽強，但也有它自己的體系。《說卦》總論八卦之象說：「雷以動之，風以散之，雨以潤之，日以烜之，《艮》以止之，《兌》以說之，《乾》以君之，《坤》以藏之。」《震》為雷，雷主動；《巽》為風，風主散；《坎》為水，水主潤；《離》為火，能給人溫暖，故主幹；《艮》為山，山是不動之物，故主止。《兌》為澤，為口，為少女，少女是人生最歡樂的時期，故主悅（「說」同「悅」）。因為是口，所以也主言說之說。《乾》為天，主宰一切；《坤》為地，收藏一切。這樣，八卦的基本卦象和卦德也就具備了。

這些某卦為某物的人為配屬，儘管有著相當程度的穿鑿，但相互間卻也能構成一個比較完整的體系。《說卦》進一步發揮說：「動萬物者莫疾乎雷，橈萬物者莫疾乎風，燥萬物者莫熯乎火，說萬物者莫說乎澤，潤萬物者莫潤乎水，終萬物始萬物者莫盛乎《艮》。故水火相逮，雷風不相悖，山澤通氣，然後能變化，既成萬物也。」說明這種配屬不是隨意的，而是選取了宇宙間幾種對促成萬物生長變化最起作用的物質，從而構成了天地運轉的體系，也構成了八卦運轉的體系。

《說卦》不僅以八卦類比自然，使其分別代表各種不同的物質，同時還以八卦類比家庭，使各卦分別代表家庭的不同成員，「《乾》天也，故稱乎父。《坤》地也，故稱乎母。《震》一索而得男，故謂之長男。《巽》一索而得女，故謂之長女。《坎》再索而得男，故謂之中男。《離》再索而得女，故謂之中女。《艮》三索而得男，故謂之少男。《兌》三索而得女，故謂之少女。」一索再索，分別指陰爻或陽爻居於第一或第二位。通過這樣的類比，《乾》天《坤》地的自然序位進入了家庭，從而更加鞏固了《乾》父《坤》母的人倫關係。

六、借序卦以序人倫的《序卦傳》

《序卦》是一篇企圖從人倫事理角度解釋六十四卦排列秩序的文字，雖不免牽強，但也在一定程度上說明了各卦彼此間的關係，而這些關係，又在相當大的程度上體現了儒家的人倫思想。如在解釋《屯》、《蒙》、《需》、《訟》、《師》、《比》諸卦之間的關係說：「有天地然後萬物生焉。盈天地之間者唯萬物，故受之以《屯》。屯者盈也；屯者物之始生也。」有天地然後生萬物，在順序上是承前面的《乾》、《坤》二卦而來的，在宇宙萬物生成的序列關係上也大致合理，因為地球上的各物種都是在天地形成之後才有的。萬物始生之謂屯，故《屯》卦緊承《乾》、《坤》之後。萬物既生，宇宙間充滿了生機，所以又說「屯者盈也」。說的是萬物的起源（不含天地），而人類也自然在其中了。又說：「物生必蒙……《蒙》者蒙也，物之稚也，物稚不可不養也，故受之以《需》。」暗弱幼小之謂蒙，《蒙》卦指的是人、物生長的幼小階段，所以說「《蒙》者蒙也」。無論是人或是動物，既然在幼小階段，就必須撫養，「故受之以《需》」。「養」與「需」之間是什麼關係呢？

《序卦》接著說：「《需》者飲食之道也。」《需》被解作飲食之道，根據在於《需》卦《象辭》：「雲上於天，需，君子以飲食宴樂。」飲食是人所必須的，因為都必須，於是就產生了爭奪。「飲食必有訟，故受之以《訟》」。訟者爭也。不僅爭吃的，而且爭用的，爭一切有使用價值的；不僅一人爭，而且多人爭，甚至結成團伙爭。為了爭奪的勝利，自然是參加的人越多越好，所以「訟必有眾起，故受之以《師》」。師者眾也，反映了爭奪的規模。

參與爭奪的人也不是無緣無故的，或為親朋戚友，或因利害相關，必有一定的關係，所以《序卦》接著又說：「師者眾也，眾必有所比，故受之以《比》。」比者親也，人各親其所親，於是固定的群體出現，人類社會開始形成了，也開始複雜了。

這個由天地到萬物，由物的始生到人的始生，由生命本能到生存競爭，由個體到群體的卦與卦之間的關係，使我們看到了自人類出現到人類社會形成的大體線索。這個線索告訴人們，社會形成了，紛爭四起了，迫切需要調整和治理，所以，緊接著就是起過渡作用的《小畜》，然後就是《履》。履者禮也，禮治是儒家的宗旨，而這個宗旨不是儒家自己主觀確定的，它被解釋為社會發展的必然，「天生烝民，作之君，作之師」，非如此社會就不能維持，更不能發展。

六十四卦由《乾》而《坤》，由《坤》而《屯》，由《屯》而《蒙》，由《蒙》而《需》，由《需》而《訟》，由《訟》而《師》，由《師》而《比》，由《比》而《小畜》，而《履》的排列次序不管最初的排列者出於什麼目的，但經《序卦》如此說明解釋，確乎有了它內在的邏輯關係，而這種關係正是儒家所需要的，也許卦序的排列者原本就是《序卦》的作者。

明儒王夫之以為《序卦》「非聖人之書」，理由之一就是「有天地而後萬物生焉」的提法不合聖人思想。王夫之在《周易外傳・序卦傳》中說了一大堆關於「陰陽之往來無淹待而向背無吝留」的道理之後肯定地說：「天地不先，萬物不後，而《序傳》曰『有天地而後萬物生焉』，則未有萬物之前先有天地，以留而以待也，是以知《序卦》非聖人之書也。」

王夫之以為天地萬物都被概括在《乾》《坤》之中，《乾》、《坤》就是一切，一切就是《乾》、《坤》，所以說「天地不先，萬物不後」。其實這僅是對《易》理的冥想，而決不是事實。如果不先有天地，這萬物又生在何處？我們認為，《序卦》當然不是「聖人」自己所作，但確實是為聖人而作的，因而是「聖人之書」。

《序卦》也按《易經》分上下經而分前後兩部分，前一部分主要講社會構成，後一部分主要講社會倫理。後一部分開篇便說：「有天地然後有萬物，有萬物然後有男女，有男女然後有夫婦，有夫婦然後有父子，有父子然後有君臣，有君臣然後有上下，有上下然後禮義有所錯（措）。」這裡儘管「萬物」和「男女」之間的序列關係有些混淆，但自「有男女」以下各順序的排列是非常有道理的。「有男女然後有夫婦」，儘管人類從「有男女」到「有夫婦」經過了無法知道的漫長年代，但夫婦畢竟產生在有「男女」之後，而且它又是構成封建倫理的第一塊基石。「有夫婦然後有父子」的父子表面看來似乎十分平常，但作為封建根基的宗法正出自父子關係的嫡、庶，它是夫婦關係的發展，更是君臣關係的緣由。有了君臣便有了上下，有了上下便有了等級差別，既有等差而又要使社會安定，於是「禮義」就派上了用場。

這個以夫婦做為基點的解說，實質上是對《咸》卦的解說。韓康伯於此作注說：「言《咸》卦之義也。凡《序卦》所明，非《易》之縕也。蓋因卦之次托以明義。《咸》柔上而剛下，感應以相與，夫婦之象，莫美乎斯。人倫之道，莫大乎夫婦，故夫子殷勤深述其義，以崇人倫之始，而不繫之於《離》也。先儒以《乾》至《離》為上經，天道也；《咸》至《未濟》為下經，人事也。夫《易》六畫成卦，三材必備，錯綜天、人以效變化，豈有天道、人事偏於上下哉？斯蓋守文而不求義，失之遠矣。」

韓康伯關於「人倫之道莫大於夫婦」的議論是很有見地的。因為《序卦》原文未分章節，緊接上文「《離》者麗也」而來，而自「有天地」起直至「然後禮義有所錯（措）」，全文又未提及《咸》卦，人們容易誤會為仍在解釋《離》卦，所以有「而不繫之於《離》也」的話。原文是這樣的「坎者陷也，陷必有所麗，故受之以《離》。離者麗也。有天地然後有萬物，有萬物然後有男女……」

《序卦》解釋《咸》卦而不指明《咸》卦，是為了要在體例上與《乾》《坤》保持一致。因為上篇是從《乾》、《坤》之解《屯》、《蒙》起端的，所以下篇從《咸》後的《恆》卦開始，而不直接提出《咸》卦。《序卦》接著說：「夫婦之道，不可以不久也，故受之以《恆》。恆者久也，物不可以久居其所，故受之以《遁》。遁者退也，物不可以終遁，故受之以《大壯》。物不可以終壯，故受之以《晉》。晉者進也，進必有所傷，故受之以《明夷》。夷者傷也，傷於外者必反於家，故受之以《家人》。家道窮必乖，故受之以《睽》。睽者乖也，乖必有難，故受之以《蹇》。蹇者難也，物不可以終難，故受之以《解》。解者緩也，緩必有所失，故受之以《損》。損而不已必益，故受之以《益》。」這段文字從寫夫婦之道的《咸》卦出發，至《恆》，至《遁》，至《大壯》，至《晉》，至《明夷》，至《家人》，至《睽》，至《蹇》，至《解》，至《損》，至《益》，以及後面的《夬》《姤》接連十三卦，都在圍繞著夫婦關係這個「人倫之始」作文章。

夫婦關係是不可不長久的，所以「受之以《恆》」。夫妻因朝夕相處，不可能沒有矛盾，關係也不可能始終停留在起始的熱點上，所謂「物不可以久居其所」。出現這種情況，首先做丈夫的應該高姿態，作某些退讓。「故受之以《遁》」但退讓也有限度，丈夫的尊嚴不能全丟了，「故受之以《大壯》」。大丈夫能屈能伸，該遷就的還得遷就，「故受之以《晉》」。《晉》卦是扶陰抑陽的卦，「晉」得過度，就會造成傷害，「故受之以《明夷》」。但家畢竟是家，在外面受到傷害還得靠家庭的溫暖來安慰，

「故受之以《家人》」。家有家的原則，失去了原則就會發生問題，乃至產生婚變，不能不引起警惕，「故受之以《睽》」。婚變不一定發生，但矛盾總是難免，「故受之以《蹇》」。有矛盾必須解決，至少要使矛盾緩和，「故受之以《解》」。緩和矛盾必須有一方作出讓步，對讓步的一方來說可能有些損失，「故受之以《損》」。一方有損失，另一方就得利，「故受之以《益》」。受益的一方必須適可而止，如果爭強沒完，就會造成關係破裂，「故受之以《夬》」。萬一破裂了也沒關係，還可以遇到更適合的，「故受之以《姤後》」。通過這樣十幾個連環結的解說，夫妻間可能出現的種種情況和問題，無一不在其中。一個家庭能事先注意這些，自然就「齊」了，「家齊而後國治，國治而後天下平」，儒家的目的也就達到了。從排列卦序的解說智慧，反映了易學對儒學建構與發展的理論貢獻。

七、堅持對立統一的《雜卦傳》

什麼叫《雜卦》？韓康伯解釋說：「雜卦者雜揉眾卦，錯綜其義，或以同相類，或以異相明也。」它的特點在於提供了一套不同於《序卦》卦序的排列次序，按卦義的相同相反來闡明《易》理。因為相同的背面是相反，而相反的背面又是相同，故《雜卦》揭示的全是反映在《周易》諸卦之間對立統一的關係。明儒王夫之在《周易內傳・雜卦傳》中說：「《周易》六十四卦，為三十二對耦之旨也，而《傳》為言，其性情功效之別焉。」王氏此說既得《周易》之旨，更得《雜卦》之要。

《雜卦》的「雜」，是《繫辭》「六爻相雜」之義。《雜卦》就是講雜爻成卦的一首卦義歌。它的卦序據研究與原卦爻辭有一致性，恐是更為原始的易卦序❷。

《雜卦》開篇說：「《乾》剛《坤》柔，《比》樂《師》憂。《臨》、《觀》之義，或與或求。」《雜卦》在這裡一連揭露了三對矛盾：剛和柔的矛盾，樂和憂的矛盾，與和求的矛盾。《乾》天《坤》地，兩者的地位是對立的。一剛一柔，性質是對立的。而《乾》、《坤》在次序排列上又是相鄰的卦。《比》樂《師》憂說的是《比》卦和《師》卦的對立。《比》卦和《師》卦構成了一對。比者親也，師者眾也，一親一眾又如何成了一樂一憂呢？這是從卦義的相互制約的關係提出的問題。比者親也，指有人親近或親近別人。無論是有人親近或者親近別人，都是好事，能給生活帶來樂趣，給事業帶來幫助。但「比」也得有節制，不能發展到「師」的程度。「師」者眾也，眾動曰師，如若因「比」而成「師」，小則聚眾鬥毆，大則聯軍伐國，於是《比》的快樂沒有了，帶來的是《師》的憂患。「師」為什麼一定會「憂」呢？《師》卦六五爻辭說：「長子帥師，弟子輿尸，貞凶！」

「與」與「求」是社會生活中常見的現象，也是人們不可避免的社會行為。人不可能不要別人的幫助，故不可無求。也不應當不幫助別人，故不能無與。「與」是奉獻，是付出；「求」是索取，是回報，二者是對立的。要索取就必須奉獻，有了奉獻才有可能索取，所以二者又是統一的。儒家提倡「仁」，仁者愛人，愛就是奉獻，雖然奉獻的反面是回報，但儒家並不提倡索取，卻用「義」來對自己進行約束，因為儒家追求的理想人格是「聖」。當然，熱心奉獻的人會得到社會的回報，所以孔子說「德不孤，必有鄰」。

《乾》、《坤》、《比》、《師》、《臨》、《觀》不僅是卦義相對，而且卦體也是相對的。《乾》卦上下都是《乾》（䷀），《坤》卦上下都是《坤》（䷁）全體相對，《比》卦《坤》下《坎》上（䷇）、《師》卦《坎》下《坤》上（䷆）半體相對。《臨》卦《兌》下《坤》上（䷒）。《觀》卦《坤》下《巽》上（䷓），半體相對。故王夫之論《雜卦》多從卦體的異同出發。

人們認識事物，貴在發現事物的苗頭，以把握事物向有利的方面發展。故《雜卦》抓住《震》、《艮》、《損》、《益》的卦象和卦義解釋說：「《震》起也，《艮》止也；《損》《益》盛衰之始也。」

《震》卦的卦體是《震》下《震》上（䷲），《震》是兩陰一陽，陽在兩陰之下。論地位，陽比陰低；論力量，陽比陰小，然而它是陽，是新興發展中的力量，最後必定起而代之，所以說「起也。」《艮》卦卦體《艮》下《艮》上（䷳）在上，兩陰在下。陰的勢力正旺，但已經遇到了陽的阻遏，雖然只是單陽，然而他是新興的勢力，是發展中的勢力，最後必能阻止陰的前進，所以說「止也」。

與《震》、《艮》屬於同類現象，《損》與《益》則是盛衰的開始，所不同的是《震》、《艮》是借卦象來表示，而《損》、《益》則是通過卦義來說明的。損者減也，益者增也。一個龐大的物體一天減去一點半點算不了什麼，然而卻標誌著衰敗的開始，與之相反，一個很小的物體一天增加一點半點也算不了什麼，然而卻標誌著強盛的開始。一盛一衰，起於微末，促人警醒。以修身而論，莫以善小而不為，莫以惡小而勿去。以事業而論，立志須早，行事及時，「莫等閑白了少年頭」，都是儒者的箴言。

《雜卦》揭示的不僅有上述小組式的矛盾對立，而且還有集群性的大組合，如：「《咸》，速也；《恆》，久也。《渙》，離也；《節》，止也。《解》，緩也；《蹇》，難也。《睽》，外也；《家人》，內也。《否》、《泰》，反其類也。《大壯》則止；《遁》則退也。《大有》，眾也；《同人》，親也。《革》，去故也；《鼎》，取新也。《小過》，過也；《中孚》，信也。《豐》，多故也；親寡，《旅》也。《離》上而《坎》下也。」這裡一連舉出了十對相關的矛盾，很能說明《易》的底蘊，更能說明儒家用《易》的奧妙。

《咸》者感也。世間事物，無論物理或者人情，以感應為最速，所以說「《咸》速也」。但快還必須耐久，否則快也無用，所以接著就是「《恆》，恆者久也」，彌補了快的不足。《渙》有離散之義，所以說「《渙》，離也」，離散不是好事，故有《節》

緩也」。《解》有延緩調和之意，所以說「《解》，緩也」；但任何緩解只能管一時，而不能管長久，問題仍將發生，而《解》的旁邊便是《蹇》，所以又說「《蹇》，難也」。《睽》因二女同居，有外向之象，所以說「《睽》，外也」；有外必有內，而挨著《睽》的是《家人》，「《家人》，內也」。有《否》主凶，便有《泰》主吉，所以說「《否》、《泰》反其類也」。《大壯》者大而且壯，說明有人得勢；有人得勢必然有人失勢，故《大壯》之後是《遁》卦，遁者逃也，說明得勢前就有人失勢。君子得勢必是小人失勢，小人得勢又必是君子失勢。所以說「《大壯》則止，《遁》則退也」。有《大有》必有《同人》，因為《大有》主眾，《同人》主親；無親不可能有眾。《革》與《鼎》是新舊構成的矛盾，除舊才能布新，故有《革》才有《鼎》，所以說：「《革》去故也，《鼎》取新也。」《豐》與《旅》是多寡構成的矛盾。《豐》不是好卦：「豐其屋，蔀其家；窺其戶，闃其無人，三歲不覿，凶。」關門閉戶，三年不見人影，自然有凶無吉了。何以致此呢？可能有多種事故。所以說「《豐》，多故也。」與之相反「親寡，《旅》也。」出門在外謂之旅，何以要離家寄居外地呢？親少之故。這就告訴人們：片面求多不是好事，《豐》卦就是一例。那麼，一味求少就一定是好事嗎？也不是，《旅》卦又是一例。要言之，不能一概而論，該多時求多，該少時求少，這就是具體事物具體分析。

八、仁與易——《易傳》儒家思想的深層透視

仁與易是儒家借《易傳》演示其儒學思想體系的兩個內涵極為深廣的範疇。「仁」主實際而「易」較空泛。在儒家思想中，仁是人本主義的立論根本。從政治理想說，它是通向大同世界的思想基礎；從社會倫理說，是溝通人際關係的教化手段；從個人修養說，是成賢成聖的必備條件。而從普通生物學角度說，仁又是生長存活的一種標誌。仁的概念儘管存在於《易傳》之前，但在理論上卻被儒者們附會於《易傳》，因而它又是易學的一個重要組成部分。

(一)仁是易的派生物

要弄清楚仁與易的關係，必須先說清楚什麼叫易。然則什麼叫「易」，或者說「易」究竟是什麼呢？對於這個問題，古來不少學人作過探討。唐人孔穎達眾採各家觀點撰《周易正義》（見圖2—4），作「八論」置於卷首，其中第一論便是《論易之三名》，舉出了漢代盛行的「易含三

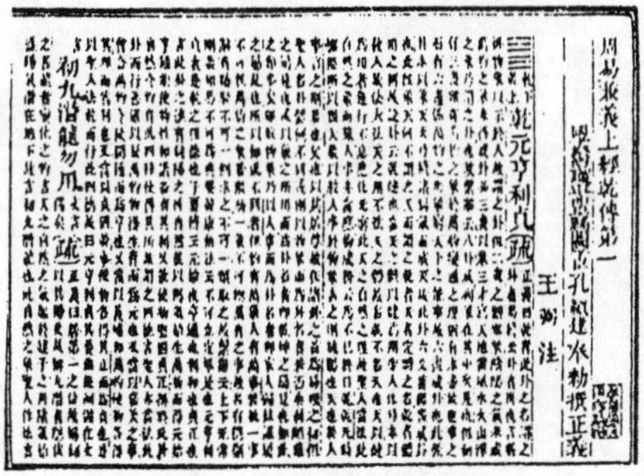

圖 2-4 《周易正義》

義」之說。《易緯・易乾鑿度》：「易者，易也，變易也，不易也。」鄭玄亦說：「易一名而含三義，易簡，一也；變易，二也；不易，三也。」其實這些都是來自《易傳》的思想。

《繫辭上》：「乾以易知，坤以簡能。易則易知，簡則易從。」《繫辭下》說：「夫乾確然，示人易矣；夫坤隤然，示人簡矣。」天在地之上，地在天之下，天覆而地載，簡單明瞭，故有簡易之說。《繫辭下》又說：「易之為書也不可遠，為道也屢遷，變動不居，周流六虛，上下無常，剛柔相易，不可為典要，唯變所適。」於是又有了變易之說。《繫辭上》開篇便宣布：「天尊地卑，乾坤定矣；卑高以陳，貴賤位矣。」據此又有了不可改變的「不易」之說。以上三說，各有分疆，簡易之易主要就其辭義說的，變易之易主要是從卦義說的，而不變之易主要是從維護社會等第、秩序的教義（社會教化）說的。

孔穎達雖然列舉了三義，但並不贊成其說，覺得這樣講太膚淺，他從他「新新不停、生生相續」的變化觀解釋說：「蓋易之三義，唯在於有，然有從無出，理則包無，故《乾鑿度》云：夫有形者生於無形，則乾坤安從而生？故有太易，有太初，有太始，有太素。太易者未見氣也，太初者氣之始也，太始者形之始也，太素者質之始也。氣、形、質具而未相離謂之渾沌，渾沌者言萬物相渾沌而未相離也。視之不見，聽之不聞，循之不得，故曰易也。」

孔穎達認為，「易」是宇宙的本原，是物質世界的起始，是宇宙生成過程中「視之不見，聽之不聞，循之不得」的氣前階段（渾沌階段），是一個切切實實的哲學範疇。但這個範疇的內涵又不止於宇宙生成，故孔穎達接著又說：「蓋以聖人作《易》，本以垂教，教之所備，本備於有，故《繫辭》云：形而上者謂之道，道即無也；形而下者謂之器，器即有也，故以無言之存乎道體，以有言之存乎器用，以變化言之存乎其神，以生成言之存乎其易，以真言之存乎其性，以邪言之存乎其情，以氣言之存乎陰陽，以質言之存乎爻象，以教言之存乎精義，以人言之存乎景行，此等是也。」於是由道到器，由神到性，到氣之陰陽，卦之爻象，教之精義，人之楷模，都被囊括在易的概念之中了。孔穎達甚至還說：「且易者象也，物無不可象也。」無不可象，也就是無物不可入易，於是天下各物全都進入了易的範疇。

其實孔穎達引用《乾鑿度》的這些思想還是來自《易傳》。《繫辭上》說：「是故易有太極，是生兩儀，兩儀生四象，四象生八卦，八卦定吉凶，吉凶生大業。」《易傳》認為，天地之前有太極，太極之前有易，「易」是天地萬物的本原。《乾鑿度》據此將宇宙生成的過程劃分為未見氣的太易階段、始見氣的太初階段、有形物質開始的太始階段。氣之始實質上也是有形之始，所以，太初、太始實際上只相當《易傳》的太極，而太易也就是《易傳》所說的「易」。這樣，「易」就不僅是個名稱，而且是個實實在在的物了；不僅是宇宙萬物的物質本原，也是八卦爻象等精神本原了。

這些雖然是為了提高易和卦爻地位而構想成的理論，但既把物質（氣前的物質）看作宇宙萬物的本原，而這個本原就名之曰「易」，八卦則是易的派生物，這樣建構的理論也就有幾分邏輯性了。

「易」既是宇宙萬物的本原，八卦是易的派生物，作為思想範疇的仁，自然也是易的派生物了。《繫辭上》說：「一陰一陽之謂道，繼之者善也，成之者性也。仁者見之謂之仁，知者見之謂之知，百姓日用而不知，故君子之道鮮矣。」根據《繫辭》的這個說法，仁與知都是「道」的派生物，是「道」的善的本質的繼承和發展。然則「道」又是什麼呢？

韓康伯解釋說：「道者何？無之稱也。無不通也，無不由也，況之曰道。」按照韓康伯的解釋，道就是無，也就是無形的、一切物質由此發展的物質，之所以稱之為道，僅是一種比喻，「況之」而已。這樣，「道」與被稱之為「太易」的氣前物質的易，也就可以劃等號了。所以說仁與知是「道」的派生物，實際上也就是「易」的派生物。因為有了「一陰一陽之謂道，繼之者善也，成之者性也，仁者見之謂之仁，知者見之謂之知」的系統表述，仁與知都出於「道」在理論上也就算確立了。

這裡需要指出的是關於見仁與見知（智）的「見」字問題。見在這裡不是看見的見，而是顯露之意，即體現、表現之現。韓康伯曾於句下作注說：「仁者資道以見其仁，知者資道以見其知，各盡其分。」「見其仁」即表現其仁。只是韓康伯說得比較含渾，而且與《易傳》的原義稍有出入。從「繼之者善也」的語氣看，《易傳》的原意是：仁者因道以見其仁，知者因道以見其知。也就是說，仁者因為繼承了道的仁的方面才成其仁，知者因為繼承了道的知的方面才成其知，是先有了道的仁、知而後有人的仁、知，而不是相反。

仁之於道（也就是易），不僅是繼承與被繼承的關係，而且是表現與被表現的關係。繼承就仁的性質而言，表現則就仁的功用而言。《繫辭上》在緊承「百姓日用而不知，故君子之道鮮矣」之後說：「顯諸仁，藏諸用。」「顯」與「藏」都省去了主語，它們的主語同是上句的道。如果把句子說完全，應該是「道顯諸仁而藏諸用」。也就是說，道的善的本質顯露於仁而藏之於百姓之用。因為「百姓日用而不知」，所以說「藏」。「藏」是相對於「顯」來說的，而藏與顯都是就繼道之善而言的。這繼道之善通過仁來概括、來體現，通過用而存在，而歸藏，而無論是藏是顯，都是善，都是仁。於是仁與善劃上了等號，仁就是善，善就是仁，來源於一陰一陽之道。

(二)仁對易的範疇的拓廣

前面提到，仁是儒家人本主義的立論根本，儒家的許多理論都從這個核心範疇出發，因而內涵至為廣大。然則什麼叫仁呢？

仁是對他人的誠摯關懷和無私幫助。「樊遲問仁，子曰：愛人。」（《論語・顏淵》）「泛愛眾，而親仁。」（《論語・學而》）「夫仁者，己欲立，而立人；己欲達，而達人。」（《論語・雍也》）「己所不欲，勿施於人。」（《論語・顏淵》）「仁者以其所愛及其所不愛，不仁者以其所不愛及其所愛。」（《孟子・盡心》）「仁者無不愛也。」（《孟子・盡心》）

仁是對善惡的正確區分。「子曰：唯仁者，能好人，能惡人。」（《論語，里仁》）「子曰：人之過也，各於其黨；觀過，斯知仁矣。」（《論語・里仁》）「子曰：不仁者不可以久處約，不可以長處樂。」（《論語・里仁》）

仁是自我修養的過程與標的。「君子去仁，惡乎成名？君子無終食之間違仁，造次必於是，顛沛必於是。」（《論語・里仁》）「顏淵問仁，子曰：克己復禮為仁，一日克己復禮，天下歸仁焉。為仁由己，而由人乎哉？顏淵曰：請問其目。子曰：非禮勿視，非禮勿聽，非禮勿言，非禮勿動。」（《論語・顏淵》）「子曰：我未見好仁者，惡不仁者。好仁者，無以尚之；惡不仁者，其為仁也，不使不仁者加諸乎其身。有能一日用力於仁矣乎？我未見力不足者。」（《論語・里仁》）「子曰：仁遠乎哉？我欲仁，斯仁至矣。」（《論語・述而》）「志士仁人，無求生以害仁，有殺身以成仁！」（《孟子・衛靈公》）

仁是樸實無華的本質和莊重嚴謹的態度。「子曰：剛毅木訥，近仁。」（《論語・子路》）「巧言令色，鮮矣仁。」（《論語・學而》）「司馬牛問仁，子曰：仁者其言也訒。曰：其言也訒刃乎？《論語・顏淵》）「仲弓問仁，子曰：出門如見大賓，使民如承大祭。」（《論語・顏淵》）「子張問仁於孔子，孔子曰：能行五者於天下，為仁矣。請問之，曰：恭、寬、信、敏、惠。恭則不侮，寬則得眾，信則人任焉，敏則有功，惠則足以使人。」（《論語・陽貨》）「樊遲問仁，子曰：居處恭，執事敬，與人忠，雖之夷狄，不可棄也。」（《論語・子路》）

仁是不可戰勝的精神力量。「子曰：知者不惑，仁者不憂，勇者不懼。」（《論語・子罕》）「知者樂水，仁者樂山。知者動，仁者靜。知者樂，仁者壽。」（《論語・雍也》）「仁人無敵於天下！以至仁成至不仁，而何其血流杵也。」（《孟子・盡心》）「孟子曰：不仁而得國者有之矣，不仁而得天下者，未之有也。」（《孟子・盡心》）

在《易傳》的思想體系中仁雖然是「易」的派生物，但由於仁的內涵的深廣，又極大地拓寬了易的範疇。就《易傳》本身反映出來的便有以下諸方面：

第一，仁使「三道」並立，使單卦與重卦的形成有了比較合邏輯的解釋。《易傳・說卦》：「昔者聖人之作易也，將以順性命之理，是以立天之道，曰陰與陽；立地之道，曰柔與剛；立人之道，曰仁與義。兼三才而兩之，故易六畫而成卦。分陰分陽，迭用柔剛，故易六位而成章。」因為仁是繼善而來的，所以在氣為陽，在物為剛，在人為仁，它既是繼天道陰陽、地道柔剛的承接物，又是人道仁義的獨立體。沒有仁便沒有義，沒有仁義就反映不出人道，沒有人道就構不成「三才」，構不成三才八卦便不好解釋，八卦作不出合理的解釋重卦就缺乏理論上的依據，整個卦、爻的組合就成了一堆雜亂的偶然現象。所以，仁被拉入易的範疇，彌補了易與卦、爻在理論上的不足。

第二，仁賦予易以生生不息的功能。「易」的本義是蜥蜴。《說文》：「易，蜥易，蝘蜓，守宮也。象形。《祕書》說：日月為易，象陰陽也。」並在「蝘」字條下說：「在壁曰蝘蜓，在草曰蜥易。」段玉裁引《爾雅》等經籍解釋說：「《釋魚》曰：榮源、蜥易、蜥蜴、蜓，守宮也。秦、晉、西夏謂之守宮，或謂之蠦蝘，或謂之蜥蜴。其在澤中者謂之易蜥，南楚謂之蛇醫，或謂之榮源。易本蜥易，語言假借而難易之義出焉。鄭氏贊易曰：易之為名也，一言而函三義，簡易一也，變易二也，不易三也。按易、象二字，皆古以語言假借立名，如象即像似之像也。《秘書》謂《緯書》、《參同契》曰：日月為易，剛柔相當。陸氏德明引虞翻注《參同契》云：易字從日，下月。謂上從日象陽，下從月象陰。《緯書》說字，多言形而非其義。此雖近理，要非六書之本，然下體亦非月也。」我們之所以要引《說文》並段氏這條長注，意在說明「易」本來就是指蜥易，並無他義。在《周易》經文中找不出任何關於易的解釋，且整部《易經》除了《大壯》六五爻辭有「喪羊於易」和《旅》卦上九爻辭有「喪牛於易」兩處出現易字外，其他不見有易字，而這兩處易字明顯是地名。可知有關易的種種解釋均起自《易傳》，而《易傳》之所以賦予易有生生不息的功能，就是因為在理論上通過「一陰一陽之謂道」的一系列演繹，構成了易與道等、道與善等、善與仁等的邏輯關係，而仁本身具有生義，果核中具有生命的部分均叫仁，如桃仁、杏仁。於是「生生之謂易」的命題也就自然形成了。《繫辭上》在「顯諸仁、藏諸用」之下接著寫道：「富有之謂大業，日新之謂盛德，生生之謂易，成象之謂乾，效法之謂坤，極數知來之謂占，通變之謂事，陰陽不測之謂神。」「生生之謂易」成了「成象之謂乾，效法之謂坤」等一連串按易道自身邏輯構成的特殊命題的重要組成部分。

第三，仁使易的思想更趨於人事化、政治化。如《周易》第一卦乾卦卦辭：「元亨利貞」，語義本來十分含渾。而《易傳・文言》將善、仁等思想引入，據人事解釋說：「元者善之長也，亨者嘉之會也，利者義之和也，貞者事之幹也。君子體仁，足以長人，嘉會足以合禮，利物足以和義，貞固足以幹事。君子行此四德者，故曰乾元亨利貞。」《文言》以「善長」解元，以「嘉會」解亨，以「義和」解利，以「幹事」解貞，而「善長」等均植根於仁，故曰「君子體仁，足以長人」。仁是諸德的基礎。《周易正義》解釋說：「凡天地運化，自然而爾。因無而生有也，無為而自為。天本無心，豈造元亨利貞之德也？天本無名，豈造元亨利貞之名也？但聖人以人事托之，謂此自然之功為天之四德，垂教於下，使後代聖人法天之所為，故立天四德以設教也。」《周易正義》以為四德都是天德，而天德是什麼呢？無非「因無而生有，無為而自為」，也就是生生不息。換句話說，天德也就是仁德，天心也就是仁心。《繫辭下》說：「天地之大德曰生。」

仁是天心天德，更是人心人德，實際上是儒者們根據自己學說的需要賦予天以心德。這樣，天與人溝通了起來，與一切代表天、象徵天的事物溝通了起來，凡言天事都可附會於人，而言人事又可上升到天。而無論人事天事，都直接間接與仁有關，大凡居仁則吉，違仁則凶。如《文言・乾》解初九爻辭：「子曰：龍德而隱者也。不易乎世，不成乎名，遁世無悶，不見是而無悶；樂則行之，憂則違之，確乎其不可拔，潛龍也。」這樣的「潛龍」實際上就是大仁大智的隱者。解九二爻辭則說：「君子學以聚之，問以辯之，寬以居之，仁以行之。《易》曰：見龍在田，利見大人，君德也。」君德最關鍵的條件是「仁以行之」。解上九爻辭則說：「亢龍有悔，何謂也？子曰：貴而無位，高而無民，賢人在下位而無輔，是以動而有悔也。」亢龍之所以動而有悔，實際上是其違仁的結果。因為不仁，所以才無位、無民、無輔。孤家寡人，因此動而有悔。

仁在《周易》中不僅被視為一種至關重要的德行，而且也被視為王者的一種重要政治手段。《繫辭下》說：「天地之大德曰生，聖人之大寶曰位。何以守位曰仁，何以聚人曰財。」「生」是天地之大德，「位」是聖人之大寶，《繫辭》的作者把象徵權力的「位」提高到了與天地大德並列的地位。其所以如此，是因為權力有著與天地等同的力量。但天地生物之德是本身具有的，而體現權力之位則是社會賦予的，所以就有一個得位和守位的問題。得位不一定要仁，大多是武力奪取，但武力奪取的權力是無法用武力守護的，所以說「何以守位曰仁」。「仁」在這裡成了政治家的一種手段，一種受歡迎的手段。

在儒家的思想體系中，仁不僅是政治家的手段，更是政治家的目的，因為儒家的最終目的是要實現世界大同，而最能概括大同世界本質的，就是這個仁字，因為在那裡充滿了人與人的友愛關係，充滿了社會的和諧氣氛，充滿了生生不息的人類與萬物的生機。《易傳・繫辭上》說：「是故形而上者謂之道，形而下者謂之器，化而裁之謂之變，推而行之謂之通，舉而錯（措）之天下之民謂之事業。」這裡，「舉而錯（措）之」的自然是「形而上者」之道，作為政治手段來說也就是仁，因為只有仁才能「錯（措）之天下之民」，使天下之民受利而不受害，而這正是儒者們畢生追求的「事業」。儒家最終的目的就是行仁政於天下，故「仁」既是儒家的政治手段，同時又是政治目的，而易道也因此更趨於人事化、政治化。

【註釋】

❶ 參見梁紹輝著《周敦頤評傳》第五章「周敦頤的宇宙論（上）」，南京大學出版社一九九四年二月第一版。

❷ 見拙作《雜卦卦序論》，載《易學心知》，華夏出版社一九九五年五月第一版。

第三章　孔子的學《易》之道

前面我們介紹了托言孔子所作的《易傳》（「十翼」）的儒學思想，雖然孔子沒有親自寫下「十翼」，但是「十翼」體現的無疑是孔子的儒學思想，反映了孔子的易學觀。因此，二千多年來許多人都相信「孔子作《易傳》」的話，從這個意義上來分析確是有道理的。孔子晚年好《易》，跟弟子們談了自己對易學的理解，開闢了易學與儒學相結合的新道路，成為「儒家易說」的開山祖師，所以，孔子後學托言孔子作《易傳》也就合情合理了。

學生承師說，即使不斷發揚光大了亦不忘記先師的開山之功，把先師的名字作為一面旗幟傳揚，這是我們中華學術傳統之美德，是無可厚非的。當代有的學者借否定孔子作《易傳》的傳統說法來否定《易傳》反映的孔子易學觀，這種情況就像一位哲人所比喻的那樣，潑嬰兒洗澡水時將嬰兒也一起潑去了，豈不可笑而可惜嗎！

孔子與《周易》的關係儘管歷史上否定者時有出現，但無論如何是否定不了的。下面我們根據歷代相傳史料和新近出土文獻，介紹一些孔子與《周易》的有關之事，從中可以看出孔子的「學《易》之道」。

一、「韋編三絕」——勤奮學《易》典範

孔子（前五五一—前四七九年），名丘，字仲尼，春秋末魯國昌平鄉陬邑（今山東曲阜東南）人，孔子幼年喪父，過著貧賤的生活，但他聰明好學，終於成為儒家學派的開山祖師，偉大的教育家和思想家（見圖3—1）。《史記・孔子世家》記載了孔子晚年讀《易》，韋編三絕的故事，從中可以看出孔子對《周易》的喜愛，不愧是勤奮學《易》的典範。

圖3-1 孔子

孔子學習《周易》已是晚年（史傳「五十以學《易》」），他非常喜愛《周易》，在家時就將《周易》放在床邊，外出時就放在布袋裡隨身攜帶。當時我國尚處在春秋末期，造紙術和印刷術還沒有發明，孔子看的《周易》一書是用墨書寫在用繩子編連起來的竹簡和木牘上面的，稱為「韋編」。「韋」編的意思，舊注說是牛皮繩子，但是，考古工作者從未發現過實物，也有人說只是經緯的意思，泛指編繩。一部《周易》韋編，按漢尺二尺四寸重要經典通用簡（合五十五～五十六公分），一部

《周易》五千字左右，少說也有十斤重，帶在身上真是夠人受的，但孔子周遊列國一直帶著不離左右，反覆翻看，編繩竟斷了三次之多。這需要多大的毅力！況且《周易》古經用令人眼花繚亂的六十四卦符號和晦澀艱深的卦爻辭寫成，一般人閱讀它都有如丈八金剛摸不著頭腦之感，更何況還要對它深入研究，形成自己獨特的易學觀呢？孔子硬是憑著這種驚人的毅力學有所成，最終成為春秋末期屈指可數的大思想家和大教育家，並且他所創立的儒學也成了當時的「顯學」。

二、孔子自算——賁非正色之卦

孔子講《周易》，只講《易》的哲理，而不講象數；即使講象數，也只在表面形式上講，實際上仍然在講義理。他有時占卜算卦也只是當作一種用以幫助自己和學生思考的特殊方式和手段。

據《孔子家語》記載，一天他跟學生講課，正好談到《周易》大衍筮法問題（「大衍筮法」見本書第二章第四部分的有關介紹），學生們提出要他按《周易》筮法為自己算上一卦。孔子便結合筮法的介紹認真算了起來：

一演結果，得數二十八，營數七，為少陽。

二演結果，得數三十二，營數八，為少陰。

三演結果，得數二十八，營數七，為少陽。

四演結果，得數三十二，營數八，為少陰。

五演結果，得數三十二，營數八，為少陰。

六演結果，得數二十八，營數七，為少陽。

六演重疊得離下艮上的賁卦（䷕）。六次演算中無老陰與老陽，所以無變爻，因而是不變之卦。

賁卦本來是個比較吉利的卦。賁卦卦辭說：「亨，小利有攸往。」亨者通也，通達順暢之意。為什麼能通達順暢呢？因為《艮》屬山，《離》屬火。山為剛，火為柔，剛柔相濟，所以說亨。既然亨，為什麼只有小利而無大利呢？這是與泰卦（䷊）比較說的。泰卦是六十四卦中最為吉利的卦，而賁卦（䷕）與泰卦上下各只相差一爻，叫做「去之不遠」。所以說小利而無大利。儘管是小利，但還是可以有所作為，所以說「有攸往」。

孔子得了這個卦沉默不語，臉上表現出明顯的不平之色。他的學生子張（即張師）很不理解，問道：

「我聽卜師們說，如果卜得賁卦，是吉利的徵兆，您怎麼反而不高興呢？」

孔子回答說：「都因為下體是離卦的問題。離者飾也，麗也。離下艮上的賁卦，有山上有火之象。大火焚山，火光映天，使周圍物件在強烈火光的照映下失去了本來的色彩。這種借火光反襯出的顏色不是畫龍點睛色。色貴在正，要麼純黑，要麼純白，不能又白又黑，非白非黑。這牽涉到事物的本質，質地好的不必文飾，需要文飾的一定是質地不好。所以丹漆不必另調顏色，白玉無需加工雕琢。我不需要文飾，也不喜歡雕琢。今以賁卦象我，所以使人不高興。」孔子通過解卦，又講出了一番別有新意的《易》理，使學生們受到了一次生動的教育。

三、孔子談易——如何看待易占

以上我們介紹了孔子用《周易》算卦的故事，是不是孔子相信占筮呢？回答是否定的。馬王堆漢墓出土的一篇帛書易傳《要》（見圖3－2）有一段子貢與孔子的對話，回

圖3–2　《要》篇（局部）

答了這個問題。

子貢跟大多學者一樣把《周易》當作占卦的書而鄙視它。當他得知自己的老師晚而喜《易》，竟到了韋編三絕「居則在席、行則在囊」的地步時，心裡非常不理解，於是就問孔子：「老師您曾教導我們，說有德行的人要捨棄求神，有智謀的人要遠離問卜，弟子我一直以此為行為準則。如今老師為什麼活到這把年紀，又突然喜歡上《周易》占卦這個玩意呢？」

孔子為此跟子貢展開了一場尖銳的辯論，反覆申辨說自己愛好《周易》並不是愛上了《周易》占筮。孔子針對子貢把《周易》看作僅是占卜的工具的觀點指責子貢說：「太荒謬啦，子貢，我告訴你，對《周易》應該採取什麼正確的態度。」他轉而詳細介紹了《周易》的社會功用和產生的背景。

「對占卦有興趣而對文字內涵沒有興趣，那是一般老百姓沉迷《周易》的緣故。《周易》的哲學可以令剛正的人知道如何提防危險，軟弱的人漸漸變得堅強起來。《周易》也可以使無謀的人不會去大膽妄為，奸狡的人去掉詭詐之心。」這段話說明了孔子好《易》的一個真正原因。

接著孔子談到了關於《周易》產生背景的話：「殷周之際，當周文王還臣服於商朝的時候，他儘管懷有勤政愛民之心，但沒有取得權力去改變朝廷的憂患。商紂一天比一天荒淫無道，周文王於是決定自己積蓄力量，準備推翻其統治。為了回避君臣關係的矛盾，周文王制定了迂迴的戰略戰術，他小心翼翼地行事，如果不是這樣做，就會鑄成大錯。就是在這樣一種背景下產生了《周易》。我很高興能將這件事情弄清楚。不讀《周易》，我又怎麼會知道周文王是如何對付商紂的呢？」

確實《周易》寫成於殷周之際，六十四卦經文曲折地反映了周文王和商紂的爭鬥故事，孔子要以史鑒今，不能不對《周易》進行深入研究。在孔子認真鑽研《周易》之前，學者普遍如子貢一樣，對《周易》抱著是本占筮書的鄙視心理，不去了解它，所以無法看出《周易》中包含的真正內容，輕易否定《周易》的價值。孔子經過「韋編三絕」的功夫，第一個真正發現了《周易》的歷史和哲學價值，從而改變了《周易》研究的大方向，由占卜易朝儒學易邁進。

經過孔子的詳細解說之後，子貢對老師好《易》不再擔心、懷疑了。但他對《周易》占卦仍有疑問，並進而問道：「老師，您也相信《周易》占卦嗎？」孔子回答說：「我亦曾經占過卦，靈驗度大約是百分之七十吧！就是最有名的周梁山占法，也不過是總結了一些預測經驗，選擇了一些靈驗的卦例罷了，並沒有什麼神秘呀！」

接著孔子又說了一番如何對待《周易》占筮問題的話：「對於研究《周易》，我是後於祝巫們的。但是我沒有往占筮方面入手，而是看上了經文裡面的大道理。人們可以通過占筮了解筮數，通過筮數認識易德。能夠守住易德，仁義就可以實現了。精通占筮而不通筮數的，只可以成為巫師，明白筮數而不通德義的，只可以成為史師。祝巫們占筮的伎倆，只是小道，愛好小道，就不能走上大道。可以預見得到，將來的學者如果對我有些非議的話，可能就是因為我曾經對《周易》作過研究。事實上，我只是從中追尋德義之理，我和那些祝巫們雖然好像是走在同一條道上，實質是朝著不同的目標的。君子有德行自不需要時常祈求福蔭，不需要經常舉行祭祀。有了仁義就不用時常關注自己的吉凶，占筮自然就會少用，所謂祝巫卜筮，是消極的選擇。」

根據孔子的論述，我們應該一方面看到《周易》有占筮的外殼，但更有反映殷周爭鬥的深刻哲理，應該捨棄占筮小道而探尋德義大道；另一方面《周易》可以使人改變性格，改變思維方式，個中奧秘值得認真深入地研究、挖掘。

四、損益之道——孔子易學之重

孔子研究《周易》十分重視《損》、《益》二卦。這在所傳歷史文獻和新出土文獻中都有記載。

《說苑・敬慎》篇有如下記述——

孔子讀《易》，至於《損》、《益》，則喟然而嘆。子夏避席而問曰：「夫子何為嘆？」孔子曰：「夫自損者益，自益者缺，吾是以嘆也。」子夏曰：「然則學者不可以益乎？」孔子曰：「否，天之道，成者未嘗得久也。夫學者以虛受之，故曰得。苟不知持滿，則天下之善言不得入其耳矣。昔堯履天子之位，猶允恭以持之，虛靜以待下，故百載以逾盛，迄今而益章。昆吾自臧而滿意，窮高而不衰，故當時而虧敗，迄今而逾惡。是非損益之徵與？吾故曰：『謙也者，致恭以存其位者也。』夫豐明而動，故能大；苟大，則虧矣。吾戒之，故曰：『天下之善言不得入其耳矣。』日中則昃，月盈則食，天地盈虛，與時消息。是以聖人不敢當盛，升輿而遇三人則下，二人則軾，調其盈虛，故能長久也。」子夏曰：「善！請終身誦之。」

說——與《說苑》這段記載相印證，出土文獻《馬王堆漢墓出土帛書易傳‧要》篇亦記述

孔子籀《易》，至於《損》、《益》二卦，未嘗不廢書而嘆，戒門第子曰：二三子！夫《損》、《益》之道，不可不審察也，吉凶之門也。《益》之為卦也，春以授夏之時也，萬物之所出也，長日之所至也，產之室也，故曰夏。授者，秋以授冬之時也，萬物之所老衰也，長夕之所至也，故曰產。道窮焉而產，道長焉而憂。《益》之始也吉，其終也凶；《損》之始凶，其終也吉。《損》、《益》之道，足以觀天地之變而君者之事已。是以察於《損》、《益》之道者，不可動以憂喜。故明君不時不宿，不日不月，不卜不筮而知吉與凶，順之於天地也，此謂《易》道。故《易》有天道焉，而不可以日月星辰盡稱也，故為之以陰陽；有地道焉，不可以

水火金土木盡稱也，故律之以柔剛；有人道焉，不可以父子、君臣、夫婦先後盡稱也，故為之以上下；有四時之變焉，不可以萬物盡稱也，故為之以八卦。故《易》之為書也，一類不足以亟之，變以備其情者也，故謂之《易》；有君道焉，五官六府不足盡稱之，五正之事不足以至之，而《詩》、《書》、《禮》、《樂》不讀百遍，難以致之。不問於古法，不可順以辭令，不可求以志善。能者由一求之，所謂行一而群畢者，此之謂也。《損》、《益》之道，足以觀得失矣。

通行本《易傳》（十翼）關於《損》、《益》之道也有記載，現歸納如下：

《繫辭下》：「《損》，德之修也；《益》，德之裕也。《損》先難而後易，《益》長裕而不設。《損》以遠害，《益》以興利。」

《序卦》：「《損》而不已必《益》。」

《雜卦》：「《損》、《益》，盛衰之始也。」

綜觀以上所記述的孔子損益觀，它跟孔子的儒學思想是一脈相通的，可以說是儒學思想的重要組成部分。缺少了孔子損益觀，儒學思想體系就難以立起來，對此不可不察。因為孔子的天道觀形成於晚年，在前期思想體系中（如《論語》）尚未掌握宇宙的損益法則，通過晚年潛心研《易》，才從《損》、《益》卦中找到了宇宙的普通法則（指與「人道」相對應的「天道」），從而完善了後期思想體系（如《中庸》、《繫辭》）。

這個宇宙的普遍法則就是《損》、《益》卦義反映的宇宙法則：「春夏雖然是萬物生長的季節，但是生長已經包藏著衰老的因素；秋冬雖然是萬物衰老的季節，但是，衰老中又包含著下一次的新生。生長↓衰老↓再生長↓又衰老，在對立中得到無限的發展，在相反中達到相承的效應。宇宙規律是在無限損益循環中，波浪起伏，興衰交替。」❶掌握了這個法則也就可以掌握宇宙運行的奧秘。

這就是為什麼孔子晚年對《易》如此沉迷，竟然達到「居則在席、行則在囊」和「韋編三絕」地步的重要原因。最後孔子從損益法則中歸納出「《易》道」，即「順於天地」的天道法則，那就是要順天而行。這個《易》道雖然看起來很簡單，而且毫無神秘可言，但是，它卻反映了宇宙中最普遍的規律（「天道」）。這樣，損益之道也就成為了孔子易學的重中之重。

【註釋】

❶ 引自香港哲學家謝寶笙著《易經與孔子的蟬蛻龍變》第四十七—四十八頁，華夏出版社一九九五年五月第一版。

第四章　《論語》體現的易學思想

《論語》是孔子死後，由孔門弟子編纂的一部記載孔子及其學生言論的儒家經典。《漢書・藝文志》介紹說：「《論語》者，孔子應答弟子、時人及弟子、相與言而接聞於夫子之語也。當時弟子各有所記，夫子既卒，門人相與輯而論纂，故謂之《論語》。」據考，大約距孔子卒年近半個世紀，《論語》才最後成書（見圖4－1）。

《論語・述而》篇記孔子之語說：「加我數年，五十以學《易》，可以無大過矣。」可見《史記》「孔子晚而喜《易》」的說法是有根據的。《史記》關於孔子與《周易》的記載，除了「序《彖》、《繫》、《象》、《說卦》、《文言》」不可信外，其他不僅可信，而且較《論語》更加詳細，更加合理。《史記》說：「孔子晚而喜《易》，序《彖》、《繫》、《象》、《說卦》、《文言》。讀《易》，韋編三絕。曰：假我數年，若是，我於《易》則彬彬矣。」《史記》的記載較之《論語》有以下優點：首先

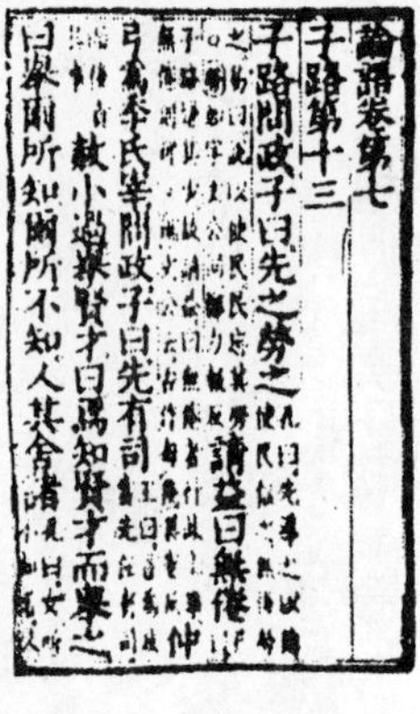
論語卷第七
子路第十三
子路問政子曰先之勞之……請益曰無倦
仲弓為季氏宰問政子曰先有司
赦小過舉賢才曰焉知賢才而舉之
曰舉爾所知爾所不知人其舍諸

圖4-1　《論語》

指出了孔子好《易》是在晚年；其次說明了孔子好《易》的程度；再次「加我數年」作「假我數年」，於事於理更為通順。但無「五十以學《易》」一句，以致為後人理解產生分歧。

朱熹的《四書集注》為之作注說：「劉聘君見元城劉忠定公，自言嘗讀他《論》，『加』作『假』，『五十』作『卒』。蓋『加』、『假』聲相近而誤讀；『卒』與『五十』字相似而誤分也。愚按：此章之言，《史記》作『假我數年，若是我於《易》則彬彬矣』，『加』正作『假』，而無『五十』字。蓋是時孔子年已幾七十矣，五十字誤無疑也。學《易》則明乎吉凶消長之理，進退存亡之道，故可以無大過。蓋聖人深見《易》道之無窮，而言此以教人，使知其不可不學，而又不可以易而學也。」

朱熹根據劉君所見他本，認定《論語》所記「加」為「假」字之誤，「五十」為「卒」字之誤，理由是其時孔子年已七十。言下之意孔子自嘆時間無多，能假數年，便可「卒以學《易》」。其實這是不能成立的。卒者終也。孔子雖是晚年喜《易》，但既已「韋編三絕」，而且又「序《彖》、《繫》、《象》、《說卦》、《文言》」，說明孔子於《易》已經爛熟胸中，深有研究，何「卒學」之有？孔子雖晚而喜《易》，但不一定非是七十。其言確有自嘆之意，但並非嘆年事已高，無以卒學，而是嘆自己學《易》太晚，如能在五十歲開始認真學習，便可以無大過。假者無而冀有之謂也。其時孔子年歲已大，深覺《周易》不可不學，而且也不可不早學，故有此嘆。意思是說，如能轉回去幾年，五十歲便開始學習、研究，那就好了。

孔子雖然是晚而好《易》，甚至還說希望「五十以學《易》」，但並不等於孔子在五十歲以前不懂《易》，不用《易》，因為周時人學《易》、用《易》不是一門學問，而是一種時尚、一種習慣，何況孔子？「喜」與「學」在這裡表示的是一種超乎時尚與習慣的癖好和探究，而不是一般的喜愛和學習。以此之故，以記孔子言論為主要內容的《論語》仍然有著豐富的《易》理內容。

一、《論語》表現的天道觀

天道是構成《易》理的基礎，《繫辭》說：「天尊地卑，乾坤定矣。卑高以陳，貴賤位矣。動靜有常，剛柔斷矣。方以類聚，物以群分，吉凶生矣。在天成象，在地成形，變化見矣。」又說：「是故易有太極，是生兩儀，兩儀生四象，四象生八卦，八卦定吉凶，吉凶生大業。是故法象莫大乎天地，變通莫大乎四時，懸象著明莫大乎日月。」由此觀之，天道也就是《易》道。

孔子似乎未系統談過天道，《論語》記子貢言語說：「夫子之文章，可得而聞也；夫子之言性與天道，不可得而聞也。」「不可得」似又不是完全否定之辭，有極言得之不易之意，故朱熹作注說：「言夫子之文章日見乎外，固學者所共聞。至於性與天道，

則夫子罕言之，而學者有不得聞者。蓋聖門教不躐等，子貢至是始得聞之，而嘆其美也。」（《四書集注・公冶長第五》）

但子貢「至是始得聞之」的是什麼呢？《論語》並無記載，可知朱熹也只是憑「不可得」的語氣斷定的。朱熹以前程頤也說過：「此子貢聞夫子之至論而嘆美之言也。」夫子至論何在，也未能指出❶。然則在《論語》中孔子是否完全未論過天道呢？也不是，概括《論語》所記，孔子及其弟子論天道可分三種情況，一是泛論，二是論天，三是論天命或命。但無論是泛論、論天或論天命，都是零碎的、非系統的，都是由某事引起或證明某事而發的。

雖無專門的論述，但孔子對天道中一些與《易》理有關的觀點，仍然清楚明瞭。和《周易》一樣，孔子也認為時空是無限的，品物是流行不已、過往續來的。《論語・子罕》記載說：「子在川上曰：逝者如斯夫，不捨晝夜。」這是孔子對著滔滔不盡的流水發出的感慨。這個感慨反映了孔子哪些思想呢？古人曾仔細作過琢磨，宋理學家們更是探究幽深，引伸開發。

朱熹作注說：「天地之化，往者過，來者續，無一息之停，乃道體之本然也。然其可指而易見者，莫如川流，故於此發以示人，欲學者時時省察，而無毫髮之間斷也。」說明是以水喻學業的連續性。

程頤說：「此道體也，天運而不已，日往則月來，寒往則暑來，水流而不息，物生而不窮，皆與道為體，運乎晝夜，未嘗已也。是以君子法之，自強不息；及其至也，純亦不已焉。」指的自強不息的精神（以上所引均見《四書集注・論語卷五》）。程說雖比朱說開闊，但仍不離道體，為他們的理學服務。

孔子的感慨不一定如程頤、朱熹所說的道體本然，但由水流不息而想到物生不窮，空間與時間的無限性，以及時間的一維性，應該是合理的。不僅如此，孔子還看到了客觀事物的多樣性，包括異類異種的多樣性和同類同種的多樣性，不同條件下的多樣性和相同條件下的多樣性。

《論語・子罕》篇記載說：「苗而不秀者有矣夫！秀而不實者有矣夫！」穀生曰苗，揚花曰秀，成穀曰實。同是穀苗，同長一處，各種客觀條件均同，然而有只長苗不揚花的，有只揚花不結實的，也有雖結實而不飽壯的。既然客觀條件全同而區別如此之大，人們就不能不追究其主觀因素了。推之人事，無論學業、事業，有堅持到底的，有半途而廢的，甚至有功虧一簣的。在同一條件下，有全成功的，有半成功的，還有一事無成的，其或全、或半、或無，完全取決於自己的主觀努力。孔子說這番話，既反映了客觀事物的必然，又說明了人的治學、治事的不可不勉。

《論語》記事大多是單條的語錄，但也有用對話形式展開的。《論語・陽貨》記載說：「子曰：予欲無言。子貢曰：子如不言，則小子何述焉？子曰：天何言哉？四時行焉，百物生焉。天何言哉？」

這是一則記載孔子關於天地運行規律的語錄。天地的運轉是無聲無息的。它無需宣言、公告之類的聲明，也不必傳媒、輿論之類的渲染，然而人人都能感覺到它的存在。它的規律是有痕有跡的，春去秋來，寒來暑往，明白示人，但誰也改變不了它的運行。

孔子言語雖然簡單，卻概括了天地運行的規律和做人的原則，尤其是做「大人」的原則。大人做大事，目標大，影響深，反映強烈，有如天地運轉，但如若不注重於自身的修養、行事的得失，而一味借助權力作人為的誇張渲染，那就完全背離了天道，所以孔子說「天何言哉？四時行焉，百物生焉。天何言哉？」

再者，天地的運轉是通過四季的交替、百物的生長來體現的，苟無四時交替、百物生長，人們也就無法感覺到運行的存在。推之人事，大人們苟無可稱的業績，行事不僅於人民無益，反而有害，渲染再多，人們依然感覺不到他的存在；或者雖然明顯地感覺到了，但人們厭惡他的存在。這就是孔子所說的天道，無可違抗的天道！

天道既然不可違抗，人們就不能不有所畏懼了。《論語・季氏》記載孔子言論說：「君子有三畏：畏天命，畏大人，畏聖人之言。小人不知天命而不畏也，狎大人，侮聖人之言。」朱熹注釋說：「天命者，天所賦之正理也。知其可畏，則其戒謹恐懼，自有不能已者，而付畀之重，可以不失矣。……（小人）不知天命，故不識義理，而無所忌憚如此。」（《四書集注・論語卷八》）。

天命不是理，而是客觀存在的不可抗拒的規律，如夏日必熱、冬日必寒，人只有掌握它，適應它，熱天降暑，冬日防寒，才能健康不病。誰如果與之對抗，天熱偏要冒暑，天寒偏要臥冰，就無異於自取滅亡。以此之故，天命不可不畏。但畏天的思想是以知天的常識為前提的。嬰兒無冬寒夏暑的常識，自然不畏天，苟無大人的照護，任何嬰兒也無法熬過嚴冬酷暑。同樣的道理，「小人」不知天，因此也不畏天。於是災難降臨了。當然，不知天指的是某些隱蔽難知而又切實關係著人的吉凶禍福的內有規律，而不是淺顯易見的寒來暑往。唯其如此，不知天、不畏天的往往不是「小人」，而是手握大權的「大人」。小人資本小，無力與天命對抗，即使對抗，其結果也無非毀了一身一口，最多旁及妻兒子女。大人有權力為依托，敢於與天命對抗，而愈是權大的人愈敢對抗，於是強不知以為知，強不能以為能，強不可以為可。結果餓殍塞途，哀鴻遍野。有鑒於此類嚴重後果，孔子才提出「畏天命」的論題。

「天命」反映了客觀的必然規律，所以是極具權威的，今「天命」與「大人」、「聖人之言」相提並論，是否言過其實呢?朱熹察覺到了這一點，於句中作注說：「大人、聖言，皆天命所當畏，知畏天命，則不得不畏之矣。」（同上）朱熹用天命統攝大人與聖人之言，作出「大人、聖言皆天命所當畏」的違反孔子本意的解釋。其實，大人、聖言都甚可畏，其效力不亞於天，乃至高過於天。大人者大有權之人也，權力所在，生殺予奪由之，焉得不畏?至於聖人之言，雖然不可全畏，但其中反映了客觀真理的真理部分，不可不畏。誰不畏他，誰就得碰壁。比如孔子說的「過猶不及」，本是真理，然而有人就是反對，以為凡事必過，結果頭破血流，無可收拾。

認識客觀規律並不是一件容易的事，《論語・為政》記載孔子自己的體會說：「吾十有五，而志於學，三十而立，四十而不惑，五十而知天命，六十而耳順，七十而從心所欲不逾矩。」孔子是五十歲而懂得天命的，在此以前經歷過十五歲開始的立志階段，三十歲形成的自立階段，四十歲才有的不惑階段，足見知天之不易。至於六十歲的耳順，七十歲的「從心所欲不逾矩」，言多誇張，不可全信，人要做到「聲入心通」的耳順地步已經很難，而要「從心所欲不逾矩」，恐怕只是理想，而非現實了。

此外，《論語》一書還記載了不少孔子及他人有關天道、天命或天與命的其他言論。如《八佾》篇記儀封人的話說：「天將以夫子為木鐸。」《先進》篇記顏淵死孔子的痛哭呼號：「噫！天喪予！天喪予！」《述而》篇記孔子自信桓魋不能把他怎麼樣：「天生德於予，桓魋其如予何？」《雍也》篇記孔子因見南子對子路的發誓表白：「予所否者，天厭之！天厭之！」因並非談天道，故不取。

二、《論語》反映的中和思想

中和是《周易》中一個非常突出而又至關重要的思想。也唯其如此，才深深影響了各學派，也同樣影響了儒家，而首先影響的是集大成的孔子。《論語》一書記載了孔子及其弟子關於中和的諸多言論，特別是關於持中的言論。

《論語》表現持中思想最為突出的莫過《先進》篇記載孔子對子張、子夏等人的評價。《論語・先進》記載說：「子貢問：師與商也孰賢？子曰：師也過，商也不及。曰：然則師愈與？子曰：過猶不及。……柴也愚，參也魯，師也辟。」

這裡著重評價了子張和子夏的高下，旁及子羔、曾子、子張的性格。評論是因子貢的提問引發的，子貢問：「子張與子夏誰更賢？」孔子回答說：「子張過頭，子夏不及。」通常人的認識，過頭比不及好，所以子貢說：「然則子張超過子夏？」於是孔子提出了他的真理性極強的命題：「過猶不及。」

子張何以過，子夏何以不及？朱熹注釋說：「子張才高志廣，而好為苟難，故常過『中』；子夏篤行謹守，而規模狹隘，故常不及。」（《四書集注・論語卷六》）朱熹是就子張和子夏兩人的才能及其表現說的。子張才高，思想敏銳而且又好表現，所以往往過頭。子夏為人謹慎，思路較窄，故往往不及。何以過猶不及呢？朱熹注釋說：「道以中庸為至，賢智之過，雖若勝於愚不肖之不及，然其失中則一也。」（同上）朱熹是說「道」以「中」為至好，賢能智慧的過頭表面看來優於愚與不肖，但其離中的性質卻是一致的。

其實何止「道」，任何事物都以適中為好，以中為貴，而愈是科學性強、精密度大的，愈要適中，愈不能離中，社會現象如此，物理現象如此，化學現象更是如此。雖然

「中」的概念是從《易》理的中位引出的，但在任何領域都是真理，而孔子「過猶不及」的精當概括更促進了這一真理的普及。

孔子的評論還旁及了子羔與曾子，對他們的評價同樣是從過與不及的角度提出的。孔子以子羔為愚。子羔何以愚？朱熹的注釋作了很好的回答。朱熹說：「愚者知不足而厚有餘。《家語》記其足不履影，啟蟄不殺，方長不折。執親之喪，泣血三年，未嘗見齒。避難而行，不徑不竇，可以見其為人矣。」（同上）姑不論其他，僅「避難而行，不徑不竇」，也足見其人之迂了。

避難逃命，唯恐走之不速，而子羔卻不走小路，還堅持從大門出入，死守著「君子行不由徑」的訓條，其迂腐也確實可觀了。不過子羔的戒律都是有來由的，他的迂腐就在於執行過死、執行過頭，以致孔子用愚字給作了概括。

什麼叫愚？朱熹解釋得好：愚者，聰明不足而忠厚有餘也。愚是具有兩重性的，就聰明而言他又不及，就忠厚而言則又過頭。故此種人既可笑而又可悲。

過頭與不能持中的表現是多方面的，孔子在《論語》中先後提及的有為政、待人、生活、言辭諸方面。

《子路》篇記載說：「子夏為莒父宰，問政。子曰：無欲速，無見小利。欲速，則不達；見小利則大事不成。」莒父是魯國的邑地，在今山東莒縣西。子夏去莒父做地方官，請教孔子，孔子說「無欲速」。歷來為官者總希望自己在最短的時間內有最顯著的政績，結果往往把好事辦成壞事，民怨沸騰，自己也弄得焦頭爛額。

政治上有些大原則看來複雜，其實還是個持中的問題。《論語・顏淵》篇記載說：「齊景公問政於孔子，孔子對曰：君君，臣臣，父父，子子。公曰：善哉，信如君不君，臣不臣，父不父，子不子，雖有粟，吾得而食諸？」齊景公雖不得善終，但聰慧可嘉，一點而破。君君、臣臣、父父、子子就是要持中，要守恆，君臣父子各在各位，各自履行自己的職責，無過無不及，君像君，臣像臣，父像父，子像子，如此天下必治。君不君、臣不臣、父不父、子不子就是違反了持中守恆的原則，或過或不及，以致君不像君，臣不像臣，父不像父，子不像子，如此天下必亂。

與政治原則的持中相比，日常生活的持中更普遍、更現實、更具操作性。比如生活的奢儉、儀容的溫猛、助人的多寡，以及報答的厚薄，無不有個適度問題，也就是持中問題。《論語・述而》記孔子言論說：「奢則不孫（遜），儉則固；與其不孫（遜）也，寧固。」奢與儉都是失中的表現，奢者過頭，儉則不及。但這回孔子例外，說兩者比較，儉的丟人比奢的不遜要好。

助人是美德，但也得量力而行，做得適度，否則也是失中。《論語・公治長》記孔子言論說：「孰謂微生高直？或乞醯焉，乞諸其鄰而與之。」微生高魯國人，有為人直爽之名，孔子對此提出了疑問：「誰說微生高直爽？別人向他借醋，自家沒有，向鄰人借了再借給別人。」有就有，沒有就沒有，這才叫直爽。自家沒有向鄰人借了來以充其有，自然是不直了。其所以不直，是因為過頭的熱情。自己沒有向他人借了來幫助人，自然過頭，自己有是否可以任意幫助呢？也要看情況。

《論語．雍也》記載說：「子華使於齊，冉子為其母請粟。子曰：與之釜。請益，曰：與之庾。冉子與之粟五秉。子曰：赤之適齊也，乘肥馬，衣輕裘，吾聞之也，君子周急不繼富。」孔子認為，在經濟上助人的原則應該是周濟他的急用，而不是幫助他致富。孔子派公西赤（子華）使齊，公西赤輕裘肥馬，甚是排場。冉有怕公西家困難，為其母請粟，孔子叫給粟一釜，六斗四升。冉有以為少，孔子說再給他二斗四升。冉有自作主張，給粟五秉，計八十斛。孔子以為不妥，於是說了上面那番話。周人之急是必要的，幫人致富就不必要了，故謂之過。

幫人如此，回報亦是如此。《論語．憲問》：「或曰：以德報怨，何如？子曰：何以報德？以直報怨，以德報德。」孔子認為，回報人也要適度，不能故做慷慨。他人於你有怨，你用德回報，看來很大度，但如有人為你幫了忙，作了好事，又如何報答呢？前者既過，後者就勢必不及了。正確的原則應該是「以直報怨，以德報德」。直者值也，相當的意思，該報多少報多少。直者不屈也，報也可，不報也可，以自己不委屈為原則。至於德，自然應當以德相報的。

同樣的道理，人們言辭顏色也是不能過頭的。《論語．公冶長篇》記載說：「子曰：巧言令色足恭，左丘明恥之，丘亦恥之。匿怨而友其人，左丘明恥之，丘亦恥之。」足者過也，巧言令色而過於恭敬，以此討好人，取媚人，使孔子、左丘明感到羞恥。隱瞞對其人的怨恨而與其人交往，更使人討厭。其所以羞恥，所以討厭，都是因為行為過頭。

孔子是最善於言傳身教的良師，《論語・述而》記載其日常儀容說：「子溫而厲，威而不猛，恭而安。」溫厲、威與不猛、恭敬安泰，都是對立的統一。溫而不厲則不及，厲而不溫則過頭，溫而厲，正好中和，恰到好處。朱熹為之作注說：「厲，嚴肅也。人之德性，本無不備，而氣質所賦，鮮有不偏。惟聖人全體渾然，陰陽合德，故其中和之氣，見於容貌之間者如此。」（《四書集注・論語卷四》）

《論語》言「中」甚多，卷終《堯曰》篇以堯的訓辭形式說：「堯曰：咨，爾舜！天之歷數在爾躬，允執其中。四海窮困，天祿永終。」意思是說，祚命長短，全取決於自己，取決於行事之能否持中守恆。一旦出現偏頗，四海窮困，你這國君的祚命也就永遠終結了。可見告誡之深，更可見持中之重要。

《論語》論和，涉及不多，明顯議及的有兩處。一是《學而》篇所說：「有子曰：和為貴。先王之道斯為美，小大由之。有所不行，知和而和，不以禮節之，亦不可行也。」有子是孔子弟子，姓有名若，是《論語》中緊接孔子出現的第二人。禮是什麼？朱熹解釋說：「禮者天理之節文，人事之儀則也。」（《四書集注・論語卷一》）

其實禮不僅是儀則，還可包括各種刑罰以外的典章制度。典章制度旨在於社會群體之和，而社會群體之和又需要典章制度的約束，於是構成了有子「禮之用，和為貴」的命題。這個命題是先王稱許的，是用之小大無不適宜的。

另一處是《子路》的記載。「君子和而不同，小人同而不和。」和與同是互相對立的，和則不同，同則不和。因為各種不同的原因形成的差異，要求絕對一致是不可能的。只有求大同，存小異，「和」才有現實的可能，故君子尚和而不尚同。小人無此氣度，尚同而不能尚和。

三、《論語》中的剛柔之說

剛柔是萬物無不具有的內在因素，更是構成《易》理的基本材料，故言《易》不可不言剛柔。孔子一生倡仁，很少正面論剛柔，故反映在《論語》中有關剛柔的論述無多。不過孔子的仁是揉合了剛與柔的，從某種意義講，孔子論仁也就在論剛柔。如《論語・公冶長》篇記孔子答孟武伯問：「孟武伯問：『子路仁乎？』子曰：『不知也。』又問，子曰：『由也，千乘之國，可使治其賦也，不知其仁也。』『求也何如？』子曰：『求也，千室之邑，百乘之家，可使為之宰也，不知其仁也。』『赤也何如？』子曰：『赤也，束帶立於朝，可使與賓客言也，不知其仁也。』」孔子在這裡論及了他的三位弟子，肯定了他們各自的才能和特長，但不承認他們能仁。首先評論的是以豪放、勇敢著稱的子路，說他能治賦治兵，卻不知仁。實際上是說他剛而不柔。第二個評論的是冉有。冉有當時在魯卿季孫氏家為宰，頗得季氏的信任。但其人軟弱，該說的話不敢說。最典型的是季氏以諸侯禮祭泰山，冉求不敢提出意見，柔而不剛，故也不能知仁。最後評論的是公孫赤。公孫赤此人大概也是盛氣有餘而謙讓不足的，觀其使齊輕裘肥馬的排揚便可想見，實則是剛有餘而柔不足，因而也「不知其仁也」。

《論語・公冶長》同時還記有孔子和子張的一段對話：「子張問曰：『令尹子文，三仕為令尹，無喜色；三已之，無慍色。舊令尹之政必以告新令尹，何如？』子曰：『忠矣。』曰：『仁矣乎？』曰：『未知，焉得仁！』『崔子弒齊君，陳文子有馬十乘，棄而違之。至於他邦，則曰猶吾大夫崔子也，違之。之一邦，則又曰：猶吾大夫崔子也，違之。何如？』子曰：『請矣。』曰：『仁矣乎？』曰：『未知，焉得仁！』」

子張接連提出兩個人問孔子，一是楚國的原令尹子文，一個是齊大夫陳文子，楚令尹子文曾先後三次為令尹，接任時沒有得意之色；三次去職，離職時沒有失意之色，而且卸任時要認真負責地移交。但孔子只說他忠，不說他仁，原因是在位時政績不著，作為不大，反映在性格上柔有餘而剛毅不足。

齊國大夫陳文子是個不同流合污的人，他在齊國有馬四十匹，但因為崔杼弒齊君，他看不慣，毅然捨棄家財，去到別國。春秋係亂世，別國政治也不理想，陳文子感到執政的大臣和齊國差不多，於是再離開，再去另一國。不想另一國也不理想，同樣是崔杼之類的人物掌權，於是又離開，另求別的去處。如此潔身自好，算不算仁？

孔子回答僅是清高而已，並不能算仁。原因在哪裡呢？毅然離去，雖然也是剛的表現，但僅是脫離，而不能與之抗爭，同樣是柔多剛少，故不能算仁。

孔子認為剛柔的表現是多形式的，因而對仁的要求也應是不同的。《論語・微子》篇說「微子去之，箕子為之奴，比干諫而死。孔子曰：殷有三仁焉。」微子、箕子、比干對紂王無道的勸阻都作了積極的努力，但形式不同。比干每事都諫，惹惱了紂王，以致被殺。箕子雖諫，但有一定控制，故紂王雖恨而未至非殺不可的程度，故只囚而為奴，留了他性命。微子數諫不聽，火了，乾脆離開。孔子認為三人都是剛毅果敢的表現，都能稱之為仁，所以說「殷有三仁焉」。

孔子論仁雖然強調剛柔相濟，但總的來說更注重剛的一面，這是和《周易》剛貴柔賤的思想分不開的。《論語・衛靈公》記載說：「子曰：志士仁人，無求生以害仁，有殺身以成仁。」什麼叫志士仁人呢？不因生害仁，而是要殺身以成仁，人為了自己的理想到了殺身殉志的地步，自然是至剛而不柔了。《論語・子罕》也說：「子曰：三軍可奪帥也，匹夫不可奪志也。」要奪三軍之帥，自然不易，但畢竟可奪，而匹夫之志竟不可奪，可知其剛烈堅強。唯其如此，孔子才為之贊美。與之相反，乃是柔而不剛的，孔子則大加鄙視。

《論語・陽貨》：「子曰：鄉原，德之賊也。」原即愿字。愿者，謹良善之謂，即鄉人稱頌的老好人。朱熹作注說：「鄉愿，鄉人之愿者也。蓋其同流合污，以媚於世，故在鄉人之中獨以『愿』稱。夫子以其似德非德而反亂乎德，故以為德之賊而深惡之。」（《四書集注・論語卷九》）孔子之所以深惡，就是他是老好人，毫無原則性，自然也就毫無陽剛之氣了。

人的剛健主要表現在意志上，表現在行事上，但有時也表現在並不起眼的小事上。《論語・子罕》：「子曰：衣敝縕袍，與衣狐貉者立而不恥者，其由也與？」披著破爛的麻布衣與穿狐貉皮衣的人並立，其貧富懸殊和儀表高下已經是天淵之別了，然而能泰然自若，該要有多大的自尊和自信，於此最見人的剛強和勇氣，孔子以為只有子路（仲由）能做到。

從《論語》的記載看，在孔子的心目中，剛的標準似乎比仁更高。能得到孔子許可的仁人雖然不多，但畢竟還有管仲、顏淵以及微子、箕子、比干等，而剛在整部《論語》中未曾肯定過一人。《論語・公冶長》：「子曰：吾未見剛者，或對曰：申棖。子曰：棖也欲，焉得剛？」申棖，或作申黨，孔子弟子，事跡不詳，但既有人在孔子面前說他能夠稱得上剛，說明他的剛毅果敢在他人之上，而孔子說申棖多欲，「焉得剛」，人多欲就必有私，有私就會在關鍵時刻低頭，其不能剛是必然的，但誰又能按孔子的要求真正做到剛呢？「吾未見剛者」，孔子生前一個也未看到。可見為仁難，為剛更不易。因而，也難怪孔子死去近一千四百年後的宋儒要從「無欲」入手，重建儒學，呼籲造就國家急需的剛毅有為之士，去挽救內外憂患的宋王朝了。

【註釋】

❶ 馬王堆漢墓出土帛書易傳《要》篇記載孔子與子貢談《易》，正是「始得聞之」的有力證據，值得重視。參見本書第三章的介紹。

第五章　孟子對《周易》思想的發揮

孟子（前三七二—前二八九年），名軻，字子輿，戰國時期鄒（今山東鄒縣東南）人。其幼年喪父，家境貧困，在母親的嚴格教導下，刻苦學習，經過子思門人的精心指教，通研《五經》，成為一代大儒。後人用孔子和他的名字命名儒學為「孔孟之道」。（見圖5—1）

圖5-1　孟子

在先秦諸子中，孟子是對《周易》琢磨最透、領會最深、發揮最為出色的人，其特點是不講卦爻，不拘泥文字，不分義理象數，只注重它的精神實質，而又能融會貫通，運用於實際。在整部《孟子》中無一處提及《周易》，更無一處引用《周易》，而其言論卻處處充滿了《周易》思想，處處閃耀著《易》理的光輝。它特別善於在一些具體問題的闡述中自然而生動地將《易》理的奧秘精微發揮得淋漓盡致。

一、對繼善成性思想的發揮

《易》的主旨在《乾》，而《乾》的主旨在善。《乾》卦卦辭：「元亨利貞。」《易傳・文說：「元者善之長也。」《易傳・繫辭》說：「一陰一陽之謂道，繼之者善也，成之者性也。」元者始也，天地之始是什麼性質的呢？《文言》說「善之長也」，《繫辭》說「繼之者善也」。《文言》說善是就既成的天地而言的，所以說「善之長」。《繫辭》說善是指未成的天地而言的，所以說繼之者善也，都是說的天地的本質是善，其具體表現是能覆載萬物，生成萬物，一片仁慈之心，所以說「天地之大德曰生」。推之人事，人的本性是什麼呢？是與天地一致為善呢，還是與天地相反為惡呢？或者從天地的兼收並蓄引伸出有善有惡、無善無惡呢？在這個問題上，孟子高揚人性本善的大旗，兩千餘年來深深地影響著中國的倫理道德。

孟子認為，人之性善，是先天的，而不是後天的，是「我固有之」的，而不是來自外部的。何以見得是我固有而非外來呢？他舉出了「人皆有不忍人之心」來論證自己的觀點。孟子說：「所以謂人皆有不忍人之心者，今人乍見孺子將入於井，皆有怵惕惻隱之心，非所以內交於孺子之父母也，非所以要譽於鄉黨朋友也，非惡其聲而然也。」（《孟子・公孫丑上》）

何謂人皆有不忍人之心，孟子舉出了上述的例子，一個小孩眼看就要掉進水井了，凡是看到了當時情景或是聞到哭聲的人沒有不十分緊張恐懼，擔心害怕的，惟恐小孩掉了下去，為什麼會有這種心理呢？孟子排除了各種外來的因素，認為是生來俱有的不忍人之心，這就叫本性。於是據以推斷：「惻隱之心，人皆有之；羞惡之心，人皆有之；恭敬之心，人皆有之；是非之心，人皆有之。」（《孟子・告子上》）而惻隱之心、羞惡之心、恭敬之心、是非之心都是美德，都是善，可知人的本性是善。

孟子不僅認為善的本性是人固有的，由善引伸擴展的仁義禮智也是固有的。孟子據此推論說：「惻隱之心，仁也；羞惡之心，義也；恭敬之心，禮也；是非之心，智也。仁義禮智，非由外鑠我也，我固有之也，弗思耳矣。」（《孟子・告子上》）

孟子不把仁義禮智看成是一種教化的結果，而視為是人本身固有的良知良能。孟子說：「人之所不學而知者，其良能也；所不慮而知者，其良知也。孩提之童，無不知愛其親者；及其長也，無不知敬其兄也。親親，仁也；敬長，義也。無他，達之天下也。」（《孟子・盡心上》）「孩提」指一歲左右的小孩，能孩孩發笑，故叫「孩」；知道要人提抱，故叫「提」。人在「孩提」之際，應該說還未曾受到社會的影響，卻知道親自己的親人，由此可知良能良知都是天生的，而不是後天才有的。

告子不同意孟子人性本善的說法，認為人性無所謂善惡，然而可善可惡。他以流水作比喻說：「性猶湍水也，決諸東方則東流，決諸西方則西流。人性之無分於善與不善

也，猶水之無分於東西也。」（《孟子・告子上》）

告子以水流無分於東西來比人之性的無分善惡，認為全是外界的影響所致。孟子反駁說：「水信無分於東西，無分於上下乎？人性之善也，猶水之就下也。人無有不善，水無有不下。今夫水，搏而躍之，可使過顙；激而行之，可使在山，是豈水之性哉？其勢則然也，人之可使為不善，其性亦猶是也。」（同上）

水的流動確實是不分東西的，往東流，往西也流。然而卻分上下，往上不流，往下則流。孟子認為，不分東西不是水的本性，分上下才是它的本性，水的本性無有不下，就像人的本性無有不善。水是不是也有向上流的時候呢？有。但那是勢使之然，而不是它的本性。比如，你對著流水猛一掌，它可以超越你的面頰；如採取特殊的處置，還可以引向山頂。而無論是超越面頰和引向山頂都是「勢」所使然，並非水的自然本性。既然水的趨下之性可以逼而使之向上，人的善的本性亦逼而使之成惡，也就成了自然之理了。

孟子以水比性的這段議論儘管不無牽強，但也不是全無道理。人之為不善不一定全由誰強制，但環境的影響至關重要。一旦環境形成了一種不善的勢，許多本來是善的，也會變成不善；不是自己願意變，而是勢所使然，不得不變。比如在盜賊滿山的地方和時代，凡有為盜條件者很少不為盜，原因是形勢所逼，不為盜無以自存；不是錢米無著不能自存，而是直接威脅著生命安全不能自存。於此時也，只有加入諸盜一伙，才能自保，否則必遭戕滅。在這種情況下，要使人不為盜，就必須折盜之勢，徹底剿滅山中之盜，但山盜並非那麼好剿，剿完這山有那山，剿完此地有他地。

故明儒王陽明提出不但剿山中賊，還要剿「心中賊」。賊從何來？這倒不是「人固有之」的，而是社會造成的，分配不公，政治腐敗，惡吏橫行，不敢言而敢怒，於是就有了山中賊，也有了「心中賊」。

告子覺得孟子用水性比人性不切，因為人與水並不同類。所謂不同類，是指人是有生命的，而水則是無生命的，於是指出：「生之謂性。」（《孟子・告子上》）意思是說性只能存在於有生命的活物中。水非活物，故不能與人比。但即使同是活物，也不一定有相同的本性，於是孟子反駁說：「然則犬之性猶牛之性，牛之性猶人之性與？」

孟子是雄辯家，能輕而易舉地擊敗對方，儘管也經常夾雜一些詭辯。那麼人與牛狗的本性究竟是同還是不同呢？對此，朱熹作過一條長注。朱熹說：「性者，人之所得於天之理也；生者，人之所得於天之氣也。性，形而上者也；氣，形而下者也。人物之生莫不有是性，亦莫不有是氣。然以氣言之，則知覺運動人與物若不異也，以理言之，則仁義禮智之稟豈物之所得而全哉？此人之性所以無不善而為萬物之靈也。告子不知性之為理，而以所謂氣者當之。所以然者，蓋徒知知覺運動之蠢然者人與物同，而不知仁義禮智之粹然者人與物異也。孟子以是折之，其義精矣。」（同上）

朱熹在這裡實際上將性分成了兩種，一是先天之性，一是後天之性。進而又把先天之性說成氣，後天之性說成理。並以先天之性為蠢然的知覺運動，後天之性才是粹然的仁義禮智。這樣，算是把同有知覺運動的人與動物的性區分開了，孟子正是用這點來反駁告子的。所以朱熹贊揚說「其義精矣」。但這個思想卻不合於《周易》。《繫辭》說：「一陰一陽之謂道，繼之者善也，成之者性也。」善是繼道的結果，而性是成善的體現，因道而有善，因善而成性。《禮記・中庸》也說：「天命之謂性，率性之謂道，修道之謂教。」也認為「性」是上天賦予的，是由道所規定、所統率的。至於仁義禮智等社會道德和行為能力，乃是修道設教的結果。可見朱熹所謂的蠢然、粹然等等只不過是朱熹自己的思想，而不是《周易》的思想，因而也不全是孟子的思想。

人性的善惡問題本來是個很複雜的問題，時人已有各種不同的主張，以此孟子不得不經常面對不同的觀點展開辯論。一次，公都子在轉述了告子的性無善惡說之後向孟子提出疑問說：「或曰性可以為善，可以為不善；是故文武興則民好善，幽厲興則民好暴。或曰有性善，有性不善；是故以堯為君而有象；以瞽叟為父而有舜；以紂為兄之子且以為君，而有微子啟、王子比干。今曰性善，然則彼皆非與？」（《孟子・告子上》）

公都子在這裡提出的是有關善惡的一連串問題，目的是為了論證性無善惡。提問一連列舉了四種情況，一是從社會風化說，文武之時好善，幽厲之時好暴，說明人性可以導之使善，可以誘之使惡；二是從周圍影響說，大聖人帝堯為君，竟還有像這樣刁蠻不規之徒；三是從血緣關係說，瞽叟這樣不慈不義的父親竟生下了舜這樣的善良兒子；四是從家庭教養說，暴君紂王，他的親叔叔微子、比干，卻又都是好人。這些現象該如何解釋呢？孟子回答說：「乃若其情，則可以為善矣。若夫為不善，非才之罪也。」就是說性善雖是人的本質和本能，但必須啟動、發揚，性動曰情，不啟動發揚，仍然只是潛在的性。那些行為不善的人，並不是他不具備這種本能和本質，而是沒有發揮這種本能與本質。故接著孟子又說：「求則得之，捨則失之，或相倍蓰而無算者，不能盡其才者也。」數之一倍叫倍，五倍叫蓰。「或相倍蓰而無算者」，意即背離人的本性走得很遠。「無算者」，無可數計。眾多背離人的本性而走得很遠的人，都是因為自己不去尋求，不加發展，所以善的本質無從體現，但不能因此就可以否定善的本質。

為了說明這個問題，孟子用牛山之木作為例子，並從而展開議論說：「牛山之木嘗美矣。以其郊於大國也，斧斤伐之，可以為美乎？是其日夜之所息，雨露之所潤，非無萌蘖之生焉，牛羊又從而牧之，是以若彼濯濯也。人見其濯濯也，以為未嘗有材焉，此豈山之性哉！雖存乎人者，豈無仁義之心哉？其所以放其良心者，亦猶斧斤之於木也，旦旦而伐之，可以為美乎？其日夜之所息，平旦之氣，其好惡與人相近也者幾希，則其旦晝之所為，有梏亡之矣。梏之反覆，則其夜氣不足以存；夜氣不足以存，則其違禽獸不遠矣。人見其禽獸也，而以為未嘗有才焉者，是豈人之情也哉？故苟得其養，無物不長；苟失其養，無物不消。孔子曰：操則存，舍則亡，出入無時，莫知其向，唯心之謂

與？」（同上）

濯濯，光潔貌，有如用水清洗一般。牛山好好一片森林，只因為他距城市太近，被砍伐一光。本來它還有再生的能力，無奈光山又成了牧場，牛踩馬踏，於是就成了光禿禿的山包了。那些不了解此山歷史的人從眼前的現象出發，以為它從來就是一座不長草木的光山，自然不合乎事實。據此類推，人也不能以現象當本質。人的仁義之心也和牛山能長樹木一樣，本來是存在的，只是因為良心的放縱，就像樹木之於斧子，旦夕砍伐，被毀壞了。因為毀壞的程度過大，以致失去了再生的能力，於是離人的本質越來越遠，而離禽獸的本質越來越近，最終竟等同於禽獸，但我們決不能因為他已經成了禽獸而否定他曾經存在過的人的本質。

最後，孟子綜合人心與山木說：「苟得其養，無物不長；苟失其養，無物不消。」消者亡也，不得其養，有物也會消失，也會泯滅，充分強調了後天的作用。

那麼，如何才算是得其養呢？孟子說：「雖有天下易生之物也，一日暴之，十日寒之，未有能生者也。吾見亦罕矣，吾退而寒之者至矣，吾如有萌焉何哉？」（同上）一暴（溫暖）而十寒，再容易生長的東西也無法生長。作為社會現象，暴與寒的條件是同時存在的，暴進而寒退，寒長而暴消，如果不擇暴棄寒，避寒就暴，即使有向好的方面發展成長的願望，也是徒然的，所以說「如有萌焉何哉」。

養性不能一暴十寒，也不能因小害大，這裡有個「養」的方法問題。公都子問孟子：「均是人也，或為大人，或為小人，何也？」（《孟子・告子上》）孟子問答說：「從其大體為大人，從其小體為小人。……耳目之官不思而蔽於物，物交物，則引之而已矣。心之官則思，思則得之，不思則不得也，此天之所與我者。先立乎其大者，則其小者不能奪也，此為大人而已矣。」

孟子認為，大人之所以能成為大人，是因為他能養其大，即陶冶其心志，注意思考，不蔽於耳目，一事當前有自己的思考，有自己的見解，這就叫立其大。然則什麼叫小呢？孟子說：「養其一指而失其肩背而不知也，則為狼疾人也。飲食之人則人賤之，為其養小以失大也。」（《孟子・告子上》）飲食之人指專門講究吃喝的人。

孟子以為養心為大，養體為小。大人著意於養心，有思想，有境界，故成大人，小人一味養體，飽食終日而無所用心，故成小人，這就是孟子著名的養心與養體之說。這裡的大人、小人不是權力大小之謂，而是有無德行以及德行高低之謂。

如何養心呢？孟子認為養心的最大要領在於寡欲。孟子說：「養心莫善於寡欲。其為人也寡欲，雖有不存焉者寡矣。其為人也多欲，雖有存焉者寡矣。」（《孟子・盡心下》）存與不存，指的是人的善的本性。為人寡欲，雖然也有不能保留和發揮善的本能和本性的，但為數極少。為人多欲，雖然也有能保留和發揮善的本能和本性的，為數也極少。這裡，孟子作了有條件的判斷，沒有絕對化。而其強調善的本能和本性，卻是始終如一的，對《周易》繼善成性思想的發揮是充分的、大膽的。

二、對乾道剛健思想的發揮

剛健是《周易》一個至為重要的思想，它貫穿於全書，更集中反映在《乾》卦。乾是天，天就是剛，就是健，就是高明，就是博大。剛健是天的本質特點，也是乾道的本質特點。惟其剛健，故能為勿用之龍，能作在田之龍。惟其剛健，才能「終日乾乾，夕惕若厲」。也惟其有不斷的奮發進取，而且知進知退，才能躍於田，才能飛於天，才能不作有悔的亢龍。故《易傳·大象》概括《乾》卦的主旨說：「天行健，君子以自強不息。」這就是通常所說的剛健之氣，孟子一生，最注重這種剛健氣質的修養，也最看重自己的這種氣質。一次，告子問他，什麼是他所長。孟子回答說：「我知言，我善養吾浩然之氣。」告子又問：「敢問何謂浩然之氣？」孟子回答說：「難言也。其為氣也，至大至剛，以直養而無害，則塞於天地之間。」（《孟子·公孫丑上》）

浩然之氣是什麼氣呢？孟子作過許多解釋，概括起來，就是至大至剛。至大是至為廣大，至剛是無比剛健。但這至大至剛的氣並不是生來就有的，是需要培養的，「直養而無害，則塞於天地之間」，一直培養而不加損害，它就能充塞於天地之間，這和《彖傳》說的「大哉乾元，萬物資始，乃統天」的氣勢是一致的，與《乾》卦九三爻辭「君子終日乾乾」以及《象傳》「君子以自強不息」的精神是一致的。

朱熹為了使孟子的養氣說與性善的思想相一致，為之作注說：「至大，初無限量；至剛，不可屈撓。蓋天地之正氣，而人得此生者，其體段本如是也。」朱熹從人性本善的思想出發，以為這浩然之氣是生來就有的。原本是天地之正氣，人得氣而生，所以「其體段本如是也」。朱熹的解釋雖然與性善的思想扣得很緊，惜乎失之迂闊。果真如此，則懷抱裡的嬰兒其氣必是更加剛大的了，因為他剛從天地那裡下來，其氣未曾受到後天的任何損害。

朱熹的解釋也不全是自己的見解，是根據程頤的思想來的，只是著意發揮了程頤思想中不合理的一面。

程頤說：「天人一也，更不分別。浩然之氣，乃吾氣也，養而無害，則塞乎天地之間；一為私意所蔽，則欿然而餒，卻甚小也。」（《均見《四書集注・公孫丑章句上》）程頤從天人合一的觀點出發，也認為這浩然之氣「乃吾之氣」，是人生來固有的，但它著意強調的是養與不養的問題。養而無害則塞乎天地之間，一為私意所蔽則欿然而餒。「乃吾氣也」，雖然也是說氣為人所固有，但強調的程度遠不及朱熹。

然則孟子所說的浩然正氣究竟是他原本有之的？還是養而成之的呢？孟子自己也沒有說得十分清楚，既像原本有的，又像養而成之的。實際的情況是既有原本的，也有養成的。原本有的是事物的本質，是內在的因素，是可養的基礎。惟其有此基礎，才有養的可能，才有至大至剛的前途和發展。也惟其有養，才能成為浩然之氣，才能發展成至大至剛。這點，從孟子對氣的性質和養氣原則的解釋可以得到證實。孟子說：「其為氣也，配義與道，無是，餒也。」（同上），加配了義與道之氣，自然不是先天的自然之氣，而是社會化了的人倫之氣了，它的成分是既有義，又有道。這有義有道之氣，不可能是朱熹說的「初」時的氣。但朱熹為了自圓其說，在注釋中加以發揮說：「配者合而有助之意，義者人心之裁制，道者天理之自然。餒，肌乏而氣不充體也。言人能養成此氣，則其氣合乎道義而為之助，使其行之勇決，無所疑憚；若無此氣，則其一時所為，雖未必不出於道義，然其體有所不充，則亦不免於疑懼，而不足以有為矣。」（《四書集注・公孫丑章句上》）

朱熹這則注釋既堅持了「浩然之氣」的固有性，同時又將此氣客觀化，以為原本存在這樣一種氣，有此氣則如何如何，無此氣又如何如何。而孟子並無此意。孟子是說人要養氣，要持之以恆，養而無害，這氣就能至大至剛，塞於天地。但養的過程必須配以義道，否則就會疲乏不振。義與道是什麼？就是思想，就是品德。「無是，餒也」，這是必然的，因為沒有思想內容的純自然之氣不可能持久，不可能有戰勝各種艱難險阻的力量。孟子說的是氣的性質和養氣的方法，而不是說有這麼一種配製好了的現行的氣。

那麼，義與道究竟要如何配氣才好呢？孟子說：「是集義所生者，非義襲而取之也。行有不慊於心，則餒矣。」（同上）就是說氣要充滿著義，以義率氣，集義以生氣，做到氣到義到，氣義一體，而不能使義成為外來的東西，這樣，才能大，才能剛，才能浩然充沛而不乏不餒。否則，「行有不慊於心，則餒矣」。不慊於心即於心有不滿足，不愜意的感覺，只要一出現這種感覺，這氣也就餒了。所以，孟子的養氣實際上是養義，只有為人光明正大，才能有浩然正氣；有義則有氣，無義則無氣。孟子這段話的核心在於「集義」。

義應如何集，也有講究，孟子提出了「勿正，勿忘，勿助長」的三勿原則。孟子說：「必有事焉而勿正，心勿忘，勿助長也。」（同上）預期曰正，勿正是說不能在事先拉開架勢。心勿忘是說心不離義，勿助長說的是不可脫離實際達到的程度而人為拔高，故作姿態。為了說明不可助長，孟子還舉了宋人拔苗助長的故事。說明人的集義養氣的功夫，有如禾苗之自然生長，有一個必需的過程，任何企圖尋找捷徑、人為助長的做法都是不能奏效的，「助長」的結果只能是「非徒無益，而又害之」。

集義養氣，目的是為了提高自己的氣質，養成良好的剛柔並濟的理想性格，那麼什麼才是理想性格呢？孟子曾以古代名人為實例作過比較。孟子說：「非其君不事，非其民不使，治則進，亂則退，伯夷也。何事非君，何使非民，治亦進，亂亦進，伊尹也。可以仕則仕，可以止則止，可以久則久，可以速則速，孔子也。皆古聖人也，吾未能有行焉，乃所願，則學孔子也。」（《孟子．公孫丑上》）伯夷、伊尹、孔子，古之三聖，其氣自然都是至大至剛，充沛天地，但卻並不同道，即他們各自的性格不同。伯夷至剛不柔，他的原則是擇時進退，以保持著自己的正氣不被他物沾污。伊尹化剛為柔，進而不退，以自己的正氣感化他人。孔子有剛有柔，因時進退。三者比較，孟子說他都做不到，但他願意學孔子。實際上也只能學孔子。如學伯夷，高潔不污，最後只能餓死首陽山。如學伊尹，又只能是傳說中的英雄，很難成為事實。只有孔子，因時俯仰，能進則進，能退則退，這才是比較現實可行的態度。

孟子認為，在與人的交往上，剛直的原則是必要的，但不能過嚴，也不能過寬。過嚴則形成孤傲，過寬則失於簡慢，孤傲、簡慢都不符合剛直的原則。他舉出了兩位古代名人作為例子，一是伯夷，一是柳下惠。孟子說：「伯夷，非其君不事，非其友不友。不立於惡人朝不與惡人言。立於惡人朝與惡人言，如以朝衣朝冠坐於涂炭。推惡惡人之心，思與鄉人立，其冠不正，望望然去之，若將浼焉。是故諸侯雖有善其辭命而至者，不受也。不受也者，是亦不屑就已。柳下惠不羞污君，不卑小官。進不隱賢，必以其道。遺佚而不怨，阨窮而不憫。故曰，爾為爾，我為我，雖袒裼裸裎於我側，爾焉能浼我哉？故由由然與之偕而不自失焉。援而止之而止。援而止之而止者，是亦不屑去已。」（《孟子．公孫丑上》）

伯夷是以高度的原則性著稱的，連別人的帽子戴得不正他都要生氣。柳下惠則相反，和誰都能交往。雖則交往，但決不受他人影響，哪怕是嬌艷女人袒臂露胸站在身旁，也不為所動，這就是膾炙人口的柳下惠坐花不亂的典故。兩人的共同點是任何時候都不為外界的不良傾向影響自己。其不同點則是方式絕殊。對待不良傾向，伯夷是「望望然去之」，而柳下惠則「由由然與之偕而不自失」，兩者都十分可貴，十分難得。但孟子認為兩者都不可取。他作出評價說：「伯夷隘，柳下惠不恭。隘與不恭，君子不由也。」（同上）

何謂隘與不恭，宋人孫爽解釋說：「此孟子復言伯夷之行失之太清而不能含容，故為狹隘。柳下惠失之太和，而輕忽時人，故為不恭敬。然狹隘與不恭敬是非先王所行之道，故君子不由用而行之也。」孫爽認為：狹隘太清，不恭太和，故先王不行而君子不用。太清必然脫離群眾，使自己孤立；而太和則難以自持，真正能「爾為爾，我為我，雖袒裼裸裎於我側」，而不能浼者，恐怕也就只有傳說中的柳下惠了，故不可提倡。

雖然如此，但孟子仍然肯定伯夷、伊尹、柳下惠為人的典範性，以及其人格的社會意義。孟子說：「伯夷，目不視惡色，耳不聽惡聲。非其君不事，非其民不使。治則進，亂則退。橫政之所出，橫民之所止，不忍居也……當紂之時，居北海之濱，以待天下之清也。故聞伯夷之風者，頑夫廉，懦夫有立志……柳下惠不羞污君，不辭小官，進不隱賢，必以其道……故聞柳下惠之風者，鄙夫寬，薄夫敦。」（《孟子・萬章下》）

孟子雖然聲稱他要學孔子，但一生最推崇伊尹，也最維護伊尹，原因是伊尹起於畎畝，位至卿相，匡君救民，改天換地，完整地體現了一個充滿浩然之氣的大丈夫性格。為此，孟子對伊尹的歷史和行事曾著力進行了渲染。《孟子・萬章上》篇記載說：「萬章問曰：人有言伊尹以割烹要（邀）湯，有諸？孟子曰：否，不然。伊尹耕於有莘之野而樂堯舜之道焉。非其義也，非其道也，祿之以天下，弗顧也；繫馬千駟，弗視也。非其義也，非其道也，一介不以與人，一介不以取諸人。湯使人以幣聘之，囂囂然曰：我何以湯之聘幣為哉？我豈若處畎畝之中由是以樂堯舜之道哉？湯三使往聘之，既而幡然改曰：與我處畎畝之中由是以樂堯舜之道，吾豈若使是君為堯舜之君哉？吾豈若使是民為堯舜之民哉？吾豈若於吾身親見之哉？天之生此民也，使先知覺後知，使先覺覺後覺也。予，天民之先覺者也，予將以斯道覺斯民也；非予覺之而誰也……故就湯而說之以伐夏救民……吾聞其以堯舜之道要（邀）湯，未聞以割烹也。」

伊尹最初究意以什麼身份見湯，如何得到湯的賞識和信任，說法不一，但在孟子的筆下，伊尹是一位以義道配氣最為完美的聖人。其最為難得之處，不在位能樂堯舜之道，非其義不取，非其義不顧，在位能行堯舜之道，以天下為己任，「匹夫匹婦有不被堯舜之澤者，若己推而內（納）之溝中。」（《孟子．萬章上》）

孟子稱道伊尹，還有一個重要原因，這就是伊尹在朝，不僅管民，而且管君，支持一切正義的人和事，反對一切不正義的人和事。孟子宣揚說：「伊尹相湯以王於天下。湯崩，太丁未立，外丙二年，仲壬四年。太甲顛覆湯之典例，伊尹放之桐。三年，太甲悔過，自怨自艾，於桐處仁遷義三年，以聽伊尹之訓己也，復歸於亳。」（同上）

太甲是太丁之子，成湯之孫。太丁去世比成湯早，故不得立。湯死，太甲尚幼，故立了太丁之弟外丙，外丙死，再立仲壬。太甲稍長，繼位為君，因為顛覆湯時成法，被伊尹放逐。宰相從來是受皇帝管著的，而伊尹卻敢放逐無道的太甲，其氣之正，之大，確乎已塞於天地之間，無可復加了。這就是孟子所說的至大至剛。

孟子有一個可貴的思想，認為皇帝並非一定要誰才能做得，有德者當之。他的原則是：「是以惟仁者而在高位；不仁而在高位，是播其惡於眾也。」（《孟子・離婁上》）所以當齊宣王問他關於卿大夫的職責時他明確回答說：「君有大過則諫，反覆之而不聽則易位！」（《孟子・萬章下》）易位就是挪動位置，把臺上的拉下來，換別的人上去。孟子此語一生，致使宣王「勃然變色」。而這正是孟子浩然之氣的本質表現。

什麼叫浩然之氣呢？孟子借與人討論何謂大丈夫問題時說：「居天下之廣居，立天下之正位，行天下之大道，得志，與民由之；不得志，獨行其道。富貴不能淫，貧賤不能移，威武不能屈，此之謂大丈夫！」（《孟子・滕文公下》）大丈夫者，胸中有浩然正氣而不可屈撓侵奪者也，而這正是乾道的剛健所在。

三、對德位思想的發揮

德與位是《周易》推卦理以及人事的著眼點和著力點。以《乾》卦為例，全卦七爻，無爻不講德，也無爻不講位。《周易》認為，位與德是相聯繫的，又是相分離的。有位必須有德，但有德不一定有位。德與位相比，德是第一位的，有德才有位，先有德而後有位，無德必須去位。對此，《易傳‧文言》的作者借孔子之口作了十分精當的解釋。

「初九曰，潛龍勿用，何謂也？子曰：龍德而隱者也。不易乎世，不成乎名，遁世無悶，不見是而無悶；樂則行之，憂則違之，確乎其不可拔，潛龍也。」說的是德與位的分離性。歷史上有不少這樣的高人，有高深的道德修養，有非凡的經世才能，然而澹泊名利，「遁世無悶，不見是而無悶」，是一種不在位的龍，是謂潛龍，也是難得的隱士。

「九二曰，見龍在田，利見大人，何謂也？子曰，龍德而正中者也。庸言之信，庸行之謹，閑邪存其誠，善世而不伐，德博而化，《易》曰：『見龍在田，利見大人』，君德也。」說的是有德有位而且大有發展的君子，他的位是以自己的德為前提的：言而信，行而謹，去邪存實，有功不居，君人之德。

「九三曰，君子終日乾乾，夕惕若厲，無咎，何謂也？子曰，君子進德修業，忠信，所以進德也；修辭立其誠，所以居業也。知至至之，可與幾也；知終終之，可與存義也。是故居上位而不驕，在下位而不憂，故乾乾因其時而惕，雖危無咎矣。」德與位的增長是應該成正比的，怕的是位愈高而德愈不進，這種人十個有十個摔跤子。為了不摔跤，就必須「終日乾乾」，不斷進德修業。

「九四曰，或躍在淵，無咎，何謂也。子曰，上下無常，非為邪也；進退無恆，非離群也；君子進德修業，欲及時也，故無咎。」龍躍於淵，說的是適逢其時，飛黃騰達，而且又吉而無咎，這正是前段進德修業的結果，也是德能適位的表現。

《易傳・文言》就這樣一爻一爻地解釋，直至最後，通篇貫徹著一個德位統一的思想。因為有進德修業的內容，所以德實際上包括了後世所說的才，也就是德才兼備。《周易》的德位觀啟發了後學，千百年來孜孜不倦，探求進德修業的途徑。著名的《大學》、《中庸》，講的全是這方面的道理。但探討時往往著重於德的一個方面，而很少像《周易》本身一樣，把德和位二者聯繫起來考察。

這點還是《周易》自身作得好，《易傳・繫辭》：「天地之德曰生，聖人之大寶曰位，何以守位曰仁，何以聚人曰財」，算是道出了問題的實質。權位是聖人之大寶，聖人有改天換地的作為，改天換地需要權位，所謂有權可使天下，無權不足以使鄰里，但權位必須以德行來充實。有德行的人不一定能得到權位，而無德行的人不一定得不到權位，但無德行的人一定守不住權位，僥倖守住一時，也守不住長久。不僅守不住權位，而且要付出慘重的代價。鑒於歷史的經驗教訓，《易傳・繫辭》提出了「守位」的命題，而且提出了仁以守位的具體原則。

仁以守位是通過施仁政來守住權位，在這個問題上古往今來闡述得最生動、最深刻且又十分大膽的，要算孟子。一卷《梁惠王》，說盡了其間的道理，然則如何以仁守位呢？

一曰保民。位是以民為前提的，無民則無位，故《禮記‧大學》說：「有德此有人，有人此有土，有土此有財，有財此有用。」人是一切事業的根本，故保位首先必須保民。梁惠王問孟子，如何才能王天下，孟子回答十分簡單：「保民而王，莫之能御也。」如何保民，孟子針對當時的情況提出了「省刑罰，薄稅斂，深耕易耨，修孝悌忠信」四事。

其時七雄並立，國君們為了競爭的需要，盡量擴充自己的軍事力量，對本國人民施行高壓政策，嚴刑峻法，重稅厚斂，殘酷之至，孟子把這些稱之為「殺人」。一次，梁襄王問孟子，天下如何才能安定時，孟子回答說：「定於一」。問：「孰能一之？」回答說：「不嗜殺人者能一之。」為什麼不嗜殺人者就能統一呢？孟子解釋說：「王知夫苗乎？七八月之間，旱，則苗槁矣。天油然作雲，沛然下雨，則苗浡然興之矣。其如是，孰能御之？今夫天下之人牧，未有不嗜殺人者也；如有不嗜殺人者，則天下之民皆引領而望之矣。誠如是也，民歸之，由水之就下，沛然誰能御之！」

或以為孟子說的殺人就是直接砍人頭顱，故以為是張大之詞。但北宋史評家蘇洵認為並不誇大，他說：「孟子之言，非苟為大而已，然不深原其意而詳究其實，未有不以為迂者矣。予觀孟子以來，自漢高祖及光武，及唐太宗，及我太祖皇帝，能一天下者四君，皆以不嗜殺人致之。其餘殺人愈多，而天下愈亂。秦、晉及隋，力能合之，而好殺不已，故或合而復分，或遂以亡國。孟子之言，豈偶然而已哉！」

保民的關鍵在於愛民。官愛民則民愛官，反之，就中了孟子的名言：「君之視臣如犬馬，則臣視君如國人；君之視臣如土芥，則臣視君如寇仇。」國君如此，地方官吏亦復如此。一次，鄒魯發生武裝衝突，鄒人大敗，官員死亡甚多，而百姓無一傷亡。鄒君十分惱怒，向孟子訴苦說：「吾有司死者三十三人，而民莫之死也。誅之則不可勝誅，不誅則疾視其長上之死而不救，如之何則可也。」

是呀，一場惡鬥，死的全是官員，竟無一個百姓，這究竟是百姓不近人情還是官員自身的問題呢？好在孟子是鄒國人，了解鄒國情況，於是解釋說：「凶年饑歲，君之民老弱轉乎溝壑，壯者散而之四方者幾千人矣，而君之倉廩實，府庫充，有司莫以告，是上慢而殘下也。曾子曰：戒之戒之，出乎爾者，反乎爾者也。夫民今而後得反之也，君無尤焉。」尤者怨也，孟子勸鄒君不要埋怨，因為有司不關心民瘼民病在前，百姓不救長上在後，這就是曾子說的「出乎爾者，反乎爾者也」，也就是一報還一報。故一切貪官惡吏，千萬不要以百姓無奈我何而安之若素，一旦有事，報必優先。所以，保民才能保位，虐民難免喪身，這是孟子守位的第一要訣。

二曰不與民爭利。在社會尚未進入民主的時代，在民主制度不完善的國度，權位就是資產，而且是一種萬能的資產，就像錢幣作為通貨一樣，隨時可以轉化為自己需要的任何商品，乃至並非商品的商品。而這種資產的限額，又是由掌管的權位大小來決定的，權位愈高，資產愈大。大夫掌管一地，擁有一地的資產；諸侯掌管一國，擁有一國的資產；天子掌管天下，擁有天下資產。這樣，位與德的關係被扭曲成位與利的關係。惟其它是被扭曲了的，非正常的，歷史上無時無處不有因位得利，同時又因利丟位乃至喪身的事例。所以，孟子守位的另一要訣是不與民爭利。不僅不能爭利，而且也不能隨便言利。一次，梁惠王說了一句「亦將有以利吾國乎」的話，招來了孟子的長篇大論。孟子說：「王何必曰利？亦有仁義而已矣。王曰何以利吾國，大夫曰何以利吾家，士庶人曰何以利吾身，上下交征利，而國危矣。萬乘之國，弒其君者必千乘之家，千乘之國弒其君者必百乘之家。萬取千焉，千取百焉，不為不多矣。苟為後義而先利，不奪不饜。未有仁而遺其親者也，未有義而後其君者也，王亦曰仁義而已矣，何必曰利？」（《孟子・梁惠王上》）

孟子在這裡說的不言利，實際上是說不能倡利，如果國家的領導者一味言利，提倡利，鼓吹利，乃至爭利，就會造成「上下交征利」的爭奪傾軋局面，國家就會瓦解。那麼是否可以完全不要利而只講義呢？不是，孟子的主張是先義而後利，並不是有義而無利。只是義利的先後次序不能顛倒。「苟為後義而先利」，就會形成公開的搶奪，因為不掠奪別人，自己就無法滿足。這就叫「不奪不饜」。權位是最能滿足個人欲望的，因而也就成了優先搶奪的對象。故國君倡利就可能自失其位。

孟子的主張和《易》的德位觀點是一致的，因為義是德的一個重要方面，不過是通過義的反面的利來表現罷了。這裡的義與利是作為道德範疇的一對矛盾提出的。不少人曲解了孟子的思想，以為孟子只講義，不講利，只要精神，不要物質。這些人實質上是把生存需要和道德需要混為一談，最終混淆了人與動物的區別。人和動物都需要生存條件，但人的獲取是必須符合義的原則的，只有動物的獲取才能不擇手段。然而動物不擇手段的獲取又隨時可以成為另一動物獲取的對象，這就是權位力得而不能力守的原因所在。

三曰與民同樂。與民同樂是一切統治者最愛用以標榜自己的話題，然而大多徒有其名，並無其實，很難有孟子所說的與民同樂，與民同樂的實質是人際關係協調的體現。在權力決定一切的社會，權位最易破壞人際間的關係，甚至權位本身就是破壞人際關係的產物，故守位必須十分注意協調人際關係，不是協調個別人的關係，也不是少數人的關係，而是要協調整個社會的關係，特別是統治者與人民大眾的關係。

對這樣一個重大原則問題，孟子的闡述卻是從一件小事上展開的。一次，孟子去見梁惠王，梁惠王正興致勃勃地站在池塘邊欣賞他豢養的鴻雁和麋鹿的美麗，見孟子來，指著鴻雁、麋鹿問道：「賢者亦樂此乎？」賢者指誰呢？可以是孟子，也可以是古聖先賢。很顯然，梁惠王將自己排除在賢者之外，因為他好鴻雁、麋鹿之樂。大出梁惠王的意料，孟子回答說：「賢者而後樂此，不賢者雖有此不樂也。」（同上）

孟子不僅肯定賢者樂此，而且肯定只有賢者才能樂此，不賢者雖有此而不樂。在這裡，賢是樂的條件，不是只有賢者才知樂，才想樂，而是只有賢者才有條件樂。與之相對襯，「不賢者雖有此不樂也」。不賢者不是不知樂，不想樂，而是沒有樂的條件。條件是什麼？條件就是「賢」。為人賢，有賢德，受人擁戴，權位無虞，故能有此樂趣；不賢者無賢德，處處與百姓相對立，權位難得保，雖有鴻雁、麋鹿，也無法享此樂趣。為了說明這個問題，孟子舉出兩個歷史名人作為例子。一是好的典型周文王。文王也修池，也築臺，也養鹿，也養鳥，但他的苑囿是開放的，是與大眾共用的，是為大眾而置的，所以人們高興，歌吟不絕。一是壞的典型夏紂，紂王無道，興土木無寧日，全不顧人民死活，而樓臺亭閣僅為一人享用，所以人們恨他，願他速死，甚而至要和他拼命，與他同歸於盡。形勢到了這種嚴重地步，樓臺亭閣再好，飛禽走獸再多，也就無由欣賞了。所以說「不賢者雖有此不樂也」。鴻雁、麋鹿既不能欣賞，權位自然也就不復存在了。與民同樂有兩個方面的前提，一是同，二是樂。同是不特殊，樂是不愁苦。為上為君者自己不特殊是重要的，但使民不愁苦更加重要。

孟子曾與梁惠王討論過欣賞音樂的樂趣。孟子說：「臣請為王言樂。今王鼓樂於此，百姓聞王鐘鼓之聲，管籥之音，舉疾首蹙頞而相告曰：吾王之好鼓樂，夫何使我至於此極也？父子不相見，兄弟妻子離散。今王田獵於此，百姓聞王車馬之音，見羽旄之美，舉疾首蹙頞而相告曰：吾王之好田獵，夫何使我至於此極也？父子不相見，兄弟妻子離散。此無他，不與民同樂也。今王鼓樂於此，百姓聞王鐘鼓之聲，管籥之音，舉欣欣然有喜色而相告曰：吾王庶幾無疾病與？何以能鼓樂也。今王田獵於此，百姓聞王車馬之音，見羽旄之美，舉欣欣然有喜色而相告曰：吾王庶幾無疾病與？何以能田獵也。此無他，與民同樂也。」（《孟子・梁惠王下》）

孟子在這裡舉出的兩種截然相反的效果，就同的方面而言，是沒有區別的，都是鐘鼓之聲、羽旄之美，但鐘鼓羽旄所勾起人們的思想感情，就完全不一樣了。前者是「疾首蹙頞」，後者則是「欣欣然而有喜色」。那麼，是什麼原因使人們個個疾首蹙頞呢？是人們生活的痛苦：父子不相見，兄弟妻子離散。一方面是鐘鼓管龠的歡樂，一方面是妻離子散的痛苦，兩者的反差形成強烈對比，可以想見，這種極不協調的局面不僅不能同樂，而且也是不可能存在太久的了。當然，說他不可能存在太久不等於不存在，這就靠強權和高壓來支撐了，於是惡吏橫行，冤獄遍地，人民處於水深火熱之中，統治者居於乾柴烈火之上，勢若累卵，岌岌可危了。

要使百姓樂而無憂，關鍵的問題要使其生活有著，能夠溫飽。如何才能使民溫飽，孟子闡述他的觀點說：「不違農時，穀不可勝食也；數罟不入洿池，魚鱉不可勝食也；斧斤以時入山林，林木不可勝用也。穀與魚鱉不可勝食，林木不可勝用，是使民養生喪死無憾也。養生喪死無憾，王道之始也。」（《孟子・梁惠王上》）

孟子提出的條款雖然不多，但卻帶有根本的性質，不違農時，是保證穀物生產的根本；不竭澤而漁，使魚類保持旺盛的繁殖能力，是魚鱉不乏的根本。至於禁止濫砍濫伐，不僅是木材供應的保證，更是生存環境的保證。歷史的經驗證明，大凡一個地區、一個國度的災荒，往往直接間接地與執政的失誤有關，或因戰爭，或興土木；或荒淫嬉戲，或任意指點。而這些都直接關係到民眾的生活，乃至他們的生死存亡，執政者是不可不慎的。一旦能慎，也就是「王道之始」，就不必擔心權位不保了。

當然，這只是孟子提出的綱領，他還有細目。孟子接著說：「五畝之宅，樹之以桑，五十者可以衣帛矣。雞豚狗彘之畜，無失其時，七十者可以食肉矣。百畝之田，勿奪其時，數口之家可以無饑矣。謹庠序之教，申之以孝悌之義，頒（斑）白者不負戴於道路矣。七十者衣帛食肉，黎民不饑不寒，然而不王者，未之有也。」

孟子生活在兩千多年前的封建社會，嚮往的自然是小農經濟了。他的理想是家有五畝私宅，菜蔬瓜果之外兼種桑麻，百畝耕地，不奪農時，如此食用自足，人無饑寒。在此基礎上講義修睦，人知禮義。衣食有著，禮義既修，社會就會出現老者衣帛食肉，黎民不饑不寒的富庶康樂局面。社會有此局面，自然不愁天下不治；天下既治，這權位自然也就無憂了。

遺憾的是在位者很少這樣做，於是孟子話題一轉，把人的視線引到了另外一個世界：「狗彘食人食而不知檢，途有餓莩而不知發。人死則曰：非我也，歲也。是何異於刺人而殺之，曰：非我也，兵也。」孟子在這裡舉出了兩種使他最反感的現象：一是豬狗吃人的糧食不加制止，一是路有餓死之人而不知救濟。「狗彘食人食」所指有兩方面的意思，一是直指，說的是豬狗吃了人的糧食。豬狗不一定只是豬和狗，主要指富人飼養的寵物。寵物的大量出現是社會分配不公的產物，更是統治者生活奢侈、社會腐敗的表現。孟子之前，養寵物規模最大的要算衛懿公了。他好鶴堪稱天下一絕，他的鶴還分等級，參照相廷官員級別，分為鶴卿、鶴大夫、鶴士。鶴卿坐四人轎，鶴大夫坐兩人轎，鶴士有跟班，耗費大量資財。不過衛懿公也為此付出了代價，最後尸首不全，但付出代價更高的還是在他統治下的百姓，一隻「鶴卿」不知要多少百姓為之服務，為之犧牲。孟子之後似乎今不如古，飼養寵物的規模難以出懿公之右，但其消費卻每每後來居上：寵物乘車而人肩挑背負，寵物餐餐魚肉而人粗食不飽，寵物舒躺懷中而人遭白眼，寵物有幸擇醫而人久病無藥。其實，寵物之受寵不過是寵物者空虛、頹廢的心理表現，所寵之物愈是高貴，寵物者的人品，就愈加低下，而一旦寵物滿街，不見人而只見獸，這個民族的滅亡也就為期不遠了。

「狗彘食人食」的另一意思是問指，說的是豬狗不如的人搶奪了人們口中的糧食，這種現象較之前面所說豬狗吃人的糧食更為嚴重。搶奪他人之食的人不一定口邊無食，只為了占有的欲望，而搶奪來的卻正是他人口中之食。無論是豬狗食人之食，抑或是豬狗不如的人奪人之食，都是孟子不能容忍的，所以列為執政者罪惡之首。

「狗彘食人食」的後果是嚴重的，民貧國瘦，稍遇災荒，餓莩滿路。對於這樣的現象統治者為了開脫自己，往往任意誇大自然災害，說是年歲不好所致。故孟子揭露批駁說：「人死，則曰：非我也，歲也。是何異於刺人而殺之，曰：非我也，兵也。」那種把人為的責任推給自然，無異於把親手殺人的責任推給手中的兵器。

為了說明失政與惡政的危害，孟子進一步比喻說：「殺人以梃與刃，有以異乎？曰：無以異也。以刃與政，有以異乎？曰：無以異也。曰：庖有肥肉，廄有肥馬，民有饑色，野有餓莩，此率獸而食人也。獸相食，且人惡之，為民父母，行政不免於率獸而食人，惡在其為民父母也。仲尼曰：始作俑者，其無後乎！為其象人而用之，如之何其使斯民饑而死也！」

「庖有肥肉，廄有肥馬」和「民有饑色，野有餓莩」是當權者生活與無權百姓生活的鮮明對比。孟子認為，百姓的饑色，野外的餓莩，是當權者一手造成的，因為他廚中的肥肉、院中的肥馬，都是吃百姓血汗長肥的，所以叫「率獸而食人」。率者領也，統治者率領著一群野獸在吃人。其實吃人的並不是獸，而是人，是獸一樣的人。他們憑借手中的權勢，巧取豪奪，任意設關徵稅，隨便抓人罰款；無風起浪，借水興波；敲骨吸髓，無所不用其極。所有這些，都是在權勢的保護和縱容下進行的，小勢靠大勢，大權護小權，從中央到地方，層層包庇，這不等於率領一大群野獸在吃人嗎？所以孟子十分氣憤地斥責說：「獸相食，且人惡之，為民父母，行政不免於率獸而食人，惡在其為民父母也！」

事情就是這樣蹊蹺，獸相食，人不免起而干預，或投之以石，或驅之以杆，而人相食卻無人干預；不是不想干預，而是無從干預。人吃人一般都有兩個特點，一是無形。

人畢竟不是獸，所以吃人的時候不是殺了宰了生吞活剝地吃，而是留著活口慢慢榨著油、吸著血吃，這就叫「吃人不吐骨」。二是有理。理便是權。大凡吃人，無不與當時當地的「行政」有關，行政有權，有權便有理，理之所至，但吃無妨。於是吃者眾多，或者行政自己吃，或者親戚朋友吃；或者被人收買，由出錢收買的人吃，或者瀆職失察，縱容不法之徒吃。無形便無據，有理則有辭，有此兩條，誰敢干涉？於是手中無權的百姓只好一代一代被吃了。也有被人吃了而高呼萬歲的，那都是無形、有理製造的罪惡。

率獸食人雖然聽起來可怕，但畢竟還只是一種行政責任，吃人的主要是所率之獸，故孟子也只是指責一番。如若本人吃人，而且吃人甚多，那就當作別論了。一次，齊宣王問孟子：「湯放桀，武王伐紂，有諸？」孟子回答說：「於傳有之。」宣王又問：「臣弒其君，可乎？」孟子回答說：「賊仁者謂之賊，賊義者謂之殘，殘賊之人謂之一夫，聞誅一夫紂矣，未聞弒君也。」（《孟子‧梁惠王下》）孟子認為，像桀、紂這樣的獨夫民賊，是一伙賊仁賊義的敗類，根本不配為君，人人都可得而誅之。孟子這話，為一切在位的不仁不義者敲響了警鐘：不要看你有權有勢，小心有一天取你人頭！頭之不存，權位自然也就不保了。

四曰不好大喜功。孟子認為，不好大喜功也是守位一大要訣。

人的最大心理特點在於「有慾」，有生存之慾，有愛美之慾，有不斷改善生活條件之慾等等。正是這些永無滿足的慾望，推動了社會的前進。但慾望卻是憂喜參半的，特別是權力的慾望。權力慾最容易膨脹。守位的關鍵一著，就是要自覺克制這種隨時可能發生的膨脹。一次，齊宣王對孟子說，他將要尋求他的大慾。孟子聽了，頗感興趣，於是展開了如下一段對話：「曰：王之所大欲，可得聞與？王笑而不言。曰：為肥甘不足於口與？輕暖不足於體與？抑為彩色不足視於目與？聲音不足聽於耳與？便嬖不足使令於前與？王之諸臣皆足以供之，而王豈為是哉？曰：否，吾不為是也。曰：然則王之所大欲可知已，欲闢土地，朝秦楚，莅中國而撫四夷也。以若所為，求若所欲，猶緣木而求魚也。王曰：若是其甚與？曰：殆有甚焉。緣木求魚，雖不得魚，無後災。以若所為，求若所欲，盡心力而為之，後必有災。」（《孟子‧梁惠王上》）

身為國君，還有什麼不能滿足呢？是吃的嗎？穿的嗎？眼睛看的、耳朵聽的嗎？這些都是臣下可以提供的。那麼，究竟是什麼呢？原來是「闢土地，朝秦楚」。擴張土地，使秦楚來朝貢並無別的，全是為了擴大自己的權力。孔子說「人之疾好為人師」，好為人師當然不好，強不知以為知，總想教訓別人，而好為人上則更不好。國人之疾就在於一好為師，二好為上，總是以管人、訓人為榮，而管人又以所管愈多愈榮。管了一萬想管十萬，管了十萬想管百萬，管了百萬想管千萬、萬萬。管一地之民不足，想管一國之民，管一國之民又想管天下之民，於是戰亂不休，紛爭不已，天下多事。正是這種心理促使齊宣王有「闢土地，朝秦楚」的「大慾」。

其實，開疆闢土只是私慾膨脹的表現之一，其他如大興土木，濫加爵號，亂發號令，故作驚人之舉，等等，如嬴政造宮，王莽改制，楊廣開河，真宗信道，皆屬此類，大多事未成而權位已失。

好大喜功之疾不僅生於權高位極的國君，也常見於權力有限的地方小吏。一些權慾大的人，為了謀取更大的權位，揣摩窺測，迎上所好，不顧民力，常作非份之想，強辦難成之事，一則邀功請賞，二則樹碑立傳。此種人因時行事，往往得逞，然而民怨沸騰，口碑甚惡，自己也身心俱瘁，得不償失。而以此自敗者，亦不少見。

五曰聽於國人。聽於國人也就是聽取大多數人的意見。一次，齊宣王問孟子，如何才能使賢者進、不肖者退。孟子回答說：「左右皆曰賢，未可也。諸大夫皆曰賢，未可也。國人皆曰賢，然後察之；見賢焉，然後用之。左右皆曰不可，勿聽。諸大夫皆曰不可，勿聽。國人皆曰不可，然後察之；見不可焉，然後去之。左右皆曰可殺，勿聽。諸大夫皆曰可殺，勿聽。國人皆曰可殺，然後察之；見可殺焉，然後殺之，故曰國人殺之也。如此，然後可以為民父母。」（《孟子．梁惠王下》）

孟子在這裡列舉了三種情況，一是該用的，二是該去的，三是該殺的。這是「為民父母」者經常遇到的事，特別是用人和去人。如何確定該用、該去乃至該殺的對象呢？孟子總的原則是聽於眾而不聽於寡，無論在國為君，或者在地方為官，身邊免不了有一批比較親近的人，這就是孟子所說的「左右」。「左右」是當權者接觸最多的人，也是揣摩當權者心理最準的人，故「左右」的意見也往往是主宰人自己的意見。此輩最多阿諛奉承之徒，少有耿介高標之士，故曰「勿聽」。「大夫」是國君政令的執行者，也是國家權力的分享者。因為有他分享的一部分權力，因而在用人辦事的問題上就有了他們自己的利益，故也不能聽。

國人自然指一國民眾，國民與國家從來都是對立的統一體，在具體利益上往往存在著局部與全局、暫時與長遠的矛盾，因而也不免存在片面性。但國民畢竟是大多數，大多數人看問題畢竟比少數人全面，特別在衡量人的賢愚善惡的具體問題上，更具真理性，所以要更多地傾聽他們的意見。但為了防止片面性，還得加以考察。考察的結果與國人反映的相符，然後拍板。

孟子這個排除左右附和、排除諸大夫偏見、傾聽國人呼聲、進行細致考察、拍板決斷的決事方程式，應該是一切以權力為核心的社會決策者的圭臬。無奈因為權力的扭曲，當權者總以為自己高明，一味我行我素，以為左右就是一切，用人不出左右，選賢不出左右，言計聽從不出左右，好處便宜不出左右，耳目為左右所障，思想為左右所囿，事不得其任，人不得其選，賢能耿直不能進，奸佞庸愚不能退，民處水火、國在危艱而不知，昏昏然沉浸於阿諛奉承之中，陶醉在自鳴得意之內，直至國敗家亡而後已。

第六章　貫穿了易學思想的儒家經典《大學》與《中庸》

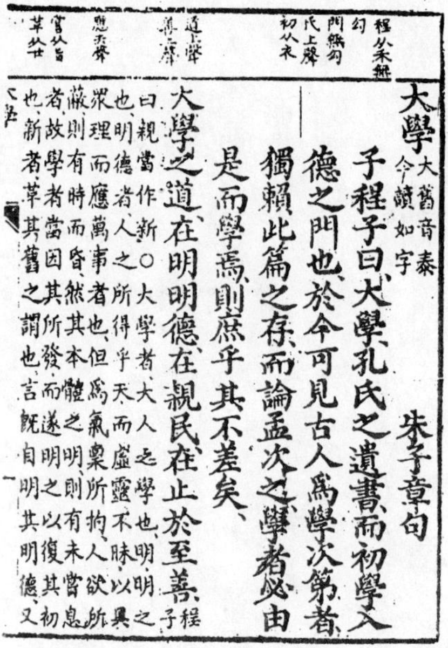
大學 大舊音泰 今讀如字　朱子章句
子程子曰大學孔氏之遺書而初學入
德之門也於今可見古人為學次第者
獨賴此篇之存而論孟次之學者必由
是而學焉則庶乎其不差矣
大學之道在明明德在親民在止於至善 程子
曰親當作新○大學者大人之學也明明之
也明德者人之所得乎天而虛靈不昧以具
衆理而應萬事者也但為氣稟所拘人欲所
蔽則有時而昏然其本體之明則有未嘗息
者故學者當因其所發而遂明之以復其初
也新者革其舊之謂也言既自明其明德又

圖 6–1　明刻本《四書集注・大學》

《大學》、《中庸》雖只是《禮記》中的兩篇，卻是儒家的重要經典，南宋朱熹將它們與《論語》、《孟子》合成《四書》（見圖 6－1）之後，其地位更加突出，既是儒家諸經的普及讀物，也是諸經的代表作。

《大學》相傳是孔子弟子曾參所作，《中庸》相傳為孔伋所作，其實它們都是秦漢之際的作品，是儒家大量吸收易學思想的產物。

一、關於《大學》

《大學》即大人之學，講的是修身、齊家、治國、平天下的大道理，通篇引《詩》、《書》立論，終篇不見《易經》、《易傳》一字，但它的思想脈絡卻來自《易經》與《易傳》，是納易學入儒學、用易學思想充實儒家思想並使之融為一體的典範。《大學》開篇寫道：「《大學》之道，在明明德，在親民，在止於至善。知止而後有定，定而後能靜，靜而後能安，安而後能慮，慮而後能得。物有本末，事有終始，知所先後，則近道矣。」

這是《大學》全文的提要，也是全文的綱領。《大學》是講什麼的呢？三項任務，或謂之三大綱領：明明德，親（新）民，達到社會的至善。如何完成，要有先有後，而且舉出了人們在思考過程中不能先後相混的幾個層次。前者是目的，後者是方法，全文圍繞明明德、新民、止於至善展開，層層推進，次第分明，結構嚴密。

「明德」一詞出自《周書・康誥》。成王平管叔、蔡叔之亂，封其弟康叔於衛，作《康誥》以示警策。誥文開篇說：「王若曰：孟侯，朕其弟，小子封。惟乃丕顯考文王，克明德慎罰，不敢侮鰥寡。」封是康叔的名字，誥文以成王的口氣稱封為小子，並告誡他說：「你的祖父文王，最能明德慎罰，不敢欺侮鰥寡弱民。」這裡的德是王者的德性，也就是美德，也是在《尚書》中多次出現的「俊德」。「克明德」即能夠彰明美德，也就是能夠發揚好的德行。

「明德」不是一個詞，而是一個動賓式短語。在《大學》的思想範疇裡，在「明明德」的特定語言環境裡，「明德」的性質就完全不一樣了，它已經不再是動賓式名詞詞組，成了動賓式的名詞，不是一般性的名詞，而是賦予了特殊內容的哲學範疇，指的是天生的美德，也就是後世所說的天性、良知。

所謂「明明德」，就是要彰明人類這種天生的美德。如何彰明呢？《大學》緊接上文闡述說：「古之欲明明德於天下者，先治其國；欲治其國者，先齊其家；欲齊其家者，先修其身；欲修其身者，先正其心；欲正其心者，先誠其意；欲誠其意者，先致其知；致知在格物。物格而後知至，知至而後意誠，意誠而後心正，心正而後身修，身修而後家齊，家齊而後國治，國治而後天下平。」

《大學》的作者在這裡進行了正反兩個方面的論證，無論是由大至小還是由小至大，要「明明德」於天下必須經過八個層次，也就是所謂的「八條目」。由大至小，條目之間反映的是條件關係：平天下必先治國，治國必先齊家，齊家必先修身，修身必先正心，正心必先誠意，誠意必先致知，致知必先格物。由小至大，條目之間反映的是因果關係：格物而後知致，知致而後意誠，意誠而後心正，心正而後身修，身修而後家齊，家齊而後國治，國治而後天下平。條目之間脈絡清楚，無論是由大至小的條件關係，還是由小至大的因果關係，剖析深刻，邏輯嚴密。然而它並非儒家固有的思想而是來自於《易經》和《易傳》。

我們首先來看「明德」。上面已經提到，「明德」在這裡是人天生的美德，也就是天性、良知，這個概念在《尚書》中，也就是在先王的典籍中，並不存在。孔子的言論集《論語》中雖然提到「性與天道」，但沒有回答「性與天道」究竟是什麼。《論語．公冶長》記子貢的話說：「夫子之文章，可得而聞也；夫子之言性與天道，不可得而聞也。」這話本來就有矛盾，夫子既然談了性與天道，以子貢之親近，又為何「不可得而聞也」呢？想必是壓根兒未曾談過。因為孔子根本沒有直接談論過性與天道，所以他的性與天道觀也就不為弟子所聞了。這也不足為怪，孔子及其所祖述的先王都只有簡單的天命觀，而沒有深入事物本質的性與天道觀。人們對性與天道的認識來源於《易經》，引伸發揮於《易傳》。

《周易．乾卦》：「乾，元亨利貞。」《彖傳》解釋說：「大哉乾元，萬物資始，乃統天。」又說：「乾道變化，各正性命。」於是天的形成得到解釋：它是元氣積累所成，是乾道變化所至。《繫辭》補充解釋乾道的變化說：「在天成象，在地成形，變化見矣。」於是不僅有了頭上的天，而且有了腳下的地。然則乾道又是如何變化，作成萬物的呢？《繫辭》具體解釋說：「是故剛柔相摩，八卦相盪。鼓之以雷霆，潤之以風雨。日月運行，一寒一暑。乾道成男，坤道成女。乾知大始，坤作成物。」原來作成萬物的不僅是乾道，還有它的伙伴坤道，就像一男一女結合繁衍後代一樣。但乾坤畢竟不是雌雄二物，而是陰陽二性。二性相形才構成道，所以《繫辭》又說：「一陰一陽之謂道。」這道也就是天地開闢前的元氣，是孳生萬物的「乾元」。它是至善至美的，也是至大至剛的。因為它本身的至善至美，所以因它形成的萬物都是天造地設，至為精當的。人是萬物之一，所以人的本性是善良的，故《繫辭》接著又說：「繼之者善也，成之者性也，仁者見之謂之仁，知者見之謂之知。」於是就有了人們的「性與天道」觀。《大學》的作者提出大學任務首位的「明明德」，就是要彰明這種繼「道」而來的人們善良的本性。

《大學》的作者是一位出色的善於吸取他人優點長處的高人，然而又是一位頗有門戶之見的傳統儒家。分明是汲取易學的思想，卻要托古立論，硬說是「古之欲明明德於天下者」，似乎這「明德」的概念自古就有的。為了證明這點，作者還在章末接連舉出三個例證：「康誥曰：『克明德』；太甲曰：『顧諟天之明命』；帝典曰：『克明俊德』，皆自明也。」

三個例證要說明什麼問題呢？作者總括說：「皆自明也」，說的是自我彰明，而並非在說「明德」，也就是說只解釋了「明明德」的第一個作動詞用的「明」字，而並未說明「明德」。既然連「明德」的內容尚未確立，彰明也就無從談起了。而且「太甲曰：顧諟（是）天之明命」並無彰明之義，可見作者是勉為其說的。至於「八條目」更非先王舊制。作者連勉強的例證也未能舉出。

其實，探究事物的原微，發始於《易》。《易傳‧繫辭》說：「夫《易》聖人之所以極深研幾也。」《易》才是「極深研幾」的學問。極深研幾，尋本探源，是需要功夫的，要持之以恆，日夜不懈，《周易》經文作了暗示。《乾》卦九三爻辭說：「君子終日乾乾，夕惕若，厲無咎。」《易傳‧文言》托孔子解釋說：「九三曰，君子終日乾乾，夕惕若，厲無咎，何謂也？子曰：君子進德修業。忠信，所以進德也；修辭立其誠，所以居業也。知至至之，可與幾也；知終終之，可與存義也。是故居上位而不驕，在下位而不憂，故乾乾因其時而惕，雖危無咎矣。」知至至之，知終終之，就是「極深研幾」的具體化。因為有了「極深研幾」的思想，於是，有了「欲平天下必先治其國，欲治其國必先齊其家，欲齊其家必先修其身，欲修其身必先正其心，欲正其心必先誠其意，欲誠其意必先致其知，致知在格物」的極深研幾的論說。所以，《大學》三大綱領之首的「明明德」，不僅內容來自易學，其具體方法同樣來自易學。

再談綱領之二：在親（新）民。何謂新民？顧名思義，新民就是要刷新民眾的思想。《大學》的作者於此未作具體發揮，只引了幾段《尚書》和《詩經》的話作為例證：「湯之盤銘曰：苟日新，日日新，又日新。康誥曰：作新民。詩曰：周雖舊邦，其命維新。」盤銘說的是貌新，是因洗澡引出的。康誥說的是人新，指的是對殷民的處置，帶有改造之意，《詩》所說的是政新，指的是文王興起的新政。三例說的都是一個

「新」字，但三例並不說明先王就有改造社會、刷新民眾的思想，連最接近改造意義的康誥所謂的「作新民」，也不過是讓商朝的遺民能服從周人的統治，作周的順民，門庭改變罷了，並不帶有社會和人的思想的深層次的改變。

真正鼓吹社會變革的思想，還是來自《周易》。這點我們在上章中已經論及，這裡需要補充的是關於《革》卦和《鼎》卦的內涵。《鼎》《革》兩卦雖然沒有任何明說除舊布新的文字，但它們的卦名和卦象卻明確地標榜著圖新棄舊，故《易傳・雜卦》一針見血地指出：「《革》去故也，《鼎》取新也。」所以，《大學》「在新民」的新，詞句雖然取自《詩》、《書》，但深層的思想仍然來源於《易》。

《大學》的所謂三大綱領，實際上只有兩條，第三條的「止於至善」是對「明明德」與「新民」的要求，這裡不加闡述。

二、關於《中庸》

《中庸》是儒家又一重要經典（見圖6—2），從方法論的角度看，它的價值遠遠超過《大學》。程頤說：「此篇乃孔門傳授心法，子思恐其久而差也，故筆之於書，以授孟子。其書始言一理，中散為萬事，末復合為一理，放之則彌六合，卷之則退藏於密，其味無窮，皆實學也。」子思（前四八三—前四〇二年），即孔伋，孔子之孫，他是戰國初人，相傳《中庸》為子思所作。但就其內容考察，此書不可能成於《易傳》之前，至少是同時代的作品。而且「孔門心法」的說法也不確切，因為孔子還沒有這樣深刻系統的思想。為了彌縫其中的矛盾，朱熹作《中庸章句序》時將其加以虛化，不提孔子，並將這種「心法」的由來上推至堯舜。

圖 6–2　《中庸》

朱熹說：「《中庸》何為而作也？子思子憂道學之失其傳而作也。蓋自上古聖神，繼天立極，而道統之傳有自來矣。其見於經，則『允執厥中』者，堯之所以授舜也。『人心惟危，道心惟微，惟精惟一，允執厥中』者，舜之所以授禹也。堯之一言，至矣盡矣，而舜復益之以三言者，則所以明夫堯之一言，必如是而後可庶幾也。」

朱熹這段話，將程頤的「孔門心法」虛化為上古聖人之道統，而且具體尋到了這一道統的源頭，源頭就是「其見於經，則『允執厥中』者，堯之所以授舜也」。「允執厥中」倒也有此一語，但不在《尚書》的《堯典》，卻在《論語》。《論語・堯曰》：「堯曰：咨爾舜，天之歷數在爾躬，允執其中，四海困窮，天祿永終。」奇怪的是這話出現在孔子及其弟子們的言論集中，卻不見孔子及其弟子對此有任何評論，可見孔子根本沒有見過這段話。

由此可知，關於中庸的道統、心法，與孔子無關。至於「人心惟危，道心惟微，惟精惟一，允執厥中」，雖然警策深刻，但卻出自《大禹謨》，而《大禹謨》是公認的偽《尚書》，不足為據。這樣，有關中庸的心法道統，就不得不另尋源頭了。為了能更好地追本溯源，我們先對《中庸》的主要內容作個介紹。

《中庸》通篇的主旨是論中和，認為中和是性，中和是道，中和是宇宙的本來狀態。人的可告，就在於能中和；政教的作用，就在於致中和。故《中庸》開篇便道：「天命之謂性，率性之謂道，修道之謂教。」這必修之道是什麼呢？《中庸》的作者寫道：「喜怒哀樂之未發謂之中，發而皆中節謂之和。中也者，天下之大本也；和也者，天下之達道也。」中為本，和為道，合而言之「中和」就是道，而且是達道。

「中和」又有分合之謂，合而言之指一種高度和諧的境界，一種十分完美的境界。「致中和，天地位焉，萬物育焉」。分而言之，「中」指思想方法，而「和」則指在這種思想指導下的行為效果。

《中庸》說：「喜怒哀樂未發謂之中，發而皆中節謂之和。」可知「中」的本身並非喜怒哀樂，而是指對喜怒哀樂的持中狀態，就是說對喜怒哀樂等情慾要有一個適中的度的控制，過度的喜不叫喜，過度的樂也不叫樂。

朱熹注釋說：「喜怒哀樂，情也；其未發，則性也。無所偏倚，故謂之中。」性即本性，本來的狀態，也就是本身固有的質和量。對喜怒哀樂能按應有狀態掌握，無所偏倚，這就叫「中」，平時能持中，一旦表現出來，就能中節，這就叫和。因為效果的「和」決定於方法的「中」，所以程頤解釋中庸一詞說：「不偏之謂中，不易之謂庸。」不易說的是不可更易，不是別的不可更改，而是「中」的原則的不可更易。

《中庸》既是以致「中和」為目的，但如何才能致中和呢？《中庸》提到的大致包括以下幾個方面：其一，至誠無妄的心態。《中庸》說：「唯天下至誠，為能經綸天下之大經，立天下之大本，知天地之化育。」《中庸》的作者認為，想問題，看問題，處理問題，要想能「中」，首先要誠。不僅要誠，而且要「至誠」。只有至誠，才能立天下之大本，經綸天下的大事業。什麼原因呢？

《中庸》說：「唯天下至誠，為能盡其性；能盡其性，則能盡人之性；能盡人之性，則能盡物之性；能盡物之性，則可以贊天地之化育；可以贊天地之化育，則可以與天地參矣。」與天地參就是與天地並列為三，說的是人的思想品德智能的無比高尚。這種無比高尚的境界是逐步達到的，而關鍵的一步，就是要「至誠」，因為只有至誠，才能充分發揮自己固有的天性，也就是天地無私之性，能盡自己之性就能盡他人之性，能盡人之性就能盡物之性，能盡物之性就能參與天地化育。當然這僅是作者的推理，不一定全是事實，作者據此立論而已。

至誠雖然可以推而至「贊天地之化育」，但主要的功夫還是誠己，故《中庸》說：「誠者自成也，而道自道也。誠者物之終始，不誠無物，是故君子誠之為貴。」這裡的「誠」也就是《文言》「修辭立其誠」的誠，不過《中庸》的作者將它提到了更高的高度。誠者實也，所有物都是一種客觀存在，而凡是存在物都有它的實體，有它的實有性，這種實有的性質就叫「誠」，所以說「不誠無物」。人是一種存在物，有它的實體，有它的實有性，不誠就等於否定了自己的這個實體，所以「君子誠之為貴」。誠的反面是不實，所以朱熹解釋說：「故人之心一有不實，則雖有所為亦如無有，而君子必以誠為貴也。」

儒家的宗旨是修身齊家治國平天下，「誠己」雖然是誠的主要功夫，但卻不是目的，所以《中庸》又說：「誠者，非自成己後已也，所以成物也。成己，仁也；成物，知也。性之德也，合外內之道也，故時措之宜也。」

因為「成己」的目的是為了「成物」，而物又是無限的，所以「誠」的任務也就成了無限。《中庸》接著說：「故至誠無息，不息則久，久則徵，徵則悠遠，悠遠則博厚，博厚則高明。」隨著「誠」的不斷深化，隨著「成物」的不斷擴大，誠的主體的道德修養也日益增進，由博而厚，由博厚而高明。「博厚配地，高明配天」，於是「與天地參」的境界達到了。

因為誠是客觀物質的屬性，所以「誠」本身是一種天道，也就是一種天性，人能充分發揮之，熟練地運用它，也就成了人道。《中庸》說：「誠者天之道也，誠之者人之道也。誠者不勉而中，不思而得，從容中道，聖人也。誠之者擇善而固執之者也。」「誠者」就修養境界而言。人修養到了至誠的程度，就能不勉而中，不思而得，從容中道，「中和」的目的也就達到了。「誠之者」就修養過程而言。那麼，誠的修養主要有哪些過程呢？

《中庸》說：「博學之，審問之，慎思之，明辨之，篤行之。」提出了學、問、思、辨、行五字，而且分別提出學必博、問必審、思必慎、辨必明、行必篤的要求。審、慎、篤是個態度問題，只要認真、刻苦，也就不難做到。但博學和明辨不光是態度，主要是個下功夫的問題了，所以《中庸》說：「人一能之己百之，人十能之己千之。果能此道矣，雖愚必明，雖柔必強。」

人的資質、體力是不一樣的，有強有弱，但有了這種己百己千的精神，也就無不可至了。這就肯定每一個人都可以「致中和」，只要有心。

誠的反面是偽，所以「至誠」還得與欺偽作鬥爭，不但不能欺人，也不能欺心。《中庸》說：「忠恕，違道不遠。施諸己而不願，亦勿施於人。」盡己之心為忠，推己及人為恕。能忠能恕，也就距中庸之道不遠了。然則哪些東西是忠恕呢？《中庸》舉了一個最為淺顯的例子：「施諸己而不願，亦勿施於人。」凡事都能設身處地為他人著想，凡不願加在自己頭上的，決不強加在他人頭上。這樣，人間就多了許多理解，增長了許多「中和」的氣氛。

施諸己而不願勿施於人，是至誠無偽的一個方面，要求別人做到的自己首先做到，則是至誠無偽的另一方面。《中庸》的作者借孔子的口說：「君子之道四，丘未能一焉。所求乎子以事父，未能也；所求乎臣以事君，未能也；所求乎弟以事兄，未能也；所求乎朋友先施之，未能也。」要求別人是容易的，口使令指就可以了，但要把對別人的要求反求諸己，要求兒子對自己作到的首先自己對父親做到，要求下級做到的首先對自己的上級做到，就很不容易了，連無所不能的孔子也說「丘未能一焉」。而這種推己及人，反躬自問的思想作風，正是人品的偉大和崇高所在。

這種要求人和反諸己的關係從某個角度說又是言與行的關係。《中庸》認為，行不敢不勉，而言語則不敢盡。《中庸》說：「庸德之行，庸言之謹，有所不足，不敢不勉；有餘，不敢盡。」言與行不僅有個如何對待的問題，更有個彼此關係的問題。《中庸》說：「言顧行，行顧言，君子胡不慥慥爾。」言語的時候要顧及自己的行動，行動的時候要顧及自己的言語，要使兩者一致，而不能使兩者脫離。不僅不能脫離，而且要使其「慥慥」，深厚篤實，這才稱得上君子。

《中庸》的主旨雖然講「中和」，強調不偏不倚，無過無不及，但講「至誠」卻違背了自己的宗旨，一味強調「誠」的深度，「至」的極度，甚至說：「至誠之道，可以前知。國家將興，必有禎祥；國家將亡，必有妖孽。見乎蓍龜，動乎四體。禍福將至，善，必先知之；不善，必先知之，故至誠如神。」既然「見乎蓍龜，動乎四體」，於是又回到了占卜，與《易》匯合了。

其二，從實際出發的原則。《中庸》強調的一個重要原則是從實際出發，從自己所處的境地出發，從日常生活的瑣事出發。《中庸》說：「君子素其位而行，不願乎其外。」素的原本之意指的是什麼呢？朱熹解釋說：「素，猶現在也。」

「君子」行事，必須從現實的情況出發，不能有外慕之心：「素富貴行乎富貴，素貧賤行乎貧賤，素夷狄行乎夷狄，素患難行乎患難，君子無入而不自得焉。」就是說人處在富貴的地位就按富貴者的情況行事，處在貧困的境地就按貧困者的情況行事，處在不開化的夷蠻之地就按夷蠻的情況行事，處在患難的境地就按患難中的情況行事，一切從實際出發，不外求，不幻想，不眼高手低，這樣才「無入而不自得」。在有階級的社會裡，人們所處的地位是不可能同等的，所以《中庸》又說：「在上位不陵下，在下位不援上，正己而不求於人，則無怨。上不怨天，下不尤人。故君子居易以俟命，小人行險以僥倖。」

所謂從實際出發就是從自己所處的實際環境出發，不作人為的拔高，不從事硬性的助長。在上位不凌下以立威，在下位不援上以附勢，一切順其自然，不怨天，不尤人，行險冒，況情際實的己自慮考不，樣這是不則人小的中持能不。平和地心不時無就樣這事，以期僥倖取勝。即使偶爾達到目的，也是身心憔悴，離中庸甚遠。

從實際出發，必須從低處著眼，從小處著手。《中庸》說：「君子之道，辟如行遠，必自邇；辟如登高，必自卑。」不管你要走多遠，無論千里萬里，都是從身邊的第一步開始的；不管爬多高，都是要從最低的第一級開始的。那麼，中庸的運用究竟應該從哪些地方開始呢？《中庸》引《詩》及孔子的話說：「《詩》曰：妻子好合，如鼓瑟琴；兄弟既翕，和樂且耽。宜爾室家，樂爾妻帑。子曰：父母其順矣乎！」從調整家庭關係開始。夫妻之間，如鼓瑟琴；兄弟之間，和樂且耽。再加上對父母的孝順，一個家庭也就臻於「中和」了。

從實際出發除了空間的實際，還有時間的實際。《中庸》說：「君子之中庸也，君子而時中。」所謂時中，一是隨時而中，指的是時時處處無所不中；一是因時而中，指的是與時俱進，適應事物的發展變化。《中庸》借孔子的口說：「子曰：愚而好自用，賤而好自專，生乎今之世，反古之道，如此者災及其身者也。」這裡說了三種實際，其中一種就是時間的實際。才能的實際、地位的實際都是要考慮的，但才力不足而自用，權力不足好自專，這樣的毛病好發現，也好克服，因為它畢竟只是一種個人行為。惟有「生乎今之世，反古之道」往往是有理論體系支撐的，其行為往往是一種思潮，一股勢力，所以危害必定更大，要克服也就更難，更需要警惕。

其三，行而不倦的精神。《中庸》的「致中和」表現的是一種行為規範，一種在實踐中體現的原則，所以特別強調「行」。《中庸》舉舜的事跡發揮說：「子曰：舜其大知也與！舜好問而好察邇言，隱惡而揚善，執其兩端，用其中於民，其斯以為舜乎？」《中庸》的作者認為，舜之所以為舜是因為他堅持中庸之道。他注意調查研究，傾聽周圍意見，而且能隱惡揚善。對聽來的意見善於分析，排除左右兩個極端，就其中最合實際者，取而用之。

朱熹對此注釋道：「蓋凡物皆有兩端，如小大厚薄之類，於善之中，又執其兩端而量度以取中，然後用之，則其擇之審而行之至矣。然非在我之權度，精切不差，何以與此？此知之所以無過不及，而道之所以行也。」朱熹的注釋雖是自相矛盾的，但卻也是非平見。其量度的取中，無過不及，應該是對的，但聯繫到「凡物皆有兩端……執其兩端而量度以取中」，則取的似是兩端的平均值，這就不對了。

從《中庸》「喜怒哀樂之未發謂之中」的定義看，「中」指的是喜怒哀樂本身具有的量，也就是朱熹解釋的性，並不是與「兩端」相對比的中，因為既然未發，就無所謂「兩端」。可知《中庸》的「中」與亞裡士多德的 mesotes（指捨兩極端而執其中的「中道」、「適中」美德）是不同的。

《中庸》強調實踐，不僅在實踐中運用「中庸」，而且要在實踐中學習「中庸」。運用要像舜一樣，「執其兩端，用其中於民」，至於學習，《中庸》舉出了另外一個典型，這就是顏回。《中庸》說：「子曰：回之為人也，擇乎中庸，得一善，則拳拳服膺，而弗失之矣。」所謂擇乎中庸，就是善於選擇，選取那些最精當的，真理性最強的，也就是反映了事物本質的「中庸」，拳拳服膺，使之成為己有。顏回一生就是這樣做的。這就告訴人們，在學習、工作和生活中遇到的很多東西都是有偏激的，沒有反映事物本質的，所以要善於選擇。選擇不是選那些嘩眾取寵的，顯赫一時的，更不是人云亦云的，而應該是不偏不倚，無過無不及，真實反映了事物本質的。

為要把握「中庸」，一則要學；二則要行；學則能知，行則能成。但知和行都是需要付出代價的。《中庸》說：「或生而知之，或學而知之，或困而知之，及其知之一也。或安而行之，或利而行之，或勉強而行之，及其成功一也。」《中庸》在這裡特別強調學與行的重要，無論何種人，無論何種情況，只要堅持學習，就能「知」。無論何種人，也無論何種情況，只要堅持實踐，就能成功。朱熹作注說：「蓋人性雖無不善，而氣稟有不同者，故聞道有蚤莫（早暮），行道有難易，然能自強不息，則其至一也。呂氏曰：所入之途雖異，而所至之域則同，此所以為『中庸』。若乃企生知安行之資，為不可幾及；輕困知勉行，謂不能有成，此道之所以不明不行也。」朱熹認為，人的天賦不同，所以學、行的難易有別。呂氏的論述更為深刻：如果人們只希望自己能生而知之不肯力學，希望能安而行之不能困勉，則中庸永遠只能是理論意義上的中庸，而不能為人所用，所以說「此道之所以不明不行也」。

中庸的實踐，無論對己對人，還是家庭社會，其原則精神都是一致的。《中庸》說：「天下之達道五，所以行之者三。曰：君臣也，父子也，夫婦也，昆弟也，朋友之交也。五者，天下之達道也。知、仁、勇三者，天下之達德也，所以行之者一也。」天下之達道五，是外向的，對家庭社會而言的；天下之達德三，是內向的，對自己而言的。無論內向外向，對人對己，原則是一樣的，「所以行之者一也。」不僅普通人如此，一國之君，天下之主，也不例外。《中庸》說：「凡為天下國家有九經，曰修身也，尊賢也，親親也，敬大臣也，體群臣也，子庶民也，來百工也，柔遠人也，懷諸侯也……凡為天下國家有九經，所以行之者一也。」

其四，無過不及的思想方法。「中庸」是客觀存在的規律，人的思想必須遵循這一規律，而不能須臾偏離。《中庸》說：「道也者，不可須臾離也，可離非道也。」又說：「君子中庸，小人反中庸。君子之中庸也，君子而時中；小人之反中庸也，小人而無忌憚也。」君子中庸，他的思想無時不在中庸規範之內。小人反中庸，其思想沒有任何約束，以至肆無忌憚。肆無忌憚，指的是離開客觀規律的胡思亂想。

如上文所述，中庸是極難掌握的，除自身的修養、認識外，還有個方法問題。《中庸》借孔子之口說：「子曰：中庸其至矣乎！民鮮能久矣。」為什麼很久以來沒有人能夠做到呢？《中庸》引孔子的話接著說：「子曰：道之不行也，我知之矣，知者過之，愚者不及也；道之不明也，我知之矣，賢者過之，不肖者不及也。」這是孔子有名的過猶不及論。過與不及，都是非中庸的表現。過者過頭，超過了應有的度；不及者不足，未達到應有的度。過與不及的兩種傾向有兩種人最容易犯。就實踐而言，聰明人容易過頭，而愚蠢者往往不足。就理解而言，好人容易過頭，不肖者容易不足。何以會如此？《中庸》的作者沒有展開論述。其實都有個思想方法問題。善於思考的知者、賢者，舉一反三，觸類旁通，容易摻雜自己的主觀成分。所謂的愚者、不肖者（這裡的不肖者實際上還是指愚者）表面看來好像是思考能力不及，實則同樣是摻雜了自己的主觀成分，只是愚者、不肖者通常受知者、賢者的影響乃至愚弄罷了。

中庸既有思想修養問題，也有思想方法問題。什麼樣的方法才是正確的呢？《中庸》的作者概括了五個方面：「為能聰明睿知，足以有臨也；寬裕溫柔，足以有容也；發強剛毅，足以有執也；齊莊中正，足以有敬也；文理密察，足以有別也。」這五個方面簡單說來就是敏、寬、剛、莊、密。敏是觀察事物的敏銳；寬就是寬容，不狹隘，不拘於一隅；剛便是剛毅，不軟弱；莊即端莊嚴肅；密就是細密詳察。不敏不能臨事，不寬沒有度量，不剛沒有原則，不莊無人敬畏，不密無從區別。五者俱備，深藏廣蓄，一旦運用，無不中的。《中庸》描述它的功用說：「溥博淵泉，而時出之，溥博如天，淵泉如淵，見而民莫不敬，言而民莫不信，行而民莫不說（悅）。是以聲名洋溢乎中國，施及蠻貊，舟車所至，人力所通，天之所覆，地之所載，日月所照，霜露所隊（墜），凡有血氣者莫不尊親，故曰配天。」

中庸講究的是不偏不倚，故其思想方法也應該是不偏不倚的，既不能過，也不能不及。就一般而言，在上位的人往往易過，而在下位的又往往不及，因為位置的上下是相對而言的，官員中都有自己的下屬，就是最低級的官還有他治下的百姓，所以，官員這個群體總的傾向是容易過頭，而組織體系愈強的愈易過頭。故《中庸》特別強調「君子」的思想方法要防止過頭。

《中庸》引《詩》立論說：「衣錦尚絅，惡其文之著也。故君子之道，暗然而日章；小人之道，的然而日亡。君子之道，淡而不厭，簡而文，溫而理。」絅者衣無裡也，也就是單衣。為什麼繡有花紋的錦衣外面還要加上單衣呢？就是嫌花紋太露了。以此知君子之道貴在內蘊，而不在外表。內蘊既深，外表雖然暗淡，日久而愈加顯露它的光芒；內蘊膚淺，雖然外表引人注目，但很快就會在人們的印象中消失。淡而不厭，簡而有文，溫而成理，這才是行中庸的正確方法。

不僅如此，《中庸》的作者認為思想方法還與儀表、言辭、儀容有關。作者引《詩》和孔子的話立論說：「予懷明德，不大聲以色。子曰：聲色之於以化民，末也。」靠厲聲厲色來教化百姓，等而下之，因為它離中庸太遠。

從上述的介紹中我們知道，「中庸」決不是人們習慣所說的折衷主義，不是與放棄原則畫等號的「中庸之道」，更不是於兩者間取其平均值的簡單算式，而是一種非常老到的思想修養和極其嚴格的效果要求。追求的是人與事的「中和」境界。惟其尚

「中」，所以能「和」，惟其樂「和」，所以要「中」。做人要中，處世要中，思慮要

中，審事要中，一切惟中是求，惟中是律。

這種價值取向的中庸說來源於何處呢？我們說來源於《易》理。試看《周易》各卦，陽爻的三、五，陰爻的二、四，一般都是吉利的，至少是無害的（當然也有例外）。如《乾》卦九三：「君子終日乾乾，夕惕若，厲無咎。」九五：「飛龍在天，利見大人。」《坤》卦六二：「直方大，不習無不利。」六四：「括囊，無咎無譽。」《屯》卦六二：「屯如邅如，乘馬班如，匪寇，婚媾。女子貞不字，十年乃字。」六四：「乘馬班如，求婚媾，往吉，無不利。」這種現象說明了什麼呢？說明了卦位貴中，因二、三、四、五處六爻之中，而二、四屬陰，三、五屬陽，所以各爻以九三、九五、六二、六四為貴。因為《周易》早於儒家各經典，所以，我們有理由說儒家倫理的中庸說來源於卦爻的中位說。

由於卦爻最早體現了上述的貴中思想，因而後世解卦紛紛發展了中位之說。《易緯・乾鑿度》借孔子之口說：「孔子曰：陽三陰四，位之正也。」一卦中只以第三、第四爻為正，理由是三下有一、二，四上有五、六，兩爻正好居六爻之中。

《易傳・繫辭》則和我們上面列舉的現象一致，陰爻以二、四為中，陽爻以三、五為中。《繫辭下》說：「二與四，同功而異位……三與五，同功而異位。」雖然異位，卻是同功，都屬中位。晉人王弼根據《繫辭》「二多譽，四多懼」的思想另立新說，貴

二、五而不尚三、四。以何者為中的說法雖然不一致，但貴中的思想則是一致的，而且排除處於兩端的一、六，也是一致的。為什麼要排除，就是因為它們處於兩端，不能反映事物的本質。

《繫辭下》說：「其初難知，其上易知，本末也。初辭擬之，卒成之終。」所謂本末，也就是兩端，即開頭和結尾。兩端為什麼不能反映事物的本質呢？韓康伯注《易傳》解釋說：「夫事始於微而後至於著。初者數之始，擬議其端，故難知也。上者卦之終，事皆成著，故易知也。」《正義》就韓注進一步發揮說：「其初難知者，謂卦之初始，起於微細，始擬議其端緒。事末顯著，故難知也。其上易知者，其上謂卦之上爻，事已終極，成敗已見，故易知也。」卦爻是用來占卜的，初爻太隱，上爻太露。太隱看不出苗頭，太露又藏不住凶吉，所以占卜不取。就事理而言，太隱太露，是兩個極端，隱則不及，露則過頭，所以不取。

那麼什麼爻位才好呢？《繫辭下》接著說：「若夫雜物撰德，辯是與非，則非其中爻不備。噫！亦要存亡吉凶，則居可知矣。知者觀其《彖》辭，則思過半矣。」《繫辭》認為，卦爻反映的是龐雜的事物，要從中理出條緒，明辨是非，非中爻不可。人事的存亡吉凶，全在其中。並舉出《易傳‧彖辭》以為佐證。

《易傳‧彖辭》確實多是根據中爻來概括卦意的。如《蒙》卦《彖辭》：「山下有險，險而止，蒙。蒙亨，以亨行，時中也。匪我求童蒙，童蒙求我，志應也。初筮告，以剛中也。再三瀆，瀆則不告，瀆蒙也。蒙以養正，聖功也。」全文都是立足九二爻說的。九二之上是六三，六三是陰爻，陰是險象，而陰上又是《艮》卦，《艮》為山，所以說「山下有險」。九二居於初六之上，正在成長時期，所以說「蒙亨，以亨行，時中也。」以下「匪我求童蒙，童蒙求我」，雖然是轉述卦辭原話，但其口氣仍是對處在童蒙期的九二說的。至於「初筮告，以剛中也」、「蒙以養正，聖功也」，更是就九二說的。

再如《需》卦《彖辭》：「《需》，須也，險在前也。剛健而不陷，其義不困窮矣。《需》有孚，光亨貞吉，位乎天位，以正中也。」全文三句，每句一層意思。第一層，解釋卦名，何謂需？等待之意；何以要等待？「險在前也」。第二層，講上下卦。上卦是《坎》，《坎》為險。下卦是《乾》，《乾》為健，所以說，「剛健而不陷。」第三層，為什麼會「光亨貞吉」？「位乎天位，以正中也。」天位即天子之位，指第五爻。因居上卦之中，所以又說「以正中也」。其他如《訟卦》「中吉，剛來而得中也」，「利見大人，尚中正也」，分別指九二和九五。再如《師》卦《彖辭》「剛中而應，行險而順，以此毒天下而民從之，吉又何咎矣」，都是指的九二爻。再如《比》卦：「原筮元永貞，無咎，以剛中也」，指的九五爻。《小畜》：「柔得位而上下應之」，柔指六四，上下分別指九三和九五。《履》卦「柔履剛也」，指六三在九二之上。「剛中正，履帝位而不疚，光明也」，指九五。

不僅《彖傳》如此，王弼解卦更是如此。如解《屯》卦，以二、五爻作為主人公，以初、上作為反襯，將各爻人格化，全卦故事化。他在六二爻辭「屯如邅如，乘馬班如。匪寇，婚媾。女子貞不字，十年乃字」下作注說：「志在於五，不從於初。屯難之時，正道未行，與初相近而不相得……寇謂初也，無初之難，則與五婚矣。故曰匪寇，婚媾也。志在於五，不從於初，故曰女子貞不字也。屯難之世，勢不過十年者也，十年則反常，反常則本志斯獲矣，故曰十年乃字。」

《屯》卦的卦體是《震》下《坎》上（䷂），初、五是陽爻，其他都是陰爻。王弼將六爻假設為六人，兩男四女，而把二、五作為一對理想的戀人。他們之所以相戀，之所以理想，是因為各人的資質和社會地位決定的（二是陰爻的正位，五是陽爻的正位）。但二的緊鄰有一個死皮賴臉的「初」，死活纏著她，經常干擾，甚至「乘馬班如」，出動很多人馬，像強盜一樣，上門搶親。「二」卻一心戀著「五」，死活不答應：「女子貞不字」。

自己去找「五」嗎？路遠山遙，加上一些其他的原因，不得不「屯」，原地等待。人事通常是十年一劫，她決心再等十年，等到「初」的勢力削弱了，條件允許了，然後再嫁，所以說「十年乃字」。

「六二」之上是「六三」。六三爻辭說：「即鹿無虞，惟入於林中，君子幾不如捨，往吝。」王弼作注，按照他的思路繼續發揮說：「三既近五，而無寇難。四雖比五，其志在初，不妨已路，可以進而無屯邅也。見路之易，不揆其志，五應在二，往必不納，何異無虞以從禽乎？」「三」比「二」更接近於「五」，如果她要去找「五」，比「二」方便多了，雖然中間還隔著個「四」，但「四」有她的意中人，不會妨礙她。然而「三」是個有志氣、有德性的姑娘，她知道「二」在戀著「五」，而「五」又在等著二，雖然「見路之易」，她卻不去。既不去找「五」，那就退而求其次，將就嫁給那個動不動就「乘馬班如」，性好搶婚的「初」吧，但她又瞧他不起，於是只好決心不嫁，「惟入於林中」了。

現在輪到「四」了。六四爻辭：「乘馬班如，求婚媾，往吉，無不利。」「四」與「初」是有著某種特殊關係的，「四」是上卦的第一爻，而「初」也是下卦的第一爻，很可能是某兩個世家的長男長女，也可能曾指腹為婚，只是「初」長大後不安分，搶鄰家的姑娘。因為未遂，反過來再尋舊好，於是又是「乘馬班如」，來「四」家求婚了。「四」也不計較，慷慨地嫁給了他，所以說「往吉無不利」。

「九五」是卦中的最尊之爻，又是故事的中心人物。九五爻辭卻有褒有貶。爻辭說：「屯其膏，小貞吉，大貞凶。」也就是說小事吉，大事凶。王弼作注說：「處屯難之時，居尊位之上，不能恢弘博施……而繫應在二。屯難其膏，非能光其施者也。志同好，不容他間，小貞之吉，大貞之凶。」王弼批評的是九五處在至尊之位而不能恢弘博施，心中只戀著個「二」，氣度甚小，所以小吉而大凶。

「上六」是個可憐的姑娘，爻辭寫道：「乘馬班如，血泣漣如。」眼看著別人熱熱鬧鬧地出嫁，自己卻閨房獨守，於是就只好「血泣漣如」了。為什麼會這樣呢？王弼解釋說：「處險難之極，下無應援，進無所適。雖比於五，五屯其膏，不與相得。居不獲安，行無所適，窮困闉厄，無所委仰，故泣血漣如。」王弼把「乘馬班如」解作「上六」流離失所，動感更強。

從上例王弼解《屯》卦可以看出，「初」、「上」總是受排斥的。「上」儘管是個無辜的姑娘，也要讓她「泣血漣如」。至於「初」，雖說他人品不好，但在《屯》卦中畢竟有一席之地，還有個「四」不嫌棄他。

二、三、四、五各爻雖居全卦之中，但它們之間的份量並不同等，也就是「中」內還有中。《繫辭下》說：「二與四，同功而異位，其善不同。二多譽，四多懼，近也。柔之為道，不利遠者，其要無咎，其用柔中也。三與五，同功而異位，三多凶，五多功，貴賤之等也。」二、四雖然都是陰爻的中位，但二多譽而四多懼，原因是「四」距「五」太近，而離自己應有的位置又太遠，因為「柔之為道，不利遠者」。那麼，它應該在什麼位置更適合呢？「其要無咎，其用柔中也。」上剛而下柔，「柔中」也就是下卦之中，這自然是「二」所在的位置了。同樣的道理，三與五雖然都是陽爻的主位，但「三多凶而五多功」，原因何在？「三」距「二」太近，地位太低，陰氣過重，不如「五」的尊貴，所以說「貴賤之等也」。

「三」不如「五」，還有一個重要原因，就是「三」居下卦之上，犯了過頭之忌。同樣，「四」不如「二」，因它居上卦之下，亦非中位。所以，就全卦而言，二、三、四、五是中，但真正居中的只有陽爻「五」和陰爻「二」。「二」、「五」雖然是恰到好處的中位，但具體到一卦是否很好，這還得看卦的大環境。如六十四卦中人們認為最吉利的《泰》卦，卦體是《乾》下、《坤》上（䷊），陰位的「二」成了陽，而陽位的「五」成了陰，均不在位，似乎不好。但從大環境看是個極好的卦，所謂三陽開泰。三陽在下，三陰在上，下為內而上為外，內主外次。

《彖辭》說：「內陽而外陰，內健而外順，內君子而外小人，君子道長，小人道消也。」所以是個好卦。與《泰》卦相反，《否》卦《坤》下《乾》上（䷋），第二爻是陰，第五爻是陽，陰在陰位，陽在陽位，但因為整個卦的位置是顛倒的，內卦為《坤》而外卦是《乾》，陰占了主要位置，「二」的優勢無補於大局，所以，六二爻辭說「小人吉，大人否」。

《彖辭》則說：「大往小來」，也就是說付出的多而得到的少。並說「內陰而外陽，內柔而外剛，內小人而外君子，小人道長，君子道消」，所以是運多鄙氣的卦。

上述情況告訴我們，卦爻是主中的。每卦之爻，二、三、四、五是中，而四爻中又有陽三太過、陰四太近等情況，於是只剩下二與五才是理想的中位，也就是中內之中。這種情況運用於儒家倫理學說，便有了不偏不倚的中庸說，以及「過猶不及」的持中說。再加上卦爻中位內部和外部諸條件的約束，如時間、地點等具體條件，於是中庸又有了許多自相約束的條件。故儒家倫理中的中庸說較之《周易》卦爻的中位說，嚴密多了，深刻多了，其要求也苛刻多了。

《中庸》與《易傳》其思想內容本來是互相溝通，互相滲透的，從這個角度說，二者難說先後。但朱熹集注的《中庸》第二十八章清楚地寫道：「今天下車同軌，書同文，行同倫」，明顯是秦滅亡六國之後的產物，故《易》為《中庸》之源也就理所當然了。

第七章 《禮運》大同、小康思想與《周易》的淵源關係

一、大同思想

和成聖的最高人格相適應，儒家的最高社會理想是世界大同。這個大同世界不是純理念化的，而是具體化了的，儒家的重要經典《禮記》（見圖7—1）中的《禮運》篇描述大同世界的社會景象說：「大道之行也，天下為公。選賢與能，講信修睦，故人不獨親其親，不獨子其子，使老有所終，壯有所用，幼有所長，矜寡孤獨廢疾者，皆有所養。男有分，女有歸。貨惡其棄於地也，不必藏於己；力惡其不出於身也，不必為己。是故謀閉而不興，盜竊亂賊而不作，故外戶而不閉，是謂大同。」

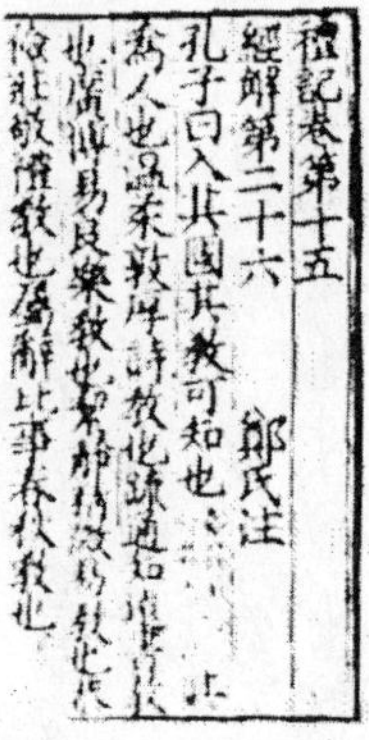
禮記卷第十五
經解第二十六　鄭氏注

圖 7–1《禮記》

根據《禮運》的這段描述，儒家理想中的大同社會

具有以下一些特點：

1.全民公有的社會制度

這個全民公有的社會制度，包括權力公有和財物公有，而首先是權力的公有。權力公有的口號是「天下為公」，具體措施是選賢與能。管理社會的是被選舉出來的賢能，而選舉賢能的權力在於「天下」，也就是全社會的民眾，所以說權力公有。其所以要明確權力公有，是人們從實踐中認識到權力可以改變一切，也可以攫取一切。只有取消權力的個人壟斷，才能保證社會的其他方面不受壟斷；只有堅持權力的公有，才能保證社會其他方面的公有。所以「天下為公」的口號其性質是與王權根本對立的，是反王權的。《禮記正義》解釋說：「天下為公，謂天子位也，為公謂揖讓而授聖德，不私傳子孫，即廢朱、均而用舜、禹是也。」《正義》是以大同為五帝故事的，所以舉出堯不以帝位傳其子丹朱而傳給舜，舜又不傳其子商均而傳禹的事例以資證明。《正義》雖然也承認「天下為公」首先是指最高統治的帝位，但從所舉事例看，不全是《禮運》所說的大同，因為堯、舜雖然沒有把帝位傳給自己的子孫，但在思想上是把「天下」作為私有物來「禪讓」的；而且又是在不得已的情況下讓人的。

《史記．五帝本紀》寫道：「堯知子丹朱之不肖，不足授天下，於是乃權授舜。授舜，則天下得其利而丹朱病；授丹朱，則天下病而丹朱得其利。堯曰：終不以天下之病而利一人，而卒授舜以天下。」堯、舜與「大同」的區別在於：堯、舜的禪讓是權宜性的，大同的選賢與能是制度化的；堯、舜是個人指定的，大同是「天下」選舉的；堯、舜是終身制的，大同是非終身的。在大同世界裡，就根本不存在帝與王。

唐人孔穎達作《禮記正義》多收集前人的觀點，而主要又是漢人鄭康成的觀點。如果說漢人還有敢於說不私傳子孫為公的勇氣，那麼，到了唐代就只有歌頌私傳子孫為公的本領了。最負盛名的柳宗元《封建論》歌頌秦始皇的廢封建行郡縣說：「秦之所以革之者，其為制，公之大者也；其情私也，私其一己之威也，私其盡臣畜於我也，然而公天下之端自秦始。」秦始皇以天下為一人一家之天下，自稱始皇，要千世萬世而為君，私之至極，何公之有？如果秦始皇也能稱公，這世上還存在私嗎？所謂「公天下之端自秦始」，難道不是對秦始皇的公開吹捧和對公天下的有意褻瀆嗎？當然，柳宗元贊許秦始皇的也只是行郡縣，而且肯定他的出發點是私，用後來王船山的話說是「天假其私以行大公」。其實所謂「廢封建，行郡縣」僅僅是將「天下」由眾多子孫共同統治，還是由其中某個子孫一人統治分歧問題，最多也是在一人統治的前提下分點餘羹給統治階級的其他人員問題，比起大同世界的公，相去已經不只十萬八千里了。

2. 選賢與能的管理體制

這個體制是包括中央與地方的。天下既然是天下人的天下，地方更是地方人的地方。地方事務由地方民眾選舉賢能之士負責管理。這裡的選舉指的是民舉，而不是官舉，官舉與民舉的性質是不同的，但後儒卻混淆了兩者的界線，甚至有意改民舉為官舉。漢儒解釋說：「選賢與能者，向明不私傳天位，此明不世諸侯也。國不傳世，唯選賢與能也，黜四凶，舉十六相之類是也。」漢儒雖然也以「天下為公」和「選賢與能」，分別指中央和地方政權，但用的仍是堯、舜的典故。堯、舜一方面禪讓帝位，一方面選賢與能，好事作盡，而民眾卻未與聞，因而其並不是大同世界本來意義上的選舉。隨著時間的推移，選舉的性質一再改變，迨至隋唐，竟成了專指朝廷對士人的選拔，自《唐書》直至《明史》，均闢有《選舉志》，記載歷代的科舉情況，選舉與民眾便徹底絕緣了。

3.講信修睦的人際關係

信與睦是良好人際關係的核心，而「天下為公」才是建立良好人際關係的前提和基礎。「天下為公」，人人是社會的一員，社會有每人的一份，衣食有著，地位平等，無脅迫的可能，無依附的必要，是大同世界人際關係總的概括。這個以「天下為公」為前提的人際關係同樣遭到了後儒的竄改。《禮記正義》解釋說：「講信修睦者，講，談說也；信，不欺也；修，習；睦，親也。此淳無欺，談說輒有信也。故哀公問周豐雲有虞氏未施信於民而民信之是也。」通過《正義》的解釋，「講信修睦」僅是一種言說交往的表面現象，而且這種現象又是王化影響的結果，大同世界的本質被閹割了。

4.人得其所的社會保障

大同世界描繪的社會是人人敬老，人人愛幼，無處不均勻，無人不飽暖的理想社會。在這裡，人們視他人父母如自己父母，視他人子女如自己子女。「老有所終，壯有所用，幼有所長，矜寡孤獨廢疾者，皆有所養。」任何人都能得到社會的關懷，任何人都主動關心社會。男有室，女有家，社會和諧，人民安堵。對這段最具實際意義的社會保障，後儒也是多有竄改的，如將社會保障制度解釋為一種在君王影響下的社會風氣。所謂「君既無私，言信、行睦，故人法之，而不獨親己親，子己子。」將人人有勞動權力的「壯有所用」解釋為「不愛其力以奉老幼」，將「男有分」解釋為「無才者耕，有能者仕，各當其職」，而將「女有歸」解釋為「君上有道，不為失時，故有歸也。」特別又從反面論證，有意無意地醜化婦女說：「若失時者，則《詩》衛女淫奔，期我乎桑中，要我乎上宮是也。」「男有分，女有歸」，實際是指男女都有自己婚嫁的權力與機會，不至因戰亂和不合理的社會制度而成為曠夫怨女，是一種基本的社會保障。

5.人人為公的社會道德

在這裡，人們有高度的責任心，對社會財富十分珍惜，憎惡一切浪費現象，也反對任何自私自利的行為。「貨惡其棄於地也，不必藏於己。」貨棄於地是可恥的，貨藏於己同樣是可恥的。

6.各盡其力的勞動態度

在這裡，勞動已經成了人們高度自覺而又十分習慣的活動。「力惡其不出於身也，不必為己。」能勞不勞是可恥的，勞而不盡其力也是可恥的，勞動只為了自己同樣是可恥的。正是人們這種不計報酬、高度自覺的勞動態度支撐了大同世界的理想社會，而大同世界高度民主的政治制度和切實可靠的社會保障又是這種勞動態度產生的前提和基礎。社會給人們提供了和諧優越的生存條件，人們回報社會以高度的自覺勞動，二者互為條件，互為因果，而又互相促進。

大同世界作為一種社會理想，可謂是思之深刻而慮之長遠的，除了所有制的問題提得不夠明確外，與當代的社會主義社會幾乎沒有太大的差別。然則這是一種什麼現象呢？是《禮運》作者的天才？是文化現象的偶然跳躍？還是傳統說法的聖心所起呢？實際都不是，它是有本有源的，這個源本就是中華民族源遠流長的歷史和豐富的遠古文化，以及燦爛的《易》學思想，這點我們將在後面詳細論述。

二、小康思想

和反王權的大同思想相反，小康思想則是歌頌王權的，也惟其有歌頌王權的小康思想的掩護，反王權的大同思想才得以存在；作為思想才不致被歷代王權所取締。

儒家的小康思想與大同思想同時出現在《禮記・禮運》中。文章在以「是謂大同」總結了上文之後筆鋒一轉，用完全與大同思想相對立的語言開篇：「今大道既隱，天下為家。各親其親，各子其子，貨力為己。大人世及以為禮，城郭溝池以為固。禮義以為紀，以正君臣，以篤父子，以睦兄弟，以和夫婦，以設制度，以立田里，以賢勇知。以功為己，故謀用是作，而兵由此起，禹湯文武成王周公，由此其選也。此六君子者未有不謹於禮者也，以著其義，以考其信。著有過，刑仁講讓，示民有常。如有不由此者，在勢者去，眾以為殃，是謂小康。」

作為社會制度和社會景象，小康與大同幾乎全是對立的。在這裡，天下為公的大道沒有了，「天下為公」的響亮口號改成了「天下為家」。在天下為家的總原則下，一切社會現象都與大同世界相反。人們各親其親，各子其子，貨為己藏，力為己出，人人為公的社會道德沒有了，各盡其力的勞動態度沒有了。所有這些，來自權力的私有：「大人世及以為禮。」大人世及也就是君主世襲。

為了說明這種世襲的合理性，於是產生了為其服務的觀念形態，一是禮，一是義。什麼叫禮？什麼叫義？《禮運》的作者十分深刻地指出：「大人世及以為禮，城郭溝池以為固。」原來禮的本質是全在於為世襲的王權服務的。有權力的人就理所當然地應當受到尊敬，受到膜拜，就要至高無上，這就是「禮」。尊重權力既然是禮，與之相適應，保護權力自然就是義了，所以要「城郭溝池以為固」。而權力之所以要有「禮」來尊重，要有「義」來維護，就是因為它是世襲的，沒有民眾基礎的，受到人們反對的。禮、義的本質從反面說明了大同世界的公理性，說明了大道之行的正義性，同時也說明了禮、義本身的虛假性。

由於世襲權力的需要產生了禮、義，於是禮、義成了權力世襲社會的綱紀，用以規範一切行為道德。作者一連舉出了七個方面的行為規範：正君臣，篤父子，睦兄弟，和夫婦，設制度，立田里，賢勇知。以禮、義正君臣關係，以禮、義篤父子關係，以禮、義睦兄弟，以禮、義和夫婦等等。除此之外，制度的確定，田里的建立，賢智的鑒別，一切皆以禮、義為標準，以禮、義為依據。禮、義表面上是超脫的、公道的，實際上是依附於權力的，為權力服務的。

權力的世襲產生了禮、義，同時也產生了普遍的私有觀念：「以功為己。」以功為己即以是否對自己有利作為衡量功利的標準和尺度，於是「謀用是作而兵由此起」。既然「以功為己」，人人都為自己打算，就不能不開動腦子，以資防備，以行進取，因為你不打別人的主意，別人就要打你的主意，於是「謀用是作」。用者因也，各種損人利己的陰謀因此產生，人人勾心鬥角，社會危機四伏。心鬥之餘繼之以言，言鬥之後繼之以力，於是「兵由此起」，爭鬥無寧日。

儘管禮、義是為權力而設的，然而在「天下為家」的社會又必須崇禮倡義，大禹、成湯、文王、武王、周公便是榜樣。「此六君子者，未有不懂於禮者也，以著其義，以考其信，著有過，刑仁講讓，示民有常。」禹、湯等六君子治世，以禮為綱，以著義、考信、明過、揚慈、獎讓六者為目，而且示民以常久，使之成為風氣，如此社會方能在人自為私的情況下大體安定，謂之小康。康者安也，所以說大體安定。「如有不由此者，在勢者去，眾以為殃。」凡不能這樣做的，在位者去位，無位者遭殃，天下大亂。

不難看出，《禮運》的作者對小康社會是名褒實貶的。針貶之一，公開指出小康的前提是「大道既隱，天下為家」。喪失了「大道」而以天下為家的社會，自然不是理想的社會。針貶之二，這個在家天下統治下的小康社會是個人各為己，自私自利，充滿著矛盾和鬥爭的社會，而這些自私自利的不良思想和矛盾鬥爭的複雜關係都是因為「大人世及」引起的。針貶之三，這樣的小康在漫長的三代僅禹、湯、文、武、成王、周公六人才差可達到，實際上在「謀用是作」的環境裡是無法達到的。打開人類歷史，見到的盡是「在勢者去，眾以為殃」的可怕事實。為了權力和財富的爭奪，臣弒其君者有之，子弒其父者有之，兄弟相殘，叔侄相害者更有之。就以二百四十二年的《春秋》年代為例，「《春秋》之中，弒君三十六，亡國五十二，諸侯奔走，不得保其社稷者，不可勝數。」至於遭殃的民眾，就沒有人統計，也無法統計了。所以，《禮運》的作者描述小康，表面上在歌頌禹、湯、文、武、成王、周公的盛德，實際上是在抵制天下為家的「大人世及」制度，旁及這種制度下形成的自私自利的社會風氣。

《禮運》中的小康儘管與大同相形見絀，且又語多貶辭，但秦漢以後的儒者尊小康而不言大同，具體表現是以三代為法，尊禹湯文武周公為聖，於是大同的歷史和理想被拋棄了。造成大同歷史割裂的始於東漢鄭康成。鄭氏注《禮記》，以大道之行為五帝事，而五帝通常包括黃帝、堯、舜。黃帝、堯、舜之世並非「謀閉而不興」，黃帝曾戰蚩尤於涿鹿，舜征有苗。由於混淆了大同和小康的歷史界線，大同世界的「謀閉而不興」與小康之治的「兵由此起」發生了矛盾，於是後儒補充糾正並為之圓場說：「《正義》曰以三王之時教會稠數，徵責繁多，在下不堪其弊，則致如此。然謂謀作兵起也，案《史記》黃帝與蚩尤戰於涿鹿之野，《尚書》舜征有苗，則五帝有兵。今此三王之時而云兵由此起者，兵設久矣，但上代之時用之希少，時有所用，故雖用而不言也。三王之時每事須兵，兵起煩數，故云兵猶（由）此起也。」

其實這個圓場是無法使圓的，既然是「謀閉而不興」的大同世界，何設兵之必要？既以設兵，何大同之有？且《禮運》明明是說：「兵由此起」，指的是小康之世的三代禹湯文武的盛世。起者始也，不是此時才興起的事，怎麼能說「由此起」呢？

圖 7–2　舜帝征三苗

其實這種解釋的目的主要不在於兵起何時，而在於混淆「大同」與「小康」的界線，大同既然也有戰涿鹿、征三苗（見圖7—2）之事，說明兵者自古有之，乃至「每事須兵」。既然社會要靠武力來維持，則《禮運》描寫的「天下為公」的原則，「講信修睦」的世風，彼此親善的關係，人人為公的道德，以及「謀閉而不興，盜竊亂賊而不作」的社會秩序，也就不復存在了。

何以要混淆大同與小康的界線呢？目的又在於為「大人」的家天下諱。後世注家在解釋小康的「大人世及」一語說：「注：大人，諸侯也。」為什麼「大人」指諸侯，而不能指天子呢？天子難道不是典型的世襲麼？為了說明「大人世及」不是指天子而是指諸侯，注者又作了極其無力的解釋：「《正義》曰：上既云『天下為家』，是天子之治天下也，以大人世及而為禮，明大人非天子。凡文各有所對，《易・革》卦，大人虎變對君子豹變，故大人為天子。」注者解釋的唯一理由是「凡文各有所對」，因為上文的「天下為家」講的是天子，所以下文的「大人世及」必然是講諸侯，就像《革》卦的「大人虎變君子豹變」一樣。這個理由就有些強詞奪理了。

或以為「天下為家」就是王者視天下為家，說的是王者對天下關切之深，所以「天下為家」與「天下為公」的宏旨是一致的。這是對原文的惡意歪曲！原文清楚地說：「大道既隱，天下為家」，說的是「天下為公」的大道隱去之後才出了「天下為家」，後者是前者的倒退和反動，何言宏旨一致？為什麼先人的合理思想於千百年後反遭到後人的歪曲呢？沒有別的，王權的影響所致，所以說，後人的思想就一定比前人先進，處處用進化論來套解社會現象，是不科學的。

三、大同思想與《周易》的淵源關係

早在兩千多年的中國古代，出現與當代社會主義社會相類似的大同思想本來就是奇跡，但這個奇跡並非是無緣無故地偶然出現的，而是有著深厚的歷史淵源、思想淵源和社會基礎，而這些大多又與《周易》的思想和材料相聯繫。

(一)歷史淵源

中華民族有著悠久的歷史，而特別又有著極其豐富的介於歷史和傳說之間的遠古史資料。《周禮・春官・宗伯第三》：「外史掌書外令，掌四方之志，掌三皇五帝之書。」三皇五帝之時不一定有正規的史籍，但既然設專門衙門掌管，至少也有一定數量的史料，包括文和獻的兩個方面的史料。

三皇五帝是我國遠古史的兩個極其重要的階段，許多帶政治和制度性的傳說就發生在這裡。三皇雖然和五帝並稱，但卻是兩種不同的社會制度，自然也是兩種不同的社會風貌。桓譚《新論》：「三皇以道治而五帝用德化，三王由仁義，五伯（霸）以權智。」阮籍《通老論》也說：「三皇依道，五帝仗德，三王施仁，五霸行義。」道法自然，「以道治」也就是按人類社會最初的狀貌來治理，指的自然是原始共產社會。原始社會是無所謂皇與帝的，也無所謂權力。黃石公《三略》區別三皇與五帝不同的社會政治結構說：「夫三皇無言化流四海，故天下無所歸功帝者，體天則地，有言有令，而天下太平，君臣讓功，四海行焉。王者制人道德，降心服志，設矩備衰，有察之政，甲兵之事備而無爭戰血刃之用，天下太平。」

三皇時代是不存在政教的，人們按照天地運轉的自然法則勞作生活，「故天下無所歸功於帝者」，然而天下太平。有王的時代就不同了，道德規範有了，政教法令有了，規矩原則有了，甲兵之事也有了，然而也天下太平。所謂有王的時代也就是夏、商、周的三王時代。對照前面所述的大同和小康，正好是大同屬三皇時代，而小康則是夏、商、周的三王時代。

上面提到，《禮運》對小康之治是明褒實貶的。之所以要貶，《禮運》的作者蔑視王權；之所以要褒，作者自己又受制於王權。基於這樣的矛盾，作者在大同與小康兩者對照比較之中，總是表現出他的非非是是、褒褒貶貶，有時觀點鮮明，而有時又言辭閃爍。特別是文章的開頭加上一段故作含混的話，更使人琢磨不定。作者借用孔子的口氣說：「孔子曰：大道之行也，與三代之英，丘未之逮也，而有志焉。」

這段話從字面上看，是孔子感嘆自己其生也晚，未趕上大道施行的時機，也未見到三代英明之主，然而卻嚮往天下為公的大道。這算是提起下文的導語，同時也是有意製造模糊的巧設。我們知道，「三代」指夏、商、周，「三代之英」自然是指禹、湯、文、武、成王、周公等六君子，而六君子都是小康之治的代表。

然則行大道的是誰呢？是什麼時候呢？作者沒有說。其所以不說，其中就有個肯定王權與否定王權的問題，因為三代之前是三皇和五帝時代，明確說大道之行在三皇時期，則頌揚大道便是否定王權；如說大道之行在五帝時期，雖然肯定了王權，但卻傷害了大道，因而既不說三皇，也不說五帝。鄭康成注《禮記》，肯定「大道謂五帝時也」，於是就產生了我們在前面提到的兵起於何時的矛盾。然則究竟是三皇還是五帝呢？我們認為更像是三皇，因為只有三皇時代的原始共產社會才有可能作為大同世界的歷史淵源。這點，《易傳‧繫辭》已經為我們勾勒出了大致的輪廓。

《易傳‧繫辭》用相當的篇幅，描述了包犧和神農氏的社會風貌。《繫辭下》說：「古者包犧氏之王天下也，仰則觀象於天，俯則觀法於地。觀鳥獸之文與地之宜，近取諸身，遠取諸物，於是始作八卦，以通神明之德，以類萬物之情。作結繩而為網罟，以佃以漁，蓋取諸《離》。」所謂「包犧氏之王天下」，只是一種時代的象徵，並無王的實際。我們透過這段表面的敘述八卦緣起的文字，那種結繩而治，為網為罟，以漁以獵的原始社會生活，還是依稀可辨，而《禮運》描寫的大同世界似乎也開始從這裡散發出它的獨有芬香了。

《繫辭下》的作者接著說：「包犧氏沒，神農氏作，斫木為耜，揉木為耒，耒耨之利以教天下，蓋取諸《益》。日中為市，致天下之民，聚天下之貨，交易而退，各得其所，蓋取諸《噬嗑》。」神農在伏犧之後，社會進入到了農耕時代，而且有了簡單的產品交換。既然是「日中為市……交易而退，各得其所」，說明產品已經私有化了，「貨惡其棄於地也，不必藏於己，力惡其不出於身也，不必為己」的原則已經部分地受到破壞，但仍然是生產資料公有的氏族社會。至於神農以後的黃帝堯舜，形情就完全不同了，《繫辭下》記述說：

「神農氏沒，黃帝堯舜氏作，通其變，使民不倦，神而化之，使民宜之。《易》，窮則變，變則通，通則久，是以自天祐之，吉無不利。黃帝堯舜垂衣裳而天下治，蓋取諸《乾》、《坤》。刳木為舟，剡木為楫，舟楫之利以濟不通，致遠以利天下，蓋取諸《渙》。服牛乘馬，引重致遠以利天下，蓋取諸《隨》。重門擊柝以待暴客，蓋取諸《豫》。斷木為杵，掘地為臼，臼杵之利，萬民以濟，蓋取諸《小過》。弦木為弧，剡木為矢，弧矢之利以威天下，蓋取諸《睽》。」

黃帝、堯、舜「使民不倦」的結果，雖然也推動了社會的發展，但大同世界的和諧和寧靜也破壞殆盡了，社會不僅有了欺詐，而且有了暴力。夜晚不僅要閉戶，而且要重門；不僅要重門，而且要擊柝；不僅要有民間自身的防衛，而且還要有國家武裝鎮壓。可知大同世界只能存在於黃帝之前，而不能在黃帝之後。說得準確一點，大同世界的歷史淵源在遠古的三皇時代，而不在五帝時代。三皇具體指哪三位首領，除《帝王世紀》以伏犧、神農、黃帝為三皇外，其他各說均無黃帝，而司馬遷的《史記》列黃帝為五帝之首。根據《易傳‧繫辭》的記載，黃帝很可能是由原始共產社會向奴隸社會過渡的時代，他是全靠武力征服的，而戰爭則是制造奴隸的機器。

以上事實說明，離開了《易傳‧繫辭》便無法解釋大同世界究竟是說的三皇時代還是五帝時代。

(二)思想淵源

大同思想最主要的特點是用「天下為公」的口號反對王權，不是反對被後儒竄改了的立長立嫡，反對傳天位於子，而是從根本上取消王權，否定王權的存在。這點，我們只要將《禮運》對大同世界的描寫和後世陶潛的《桃花源記》略加比較，就清楚了。《桃花源記》正是根據《禮運》的思想具體形象化的。然則《禮運》的思想又從何而來呢？來自我們通常所說的「易道」。

《周易》上經《乾》卦的用九爻辭說：「見群龍無首吉。」意思是要看到群龍無首才吉利（註：這裡採用傳統說法，原爻義恐非如此），反過來說，只要群龍有首，就不吉利。這話初看起來似乎反邏輯，實際上是合邏輯的，群龍有首必然有爭，無首才能無爭，無爭才能太平，所以說吉。然則是何物在爭，所爭何物呢？是群龍在爭，爭作為首。只有不設「首」，大家一樣，才能無爭。用於人事，是一種十足的反王權思想（熊十力著《乾坤衍》力主此說，可參閱）。

經文如此，傳文也爭相發明。《彖傳》：「首出庶物，萬國咸寧。」庶物即是庶民，《彖傳》是從提高庶民地位的角度解釋的。既然群龍要爭，乾脆以庶民為首，也就是把庶民提到突出的首位，讓庶民自己當家做主。《象傳》則借天下壓人，警告群龍說：「天德不可為首也。」天德本來平等，無所謂首。其實《象傳》說的也是實話，這茫茫大地，究竟誰該為首，誰該為「尾」？為首的不都是自封的，而為「尾」的還不是人壓的嗎？《易傳．文言》似乎沒有獨特的解說，只是再次肯定了用九的爻辭：「乾元用九，天下治也。」也就是必須按用九爻辭說的「群龍無首」，天下才有可能得到治理。

但《禮運》畢竟產生在群龍有首的時代，而且又是議論具體的社會制度，是實實在在的政治問題，既不能像《易經》一樣隱晦，也不可能像《易傳》那樣超脫，因而也就不可能那樣直接，除了盡量描述社會的和諧協調外，凡涉及王權的地方僅用「天下為公」一語帶過，而且打著孔子的旗號。也惟其如此，才能在王權的嚴密控制下存在了兩千餘年，並不斷散發出鼓舞人們前進的力量。

(三) 社會基礎

所謂社會基礎，指的是現實生活對作者思想的刺激和影響。《禮運》篇不可能產生在「大同世界」的三代，也不可能產生在「鬱鬱乎文哉」的西周，更不可能產生在天下紛爭的春秋戰國。「三代」人有這種大體相似的實踐，但不可能形成這樣完整的思想。西周是名義上大一統的社會，天下宗周，人們正享受著天下「賢君」的「庇蔭」，也形成不了這樣的思想。春秋戰國出現的是百家爭鳴，人們在激烈競爭中探索治國的方略，表現不出如此的安詳和平靜。只有在通過長期的分裂和戰亂之後渴望統一，而統一之後又通過暴秦惡政的摧殘，人們從正反兩方面得到了教訓，於是痛定思痛，認識到任何君主都無助於社會治理，王權始終是為君主以及附屬於君主的極少數人服務的。於是天下為公的「大道」也就應運而生了。所以說，大同思想既是對暴秦統一的反動，又是對長期分裂的非難。

人們從實踐中看到，表面統一的西周未能給人民帶來好處，根本不統一的戰國給人民帶來戰禍，而徹底統一的暴秦又給人民帶來了前所未有的災難，於是人們只好返於古樸，回到「三代」的原始共產社會，並加以理想化，作為嚮往，更作為自我陶醉了。

第八章　荀子思想與《周易》的異同

荀子是晚於孟子近百年的先秦思想家。他生於約公元前三一六年，卒於公元前二三〇年左右，名況，字卿，又被漢人稱為孫卿，戰國末年趙國人（見圖8－1）。曾在齊國的稷下學宮當過祭酒，晚年到楚國任蘭陵令。他「善為《詩》、《禮》、《易》、《春秋》」（劉向語）。因主性惡，唐宋以來不斷受到學者們的攻擊。

圖 8–1　荀子

清人王先謙則說：「性惡之說，非荀子本意也。其言曰『直木不待檃栝而直者，其性直也；枸木必待檃栝烝矯然後直者，以其性不直也。今人性惡，必待聖王之治、禮義之化，然後皆出於治、合於善也。』夫使荀子而不知人性有善惡，則不知木性有枸直矣。然而其言如此，豈真不知性邪？餘因以悲荀子遭世大亂，民胥泯棼，感激而出此也。」

王先謙以為荀子之所以主張人性為惡，是因為他遭世大亂，民胥泯棼，有感而發。以人性為惡，並非荀子的本意。言下之意荀子的本意還是承認人性是善的，並用荀子曾舉出木性有枸直來證明荀子知道人性有善惡。

實則不然，荀子以木的枸直來比喻人性，正是他思想的不徹底性，因為木性的枸直說明的只是人性的善惡，即人性的有善有惡，並非荀子本意主張的性惡。再就遭世大亂而言，孟子所處也並非治世。可見王先謙舉出的兩點理由都難以成立，也就是說「性惡之說，非荀子本意」的觀點難以成論。

其實荀子性惡也不全是荀子的思想。《周易》本身就包涵了這樣的內容。《彖傳》對《泰》、《否》二卦卦辭的解釋就是一個明顯的例證。《彖傳》解釋《泰》卦卦辭說：「小往大來，吉亨，則是天地交而萬物通也，上下交而其志同也。內陽而外陰，內健而外順，內君子而外小人，君子道長，小人道消也。」解釋《否》卦卦辭則說：「否之匪人，不利君子貞。大往小來，則是天地不交而萬物不通也。上下不交，而天下無邦也。內陰而外陽，內柔而外剛，內小人而外君子，小人道長，君子道消也。」一面是「內陽而外陰，內健而外順，內君子而外小人」，一面則是「內陰而外陽，內柔而外剛，內小人而外君子」。《泰》、《否》兩卦的構成鮮明地表現出了兩種不同的素質，前者為善為吉，後者為惡為凶。

再如《噬嗑》初九爻辭：「屨校滅趾，無咎。」上九爻辭：「何校滅耳，凶。」《易傳・繫辭》據以發揮說：「子曰：小人不恥不仁，不畏不義，不見利不勸，不威不懲，小懲而大誡，此小人之福也。《易》曰：屨校滅趾，無咎，此之謂也。善不積不足以成名，惡不積不足以滅身。小人以小善為無益而弗為也，以小惡為無傷而弗去也，故惡積而不可掩，罪大而不可解。《易》曰：何校滅耳，凶。」帶著滅趾之校，小過失，改了就好，故無咎。而戴著滅耳的大枷，是殺頭之罪，所以說凶。「校」是國家法律的體現，說明禮法的重要。而積善、積惡之說，有先天的素質，更有後天的修養。可見善惡同出於《易》，荀子不過是取其一端，加以誇大發揮罷了。

荀子不僅論人性取《易》一端，論天道、論中和，均取一端，故荀子所論，貌與《易》異而實與《易》同，今分述如下。

一、天道思想

在《周易》的理論中，天是有兩重性的，既是自然之天，又是意志之天。《乾》卦《彖辭》：「大哉乾元，萬物資始，乃統天。雲行雨施，品物流形。」說的是天的開始。《易傳・繫辭》：「是故剛柔相摩，八卦相蕩；鼓之以雷霆，潤之以風雨；日月運行，一寒一暑；乾道成男，坤道成女；乾知大始，坤作成物。」說的是天的形成和現狀，都是說的自然之天。

但《繫辭》又說：「《易》曰，自天祐之，吉無不利。子曰，祐者助也。天之所助者順也，人之所助者信也。」肯定人有天助，就能吉無不利，說的是意志之天。

《周易》不僅認為天有兩重性，而且認為天與人的關係也有兩重性，一是人要順天，二是天也順人。《易傳・繫辭》：「是故天生神物，聖人則之；天地變化，聖人效之；天垂象，見吉凶，聖人象之。」《繫辭》還說：「天之所助者順也，人之所助者信也。」都是說的人要順天。甚至十分明確地說只有順天者上天才予以幫助。而在《易傳・文言》裡又明確肯定天也順人。《文言》說：「夫大人者與天地合其德，與日月合其明，與四時合其序，與鬼神合其吉凶。先天而天弗違，後天而奉天時。天且弗違，而況於人乎？況於鬼神乎？」在這裡，不是人跟天走，而是天跟人走。「天且弗違，而況於人乎？況於鬼神乎？」其氣勢簡直是以人壓天了。

在荀子的天道觀中，天只是一重性的，這就是自然之天。天有他自己的運行規律，與人事毫無關係。荀子的《天論》開篇便說：「天行有常，不為堯存，不為桀亡。」天於人不僅不擇善惡，也不論需求。《天論》同時說：「天不為人之惡寒也輟冬，地不為人之惡遼遠也輟廣。」

荀子認為，天不僅有它自己的運行規律，有它常見的現象，也有罕見現象。但無論是常見現象或罕見現象，都是天的自然現象，與人事無關，所以，「怪之可也，而畏之非也」。

荀子在《天論》中說：「星隊（墜）木鳴，國人皆恐，曰何也？曰：無何也！是天地之變，陰陽之化，物之罕至者也。怪之可也，而畏之非也。夫日月之有蝕，風雨之不時，怪星之黨見，是無世而不常有之。上明而政平，則是雖並世起無傷也；上暗而政險，則是雖無一至者無益也。夫星之隊（墜），木之鳴，是天地之變，陰陽之化，物之罕至者也，怪之可也，而畏之非也。」荀子認為，只要國君明察，政治清平，怪異現象即使三五年出現一次也無害處。如果國君不明，政治險惡，即使一次也沒有，並無益處。荀子是把自然現象和社會現象完全分開的。這也並無大的不妥，因為在荀子的時代，人為的現象還不足以影響自然。

與天的一重性相聯繫，荀子認為人與天的關係也是一重性的，只有人適應天，而不可能是天適應人。不過這種適應是能動的，而不全是被動的。荀子在肯定「天行有常，不為堯存，不為桀亡」之後緊接著指出：「應之以治則吉，應之以亂則凶。強本而節用，則天不能貧；養備而動時，則天不能病；修道而不貳，則天不能禍。故水旱不能使之饑，寒暑不能使之疾，襖怪不能使之凶。」

天的規律是不能違背的，「應之以治則吉，應之以亂則凶。」但天又不是不可對付的，加強生產，厲行節約，國家就不致貧困；注意休養生息，人民就不致勞苦；修明政教，社會就必然安寧。如此，天就無奈人何。反之，如果逆道而行，違背了自然規律，天有意庇護，也無法使之吉，就會「水旱未至而饑，寒暑未薄而疾，襖怪未至而凶。」（《荀子・天論篇》）

為了進一步說明治亂在人，而不在天與自然等客觀條件的道理，荀子用設問的方式舉例說：「治亂天邪？日月星辰瑞歷，是禹、桀之所同也，禹以治，桀以亂，治亂非天也。時邪？曰：繁啟蕃長於春夏，蓄積收藏於秋冬，是又禹桀之所同也，禹以治，桀以亂，治亂非時也。地邪？曰：得地則生，失地則死，是又禹桀之所同也，禹以治，桀以亂，治亂非地也。」

天、時、地利，大禹與夏桀同而無異，然禹以大治，而桀則敗國喪身，可知治亂在人，而不在天，也不在時與地利。所以說，「受時與治世同，而殃禍與治世異，不可以怨天，其道然也。」所謂「與治世同」，即亂世與治世同。既然天、時、地利皆同，故其所得殃禍也就無需怨天了。這就叫「應之以治則吉，應之以亂則凶。」

荀子還認為，治吉亂凶的原則不僅適用於治國，也適用於治身，而治身比治國更直接，更緊密，因為人體構成的本身就是天體的一種反映，是按照天的模式壓縮、簡化了的複製品。荀子說：「耳目鼻口形，能各有接而不相能也，夫是之謂天官；心居中虛以治五官，夫是之謂天君；財非其類以養其類，夫是之謂天養；順其類者謂之福，逆其類者謂之禍，夫是之謂天政。」（《同上》）

荀子將人體比作一塊小天，以耳、目、鼻、口、形五官為天官，以居中遙控的心臟為天君，以飲食衣服的「非類」供養為天養，以順應自然為天政。人能順應自然，以天官司其事，天君總其成，飲食衣服供其養，就能福而無禍。一旦天君昏亂，天官亂職，天養不繼，天功喪失，大凶必至，死亡也會隨之降臨。所謂「天君昏亂」也就是思想亂，思想亂則五官也必然紊亂，耳聽不該聽之聲，目視不該視之色，口嘗不該嘗之味，體（形）接不該接之物，雜欲叢生，不可遏止。精力耗盡，生命也就隨之結束了。

治亂既然不在天而在於人，因此，人的因素就十分重要了。

縱觀天下興亡、個人得失，敗事的往往不是天災，而是人禍；最多也是三分天災，七分人禍。所以「天襖」可怪而不足畏，而「人襖」則是十分可怕的。荀子說：「田穢稼惡，糴貴民饑，道路有死人，夫是之謂人襖；政令不明，舉錯（措）不時，本事不理，夫是之謂人襖；禮義不修，內外無別，男女淫亂，則父子相疑，上下乖離，寇難並至，夫是之謂人襖。」

「天襖」既不可畏，「天福」也就不存在了，所以諸事都得靠人，而不能靠天，更不能盲目地誇大天的作用，頌揚天的威德，等待天的賜予。荀子說：「大天而思之，孰與物蓄而制之？從天而頌之，孰與制天命而用之？望時而待之，孰與應時而使之？因物而多之，孰與聘能而化之？思物而物之，孰與理物而勿失之也？」在這裡，荀子接連作了五個方面的比較，結論是靠天不如靠人。

有意志的天不存在，左右人事的神當然也就不存在了。但作為非主宰的神的現象還是有的。荀子說：「萬物各得其和以生，各得其養以成，不見其事而見其功，夫是之謂神。」（同上）在荀子的思想體系中，「神」只是一種「不見其事而見其功」的難以探究的神秘現象，也就是《易傳‧繫辭》「陰陽不測之謂神」的神，是王弼解釋的「不知所以然而況之為神」的神。

正如王弼所說，神在這裡僅僅是一種比喻，並非神靈。「神」在《周易》的理論體系中也是有兩重性的，既是比喻之神，又是意志之神，但在荀子的思想中只有比喻之神，而無意志之神，也是只取《易》一端的表現。

與天、神非人格化的思想相聯繫，荀子對由來已久的卜筮現象也有他自己獨特見解，荀子說：「卜筮然後決大事，非所以為得求也，以文之也。故君子以為文，而百姓以為神。以為文則吉，以為神則凶也。」（同上）

文是什麼？文是文飾，大體相當今世的宣傳和輿論，是達到某種政治目的的手段。「君子」決大事雖然也進行卜筮，但其目的在於宣傳鼓動，而不是真的要向神明祈求什麼，「非所以為得求也，以文之也。」文與求是兩種截然不同的卜筮觀，文是手段，而求則是目的。以之為手段者以人制神，神是人的工具，所以吉；以之為目的者以神制人，人是神的奴僕，所以凶。荀子的這一觀點是與主要供卜筮之用的《周易》特別是《易經》，就形式而言是相通的，但其實質是對立的，然而又是合理的。

二、人性思想

與《周易》和孟子的思想相反，荀子力主人的本性為惡。他在《性惡篇第二十三》

開篇便說：「人之性惡，其善者偽也。」荀子十分肯定地說人的本性為惡，其善者偽也。但偽不是虛偽之偽。偽者為也。郝懿行注：「性，自然也；偽，作為也。偽與為，古字通。」荀子以為，人的本性是惡的，其所以善，是後天作為的結果，也就是教化的結果。如無教化，人的性惡永遠是惡，不知行善。

荀子接著說：「今人之性，生而有好利焉，順是，故爭奪生而辭讓亡焉。生而有疾惡焉，順是，故殘賊生而忠信亡焉。生而有耳目之欲，有好聲色焉，順是，故淫亂生而禮義文理亡焉。然則從人之性，順人之情，必出於爭奪，合於犯分亂理，而歸於暴。故必將有師法之化、禮義之道，然後出於辭讓，合於文理，而歸於治。用此觀之，然則人之性惡明矣，其善者偽也。」（《荀子・性惡篇》）

荀子認為，人的本性是惡的，比如好利、嫉妒，以及男女情慾，都是人的本性，如不透過後天的教化，讓其自然發展，就會產生爭奪財物，殘害他人以及男女淫亂等危害社會的現象。所以就必須有師，有法。法就是禮義，師即施行教化的官吏與師長。荀子說：「今人無師法，則偏險而不正；無禮義，則悖亂而不治。古者聖王以人之性惡，以為偏險而不正，悖亂而不治，是以為之起禮義，制法度，以矯飾人之情性而正之，以擾化人之情性而導之也，始皆出於治合於道者也。」

荀子以為，禮法的產生正好說明人之性惡。惟其性惡，所以才需要禮義、法度來矯飾，來感化，來誘導。如果性善，人的言行都能自覺合於「道」，這禮義、法度也就完全沒有存在的必要，甚而至根本不可能產生了。荀子繼而從師法感化的客觀效果論證說：「今之人化師法、積文學、道禮義者為君子，縱性情、安恣睢而違禮義者為小人，用此觀之，然則人之性惡明矣，其善者偽也。」（同上）

化師法，積文學、道禮義，是矯飾了人的惡的本性，使之文明化、法度化的表現，所以能成為君子。縱性情、安恣睢、違禮義，是未能矯飾、仍保留著人的惡的本性的表現，所以仍為小人。社會之所以有君子，有小人，正是人性惡的證明。如若性善順，其善的本性發展，就應該都成為君子，不可能出現小人，所以說「然則人之性惡明矣，其善者偽也。」

荀子的性惡論是針對孟子的性善論而發的。他從性偽、善惡兩個方面批駁了孟子的性善論。

㈠性偽之辨

荀子以先天的素質與本能謂之性，而將後天的教化、修養稱作偽。他批駁孟子說：「孟子曰：人之學者其性善，曰：是不然。是不及知人之性而不察乎人之性、偽之分者也。」（同上）所謂人之學者以其性善，即人的學習、教養的基礎是性善，也就是教養之前的本性為善。荀子以為這種提法是不對的，其所以不對是尚未弄清什麼叫性，未分清楚性與偽的區別。那麼，性與偽的區別在哪裡呢？

荀子說：「凡性者，天之就也，不可學，不可事。禮義者，聖人之所生也，人之所學而能，所事而成者也。不可學、不可事而在人者謂之性，可學而能、可事而成之在人者謂之偽，是性、偽之分也。」（同上）

不可學、不可事，也就是不學、不事，即無需於學習、無需於教化修養的先天形成。荀子以為，只有先分清楚「性」與「偽」，然後才有可能探討性的善惡。然則什麼叫「不可學、不可事而在人者」的性呢？荀子說：「今人之性，目可見，耳可聽，夫可以見之明不離目，可以聽之聰不離耳，目明而耳聰，不可學明矣。」（同上）

荀子認為，目有視的功能，耳有聽的功能，視明不能離開目，聽聰不能離開耳，而目視能明、耳聽能聰都不是教化修養的結果，都是與生俱來的，這就叫做性。荀子在具體解釋了什麼叫性的基礎上批駁孟子的性善論說：「孟子曰今人之性善，將皆失喪其性故也。曰：若是則過矣。今人之性，生而離其樸、離其資，必失而喪之。用此觀之，然則人之性惡明矣。」（同上）

孟子主性善，認為人的本性是善的。其所以為不善，是因為離開了本性或者喪失了本性的結果，荀子將這幾層意思壓縮成「曰今人之性善，將皆失喪其性故也」。但人的耳的聽覺功能、目的視覺功能是不可能分離的，若非特殊的變故其聽覺、視覺功能也是不可能喪失的。說人喪失了本性而為惡，等於說耳、目喪失了聽視的功能而耳不聽、目不明。能喪失得如此乾淨嗎？所以說「若是則過矣」。既然不是喪失了本性才為惡，則人的本性為惡也就不待言而明了。

荀子以耳聽目明比人性，覺得還有紕漏，因為耳聽目明畢竟是可以因變故而喪失的，於是進一步發揮說：「所謂性善者，不離其樸而美之，不離其資而利之也。使夫資樸之於美，心意之於善，若夫可以見之明不離目，可以聽之聰不離耳，故曰目明而耳聽也。今人之性，饑而欲飽，寒而欲暖，勞而欲休，此人之情性也。今人饑見長而不敢先食者，將有所讓也；勞而不敢求息者，將有所代也。夫子之讓乎父、弟之讓乎兄，子之代乎父、弟之代乎兄，此二行者皆反於性而悖於情也。然而孝子之道，禮義之文理也。故順情性則不能辭讓矣，辭讓則悖於情性矣。用此觀之，然則人之性惡明矣，其善者偽也」。（同上）

荀子要進一步闡明的道理在於：如果以人的本性為善，則人的後天發展必須順向而行，就像耳目視聽功能的發展一樣，即便不能愈來愈明，愈來愈聽，也不會離不開原來聽與明的本性。而人的心意的發展卻不然，不是順向而是反向的。人餓了希望吃飽，冷了希望穿暖，勞累了希望休息，這才是人之常情、人之本性。今有人於此，肚子餓了卻因有長輩在場不敢先吃，自己勞累了因有長輩在勞作而不敢休息，有相讓之心，有代勞之意。這相讓與代勞都是違背本性的，全是禮義教化修養的結果。於是就形成了這樣一種情況：順其本性，則先食先息，不存在相讓代勞；要相讓代勞，則反其本性。由此可知，人之性惡，「其善者偽也」。

人性既然都是惡，然則禮義又是如何產生的呢？荀子以設問的方式闡述說：「問者曰：人之性惡，則禮義惡生？應之曰：凡禮義者，是生於聖人之偽，非故生於人之性也。故陶人埏埴而為器，然則器生於工人之偽，非故生於人之性也。故工人斫木而成器，然則器生於工人之偽，非故生於人之性也。聖人積思慮，習偽故，以生禮義而起法度，然則禮義法度者是生於聖人之偽，非故生於人之性也。若夫目好色，耳好聲，口好味，心好利，骨體膚理好愉佚，是皆生於人之情性者也，感而自然，不待事而後生之者也。夫感而不能然，必且待事而後然者，謂之生於偽。是性偽之所生，其不同之徵也。故聖人化性而起偽，偽起而生禮義，禮義生而製法度。然則禮義法度者，是聖人之所生也。故聖人之所以同於眾其不異於眾者，性也；所以異而過眾者，偽也。」（同上）

荀子認為，禮義是聖人製作的，就像陶人製作瓦器、木工製作木器一樣，只是聖人製作禮義比陶人製瓦器、木工製木器更加艱難複雜，是長期思考積累的結果，所以說「積思慮，習偽故，以生禮義而起法度。」為什麼說禮又生於聖人的製作而不是生於人的本性呢？因為人的目之好美色、耳之好美聲、口之好美味、心之好利益、骨體肌膚之好舒適，是人生來就有的情性，一旦觸發，就能自然產生，無需教育，無需培養，是「感而自然，不待事而後生」的；而禮義法度是需要通過教育培養，「感而不能然，必且待事而後然」的。「感而自然」與「感而不能然」，是性與偽的不同特徵。凡感而自然的便是「性」，感而不能然的是「偽」。性是天生的，人所共同的；偽是人各不同的，因其教育修養之不同而各有高下，所以說「聖人之所以同於眾其不異於眾者，性也；所以異而過眾者，偽也」。

(二)善惡之辨

荀子區分了性與偽，也就是分清了人的情性先天的資質與後天的培養，於是開始集中討論屬於先天部分的「性」。他批駁孟子的性善論說：「孟子曰人之性善，曰：是不然。凡古今天下之所謂善者，正理平治也；所謂惡者，偏險悖亂也，是善惡之分也已。今誠以人之性固正理平治邪？則有惡用聖王、惡用禮義矣哉？雖有聖王禮義，將曷加於正理平治也哉？今不然，人之性惡。故古者聖人以人之性惡，以為偏險而不正，悖亂而不治，故為之立君上之勢以臨之，明禮義以化之，起法正以治之，重刑罰以禁之，使天下皆出於治、合於善也，是聖王之治而禮義之化也。今當試去君上之勢，無禮義之化，去法正之治，無刑罰之禁，倚而觀天下民人之相與也。若是，則夫強者害弱而奪之，眾者暴寡而嘩之，天下之悖亂而相亡，不待頃矣。用此觀之，然則人之性惡明矣，其善者偽也。」（同上）

荀子在這裡沒有從正面說人的本性是善還是惡，而是以往古聖王禮義的存在作為反證。如果人的本性像孟子所說的那樣善良，則社會必然正理平治。既然社會正理平治，又何必要聖王禮義？即便有聖王禮義，在正理平治的社會又能有何用處？惟其社會並非正理平治，而是偏險悖亂，所以才需要聖王禮義，需要君上的權勢，需要禮義的教化，需要法律的調整，需要刑罰的處置，然後社會才能治，人心才向善。何以證明？荀子再次從反面論證：如若不信，不妨去君上之勢，除禮義之化，無法律刑罰，然後一旁靜觀天下人之相與，必然強欺弱、眾暴寡。而且無需等待，頃刻之間便可見效。

荀子認為，辯論不僅是理論問題，更是實踐問題；不僅要有理論的說明，更需要有實際的論證。荀子批駁孟子說——

凡論者貴其有辨合，有符驗。故坐而言之，起而可設，張而可施行，今孟子曰人之性善，無辨合符驗。坐而言之，起而不可設，張而不可施行，豈不過甚矣哉？故性善則去聖王，息禮義矣；性惡則與聖王，貴禮義矣。故檃栝之生，為枸木也；繩墨之起，為不直也。立君上，明禮義，為性惡也。用此觀之，然則人之性惡明矣，其善者偽也。直木不待檃栝而直者，其性直也；枸木必將待檃栝烝矯然後直者，以其性不直也。今人之性惡，必將待聖王之治，禮義之化，然後皆出於治，合於善也。用此觀之，然則人之性惡明矣，其善者偽也。（同上）

荀子對辯論提出了兩條原則，一是要辨而合於理，二是要驗而合於事，而且二者必須是有機地聯繫，做到坐而言理，起而施行。孟子言性善，道理上或許也能成立，但驗諸事實就不行了。既然人性為善，那還要聖王何用？用禮義何用？實際的情況應該是：性善無須聖王、禮義，惟有性惡才極須聖王禮義，就像山中的樹木，彎曲的必須用檃栝矯正，而對於直的，檃栝也就無以施其用了。

禮義既能使人向善，而禮義又是人創立的，那麼，禮義創立的本身是否與人的性善有關呢？荀子用設問的方式闡述說——

問者曰：禮義積偽者，是人之性，故聖人能生之也。應之曰：是不然。夫陶人埏埴而生瓦，然則瓦埴豈陶人之性也哉？工人斫木而生器。然則器木豈工人之性也哉？夫聖人之於禮義也，譬則陶埏而生之也。然則禮義積偽者，豈人之本性也哉？凡人之性者，堯舜之與桀跖，其性一也。君子之與小人，其性一也。今將以禮義積偽為人之性邪？然則有曷貴堯禹、曷貴君子矣哉？凡所貴堯禹君子者，能化性，能起偽，偽起而生禮義，然則聖人之於禮義積偽也，非猶陶埏而生之也。用此觀之，然則禮義積偽者，豈人之性也哉？所賤於桀跖小人者，從其性，順其情，安恣睢，以出乎貪利爭奪。故人之性惡明矣，其善者偽也。（同上）

埏埴，製瓦的模型。荀子以為，聖人創立禮義教育人，與陶人發明埏埴來製瓦，以及工人用繩墨來製器，是一個道理。陶人用埏埴制瓦不能說陶人有曲性，工人用繩墨造器不能說工人有直性，所以，聖人創立禮義以教育人也不能說聖人本人是善性。接著荀子又從人的本性出發加以闡述，認為所謂人性，應該是所有人的共性，要嘛都性善，要嘛都性惡。如果都性善，堯舜與桀跖都應該性善，為何堯舜為聖君而桀跖又為暴君、為強盜？既然都性善，為何一些人成為行善的君子，而另一些人又成了作惡的小人？沒有別的，成為堯禹君子是因為改造了原來的本性所致，而之所以成為桀跖小人是因為順著本性發展的結果。由此可知人性本惡，「其善者偽也。」

為了說明人性本惡，荀子還引了堯和舜的一段對話，儘管這段話並無可靠的根據。荀子說——

堯問於舜曰：人情何如？舜對曰：人情甚不美，又何問焉？妻子具而孝衰於親，嗜欲得而信衰於友，爵祿盈而忠衰於君。人之情乎？人之情乎？甚不美，又何問焉。（同上）

荀子所引雖然無據，但舉出的三個例子大體是合乎實際的。就一般情況來說，因為有了妻子對父母的孝順差了；因為嗜慾的需要，對朋友的信義差了；因為爵祿得到了滿足，對君上的忠誠差了，這就是人的情性。由此可知，人的本性是惡，而不是善。

儘管荀子的主張與孟子相反，但人皆可以為堯舜的觀點卻是與孟子一致的。荀子說——

曰：聖可積而致，然而皆不可積，何也？曰：可以而不可使也。故小人可以為君子而不肯為君子，君子可以為小人而不肯為小人。小人、君子者未嘗不可以相為也，然而不相為者，可以而不可使也。故涂之人可以為禹則然。涂之人能為禹未必然也。雖不能禹，無害可以為禹。足可以遍行天下，然而未嘗有能遍行天下者也。夫工匠農賈未嘗不可以相為事也，然而未嘗能相為事也。用此觀之，然則可以為未

必能也；雖不能，無害可以為。然則能不能之與可不可，其不同遠矣，其不可以相為明矣。（同上）

荀子認為，人的本性雖惡，但可以通過後天的努力成善，甚至可以「積而成聖」。當然，可以成聖，不等於實際上的成聖，因為這裡有個「使」與「不使」的問題，也就是主觀努力和客觀條件的諸因素問題。荀子將其歸納為「可以而不可使」，或叫「能不能與可不可」。可不可是內在的可能性，能不能是外化的現實性。為了說明這個問題，荀子用了一個十分通俗的比喻：人的一雙腳板本來可以走遍天下，然而卻沒有人能夠走遍天下。這就是可與使的區別，當然，這個比喻也有些絕對，因為這樣就把大家公認的古聖賢王統統否定了。

總之，荀子關於人性的觀點雖然與孟子、與《周易》不同，但其出發點都是為了治世，為了社會的安定，為了人際關係的和諧，其目的是完全一致的。

三、中和思想

中與和是《周易》思想體系中兩個至為重要的範疇，凡事合於中、合於和則吉，反之則凶。特別是中，更不可須臾偏離，於人於事，在中則吉，離中則凶。

《易傳・文言》：「九三，重剛而不中，上不在天，下不在田，故乾乾因其時而惕，雖危無咎矣。九四，重剛而不中，上不在天，下不在田，中不在人，故或之。或之者疑之也，故無咎。」《乾》卦的九三、九四爻都是陽，而且是重疊著的純陽，但因為不在中位，所以必須「終日乾乾」，所以存在「疑之或之」。

《訟》卦卦辭：「訟，有孚窒惕，中吉，終凶。利見大人，不利涉大川。」九五爻辭：「訟，元吉。」《象辭》解釋說：「訟元吉，以中正也。」之所以「中吉」、「元吉」，就是因為是陽，而且居中，剛而得中，所以為吉，而且大吉。

《周易》尚「中」，但中是什麼，以什麼為標準，說得比較含糊。有鑒於此，荀子對「中」作了明確的限制和詳細的解說。荀子說：「先王之道，仁之隆也，比中而行之。曷謂中？曰：禮義是也。道者非天之道，非地之道，人之所以道也，君子之所道也。」（《荀子．儒效篇》）

什麼叫中？荀子認為不是個人好惡，不是個人恩怨，也不是個人親疏，而是禮與義。按照禮義的標準與原則，比中而行，這就是先王之道、仁義之道。荀子的議論是針對《周易》的比中之道來的。那麼，什麼是《周易》的比中之道呢？

《周易．比卦》九五爻辭：「顯比，王用三驅，失前禽；邑人不誡，吉。」《象辭》解釋說：「顯比之吉，位正中也。捨逆取順，失前禽也。邑人不誡，上使中也。」比者親也。「顯比」即是明顯、露骨的親近。親近誰呢？諸爻親近位居九五的中爻，故叫「比中」。諸爻何以如此親中爻呢？原因是九五用了「三驅之法」，捨逆取順。

晉人王弼作注，解釋它的含義並分析其得失說：「為比之主而有應在二，顯比者也。比而顯之，則所親者狹矣。夫無私於物，唯賢是與，則去之與來，皆無失也。夫三驅之禮，禽逆來趣（趨）己者則捨之，背己而走，則射之，愛於來而惡於去也，故其所施常失前禽也。比顯比而居王位，用三驅之道者也，故曰王用三驅失前禽也。用其中正，征討有常，伐不加邑，動必討叛，邑人無虞，故不誡也。雖不得乎大人之吉，是顯比之吉也。此可以為上之使，非為上道也。」

王弼把爻辭中用賢與用親兩種互相對立而又表述含糊的思想明朗化。在位者如果尚賢，就應該無私於物，唯賢是與。如果尚親，比而顯之，用王「三驅」之法，則所親者必然狹窄。在上位者如果對人親疏明顯，採用「三驅」之法，親近自己的就將十分有限。那麼什麼叫「三驅之法」呢？《周義正義》解釋說——

王用三驅失前禽者，此假田獵之道以喻顯比之事。凡三驅之禮，禽向己者則捨之，背己者則射之，故失其前禽也。顯比之道，與己相應者則親之，與己不相應者則疏之，與三驅田獵愛來惡去相似，故云王用三驅失其前禽也，言顯比之道似於此也。

所謂三驅之法，就是在打獵時將三面包圍，獵手守住敞開的一面，然後將包圍圈內的野獸趕過來。凡面對自己直衝過來的，一律放走；凡是轉背返逃的，一律射殺。這就是《象辭》說的「捨逆取順」。

面己而來者曰逆，背己而去者曰順。為什麼面己而來的要捨呢？也許是因為野獸來得凶猛，弄不好會傷害自己，為安全起見，放它過去。至於順著自己，也就是與自己取同一方向逃跑的，人在野獸背後，儘管放箭，絕不會返轉身來傷人。這樣當然也有損失，「失前禽」，向前跑的野獸統統放跑了，射到的只是轉身回跑的，但於人則安全，所以吉。但如果以此參比人事，凡是向著自己的就放他一碼，凡是不向自己的就統統「射殺」，這就叫做「顯比」，是十分露骨的用人唯親。

王弼以為這僅是「顯比之吉」。這種人只能充當他人驅使，而不能獨當一面驅使他人，因為他始終只能在與自己親近的小圈子裡活動。

將「三驅之法」運用於人事顯然是不對的，這種人十個有九個要失敗；即使不失敗，也成不了大氣候。「可以為上之使，非為上道也。」由此可知用人不能唯親，而必須尚賢。那麼，如何對待賢呢？什麼人才叫賢呢？荀子接著上文繼續說：

「君子之所謂賢者，非能遍能人之所能之謂也。君子之所謂知者，非能遍知人之所知之謂也。君子之所謂辯者，非能遍辯人之所辯之謂也。君子之所謂察者，非能遍察人之所察之謂也，有所正矣。」（同上）

所謂賢人，並非全知全能，貴在能「有所正」。「正」是什麼，荀子沒有立即回答，而是接著賢人為何不可能是全知全能的話題進行議論——

相高下，視墝肥，序五種，君子不如農人；通財貨，相美惡，辨貴賤，君子不如賈人；設規矩，陳繩墨，便備用，君子不如工人；不恤是非、然不然之情，以相薦撙，以相恥怍，君子不若惠施、鄧析；若夫譎商德而定次，量能而授官，使賢、不肖皆得其位，能不能皆得其官，萬物得其宜，事變得其應，慎、墨不得進其談，惠施、鄧析不敢竄其察，言必當理，事必當務，是然後君子之所長也。（同上）

工農商賈各有其長，慎、墨、施、析各有其智，就其所長來說，能稱為賢人的君子無法超越。但賢人有上述諸人所不及的長處，賢人的長處就在於能使人得其位，能得其官，物得其宜，事得其應；在於言必當理，事必當務。這就叫做「有所正」。正者中也，凡事必正，也就是必中。事不中不成其為事，說不中不成其為說，於是荀子接著展開說——

凡事行有益於理者立之，無益於理者廢之，夫是之謂中事。凡知說有益於理者為之，無益於理者捨之，夫是之謂中說。事行失中謂之奸事，知說失中謂之奸道；奸事、奸道，治世之所棄而亂事之所從服也。若夫充虛之相施易也，堅白同異之分隔也，是聰耳之所不能聽也，明目之所不能見也，辯士之所不能言也，雖有聖人之知，未能僂指也。不知無害為君子，知之無損為小人，工匠不知，無害為巧；君子不知，無害為治。王公好之則亂法，百姓好之則亂事，而狂惑戇陋之人，乃始率其群徒，辯其談說，明其辟稱，老身長子不知惡也，夫是之謂上愚。（同上）

荀子的所謂中，就是理，而理又以有益無益為標準。充虛、堅白之說，表面上顯得有理，實則無益，而且盡是一些聽不明、說不清的歪理，知之不為益，不知不為害，好之必債事。可知理也有中與不中的問題。

如果說「中」是辦事的原則，則「和」是行事的目的了。《乾》卦《彖辭》：「乾道變化，各正性命，保合太和，乃利貞。」要「和」才能「利貞」，而「和」是建立在「各正性命」的基礎上的。萬物各有外表形體的「命」，也各有內在實質的性，但要和就必須求同存異。萬物要和必須有萬物的共同點，人要和必須有人的共同點，荀子論和正是從人的共同點出發的。

什麼是人的共同點呢？荀子認為有情有慾，這就是人的共同點。「人之情，食欲有芻豢，衣欲有文繡，行欲有輿馬。又欲夫餘財蓄積之富也，然而窮年累世，不知不足，是人之情也」（《荀子・榮辱篇》）。吃好穿好，能有餘錢剩米，這是每個人都有的慾望，而且是正當的慾望，統治者只有千方百計滿足人們的這種慾望，統治才能鞏固，社會才能安定，才能達到「和」的目的。「故仁人在上，則農以力盡田，賈以察盡財，百工以巧盡械器。」（同上）使人盡其才，地盡其利，增加社會財富，滿足人們需要，社會才能和。

但人的情慾又是無法滿足的。「夫貴為天子，富有天下，是人情之所同欲也，然則從人之欲，則勢不能容，物不能贍也，故先王案為之制禮義以分之，使有貴賤之等，長幼之差，知愚能不能之分，皆使人載其事而各得其宜」（同上）。因為社會不可能滿足每個人的要求，所以要分。「和」是目的，「分」是達到目的的手段。這一和一分，荀子稱之為「群居和一之道」。

什麼叫「群居和一」？如何實現「群居和一」？荀子說：「力不若牛，走不若馬，而牛馬為用，何也？曰：人能群，彼不能群也。人何以能群？曰：分。分何以能行？曰：義。故義以分則和，和則一，一則多力，多力則強，強則勝物，故宮室可得而居也。」（《荀子．王制篇》）

荀子以為，人較其他動物的優越主要在於人的社會性，即能「群」，能形成集體的力量。因為有集體的力量，所以雖力不及牛馬卻能使用牛馬，強不過他物而能制服他物，技不足以成宮室而能建築宮室。這就是「和」的力量，和則一，一則多力，多力則強。但如何才能和呢？和必須分，而分必須義，故荀子接著又說：「故人生不能無群，群而無分則爭，爭則亂，亂則離，離則弱，弱則不能勝物，故宮室不可得居也。」「故序四時，裁萬物，兼利天下，無它故焉，得之分義也。」（同上）

然則誰來群，誰來一呢？荀子說：「君者，善群也，群道當，則萬物皆得其宜，六畜皆得其長，群生皆得其命。故養長時則六畜育，殺生時則草木殖，政令時則百姓一，賢良服。」（同上）

群和人們、組織社會，這是國君的責任。國君不僅責任在群，而且要能群，善群，群道得當，如此才能萬物得宜，六畜得長，群生得命。然則什麼才是得當的群道呢？荀子簡述諸事說——

草木榮華滋碩之時，則斧斤不入山林，不夭其生，不絕其長也；黿鼉魚鱉鰍鱔孕別之時，網罟毒藥不入澤，不夭其生，不絕其長也。春耕夏耘，秋收冬藏，四者不失時，故五穀不絕而百姓有餘食也。污池淵沼川澤，謹其時禁，故魚鱉優多而百姓有餘用也。斬伐養長不失其時，故山林不童而百姓有餘材也。聖王之用也，上察於天，下錯（措）於地，塞備天地之間，加施萬物之上，微而明，短而長，狹而廣，神明博大以至約。故曰：一與一，是為人者，謂之聖人。（同上）

人類社會以生產為基礎，故作為社會組織者的國君應該著眼於生產，修明政教，協調關係，「上察於天，下措於地，塞備天地之間，加施萬物之上」，如此就能「微而明，短而長，狹而廣，神明博大以至約」。

人類之所以能戰勝萬物，就在於能「群」，而要「群」必須有「分」而「分」必有義。故國君的另一責任在於主「分」，而且要按「義」的原則主分。荀子說：「人之生不能無群，群而無分則爭，爭則亂，亂則窮矣。故無分者，人之大害也；有分者，天下之本利也。而人君者，所以管分之樞要也。」（《荀子・富國篇》）

「分」的內容有三：一是社會分工。「農分田而耕，賈分貨而販，百工分事而勸，士大夫分職而聽，建國諸侯之君分土而守，三公摠方而議，則天子共（拱）己而已。」（《荀子・王霸篇》）二是人群分等。「上賢使之為三公，次賢使之為諸侯，下賢使之為士大夫。」（《荀子・君道篇》）三是產品分配。產品是按等級分配的，但也有一定的原則。「故為之雕琢刻鏤，黼黻文章，使足以辨貴賤而已，不求其觀。為之鐘鼓管磬，琴瑟竽笙，使足比辨吉凶、合歡定和而已，不求其餘。為之宮室臺榭，使足以避燥濕、養德、辨輕重而已，不求其外。」（《荀子・富國篇》）

既然是「分」，勢必有等差，分工或美或惡，或逸或勞；分等或尊或卑，或貴或賤；分配或多或少，或厚或薄。雖有貴賤高低厚薄之分而民不怨，關鍵在主管者的德行。在於他的智能，在於他對百姓作出的貢獻。

「治萬變，材萬物，養萬民，兼制天下者，為莫若仁人之善也夫。故其知慮足以治之，其仁厚足以安之，其德音足以化之，得之則治，失之則亂。百姓誠賴其知也，故相率而為之勞苦以務佚之，以養其知也。誠美其厚也，故為之出死斷亡以覆救之，以養其厚也。誠美其德也，故為之雕琢刻鏤，黼黻文章以藩飾之，以養其德也。故仁人在上，百姓貴之如帝，親之如父母，為之出死斷亡而愉者，無它故焉，其所是焉誠美，其所得焉誠大，其所利焉誠多也」（《荀子・富國篇》）。

由於居上位者智足以慮，仁足以安，德足以化，社會需要他們，所以百姓擁護，辛勤勞苦，出生入死而無怨。反之就是另外一番情景了。

「今之世而不然，厚刀布之斂以奪之財，重田野之稅以奪之食，苛關市之徵以難其事。不然而已矣，有掎挈伺詐、權謀傾覆，以相顛倒，以靡敝之。百姓曉然皆知其污漫暴亂而將大危亡也，是以臣或弒其君，下或殺其上。粥其城，倍其節，而不死其事者，無它故焉，人主自取之也」（同上）。

社會需要有智能、有道德的人為之組織，故百姓不辭勞苦，不顧自身衣食，乃至不惜自己生命，為之供養，為之驅使，為之服役，讓他乘堅策肥，錦衣玉食，養尊而處優。但事實上這些為百姓供養著的人不僅不為百姓辦事，不為社會出力，反而成了欺壓百姓的暴力，為害社會的毒瘤。他們利用手中權力，廣斂錢財，巧立名目，刁難百姓。而最難令人容忍的是司法腐敗，虛構事實，羅織罪名，製造冤案，毀人家財，害人性命。人們走投無路，於是臣弒其君，下殺其上，乃至揭竿而起。

可貴的是荀子對此作出了公道的裁決：「人主自取之也。」因為他的前提是「臣或弒其君，下或殺其上」，所以這裡的人主既包括了國家的昏君，也包括了地方的惡吏。依照荀子的觀點，昏君惡吏都在可殺之列，咎由自取。

有群必須分，但分是為了群，為了「群居和一」。一切昏君惡吏之所以該殺，是因為他借「分」肥私，破壞了社會的和一。由人君（包括地方官吏）變成了民賊。真正的人君應該是：

「百姓之力，待之而後功；百姓之群，待之而後和；百姓之財，待之而後聚；百姓之勢，待之而後安；百姓之壽，待之而後長。父子不得不親，兄弟不得不順，男女不得不歡；少者以長，老者以養。故曰：天地生之，聖人成之，此之謂也。」（《荀子・富

國篇》）

荀子認為，人類作為物種，是天地所生的，但作為群居和一的社會，是聖人造就的。聖人用什麼造就社會的群居和一？此無他，「隆禮而至法」（《荀子・君道篇》）。荀子關於「和」的思想，基本上是《周易》「乾道變化，各正性命，保合太和，乃利貞」思想的具體化。所謂「乾道變化」就是人君、人主的社會作用，「各正性命」就是社會分工、人們分等、產品分配的具體措施，而「保合太和」則是群居和一的協調安定的社會局面。

第九章　漢代易學的政治化傾向

易學與政治本來是分不開的，嚴格說來，卜筮的本身就是一種政治活動，因為在文化教育尚未普及到平民的古代，無論是卜是筮通常只能在上層人事中進行，而需要通過卜筮決疑的又通常是帶政治性的大事，即使卜風、卜雨，也是關係到國家或部落的集體活動，而並非是個別人的行為。雖然如此，但卜筮提供的僅是可與不可的選擇，而不是理論的指導。《易傳》出現後雖然有了一定的理論指導，但它是依附於《易經》的，是通過卜筮來引伸發揮的。孟、荀開始，有了明顯的擺脫卜筮，使《經》、《傳》理論化，甚至不提《經》、《傳》原文而就其《易》理引伸發揮構成理論的傾向。

傳至漢代，這種理論的政治化傾向更加明顯，並借《易》生發出自己的理論體系。最為典型的是西漢儒學大師董仲舒。

一、董仲舒「天人合一」與易學

董仲舒（前一七九—前一〇四年），信都廣川（今河北省景縣河渠鄉）人，從小研讀《春秋》，漢景帝時以博士職銜在家鄉授徒講學，弟子甚眾。武帝元光元年（前一三四年）五月，四十五歲的董仲舒應召赴京城參加漢武帝主持的賢良策問。接連三策，就漢武帝提出的「大道之要、至論之極」的質疑作了理論性的回答，深得漢武帝稱許。策問完畢，被任命為江都國相。（見圖9－1）

江都易王劉非，是漢武帝劉徹的哥哥，自持有勇力，驕縱無度，董仲舒「以《春秋》災異之變推陰陽所以措行」治國，深得劉非敬重。中途因言遼東高廟與長陵高園殿突異被主父偃告發，論罪當死，廢為中大夫，從此不敢再言災異。宰相公孫弘嫉妒董仲舒才學，想借刀殺人，推薦他做膽大妄為、無惡不作的膠西王劉端的國相，董仲舒再次被起用。大出公孫弘意外，董仲舒竟因禍得福，劉端對董仲舒十分敬重。董仲舒也小心謹慎，教令國中，頗有建樹。但也怕時久多事，借病告假回家。

圖 9-1　董仲舒

《漢書・董仲舒傳》記董仲舒的政績及晚年生活說：「凡相兩國，輒事驕王，正身以率下，數上疏諫爭，教令國中，所居而治。及去位歸居，終不問家產業，以修學著書為事。仲舒在家，朝廷如有大議，使使者及廷尉張湯就其家而問之，其對皆有明法。自武帝初立，魏其、武安侯為相而隆儒矣。及仲舒對冊，推明孔氏，抑黜百家，立學校之官，州郡舉茂材孝廉，皆自仲舒發之。年老，以壽終於家。家徙茂陵，子及孫皆以學至大官。」

在賢良對策中，董仲舒提出了天人感應之說。

董仲舒說：「臣謹按《春秋》之中，視前世已行之事，以觀天人相與之際，甚可畏也。國家將有失道之敗，而天乃先出災害以譴告之；不知自省，又出怪異以警懼之；尚不知變，而傷敗乃至。以此見天心之仁愛人君而欲止其亂也，自非大亡道之世者，天盡欲扶持而全安之，事在勉強而已矣。」

天人感應是關於人和天能互相影響的一種神秘觀點，殷周時期已有「天人之際」的說法，認為天能干預人事。但董仲舒在這裡說得更加系統，更加具體化，更具有政治性。董仲舒認為，上天無時不在監督人君的行為，君王行善積德，上天支持，給予吉祥嘉瑞，以資鼓勵。不好不壞，也盡量給以扶持。如作壞事，立即以災異譴告。這就是董仲舒天人感應的精彩之筆。不僅如此，董仲舒還在所著《春秋繁露・深察名號》中說：「天人之際，合而為一。」於是又有了著名的「天人合一」之說。

天人何以合一？原來人是天生的，是天按照自己的模式製造出來的。董仲舒在《春秋繁露・為人者天》中說：「為生不能為人，為人者天也。人之人本於天，天亦人之曾祖父也，此人之所以上類天也。」

「上類天」就是人的上半截類天。他在《春秋繁露・人副天數》中說：「人之身首芠員，象天容也；發象星辰也；耳目戾戾，象日月也；鼻口呼吸，象風氣也；胸中達知，象神明也；腹抱實虛，象百物也。百物者最近地，故要（腰）以下地也。天地之象以要（腰）為帶，頸以上者精神尊嚴，明天類之狀也。頸以下者豐厚卑辱，土壤之比也。足布而方，地形之象也。」

董仲舒認為，人體象天，以要（腰）為界，腰以上象天，腰以下象地。為了使這個界線更加明顯，所以人們在腰上繫帶，曰之腰帶。因為它同時又是象徵禮儀的，所以又叫禮帶。而這禮帶又有講究，董仲舒說：「禮帶置紳，必直其頸，以別心也。帶而上者盡為陽，帶而下者盡為陰，各其分。」董仲舒認為，人體不但象天，而且象地，象天的部分為陽，象地的部分為陰。天地分陰陽，人體也分陰陽，而且人體的陰陽與天地的陰陽互相感應，乃至命運相連。董仲舒說：「故陰陽之動使人足病，喉痺起則地氣上為雲雨，而象亦應之也。天地之符，陰陽之副，常設於身。身猶天也，數與之相參，故命與之相連也。」

所謂「命與之相連」，從舉出的事例看主要是指人的疾病與天地陰陽的運轉有關。陽動則病足，說明天氣將由寒而熱；喉痛則陰起，說明天氣將由熱而寒。

根據董仲舒的理倫，人體象天還有其他許多例證。

《春秋繁露‧人副天數》說：「天以終歲之數成人之身，故小節三百六十六，副日數也；大節十二分，副月數也；內有五臟，副五行數也；外有四肢，副四時數也。乍視乍瞑，副晝夜也；乍剛乍柔，副冬夏也；乍哀乍樂，副陰陽也；心有計慮，副度數也；行有倫理，副天地也。此皆暗膚著身，與人俱生比而偶之弇合，於其可數也副數，不可數者副類，皆當同而副天一也。」

董仲舒的「天亦人之曾祖父」，特別是《人副天數》的種種牽強附會的類比，已是十分荒唐，然而並非董仲舒所杜撰，自有所本，它的來源就是《易》理，是《周易》關於宇宙生成樸素原始的解釋。

《易傳・繫辭》：「是故易有太極，是生兩儀。」「在天成象，在地成形，變化見矣。是故剛柔相摩，八卦相蕩，鼓之以雷霆，潤之以風雨。日月運行，一寒一暑。乾道成男，坤道成女。乾知大始，坤作成物。」物即包括人在內的天地萬物。乾、坤既作萬物，自然也作人了。乾坤如何作人，《繫辭》作了個大體的描述，最原始的材料是太極，製作的過程是「剛柔相摩，八卦相蕩」，以及雷霆鼓動，風雨滋潤等等。董仲舒沒有重複製作的過程，而是順著《繫辭》的思路著力描述製作的結果。

人是天地製作的，或者是天地生的。既然是天地生的，就不能不留下天地的痕跡，就不能不像天地，董仲舒就在這個環節上使用了濃墨重彩，儘管他的比附是牽強的、可笑的，但他的基本思想是合理的，因為人確實是天地「生」的，是天體有了地球之後在長期的生物演化中形成的。

董仲舒的「天人合一」說不僅把人的形體看成是天按自己的模式製造的，而且人的精神也是模仿天的情性製造的。董仲舒在《春秋繁露‧身之為人者天》中說：「人之形體化天數而成，人之血氣化天志而仁，人之德行化天理而義，人之好惡化天之暖清，人之喜怒化天之寒暑，人之受命化天之四時。人生有喜怒哀樂之答，春夏秋冬之類也。喜，春之答也；怒，秋之答也；樂，夏之答也；哀，冬之答也。天之副在乎人，人之情性有由天者矣。」

天不僅按自己的情性「生」了喜怒哀樂和德行好惡，而且指示人自生了義利。《春秋繁露‧身之養重於義》篇寫道：「天之生人也，使之生義與利，利以養其體，義以養其心。心不得義不能樂，體不得利不能安。義者心之養也，利者體之養也。體莫貴於心，故養莫重於義。」

董仲舒別出心裁地借天地絪縕之妙寫出了義利的由來，接著又借《春秋》的微言大義寫義利的施用。董仲舒在《春秋繁露‧仁義法》篇寫道：「《春秋》之所治人與我也，所以治人與我者仁與義也。以仁安人，以義正我，故仁之為言人也，義之為言我也，言、名以別矣。仁之於人、義之於我者，不可不察也。眾人不察，乃反以仁自裕而以義設人，詭其處而逆其理，鮮不亂矣。是故人莫欲亂而大抵常亂，凡以暗於人我之分而不省仁義之所在也。」

義利本是一種社會現象，是人的意識發展到了一定階段的產物，而董仲舒卻把它說成是一種超人力的自然現象。本來是人們的社會生活需要區分義利，而董仲舒卻將其顛倒過來，以為是人的身心本身需要義利。「心不得義不能樂」的提法雖然勉強，因為能使心樂的不僅是義；但也卻並非全無道理，因為人在行義之後，也就是在做了有份量的好事之後，往往有一種內心的滿足和欣慰感，一種他物所無法替代的快樂。至於「體不得利不能安」，乃千古不易之理。

和天生人體一樣，董仲舒的仁義說同樣是有理論根源的，其源同樣出自《易》理。《易傳‧繫辭》說：「日往則月來，月往則日來，日月相推而明生焉。寒往則暑來，暑往則寒來，寒暑相推而歲成焉。往者屈也，來者信（伸）也，屈信（伸）相感而利生焉。尺蠖之屈，以求信（伸）也；龍蛇之蟄，以存身也。精義入神，以致用也。利用安身，以崇德也；過此以往，未之或知也。」《繫辭》認為，人類在無限的空間和時間中通過各種努力創造財富，獲得利用，但「利用」僅用於「安身」，而安身是為了「崇德」。「過此以往，未之或知也」，也就是說超過安身、崇德的「利用」已是不合理，不合義的了。

《繫辭》還說：「小人不恥不仁，不畏不義，不見利不勸，不威不懲，小懲而大誡，此小人之福也。」是誰「不恥不仁，不畏不義」呢？如果都是人民百姓，倒也好辦，無如古來眾多大人最是好利不好義，可又特好「以仁自裕，以義設人」，顛倒仁義關係，以致「人莫欲亂而大抵常亂」。

董仲舒接著發揮說：「故王者愛及四夷，霸者愛及諸侯，安者愛及封內，危者愛及旁側，亡者愛及獨身。獨身者，雖立天子、諸侯之位，一夫之人耳，無臣民之用矣，如此者莫之亡而自亡也。《春秋》不言伐梁而言梁亡。蓋愛獨及其身者也。故曰仁者愛人，不在愛我，此其法也。」

古今人標榜仁而不愛人獨愛我者有之，標榜義而不正己專以正人者更有之。為君最怕不愛人，為人最怕無義。不愛人之君自然得不到人愛，其亡立見，梁伯就是一個例子。梁是春秋時位於今陝西韓城南二十里的嬴姓伯爵諸侯國。於魯僖公十九年（公元前六四一年）被秦所滅。但《春秋》記載此事時卻只用了兩個字：「梁亡」。分明是秦伯滅梁，為什麼《春秋》不按慣例寫出是誰滅梁而僅書「梁亡」呢？這就是《春秋》微言大義之所在，後人不能不用心琢磨。

《春秋》何以只書「梁亡」？《左傳》注釋說：「梁亡，不書其主，自取之也。初，梁伯好土功，亟城而弗處。民罷而弗堪，則曰某寇將至。乃溝公宮，曰：秦將襲我。民懼而潰，秦遂取梁。」「主」即今日所謂的主體，這裡指滅梁的主體。梁為秦所滅，故秦是滅梁的主體。為何不提秦這個主體呢？因為實質上不是秦滅梁，而是梁伯自己滅梁。梁伯何以自滅？《左傳》舉出了兩條，一是梁伯好興土木，急急建造新城，城建好了卻不用，又到別處另造。百姓被弄得十分疲倦，無力再供驅使，梁伯於是製造緊張空氣，說某國即將入侵，梁國面臨絕境，迫使百姓不顧性命，加速建城進度。最後一次是開掘梁城的護城河，百姓不願，梁伯又謊稱秦軍不日將至，須加緊施工，人們害怕了，當即四散，於是秦人乘機滅梁。

《公羊傳》注釋說：「此未有伐者，其言梁亡何？自亡也。其自亡奈何？魚爛而亡也。」什麼叫魚爛而亡呢？何休作注說：「梁君隆刑峻法，一家犯罪，四家坐之，一國中無不被刑者。百姓一旦相率俱去，狀若魚爛。魚爛從內發，故云爾。」原來魚是從裡面爛的，故稱梁亡為魚爛。

《穀梁傳》注曰：「自亡也，湎於酒，淫於色，心昏耳目塞。上無正長之治，大臣背叛，民為寇盜。梁亡，自亡也。」

因為梁伯的滅亡具有獨愛其身的典型意義，又為《春秋》所譏惡，所以董仲舒選取了這個典型。然而歷史上何止一個梁伯，歷來的昏君惡吏其罪惡又豈止不愛民？其滅國亡家又豈止不愛民一項所致？故董仲舒接著說：「義雲者，非謂正人，謂正我。雖有亂世枉上，莫不欲正人，奚謂義？」董仲舒說得對，無論怎麼「亂世枉上」的人，哪怕再無道德、再無人性，他那「正人」的慾望總是有的，因為以正人為名可以行利己之實。正因為如此，所以春秋才無義戰，歷史上亂多而治少，人民群眾總是處水深火熱之中而難以拯拔。

董仲舒的「天人合一」說不僅說天「生」了人的形體，「生」了人的精神，而且又按自己的運行規律制定了王者的政事。《春秋繁露·四時之副》說：「天之道，春暖以生，夏暑以養，秋清以殺，冬寒以藏。暖暑清寒，異氣而同功，皆天之所以成歲也。聖人副天之所行以為政，故以慶副暖而當春，以賞副暑而當夏，以罰副清而當秋，以刑副寒而當冬。慶賞罰刑異事而同功，皆王者之所以成德也。慶賞罰刑與春夏秋冬，以類相應也如合符。故曰王者配天，謂其道天有四時，王有四政，四政若四時，通類也，天人所同有也。」

天不僅按四時的模式規定了王者四政，而且規定必須像四時一樣有序地運行，該有的內容不可不具，到了時間不可不發。

董仲舒說：「慶為春，賞為夏，罰為秋，刑為冬，慶賞罰刑之不可不具也，如春夏秋冬之不可不備也。慶賞罰刑當其處不可不發，若暖暑清寒當其時不可不出也。慶賞罰刑各有正處，如春夏秋冬各有時也。四政者不可以相干也，猶四時不可相干也。四政者不可以易處也，猶四時不可易處也。」

董仲舒這個「天人所同」的思想，其源仍出自《周易》。《易傳・文言》：「夫大人者與天地合其德，與日月合其明，與四時合其序，與鬼神合其吉凶。」只是董仲舒將「合」字具體化，不是抽象的合德、合明、合序，而是具體在某物某事上合德、合明、合序，這是《易》理的發揮。

董仲舒對《易》理的發揮是多側面的，不僅使抽象的具體化，而且將理性的經驗化。不僅勸說王者當行某事，而且警告王者不得行某事。他在《春秋繁露・五行逆順》中說：「木者春生之性，農之本也。勸農事，無奪民時，使民歲不過三日，行什一之稅，進經術之士，挺群禁，出輕系，去稽留，除桎梏，開閉闔，通障塞。思及草木，則樹木華美而朱草生，恩及鱗蟲則魚大為，鱣鯨不見，群龍下如人君出入不時，走狗試馬，馳騁不反宮室，好淫樂飲酒，沉湎縱恣，不顧政治。事多發役以奪民時，作謀增稅以奪民財，病疥搔，溫體足胻痛，咎及於木則財茂木枯槁，工匠之輪多傷敗，毒水滰群漉陂如魚，咎及鱗蟲則魚不為，群龍深藏，鯨出見。」

在這裡，董仲舒借天的名義開出了一張國君該做什麼，不該做什麼，以及做了該做的所得的好處和幹了不該幹的所受的懲罰的詳細清單。該做的不該做的各列了十項。特別是關於減輕農民負擔的規定最具積極意義。農民是社會的支撐者，承擔著社會的一切財用和使役，然而又是最無保障的無靠者。他們的負擔從來沒有確切的計算方式，完全取決於從國君到最低一級地方官吏的好惡和需要。隨時需要隨時增加，因為需要是無窮的，有國家的用度、衙門的開銷、官員的私飽，故只有增加，不見減少。

董仲舒以天的名義規定：使民每年不得超過三日，稅收不能超過農民耕作收入的十分之一。可惜的是對違犯者懲罰過輕，而且又應在農民和其他動植物身上，與國君、官吏們並無直接的關係。這樣，約束力也就甚為微小了。

對於國君的宜行宜止，董仲舒擬定了原則的條文，而且舉出了實際的正反例證。《春秋繁露．王道》說：「五帝三皇之治天下，不敢有君民之心，什一而稅，教以愛，使以忠，敬長老，親親而尊尊。不奪民時，使民不過歲三日。民家給人足，無怨望忿怒之患，強弱之難。無讒賊妒疾之人。民修德而美好，披發銜哺而遊；不慕富貴，恥惡不犯。父不哭子，兄不哭弟。毒蟲不螫，猛獸不搏，抵蟲不觸。故天為之下甘露，朱草生，醴泉出，風雨時，嘉禾興，鳳凰麒麟遊於郊，囹圄空虛，畫衣裳而民不犯，四夷傳譯而朝。」又說：「桀紂皆聖王之後，驕溢妄行，侈宮室，廣苑囿，窮五採之變，極飾材之工，困野獸之足，竭山澤之利，食類惡之獸。奪民財食，高雕文刻鏤之觀，盡金玉骨象之工。盛羽旄之飾，窮黑白之變。深刑妄殺以陵下。聽鄭衛之音，充傾宮之志……誅求無已，天下空虛，群臣畏恐，莫敢盡忠。紂愈自賢。周發兵，不期會於孟津之上者八百。諸侯共誅紂，大亡天下。」

三皇五帝與夏桀商紂是歷史上最為典型的正反兩類不同的帝王，前者能按天道行事，故能畫衣裳而治，四夷傳譯而朝；後者逆天道行事，故遭八百諸侯共誅，大亡天下。桀紂所遭到的已經不是天譴，而是「人譴」了，不能不令人警懼。其所以如此，是過高地估計了自己的力量。有國家、掌權柄者過高估計自己的力量不行，過高地估計自己的作用也不行。

董仲舒在《春秋繁露・考功名》中說：「天道積聚眾精以為光，聖人積聚眾善以為功。故日月之明，非一精之光也；聖人致太平，非一善之功也。」一善之功指的是國君一人的功勞。董仲舒用天聚眾星為光的自然現象作了類比。天還能把致光明的功勞歸於眾星，何況人呢？那麼，如何積眾善以致太平呢？董仲舒在

《春秋繁露・通國身》篇中說：「氣之清者為精，人之清者為賢。治身者以積精為寶，治國者以積賢為道。身以心為本，國以君為主。精積於其本則血氣相承受，賢積於其主則上下相制使。血氣相承受則形體無所苦，上下相制使則百官各得其所。形體無所苦然後身可得而安也，百官各得其所然後國可得而守也。」

然則如何才能使「賢積於其主」呢？董仲舒於同一篇中繼續說：「夫欲致精者必虛靜其形，欲致賢者必卑謙其身。形靜志虛者精氣之所趣（趨）也，謙尊自卑者仁賢之所事也。故治身者務執虛靜以致精，治國者務盡卑謙以致賢。能致精則合明而壽，能致賢則德澤洽而國太平。」董仲舒認為，治國和治身是同一道理：「能致精則合明而壽，能致賢則德澤洽而國太平。」

如果反推，則不致精則無以壽，不致賢則無可使國太平。然則此事是否屬實呢？董仲舒借《春秋》所載的歷史事實進行論證說：「魯僖公以亂即位，而知親近季子。季子無恙之時，內無臣下之亂，外無諸侯之患，行之二十年國家安寧。季子卒之後魯不支鄰國之患直乞師楚耳。僖公之情非輒不肖，而國哀益危者何也？以無季子也。以魯人之若是也亦知它國之皆若是也，以它國之皆若是也亦知天下之皆若是也，此之謂連而貫之。故天下雖大，古今雖久，以是定矣。」輒者忽然突發之謂也。魯僖公是否忽然之間變得愚蠢了呢？不是，是因為賢臣季子不在了。

董仲舒以魯僖公事跡證明得賢之所以治。然則不得賢或用非其人又會怎樣呢？董仲舒舉《易》進行論證說：「以所任賢謂之主尊國安，所任非其人謂之主卑國危，萬世必然，無所疑也。其在《易》曰：『鼎折足，覆公 餗束。』夫鼎折足者，任其非人也，而國家不傾者，自古至今未嘗聞也。」

董仲舒雖然舉魯僖公用季子事以說明用賢的必要，但治國不僅要用賢，而且要用眾賢，而這又是與天道相通的。

董仲舒在《春秋繁露・立元神》篇中說：「天積眾精以自剛，聖人積眾賢以自強；天序日月星辰以自光，聖人序爵祿以自明。天所以剛者非一精之力，聖人所以強者非一賢之德也。故天道務盛其精，聖人務眾其賢。盛其精而一其陽，眾其賢而同其心。一其陽然後可以致其神，同其心然後可以致其功，是以建制之術貴得賢而同心。」

為國必須用賢，不僅用賢，而且要用眾賢，這就叫聚賢。但聚賢是有條件的，這條件就是國君之德。國君的基本道德就在於能「群」。什麼叫群？董仲舒說：「王者民之所往，君者不失其群者。故能使萬民往之而得天下之群者無敵於天下。」（《春秋繁露・滅國上》）

而「群」並非是隨便說的經驗，也不是人定的規矩，而是無可違抗的天道。董仲舒在給漢武帝的《策對》中說：「臣聞天者群物之祖也，故遍覆包函而無所殊。建日月風雨以和之，經陰陽寒暑以成之。故聖人法天而立道，亦溥愛而無私，布德施仁以厚之，設誼立禮以導之。」（《漢書・董仲舒傳》）

所謂「群」，就要像天對萬物一樣，「遍覆包函而無所殊」，殊者分也，天之覆蓋萬物，一視同仁，不分彼此。所謂地無私載，天無私覆，「溥愛而無私」，這就叫「群」。博愛無私既然是天道，自然是不可違抗的了，誰要是違抗，誰就會受到上天的懲罰。董仲舒繼續說：「孔子作《春秋》，上揆之天道，下質諸人情。參之於古，考之於今，故《春秋》之所譏，災害之所加也；《春秋》之所惡，怪異之所施也。書邦家之過，兼災害之變，以此見人之所為，其美惡之極，乃與天地流通而往來相應，此亦言天之一端也。」

端者事也，一端便是一事。以災異變化反映出人主之善惡所為，這便是天的一項經常性事務。故一旦發現災變，人君必須採取緊急措施，改正自己的錯誤，否則就會出現大亂。董仲舒在《春秋繁露・五行變救》中說：「五行變至，當救之以德，施之天下則咎除。不救以德，不出三年天雷雨石。」接下去董仲舒說了木火土金水五行變異的原因和救變的具體措施——

木有變，春凋秋榮，秋木冰，春多雨，此繇役眾、賦斂重，百姓貧窮叛去，道多饑人。救之者省繇役，薄賦斂，出倉穀，賑困窮矣。火有變，冬溫夏寒，此王者不明，善者不賞，惡者不出。不肖在位，賢者伏匿，則寒暑失序而民疾疫。救之者舉賢良，賞有功，封有德。土有變，大風至，五穀傷，此不信仁賢，不敬父兄，淫佚無度，宮室多營。救之者省宮室，去雕文，舉孝悌，恤黎元。金有變，畢昂為回，三覆有武，多兵多盜寇，此棄義貪財，輕民命，重貨賂。百姓趣（趨）利，多奸宄。救之者舉廉潔，立正直，隱武行文，束甲械。水有變，冬濕多霧，春夏雨雹。此法令緩，刑罰不行，救之者憂囹圄，案奸宄，誅有罪，蒐五日。

很明顯，這些災異變救都是董仲舒杜撰的。儘管今人看來荒唐可笑，但他的出發點是好的，其用心是良苦的，實際是一種托天管王的手法。封建帝王集權力於一身，行事隨心所欲，人是無法管的，只好托天來管了。

由於當時的科學尚不發達，人們對於天文之類的常識知之甚少，董仲舒的辦法居然也曾起過一些作用，武帝以後的漢代諸帝，一遇地震等大的自然災害都下詔罪己，主動承擔責任，而且一般都伴有改善政治的措施，這比之後世帝王，以及不是帝王的帝王的不畏天、不畏人，無所顧忌地放膽作惡，委實強多了。但董仲舒的這種大膽設教，苟無《易》理的「大人與天地合其德」等思想為基礎，是難以成功的。

董仲舒托天管王，但最終的目的還是為了保王，故《春秋繁露》更多的篇幅在為王出主意，其《離合根》篇說：「故為人主者以無為道，以不私為寶。立無為之位而乘備具之官，足不自動而相者導進，口不自言而擯者贊辭，心不自慮而群臣效當，故莫見其為之而功成矣，此人主所以法天之行也。」

無為並非什麼都不為，而是為其所當為、不為其所不當為。那麼，什麼才是王者所當為呢？王者既然法天，自然是以天之所為和不為為準了。

《春秋繁露・離合根》說：「天高其位而下其施，藏其形而見其光。高其位所以為尊也，下其施所以為仁也，藏其形所以為神，見其光所以為明，故位尊而施仁、藏神而見光者天之行也。故人主者法天之行，是故內深藏所以為神、外博觀所以為明也，任群賢所以為受成，乃不自勞於事所以為尊也。」

如何內深藏以為神，外博觀以為明呢？董仲舒在《春秋繁露・立元神》中具體介紹說：「故為人君者，謹本詳始，敬小慎微。志如死灰，形如委衣。安精養神，寂寞無為。休形無見影，揜聲無出響。虛心下士，觀來察往。謀於眾賢，考求眾人。得其心遍見其情，察其好惡以參忠佞，考其往行驗之於今。計其蓄積受於先賢，釋其仇怨視其所爭，差其黨族所依為臬。據位治人，用何為名；累日積久，何功不成？」

志者心也，志如死灰即心如死灰。為君為王，表面看來要什麼都不想，但實際上什麼都要想，而且要想深、想透、想準，周圍人的思想情緒，過去的歷史，現實的表現，教養情況，社會關係，都要掌握全面，琢磨深透，使其無可隱瞞，不敢欺騙。這就叫「內深藏所以為神，外博觀所以為明。」而這些都是由《易》理的「與天地合其德」生化出來的。

董仲舒除了在「天人合一」的原則下將王者法天作了盡可能細緻具體的描繪外，還根據《易傳》保權守位的思想就如何保住權位作了相當深刻的闡述。如何才能保住權位呢？董仲舒認為，保位的關鍵在於治人，而治人又主要在於制人，不能制就不能治，不能治便不能守。那麼，如何才能制人呢？董仲舒在他的《春秋繁露‧保位權》篇中說「民無所好，君無以權也；民無所惡，君無以畏也。無以權，無以畏，則君無以禁制也。無以禁制則比肩齊勢而無以為貴矣。」

比肩齊勢的人們如何才能被人制服？董仲舒極其深刻地提出了兩個字，好與惡。好惡是人之常情，也是產生一切人際關係的基礎，也是「王者」統治的基礎。有好便有求，有惡才有畏，而人君正是利用人的求與畏來控制人。

董仲舒的《保位權》繼續說：「故聖人之治國也，因天地之性情，孔竅之所利以立尊卑之制，以等貴賤之差。設官府爵祿，利五味，盛五色，調五音，以誘其耳目，自令清濁昭然，殊體榮辱，踔然相駮，以感動其心。務致民令有所好，有所好然後可得而勸也，故設賞以勸之。有所好必有所惡，有所惡然後可得而畏也，故設法以畏之。既有所勸，又有所畏，然後可得而制。」

好惡之心雖然人人都有，但具體對某事、某物的好惡不一定有，更不一定都有，而無好惡便無求畏，無求畏便無可以制，於是董仲舒又提出了「誘」之一法。本無愛好的誘發其愛好。有愛好便有需求，有需求便有了制人的條件。

如某人本無官癮，為了控制他千方百計使他對官產生興趣，給他甜頭，給他種種優惠政策，種種特權，使他踔然感覺做官的尊貴與榮耀，於是逐漸滋生出興趣，以至形成癮癖。做官一旦上了癮，就會不辨是非，不分青白，狗一樣跟著跑了。但誘餌也得適度，不能過多。就像餵狗，不能不餵，然而也不能餵得太飽，餵得太飽，狗的需求已經得到滿足，也就不跟著跑了，而且又容易產生別的負作用，所以董仲舒接著又說：「制之者，制其所好，是以勸賞而不得多也。制其所惡，是以畏法而不得過也。所好多則作福，所惡多則作威。作威則君無權，天下相怨；作福則君無德，天下相賊。故聖人之制民，使之有欲，不得過節。」

走狗就是走狗，一要走，二要是狗。不跟不親，無可使用，謂之不走；自作威福，難以駕馭，便不是狗。不走不行，不是狗更不行。聖人之所以聖，就在於能以好惡制人，而奸人之所以奸，就在於能始終將走狗控制在既能走又是狗的限度內。而這些都是發自於《易》而又超越了《易》的思想。當然，那些關心民眾疾苦，一切從大眾的利益出發，堅持正義而不以謀私為目的的官員，是不應該當做走狗看待的。

二、焦延壽、京房的災變之說和《焦氏易林》

(一)焦、京其人及災變之說

焦延壽，字贛，西漢梁國（今河南商丘南）人，具體生卒年不詳。但據《易林原序》「當西漢元、成之間，凌夷厥政，先生或出或處，輒以《易》道上干梁王，遂為郡察舉，詔補小黃令」的介紹，焦延壽的主要活動在西漢元帝與成帝期間。又據《漢書・京房傳》記載：「京房字君明，東郡頓丘人也。治《易》，事梁人焦延壽，延壽字贛……贛常曰：得我道以亡身者，必京生也。」

京房於元帝建昭二年（前三七年）因「誹謗政治，歸惡天子，詿誤諸侯王」，罪被棄市，時年四十一歲。焦延壽既為京房之師，且以長者口氣說京房，自然要比京房年長。既活動在元、成之間，而京房死後三年成帝才繼位，可知焦延壽死在京房之後。焦延壽既然死在小黃令上，雖然繼任，為時也不會太久，故知焦氏壽命不會太高，以此類推，焦延壽最遲生於昭帝元鳳元年（前八〇年）、最早死於成帝建始三年（前三〇年），享年至少在五十歲以上。

焦延壽出身貧苦，但十分好學。《漢書・京房傳》記載說：「贛貧賤，以好學得幸梁王。王共（供）其資用，令極意學。」「極意學」就是極盡自己的興趣進行研究。研究什麼呢?《易林原序》說「輒以《易》道上干梁王」，可知焦延壽盡心研究的是《易》道。當然焦延壽不僅研究《易》道，可能還有別的表現，所以「遂為郡察舉，詔補小黃令」（《易林原序》）但焦延壽的《易》道研究為他以後的仕途帶來了極大的方便和好處：「以候司先知奸邪，盜賊不得發。」（見《漢書・京房傳》）「候司」即占卜。焦延壽以占卜先知奸邪，所以盜賊不敢作案。焦延壽採取什麼辦法占卜呢?《漢書・京房傳》說：「其說長於災變，分六十四卦，更直日用事，以風雨寒溫為候，各有占驗。」「分六十四卦，更直日用事」是什麼意思呢？

顏師古注《漢書》引孟康的話說：「分卦直日之法，一爻主一日，六十四卦為三百六十日。餘四卦，《震》、《離》、《兌》、《坎》為方伯監司之官。所以用《震》、《離》、《兌》、《坎》者，是二至二分用乎之日，又是四時各專王之氣。各卦主時，其占法各以其日觀其善惡也。」孟康雖然於「分卦直日之法」有自圓其說的解釋，但「分卦直日」與「分六十四卦」似乎不全是一個意思。孟康的「分卦直日」只分了六十卦，將其餘四卦作了另案處理。而《漢書》說的「分六十四卦」明確地說是全分六十四卦，與孟康說的似乎是兩碼事。

「分六十四卦」似有以六十四卦分六十四卦之意，就是說將《周易》六十四卦的每一卦再分成六十四卦。唐人王俞在《易林原序》中說：「所著大易，通變其卦，總四千九十六題。」四千九十六，正好是六十四的倍數，說明以六十四卦的每一卦再分六十四卦的理解是有道理的，儘管王俞晚出於孟康。

至於孟康說的「一爻主一日」，也不合理，既然一爻主一日，勢必千篇一律，日日如此，事事如此，也就無所謂占卜了。對此，黃伯思在《校定易林原序》中另有解釋。黃氏說：「世人謂延壽之法凡筮得某卦則觀其所之卦林以占吉凶。或卦爻不動，則但觀本卦林辭爻本影。有王佖者，於雍熙二年春遇異人，筮得《觀》之《賁林》，云『東行無門，西出華山，道塞於難，遊子為患』之語，最為有準。」「林辭」即《易林》卦辭。黃伯思還舉出了王佖占卦的實例。雍熙二年即宋太宗趙光胤九年（九八五年），「《觀》之《賁林》」即《易林》《觀》卦的《賁》卦條。而《賁林》為「四千九十六題」之一。與王序說法相同，兩說都與孟康的「六十四卦為三百六十日」相異。

焦延壽因長於占卜，盜賊不敢作案，加上他能「愛養吏民」，以致「化行縣中」，小黃大治。上司考察，政績卓著，本當升遷，因小黃官紳百姓一致挽留，經朝廷批准，加薪留用。以致「卒於小黃」。小黃，在今河南開封東面的蘭考附近。

京房從焦延壽學《易》，除了對《易》道本身有所發展，自創《京氏易傳》外，在《易》的用途上更有發展。焦延壽在小黃用《易》捕盜，僅僅以《易》作為從政的輔助，而京房則擴而大之，作為一種完全為政治服務的手段。而其作為政治的嘗試則在永光之初。

永光初年，日蝕頻繁。元年二月丙辰（前四十三年二月十九日），日全蝕。三月，大雨雪，傷桑麥。九月，大霜，傷禾稼，於是天下大饑。永光二年（前四十二年）三月，再次出現日蝕。於是朝野震動，漢元帝坐不住了，於永光二年三月下詔，一面自己承擔責任，一面採取賑濟百姓的措施。

詔曰：「蓋聞唐、虞象刑而民不犯，殷、周法行而奸軌服。今朕獲承高祖之洪熱，托位公侯之上，夙夜戰栗，永惟百姓之急，未嘗有忘焉。然而陰陽未調，三光腌昧；元元大困，流散道路，盜賊並興；有司又長殘賊，失牧民之術。是皆朕之不明，政有所虧。咎至如此，朕甚自恥。為民父母，若是之薄，謂百姓何！其大赦天下，賜民爵一級，女子百戶牛灑，鰥寡孤獨、高年、三老、孝弟、力田帛。」

雖則如此，但自然災害仍然連續不斷。在此期間，京房多次上書，用他從焦延壽那裡學來的占卜方法推算，預言災害降臨時間，屢言屢中。元帝十分信任，多次召見，詢問災變原因和救變辦法，京房採用董仲舒的災害天遣之說，結合當時朝廷的人事特點和地方吏治渙散無力的實際說：「古帝王以功舉賢，則萬化成，瑞應著。末世以毀譽取人，故功業廢而致災異。宜令百官各試其功，災異可息。」

京房言語十分輕鬆，說天遣災異，主因是百官辦事不力，功業廢棄，變救辦法是開展政績考核，「各試其功」，這樣災異便可平息。官員政績考核，古已有之，也不足怪，於是命京房主持其事，讓他起草考核條例，交朝廷公卿討論後由京房組織實施。

其實這是一項驚天動地的大舉措，苗頭已見京房答詢的開頭兩句話：「古帝王以功舉賢，則萬化成，瑞應著，末世以毀譽取人，故功業廢而致災異。」這兩句看來十分平常的開頭白隱藏著京房的全部殺機，他的矛頭是針對當朝宰相石顯來的。石顯，濟南人，宦官出身。宣帝時為僕射，元帝即位不久，任中書令。《漢書・佞幸傳》記載其事說：「是時，元帝被疾，不親政事，方隆好於音樂，以顯久典事，中人無外黨，精專可信任，遂委以政。事無小大，因顯白決，貴幸傾朝，百僚皆敬事顯。」

這個「貴幸傾朝」的石顯如果能忠於職守，處事以公，也算是不辜負元帝的精專信任了。無奈權力也和金錢一樣，不是越大越多越好。縱觀古今，凡錢財過多、權力過大而又待人謙恭有禮，處事公允平和者，百不及一。這宦官出身的石顯更是不同一般，表面偽裝和善，骨子裡毒辣非常，利用手中權力，結黨營私，凡和自己有些關係，或奉承巴結自己的，一日數遷；凡和自己稍有過節，或看不順眼的，輕則遠配邊陲，重則置之死地，以致朝廷主要官職，無不為石顯黨羽充斥。

《漢書・佞幸傳》說：「顯為人巧慧習事，能探得人主微指。內深賊，持詭辯以中傷人，忤恨睚眦，輒被以危法。初元中，前將軍蕭望之及光祿大夫周堪、宗正劉更生，皆給事中。望之領尚書事，知顯專權邪辟……後皆害焉，望之自殺。」初元年間石顯剛進中書衙門，卻能將宰相蕭望之以下一個個扳倒，可見其神通廣大。

石顯任用私人，如能量才使用，或者大體過得去，也就罷了，只是他用人不是任官辦事，而是一種優惠，一種沒有任何責任規定的俸祿待遇，以致從朝廷到地方，都是些養尊處優的官僚，並無幾個實際作事的幹將。京房的「宜令百官各試其功」，就是針對這種情況發的。京房以為通過嚴格的考核，一層層將石顯的黨羽淘汰了，這個「以毀譽取人」的根子也就自然刨掉了。但正如孔子說的，過猶不及。

京房因為恨石顯一伙入骨，巴不得一夜之間將他們全扳倒，所以他擬定「考功課吏法」相當苛刻。考功法規定，一縣地方官定員三人，稱縣令、縣丞、縣尉。縣內教化通行，三年內沒有發生一件犯法案例，縣令、縣丞、縣尉三人同時升遷。發生盜賊案，三日之內不能破案，主管司法的縣尉撤職。三日之後五日之內由縣令自己破案的，縣令留任，縣丞、縣尉撤職。五日之內不能破案，縣令、縣丞、縣尉三人同時撤職。縣以上各級官吏，也根據各自職責擬訂出相應的責任制度。

法規擬定完畢，元帝召集朝廷公卿大臣與京房一起討論。公卿大臣認為所定過高，處分過嚴，要求修改，京房堅持。元帝因感到當前吏治渙散，必須懲治，也支持京房，但考慮到公卿們沒有一個支持，不好說話，於是擴大討論範圍召集地方州部刺史以上及在京相應官員討論。討論結果，只有御史大夫鄭弘和光祿大夫周堪兩人同意，而州部刺史因為地方官員首當其衝，都投了反對票。雖然只有兩人，但畢竟有了支持者。於是元帝拍板，由京房董其事，立即在全國推行，石顯等人頓感災難臨頭，個個誠惶誠恐，等待撤職查辦。

京房一面組織大批人馬下州部各縣進行考核，一面找機會接近元帝，企圖上下夾攻，一舉摧毀石顯。一次，趁陪宴的機會問元帝說：「敢問陛下，幽王、厲王其君何如？何以弄成那種局面？究竟用了些什麼人？」

「其君不明，所任又是奸邪巧佞，焉得不亡！」元帝回答說。

「然則是知其奸佞才用他們呢，還是誤以為賢良用他們呢？」京房又問。

「當然是誤以為賢良囉，哪有明知奸佞用人的。」元帝回答。

「那麼，是什麼時候才知道這些人並非賢良呢？」京房又問。

「國亂君危，然後才知道。」元帝不在意地回答。

「如此說來，任賢必治，任不賢必亂，是必然之理了。那麼幽、厲為何不能及時覺悟，另求賢能，廢黜這些只求私飽、一味亂事的不肖之徒，偏要一用到底呢？」京房的問話慢慢深入了。

「這也難怪，危亂之君之所以危亂，就在於以自己的好惡取人，本是賢良耿直之士，他卻認為不肖；而本屬不肖之徒，他又認為是耿直賢良。如果不是如此顛倒黑白，能夠臨危覺悟，天下安得有危亡之君，不救之國？」元帝也不知不覺地參與了議論。

「齊桓公一世之雄，秦二世也曾以聖明自許，都譏笑過幽、厲之昏庸，而齊桓公晚年卻用豎刁，二世更是事事唯趙高是聽，以致政治日亂，盜賊滿山，何以不能想想幽、厲，看看自己，或者卜卜卦兆，預知將來，為何竟如此不能覺悟？」京房總是抓著幽王與厲王這兩個典型不放。

「難呀！鑑往知來，並非一般人所能及。不是說前車之鑑麼？其實真能以前車為鑑的太少了，果真能鑑，為何後人總是在前人翻過車的地方翻車？」

京房聽了，激動之至，一手摘下帽子就地跪倒，叩頭誠懇地說：「《春秋》紀二百四十二年災異，以視萬世之君。今陛下即位以來，日月失明，星辰逆行，山崩泉湧，地震石隕，夏霜冬雷，春凋秋榮，隕霜不殺，水旱螟出，民人饑疫，盜賊不禁，刑人滿市，《春秋》所記災異盡備。陛下視今，是治呢？還是亂呢？」

元帝倒也慷慨，毫不掩飾地說：「還治什麼？亂極啦！」

「然則陛下今日所用的是誰呀！是否與此有關？」京房眼看時機成熟，大膽接觸主題了。

沒想到元帝並未順著京房的路子思考，開始自己轉彎了。回答說：「今日雖則是亂，所幸比幽、厲、齊桓、二世好得甚多，不會是因為什麼人呢。」

元帝雖然轉彎，但京房話鋒仍然尖銳，毫不顧自己安危，直言不諱地說：「陛下所言所想，正是幽、厲、齊桓、二世等當時所言所想的！臣恐後人之視今，亦如今人之視昔了。」

京房這話已毫無遮掩，分明是說眼前的皇帝就是過去的幽王、厲王了。漢元帝也真不愧是生於民間、長在普通婦女懷中而又飽讀詩書的「柔仁好儒」的皇帝，聽了這樣的尖刻言詞，也不動怒。沉默了好大一陣，才問道：「這今天為亂的，究竟是誰呀？」

「這就不必下臣多嘴了。知臣莫如君，知子莫如父，以陛下之聖明，難道還能不知嗎？」京房這回也賣關子了。

「寡人確實不知。倘若知道，還能用他？」元帝說得合情合理。

「如此說來陛下是真的不知道了。不過要知道也不難，陛下只要想想在諸大臣中和誰議事最多？又是誰在實際主持朝政、進退百官？」這就叫不指名的指名，其人為宰相石顯也就十分明顯了。

元帝是個不說謊話的誠實人，他不會裝聾子，見京房把話說到這種地步，也就只好承認：「如此寡人知道了。」

上面提到元帝有過人的優點，然而更有過人的缺點。優點是仁柔，而缺點也是仁柔。還是《易》理說得對，凡事貴中。剛而不柔不行，柔而無剛也不行。用器之所以不能用純金而必須用合金，正是這個道理。元帝作為皇帝，寬厚仁慈有餘，剛毅果斷不足，這個缺點早在他做太子的時候就已經暴露了。宣帝當朝，多用文法之吏，崇上折下，嚴法寡思。大臣楊惲、蓋寬饒等人，只因言語譏上，均被處決。元帝以為過嚴，他向父親建議，說文法之吏，執刑太嚴，應該多用儒生。這幾句惹怒了宣帝，申斥說：「漢家自有制度，本以霸王道雜之，奈何純任德教，用周政乎？且俗儒不達時宜，好是古非今，使人眩於名實，不知所守，何足委任！」

宣帝這番話也不無道理，「俗儒」固不可用，「純儒」也不一定可用，他們的缺點主要不在是古非今，而在於「不知所守」。所謂不知所守是毫無辦事經驗，不知該做什麼，可見那種單憑「文憑」給官的做法是多麼愚蠢。其實為官做吏也是一門學問，不是隨便一個所謂有學問的人能做得來的。但也不能像宣帝一樣專任文法之吏，不重德教。比較之下，宣帝恰好和兒子元帝相反，是剛多柔少了。

元帝因為有柔仁的缺點，說了句「如此寡人知道了」也就完了，並未對石顯採取任何措施，但另一方面仍然支持京房大刀闊斧推行「考功課吏之法」。（以上無論意引或原文引用，均見《漢書・京房傳》）。

京房扳不倒石顯，而考功課吏又百般受阻，十分煩悶。散朝之後常與岳父張博言談。一次，京房去張博家，詳細談了他向元帝進言的經過以及元帝的態度，言談之中，十分惋惜，嘆元帝在關鍵的時候下不了決心。張博聽了，說此事容易，今淮陽憲王，是皇上親弟弟，憲王為人聰敏賢達，關心國家大事，總想為朝廷分憂。可以叫他上書，請求入朝。他在朝廷，皇帝身邊有人說話，不愁大事不行。原來淮陽憲王是張博的親外甥，而且又素來關係親密，所以張博立即想到了他。京房正苦於獨木難支，聽說能啟動淮陽憲王來幫助自己，自然高興，但一想到諸侯王不得過問朝政的成法，馬上又灰心了，他向張博說：「這樣做可能不妥。」

「有什麼不妥的？前者楚王不也曾入朝舉士嗎？楚王能入朝舉士，淮陽王就不能入朝參贊！」張博理直氣壯地說。

京房知道岳父是用十分的熱情在支持自己，其實這入朝舉士與入朝參贊政務是不同的。他想了想，說：「參贊倒不必，也不可能，因為那樣不是短時間能解決的。如果能夠使淮南憲王入朝，建議皇上撤換幾個人，也就目的達到了。目前朝中最惡劣的是中書令石顯，尚書令五鹿充宗，還有丞相韋侯。特別是五鹿和韋侯，在縣為官十數年，又有眾多門徒弟子，盡是些位尸素餐、魚肉百姓的吏蠹，這些人沒有一個贊成考核的。石、五等人不除，考功課吏無法推展，考功課不行，貪污腐敗無法杜絕，貪污腐敗不絕政治無以改善，政治不改善國家無以振興。」

「要讓淮陽憲王提出撤換幾個人也許不難，但用什麼理由呢？」張博說。

「撤換的理由倒好找，這不正在搞考功課吏，這些人身居高位，在位久而毫無政績，而天譴災異又頻頻發生。無論是考功方面說，或者從《易》理方面說，都該撤換。」京房回答。

張博覺得有理，而且不必說兩個方面的理由，說一個足夠了。但轉念一想，萬一皇上問用什麼人代替呢？這也不可不防，於是又說：「萬一皇上要問誰人可以代替呢？」

「這個好辦，可用御史大夫鄭弘與鈎盾令徐立二人取代。」京房也是個事業心極強而並不貪心祿位的人，並沒有提自己。

兩人商議既定，於是由張博根據京房的理論舉出種種災異天譴的表現，另由京房作書，並代淮陽憲王起草好請求入朝的奏章，由張博派專人密送淮陽，岳婿兩人自以為機密，其實他們的舉動已被石顯偵察得一清二楚。只因當時京房深得元帝信任，姑且忍氣吞聲，隱匿待發罷了。

京房的考功課吏在石顯、五鹿充宗等人的層層設障阻攔下，已到寸步難行的地步，元帝雖然還在極力支持，但也無法解決。石顯瞅準了時機，為了將京房從皇帝身邊撵走，提出了改全國推行為在魏郡重點試辦的方案，並保薦京房為魏郡太守，全權主辦一郡的考課。元帝認為可行，當即批准。京房怕石顯等作他手腳，提出他所在的魏郡不屬部刺史節制，郡中千石以下的官員由自己任免，專車向皇帝奏呈各節，謂之「乘傳奏事」。元帝一一照准，於是京房離開京城赴今日河北臨漳鄴鎮的魏郡上任，災難和死亡也就同步到來了。

京房於建昭二年（前三十七年）二月十五日離開長安，一路上很不踏實，於是在旅途中向元帝上書：「辛酉以來，蒙氣衰去，太陽精明，臣獨欣然，以為陛下有所定也。然少陰倍力而乘消息，臣疑陛下雖行此道，猶不得如意，臣竊悼懼。守陽平侯鳳欲見未得。至己卯，臣拜為太守，此言上雖明下猶勝之效也。臣出之後，恐必為用事所蔽，身死而功不成，故願歲盡乘傳奏事，蒙哀見許。乃辛巳，蒙氣復乘卦，太陽侵色，此上大夫覆陽而上意疑也。己卯、庚辰之間，必有欲隔絕臣令不得乘傳奏事者。」

這是一封天象、卦象、政治形勢三位一體的奏章，說的是京房和元帝密談之後這段時間天象、卦象和政治形勢的種種變化。自辛酉日密談之後，天空晴朗，太陽明亮，有皇上即將決定大事之象。但就卦象而言，少陰氣勢正在增長，有太陰乘太陽之象，主皇帝欲有所為而難得其志之兆，所以京房感到恐懼。陽平侯王鳳大概是支持京房的，求見元帝而未能得見，以致己卯日京房被任命魏郡太守，決定離京，於是卦兆見了。

臨走京房雖然爭得了「乘傳奏事」的特權，但至辛巳日京房再占卦，又有太陽侵色之象，意味著上大夫將以陰覆陽，皇帝的決心將發生動搖。（據《漢書》顏師古注本引張晏注：「《晉卦》、《解卦》也。太陽侵色，謂《大壯》。」《晉卦》卦體為䷢，

《解卦》為䷧，《大壯》則為䷡。三個卦的第五爻都是陰，而第四爻都是陽，第五爻本是天子之位，本該是陽，現在卻成了陰，第五爻的陽統統被擠到了第四爻，所以說有「上大夫覆陽而上意疑也」之兆。但張晏何以知定是《晉卦》、《解卦》、《大壯》，其法不詳。）

京房還據以推算，於己卯至庚辰之間，必有人出主意除去他乘傳奏事之權。己卯與庚辰是緊挨著的兩天，也就是在兩天必定有人出這樣的主意，果不然，京房的奏本還未發出，皇帝的詔書緊跟著來了，宣布終止京房的乘傳奏事。

不能「乘傳奏事」，就只能郵寄了。京房來到新豐，又從驛站寄去一折，也可能是連同上次準備「乘傳奏事」的奏折一起寄去了。奏折中說：「臣前以六月中言《遁卦》不效，法曰：『道人始去，寒，湧水為災。』至其七月，湧水出。臣弟子姚平謂臣曰：『房可謂知道，未可謂信道也。房言災異未嘗不中，今湧水已出，道人當逐死，尚復何言？』臣曰：『陛下至仁，於臣尤厚，雖言而死，臣猶言也。』平又曰：『房可謂小忠，未可謂大忠也，昔秦時趙高用事，有正先者，非刺高而死。高威自此成，故秦之亂，正先趣之。』今臣得出守郡，自詭效功，恐未效而死。惟陛下毋使臣塞湧水之異，當正先之死，為姚平所笑。」

這是一封用心良苦、內容特別的奏章。奏章說的是當初向元帝提出考功課吏之前的往事，當時他占了個《遁卦》。按《京氏易傳》，是「陰爻用事，陰盪陽遁」，是很不吉利的卦。

但京房用的不是自己的《易傳》，也不是老師焦循的《易林》，更不是通常的《周易》，不知何本，其中有所謂「法曰：道人始去，寒，湧水為災」的話。然後借學生姚平的口解說自己的有凶無吉，考功課吏之事不可遽行。但他相信皇帝，願意效忠國家，下決心行此事：「陛下至仁，於臣尤厚，雖言而死，臣猶言也。」他是想借卦兆的必然來爭取元帝處理的果然。同時還引用了正先刺趙高未成反而助長了趙高身望，促使了秦朝滅亡的史實來提醒元帝，不要因自己的死來助長石顯以致漢家王朝傾覆。

行到陝縣，京房再次上書，說：「乃丙戌小雨，丁亥蒙氣去，然少陰並力而乘消息，戊子益甚，到五十分，蒙氣復起，此陛下欲正消息，雜卦之黨並力而爭，消息之氣不勝，強弱安危之機不可不察。己丑夜，有還風，盡辛卯，太陽復侵色。至癸巳，日月相薄，此邪陰同力而太陽為之疑也。臣前白九年不改，必有星亡之異，臣願出任良試考功，臣得居內，星亡之異可去。議者知如此於身不利，臣不可蔽，故云使弟子不若試師。臣為刺史又當奏事，故復云為刺史恐太守不與同心，不若以為太守，此其所以隔絕臣也。陛下不違其言而遂聽之，此乃蒙氣所以不解，太陽亡色者也。臣去朝稍遠，太陽侵色益甚，唯陛下毋難還臣而易逆天意。邪說雖安於人，天氣必變，故人可欺，天不可欺也，願陛下察焉。」

丙戌、丁亥、戊子、己丑、辛卯、癸巳是接連六天，說明連結六天京房都在觀察天象，加上癸巳的「日月相薄」，乃「邪陰同力」之象，意即奸佞必組成朋黨，共同疑惑皇帝。為了不致有「星亡之異」，京房曾派他的學生任良、姚平下各州、郡，自己居朝中指揮。無奈朝臣以為派弟子不如老師自己出馬。京房又提出自己去一州指揮，在一州內推行。議者又以為居州指揮怕難與刺史合作，不如去一郡任太守。實際上是要盡量削弱京房的權力，將他趕得離京城愈遠愈好，

圖 9–2　京房被斬

所以說：「此其所以隔絕臣也」。

他明知道這是個陷阱，此次必定是有去無回，所以使出了最後一招：「臣去朝稍遠，太陽侵色益甚，唯陛下毋難還臣而易逆天意。」天是不主張京房離開京城的，所以離京愈遠侵色愈甚，所以京房提醒元帝：不要以召回京房為難而違背天意為易。也就是說不要聽信讒言而違背天意。如果一定要逆天而行呢?京房最後警告說：「邪說雖安於人，天氣必變，故人可欺，天不可欺也！」

其實人與天都是可欺的，凡是沒有權力保護的都在被欺之列。而欺了天，欺了人，甚至一貫欺天欺人的人不僅得不到懲罰反而飛黃騰達，反而不斷有人為之鼓噪，頌聲不

絕於耳。這就是人力勝天的有力佐證。京房以《易》理為手段干預政治，自然是以卵擊石了。去魏郡一個多月，被欄送回京下獄。接著淮陽憲王上書事發，同年十一月，張博被腰斬，京房棄市（見圖9－2，張善文教授提供，朱宇南先生繪）。兩位一心匡扶朝政的仁人志士同時作了毫無意義的犧牲。

(二)關於《焦氏易林》

《焦氏易林》是否為焦延壽所作，自清代起有人提出了懷疑，清人特多考據癖，於學術貢獻頗大，但無端生疑之事亦復不少。今人林忠軍著《象數易學發展史》，提到古今人懷疑《易林》非焦贛所著理由有六，其比較重要的有一至四點，而四點都難成立❶。

所舉之一：「《易林》多引《春秋左傳》所記之事，而在焦氏生活的年代，《春秋左傳》未立為學官。」未立為學官不假，但不等於讀書人不讀《春秋左傳》，而且《漢書・藝文志》所記《春秋》三十三家的第一家便是《左氏傳》。

所舉之二：「多取《漢書》之事，尤其提到昭君出塞，這皆在焦氏之後。」此點尤其不能成立。昭君出塞事在竟寧元年（前三十三年），正好是漢元帝與成帝交接的一年，也就是元帝在位的最後一年，而《易林原序》清楚地寫著：「延壽經傳於孟喜，固是同時。當西漢元、成之間，凌夷厥政，先生或出或處，輒以易道上干梁王，遂為郡察舉，詔補小黃令。」元、成之間自然要跨元、成兩帝了，昭君事既在元帝最後一年，焦贛自然知道，引用有何不可？倒是我們應該據此作如下推定：《焦氏易林》最後成書在成帝時代，也就是焦贛的晚年。《易林原序》作於唐會昌丙寅，即公元八四六年，雖然去焦贛已有九百來年，但卻早於今日千餘年，不可不信。

所舉之三：「《易林》多次提到『劉季』，不像漢人所言。」此點也是不能成立的。季者滿也，因為一月有孟、仲、季三旬，所以稱兄弟中最小的為「季」。劉季即劉家老滿，如張三、李四之類，並非特指劉邦，漢唐人多有此習慣。

所舉之四：「《易林》不見於《漢書・藝文志》。」此點也有待研究。《漢書・藝文志》分類較雜，同是有關《易》學書籍，有《易》類，有蓍龜類，有雜占類。同是焦贛弟子或再傳弟子，京房著作入《易》類，任良所著《易旗》入蓍龜類。焦贛以其他名字另入他類，亦未可知。況且古來修志，有目無書者有之，有書無目者更有之，似不宜以《漢書・藝文志》無《焦氏易林》書目而否定其存在。

再者，《焦氏易林》是用四言體寫的，又要考慮押韻，處理上有很大的難度，故不必在一個單詞上下功夫考證，因為它畢竟是占卜之書。另外，這裡還要順便提一下，《焦氏易林》篇目中，「《乾》之第一，《坤》之第二」等等的「之」，與《左傳》、《國語》所說的「之卦」是完全不同的兩個概念。《易林》的「之」是結構助詞，《左傳》、《國語》「之卦」的之是動詞，意即由某卦變為某卦，也就是所謂「變卦」。變卦是卦中的某陽爻變成陰爻，或者由陰爻變成陽爻，這就謂之爻變。因為其中某爻變了，於是又影響到卦變。如《乾卦》，卦體為䷀（乾下乾上），如果最上一爻發生了變化，由陽變陰，變成了䷪（乾下兌上），就成了《夬卦》。而該不該變，是因為數策數時所得是老陽（九）或老陰（六）的問題。即使變，也只是由某卦變成另一卦，而不是變成了許多卦。所以，把《焦氏易林》中的「某之第×」與《左傳》、《國語》的「某之×」聯繫起來，甚至是等同起來，是完全錯誤的。

《焦氏易林》在構成上有它獨具的特點。特點之一是有卦無爻，它把六十四卦的每一卦再化成六十四卦。以《乾卦》為例，《易林》的篇目叫《乾之第一》，把《乾卦》又化成《乾》、《坤》、《屯》、《蒙》等一直到《未濟》，六十四卦名目俱全。再如《坤卦》，《易林》叫《坤之第二》，於是又將《坤卦》化成六十四卦，又是《坤》、《乾》、《屯》、《蒙》，一直到最後的《未濟》，六十四卦名目俱全。又如最後的《未濟》，《易林》作《乾》、《坤》、《屯》、《蒙》，六十四卦名目俱全，惟一不同的就是起頭的卦名各異。《乾之第一》是《乾卦》起頭，《坤之第二》是《坤卦》起頭，《未濟之六十四》是《未濟》起頭。這樣一卦化成六十四卦，原來各卦的爻位沒有了，代替各爻的是六十四個卦名下的卦辭，為區別《周易》的卦辭起見，被稱之為「林辭」。《周易》每卦有六爻，每爻系有爻辭，共六條爻辭。《易林》無爻，每卦卻有六十四條「林辭」。這六十四條「林辭」

都是由具體統括的卦分化出來的，與爻無關，因而也就沒有爻位，也就沒有了陰陽、進退之類的參詳。

特點之二是雖有卦而無卦體，也無卦辭。卦之為卦，是因為有以陰陽爻為基礎的卦體及與之相聯繫的卦、爻辭的結構，但《易林》卻僅有卦名，並無卦體，更無卦辭，故《易林》各卦「某之第某」僅起篇名次第作用，與各「林辭」不存在必然的聯繫。比之《周易》，顯得更加鬆散。

特點之三是一卦中「林辭」與「林辭」之間沒有聯繫，都是各自獨立的四言韻句，更不如《周易》的邏輯嚴密。以《周易・乾卦》為例，七個層次之間是一步步推進的：潛龍勿用，見龍在田，或躍在淵，飛龍在天，亢龍有悔，見群龍無。除了第三爻體現了一個發展過程的必要停頓外，一層一層地說龍，實際上在說人的成長發展的各個階段，層次分明，邏輯嚴密。《易林》卻不是這樣。也以《乾卦》為例，其《乾林辭》為「道陟多阪，胡言連蹇。譯瘖且聾，莫使道通。請謁不行，求事無功。」緊接著的《坤林辭》則說：「招殃來螫，害我邦國，病傷手足，不得安息。」

特點之四，因為《易林》無卦體，無陰陽爻，破解時只能根據卦中的「林辭」，而無卦象等參考，遠不及《周易》的靈活。但文字比較具體，按照焦延壽作《易林》的本意，似有把天下各類吉凶禍福全部納入他的四千零九十六條「林辭」的設想。

上述各條是《焦氏易林》與《周易》比較的特點；從某個角度說，也是與《周易》

比較表現出的缺點。但《易林》也有它自己的優點，這就是它的表述明朗化、所指人事化、傾向政治化，作為占卜之書，似比《周易》更具實用性。《周易》的表述是極其隱晦的。它是一座被濃濃的迷霧掩蓋的高峰，誰也見不到它的真實面目。它是一個含糊不清而又非聽清弄懂不可的聲音，不能不讓人去傾全力琢磨捕捉。它是一位並無蹤影而又確實活在人們心目中的美人，任你去想像她的花膚雪貌。因為有這樣多特點，所以古人謂之「玩《易》」。但作卜筮之書，《周易》的特點也正是它的缺點，就像《易林》的特點同時是它的缺點一樣。

說《易林》表述的明朗化，首先是語言的明朗，《易林》中基本上無隱語，無論是取材經史，取象自然，或借物言情，或借情伸理，明朗簡潔，一目了然。如《乾之第一》的《剝林辭》：「大禹戒路，蚩尤除道，周匝萬里，不危不殆，見其所使，無所不在。」這是一個最為吉利的卦，有曾經「疏九河注之於海」的大禹作警戒，有最為驍勇的古猛士蚩尤在前開路，自然安全可靠的了，所以說「周匝萬里，不危不殆」。

再如《乾之第一．蒙林辭》：「鵠鶴鳲鳩，專一無尤。君子是則，長受嘉福。」鵠即黃鵠，欲作鴻鵠，一種舉動非凡、志向遠大的鳥。《說文》「鵠，黃鵠也。」段玉裁注：「黃，各本作鴻，今依玄應書、李善《西都賦注》正。《戰國策》：『黃鵠游於江海，淹於大沼，奮其六翮而凌清風。』賈生《惜誓》曰：『黃鵠一舉兮知山川之紆曲，再舉兮知天地之圓方。』凡經史言鴻鵠者皆謂黃鵠也。單言鵠，或單言鴻。」鳲，《說文》：「鴶鵴也。」段注：「今之八哥也。」鳲鳩即布穀鳥（《爾雅・釋鳥》）。黃鵠、八哥、布穀，是三種生性不同的鳥類，黃鵠高遠，八哥學舌，布穀催春。為人或者學黃鵠，或者學八哥，或者學布穀，專一而無怨，便能長受嘉福。

又如《乾之比》：「中夜犬吠，盜在牆外。神明祐助，消散皆去。」深更半夜，狗吠不止，強盜就在土牆之外，隨時都可進來殺人放火，其緊張驚恐，也就可以想見了。然而有神明保祐，強盜們竟自己走了。其清楚明白，幼童村婦，都能知曉。

明朗化的另一特點是卦兆的明朗。《易林》講卦兆，言多肯定，不依違兩可，不閃爍其詞，吉則吉，凶則凶，不轉彎抹角。上述所表述的各例，已經能從中看到苗頭。若就卦兆分析，就更加明顯了。如《乾之訟》：「龍馬上山，絕無水源，喉焦唇乾，舌不能言。」龍馬是古代傳說中的一種神馬，既像龍，又像馬，既能像龍一樣潛水，又能像馬一樣登山。就是這樣一種兼兩棲之長的神物，一旦到了絕無水源的荒山，它也毫無辦法。「喉焦唇乾，舌不能言」。既可看作龍馬本身的困境，也可將喉、唇、舌分別看作其他主體。一旦陷入絕境，對誰也沒有好處。如不團結一致，衝出重圍，擺脫困境，就只有同歸於盡。這卦的凶兆，以及惟一給人指示的出路，也就十分明白了。

再如《坤之屯》：「蒼龍單獨，與石相觸。摧折兩角，室家不足。」蒼龍為何物，說法不一，有說是星宿的，有說是青色馬的，有說是身手非凡的猛將的，但焦贛講的蒼龍既有兩角，自然是長角的青龍了。長角的青龍雖猛，但畢竟身單勢弱，與頑石相碰，結果摧折了兩角，其兆之凶，也就不言而喻了。

又如《屯之賁》：「路多枳棘，步刺我足，不利旅客，為心作毒。」枳棘是類似橘子樹的多棘灌木，據說棘上有毒，通常種來作籬笆，謂之枳籬。路多枳棘，自然是暗示著凶險，而今又刺傷了腳，當然是不利旅客了。但它何以會刺傷腳的呢？也怪他自己心術不正：「為心作毒」。

所指人事化，是說《易林》各卦兆所指一般都是直言人事，不像《周易》，講象講數，然後參比人事。即使借物發揮，不直接講人事，其用意也可一眼看透。如《屯之坎》：「楊根倒樹，花葉落去，卒逢火焱，隨風僵僕。」

表面上一字也未說人，說的是一棵樹的厄運，但實際句句說人。它是借樹言人，含義十分清楚，甚至比直接說人更加生動深刻，有這麼一棵可憐的樹，層面上的花葉早就脫落了，埋在地下從不出面，一直在支撐自己的根系也腐爛了，於是搖搖欲墜，不能不倒下了。就在這時，更大的災難來了，野火橫燒。火燒就火燒吧，這麼一株既無枯枝，更無幹葉的獨木，本不容易著火，無奈有狂風肆，迎著火苗，直至燒為灰燼，其命之苦，結局之慘，也謂至極了。

再如《蒙之小畜》：「天比配享，六位光明。陰陽順序，以成厥功。」這是個十分吉利的卦。表面上未講人事，全講天象，但無需解釋，誰都看得出是個預示前途光明的好卦。人既下決心辦某事，一般都具備了主觀的相當條件，能否成功，與客觀環境有著極大的關係。人們占卜前程，實際上是要占卜他將來可能遇到的環境。《蒙之小畜》告訴他：天地和諧，六龍在位，陰順陽序，處處光明。這樣毫無障礙的環境，自然可以放手去做了，所以說「以成厥功」。

又如《屯之漸》：「鳥飛無翼，兔走折足。雖欲會同，未得已惑。」這是個全用動物作比喻的卦。鳥能飛，兔善走，這都是得天獨厚的。一個能飛，一個善走，儘管相隔有些距離，要會次面本是輕而易舉的。但如今情況變了，鳥要飛，沒有了翅膀；兔想走，腳折斷了，一切優越條件喪失，強者變成了最弱者，即使想會次面，也不可得了。無需作任何參詳破解，聽了這個故事，誰都知道所求無望。

《易林》的政治傾向性，主要表現在政治前程、社會安定、年成豐歉、國家治亂、戰爭勝負、民族興亡。今以《訟之第六》各條林辭為例，簡述如下：

《訟之訟》：「文巧俗敝，將反大質。僵死如麻，流血漂杵。皆知其母，不識其父，干戈乃止。」說的是空前的兵燹，一直到男人死盡，孩子只有母親而沒有父親，干戈才能止息。

《訟之乾》：「文王四乳，仁愛篤厚。子畜十男，無有夭折。」說的是聖君在位，仁厚愛民，人受其惠。

《訟之屯》：「東上泰山，見堯自言。申理我冤，以解憂患。」說的是能遇良吏，平反冤案。

《訟之蒙》：「奎軫湯湯，過角宿房。宜時布和，無所不通。」奎、軫、角、房，是各有分野的星，比喻國與國之間（也可理解為人際之間）宜修睦和好。

《訟之需》：「引髯牽須，雖懼無憂。王母善禱，禍不成災。」這是個既講人事，又講政治的卦，平時積德行善，便可安享太平。

《訟之師》：「梟得水沒，喜笑自啄。毛羽悅澤，利以攻玉。公出不復，柏氏容宿。」用的是漢高祖劉邦不敢在柏地住宿的典故，說柏者迫也，有人要謀殺他，連夜趕往他處。這裡的意思似乎相反，「柏氏容宿」，平安無事。

《訟之履》：「樹耘一豆，不得耘鋤。醜事靡監，秋無人收。」寫惡政傷農，服不完的苦役，以致種下的莊稼夏天不得耕耘，秋天無人收穫。

《訟之否》：「數窮廓落，困於歷室。幸登玉堂，與堯侑食。」侍食於尊者曰侑。有幸登上金玉之堂，陪皇帝吃飯，自然是官運亨通，前程遠大了。

《訟之同人》：「於鈕執麟，《春秋》作經。元聖將終，尼父悲心。」這是引孔子著《春秋》至於麟的故事，有天下大亂，無可再言之意。

《訟之大有》「尹氏白奇，父子生離。無罪被辜，長舌所為。」尹氏父子的生離死別是因長舌的挑撥所致，讒舌間親，不可不防。

《訟之謙》：「播木折枝，與母別離。九皋難和，絕不相知。」鶴鳴於九皋，聲戾於天，傳之甚遠，然後難和，有如運走的木頭，折去的樹枝，永遠也無法回到生長它的地方，是無可復原和好之兆。

《訟之豫》：「眵雞無距，與鵲格鬥。翅折目盲，為鳩所傷。復歸野廬，與母相扶。」一隻眼睛不好又無爪子的雞自不量力，偏要和鵲去鬥，以致為鵲所傷。這是出師不利之兆。

《訟之臨》：「開牢闢門，巡狩釋冤。夏臺羑里❷，商文悅喜。」用的是成湯伐桀，文王伐紂的典故，有政局重開，冤獄得到平反，充滿希望之兆。

《訟之觀》：「欽明之德，坐前玉食。必保嘉善，長受安福。」欽明是皇帝的盛德。做皇帝的，做大官的，如果能行德政，永保嘉善，就能「長受安福」。

《訟之噬嗑》：「武夫司空，多口爭訟，金火當戶，民不安處，年饑無有。」武夫是不能執政的，尤其不宜擔任司空之類的職務。否則就會「民不安處，年饑無有。」

《訟之賁》：「紫闕九重，尊嚴在中。黃帝堯舜，履行至公。冠舉垂衣，天下康寧。」皇帝聖明，百官用命，天下康寧，太平盛世之象。

《訟之剝》：「負牛上山，力劣行難。烈風雨雪，遮遏我前。中道復還，憂者日歡。」負牛上山，又遇烈風雨雪阻遏，當然無法前進。如果能知止而止，自然無咎，所以說：「中道復還，憂者日歡」。是主某事行之不便之兆。

《訟之復》：「蹇兔缺唇，行難齒寒。口痛不合，為身生患。」一隻跛兔而又缺嘴唇，行難言亦難，似有冤情而難以自白之兆。

《訟之無妄》：「合體比翼，喜耦相對。與君同好，使我有福。」是個占婚姻吉利的卦，也是與人合作愉快的卦。

《訟之大畜》：「憒憒不脫，憂從中生，喪我寶貝，亡妾失位。」說的是昏憒不明，猶豫不決帶來的災難。不僅小妾離己而去，連祿位也丟了。

《訟之頤》：「兩心不同，或從西東。明論終日，莫適我從。」同心才能同力，苟心不同，論也無益，自然是於事無補了。

《訟之坎》：「初憂後喜，與福為市。八佾列陳，飲御諸友。」八佾是天子之舞，這裡象徵高位，少年得志固然可喜，但大器晚成更能使人生畏。「飲御諸友」，過去的朋友最後都成了他的下屬。

《訟之離》：「西徙無家，破其新事。子孫失利，不如止居。」有遷徙不吉，興舉不利之兆。

《訟之咸》：「鳳凰在左，麒麟處右。仁聖相遇，伊呂集聚，時無殃咎，福為我母。」鳳凰、麒麟都是吉祥之物，伊尹、呂尚更是輔弼之臣，加上當朝皇帝仁而且聖，這樣許多精英匯集一起，自然是天下至治了，所以說：「時無殃咎，福為我母」。

《訟之恆》：「區脫康居，慕仁入朝，湛露之歡，三爵畢思，復歸舊廬。」區（讀歐）脫指一直與漢為敵的匈奴。匈奴慕仁入朝，於是歌「湛露」之詩，行三爵之禮，然後返回故地，真是化干戈為玉帛，一派和平景象，但這是以當朝的「仁」為前提的。

《訟之遁》：「疾貧望幸，使伯則販。賈販市井，開牢擇羊，喜得大牂」這是個適應性甚廣的好卦。從商得利，求仕得官，舉措均能達到預期目的。

《訟之大壯》：「處高不傷，雖危不亡。握珠懷玉，還歸其鄉。」高而無傷，指的是地位；危而不亡，說的是艱險，但全都平安無事，能善其終。

《訟之明夷》：「養虎牧狼，還自賊傷。大勇小捷，雖危不亡。」凡為君為上者，最怕用人不當，以致養虎牧狼而不自知。若遇大智大勇，這些養不熟的狼虎最多也只是得點小利罷了。但是否有大智大勇，抑或只有小智小勇，甚至無智無勇，這就要因人而異了。

《訟之家人》：「戴堯扶禹，松喬彭祖，西遇王母。道路夷易，無敢難者。」有堯擁戴，有禹扶持，又有高仙赤松子、王喬、彭祖等人輔佐，還有西天王母相助，誰敢為難?自然是上好的卦了。

《訟之睽》：「秋冬探巢，不得鵲雛。銜指北去，愧我少姬。」喜鵲是春天孵子的，秋冬自然掏不到鵲雛，只好慚愧地空手而歸了，主於功不成一無所得。

《訟之蹇》：「兩羝三牂，俱之我鄉。留連多難，損其食糧。」無緣無故地來了兩隻公羊，三隻母羊，看來是好事。但五張嘴巴要吃，甚至還要繁殖無數小羊，這就帶來麻煩了，是設喻之卦。

《訟之解》：「南徙無廬，鳥破其巢。伐木思切，不利動搖。」大樹眼看就要被砍伐了，上面的鳥巢毀之在即，趕快搬家，動搖則十分不利。說的是既定的主意得立即付諸行動，半點也不能動搖。

《訟之損》：「爭訟不已，更相牽擊，張季弱口，被髮北走。」李老大、張老麼發生口角，先是爭論不已，然後兩人扭打了起來，張老麼敗北，披散著頭髮逃走了。又是個設喻的卦，如果預卜官司，很可能姓張的要輸，或者年紀小、輩份低的人要輸。

《訟之益》：「延頸望酒，不入我口；初喜後否，利得無有。」這是個希望無著的卦，也可解作失望反而是件好事，因為那本來就是苦酒。

《訟之夬》：「被髮傾走，寇逐我後。亡失刀兵，身全不傷。」倉惶逃命，敵人緊追而來。刀兵盡失，幸好身體無傷。可以解作戰事，也可解作政事，更可解作一切有風險的事。

《訟之姤》：「麒鳳所遊，安樂無憂。君子撫民，世代千秋。」可以是政治太平，可以是吉祥如意。

《訟之萃》：「褰衣涉河，水深漬衣。賴幸舟子，濟脫無他。」撩起衣服過河，本來就冒著幾分風險。好在遇上好心的船工，才只打濕了衣服，並無其他，設喻明事，有驚無險。

《訟之升》：「憒憒不脫，憂從中出。喪我金罍，無妄失位。」與《訟之大畜》同，只是所有「寶貝」與「金罍」之別。金罍即金瓶，也是寶貝。

《訟之革》：「黃帝建元，文德在身。祿若陽春，封為魯君。」生逢盛世，皇帝聖明，本人又有文德，前途無量，可望封侯。

《訟之鼎》：「虎聚磨牙，以待豚豬。往必傷亡，宜待止居。」是個切忌前往的卦。那裡有一群老虎正在磨牙等待呢。軍事、民事皆同。

《訟之震》：「天地配享，六位光明。陰陽順序，比成厥功，天下和平。」（見前）

《訟之艮》：「猿墮高木，不踒手足。保我金玉，還歸其室。」有驚無險，不僅人未跌傷，而且財產也無損失。

《訟之漸》：「營室紫宮，堅不可攻。明神建德，君受大福。」利於造城建宮。

《訟之歸妹》：「孤翁寡婦，獨宿悲苦。目張耳鳴，無與笑語。」孤翁寡婦，敗亡之象。無與笑語，而又毫無救援。其為不利，也就非常嚴重了。

《訟之豐》：「低頭竊視，有所畏避。行者不至，酒酸魚敗，眾莫貪嗜。」這是個於主客都不利的卦。就主人言，賓客不至，以致酒酸魚敗。就客人言，雖然來了，但既已酒酸魚敗，也就無飲無食了。

《訟之旅》：「載金販狗，利棄我走。藏匿淵底，悔折為咎。」這是個本利皆無的卦，無論做什麼都不會吉利。

《訟之巽》：「行觸大諱，與司命忤。執囚束系，鉗制於吏，憂人有喜。」雖然被抓起來了，但畢竟只犯了上司的忌諱，並無大的罪過，雖然「鉗制於吏」，然而「憂人有喜」，終久要釋放的。

《訟之兌》：「執玉歡喜，佩之解攣，危詳及安，使我無患。」財寶是喜人的，但比較人身的安危，又算不上什麼了。所以，不貪才能無患。

《訟之渙》：「機杼騰擾，女功不成，長女許嫁，衣無襦裙。聞禍不成，凶惡消去。」何以會聞禍不成禍，遇凶不為凶？就是因為家無長物，以致長女出嫁連衣裙都不全，可見富人多災而貧窮避禍。

《訟之節》：「金人鐵鉅，火燒左右，雖懼不恐，獨得全處。」雖然得全，但左右卻被火燒了，損失慘重，如若出戰，十分不利。

《訟之中孚》：「謝恩拜德，東歸吳國，舞蹈歡躍，恣樂受福。」承認天王的主宰，謹守自己的地盤，歡樂無窮，福祿無窮。

《訟之小過》：「青牛白咽，呼我俱田，歷山之下，可以多耕。步樂時節，民人安業。」一番五穀豐收、太平盛世的景象。

《訟之既濟》：「白雉群鴝，慕德貢朝。湛露之恩，使我得歡。」恩德盛隆，所以諸國朝貢。諸國之所以朝，不朝其力，而朝其德。據此推之，國君有德諸侯朝賀，諸侯有德大夫朝賀，大夫有德士庶朝賀。士庶有德鄉人朝賀，鄉人有德鄰里朝賀，鄰里有德相互朝賀。所以孔子說：「德不孤，必有鄰。」

《訟之未濟》：「避患東西，反入禍門，糟糠不足，憂患我心。」這是個愈避愈凶的卦，看來還是不予回避，就地解決問題的好。

以上是《焦氏易林．訟之第六》的五十六條「林辭」，占六十四卦的百分之八十九，都直接或間接與政治有關（總計全書涉及政治、兵災的約近二百條，對西漢末年政治危機有深刻的揭露和批評，且焦氏的行仁政思想，全書比比皆是），可見其政治傾向的明顯。《焦氏易林》實借占卜之外殼而行儒家政治指導與政治批評之實，此中深意，有待進一步挖掘。

三、揚雄和他的《太玄經》

(一)揚雄其人

揚雄（前五三～一八年），字子雲，一作楊雄，蜀郡成都（今四川成都市）人，西漢哲學家、文學家（見圖9－3）。博學多才，思想深刻，為人口吃，不善言辭。《漢書．揚雄傳》說：「雄少而好學，不為章句，訓詁通而已，博覽無所不見。為人簡易佚蕩，口吃不能劇談，默

圖 9-3　揚雄

而好深湛之思。」難得的是他為人正直，堅持原則，關心百姓疾苦，反對統治者的奢侈腐敗，以文學、哲學為手段，不斷向最高統治者提出忠告勸諫。自己則清靜淡泊，從不計名利。《漢書・揚雄傳》說他「清靜無為，少嗜欲，不汲汲於富貴，不戚戚於貧賤，不修廉隅以徼名當世。家產不過十金，乏無儋石之儲，晏如也」。儋者一人之力所能擔負之謂。一個久居廟堂之上，歷仕成、哀、平並王莽四朝的京官，家資不過十金，儲糧不足一擔，其廉潔也就十分難得了。而最難得的是身在朝廷而始終不忘普通百姓的那顆關切民情的良心。

揚雄以文字干預政治始於漢成帝永始四年（前十三年）。這年正月，漢成帝遊至雲陽甘泉宮（在今陝西淳化縣西北甘泉山），並在那裡祭皇帝宗社。因要寫御用文章，於是揚雄也隨駕前往。據說祭祀那天，有神光匯集紫殿，眾人以為大吉，紛紛入賀。成帝高興，下令「賜雲陽吏民爵，女子百戶牛酒，鰥寡孤獨、高年帛」。「爵」雖然是低賤，但有罪可以抵罪，甚至還可進入市場買賣（儘管當時尚無買賣「爵」的市場）。女子百戶一頭牛，雖然分來無多，但天子聖恩非淺。倒是鰥寡孤獨及年紀特大的給點布帛，不管多少，總算是實惠，當然高興。但最高興的還是成帝自己，以為天降神光，說明自己已經成了聖君。這賜爵與牛酒布帛，就是聖君的標誌。這樣的盛況自然不可不書，更不可無詩了，於是揚雄奉命作《甘泉賦》。賦的一開頭，用寫實兼帶誇張的手法寫道：「惟漢十世，將郊上玄，定泰疇，雍神休，尊明號；同符三皇，錄功五帝，恤胤錫羨，拓跡開統。於是乃命群僚，歷吉日，協靈辰，星陳而天行。」

劉漢王朝自漢高祖劉邦開國，經惠帝、高后、文帝、景帝、武帝、昭帝、宣帝，至成帝劉驁，正好十世。這位皇帝有哪些英明舉措呢？今日在這裡祭皇社，來日將去祭后土，以崇揚祖宗的聖德，使劉氏皇帝，符同三皇，功過五帝；更有後人繼起，開拓前進。為此之故，命群臣，選吉日，排列執事，有如天上的星辰，布滿藍天，運行奔走。接下去是用極其誇張的筆法寫祭祀的盛況，寫甘泉宮的規模，名為歌頌，實則在極力暴露最高統治者不顧民命，滿足一己之欲的極度奢華。

班固在《漢書・揚雄傳》中介紹甘泉宮的歷史及揚雄寫《甘泉賦》的心境說：「甘泉本因秦離宮，既奢泰，而武帝復增通天、高光、迎風。宮外近則洪崖、旁皇、儲胥、弩陆，遠則石關、封巒、枝鵲、露寒、棠梨、師得。遊觀屈奇瑰瑋，非木摩而不雕，牆塗而不畫，周宣所考，盤庚所遷，夏卑宮室，唐虞椽三等之制也。且其為已久矣，非成帝所造，欲諫則非時，欲默則不能已，故遂推而隆之。」

甘泉本是秦時的離宮，漢武帝不斷增大其規模，宮旁增築通天、高光、迎風諸宮。近處又築洪崖等四宮，稍遠有石關、封巒等五宮，連同甘泉宮，共十四處，構成一個龐大的建築群。而且又不是像周宣王、商盤庚以及夏時宮室那樣的簡樸，全是雕梁畫棟，耗盡民脂民血。

揚雄對此十分不滿，然而畢竟是已經過去的事，這就叫「欲諫則非時，欲默而不能已」。於是就採取「推而隆之」的手法，欲折故揚，明褒實貶。從來的統治者是習慣聽好話的，成帝根本就沒注意到揚雄背後的用意，大加誇獎，確認揚雄有才。

這年三月，成帝遊興更濃，於是去汾陰（在今山西萬榮縣），渡黃河，祭后土，遊介山，登龍門，觀鹽池，上歷山，望西岳，尋殷周遺跡，「眇然以思唐虞之風」，竟想做個堯舜似的皇帝。因為是從陝西東渡黃河，故命揚雄作《河東賦》。於是揚雄故技重演，極力誇張，歌頌之餘融進了自己的一個主題思想：臨淵羨魚，不如退而結網。賦的末段竟用誰都可以看出是挖苦諷刺的筆調寫道：「遵逝乎歸來，以函夏之大漢兮，彼曾何足與比功？建《乾》、《坤》之貞兆兮，將悉總之以群龍！」

縱觀古今，哪朝哪代能與繼夏統的大漢比？過去的也就罷了，尤其今日，繼往開來，建《乾》、《坤》之嘉兆，集群龍之吉祥，更創偉業！可是這因祖宗繼承權位的成帝劉驁究竟又有哪些功德呢？什麼也沒有。當然，功德雖然沒有，但這些文字成帝看了是極為舒服的，因為帽子從來總是越高越好。但假的總歸是假的，正當他陶醉於自己認為的豐功偉業之中的時候，大漢滅亡的命運已悄悄地走近他的身邊了。

許多無聊的人們總喜歡將自己的歡樂建立在別人的痛苦之上，而最高統治者更經常用人民的生命來作自己歡樂的犧牲。元延元年（前十二年），漢成帝為了證實和誇獎胡人的勇猛，能生擒猛獸，於是命右扶風（今戶縣、咸陽、旬邑各縣）農民數十萬人上秦嶺北面的終南山圍捕猛獸，用檻車送至設在今周至縣內的長楊宮附近的射熊館，命「胡人」徒手與猛獸格鬥，誰能擒獲則猛獸歸誰，死亡勿論，漢成帝親往長楊宮觀看。因為捕獸活動正在秋收時節開展，時間長達個多月，以致三縣的莊稼爛在地裡無人收穫。這一活動成帝自然要帶揚雄參加，自然又要讓他寫賦。揚雄對成帝這種擾民、坑民，不顧百姓死活的行為非常氣憤，他在《長楊賦》中借假設的子墨客卿的口揭露其事說：「子墨客卿問於翰林主人曰：蓋聞聖主之養民也，仁沾而恩洽，動不為身。今年獵長楊，先命右扶風，左太華而右褒斜，椓截嶭而為弋，紆南山以為罝，羅千乘於林莽，列萬騎於山隅，帥軍踤陆，賜戎獲胡。扼熊羆，拖豪豬，木雍槍累，以為儲胥，此天下之窮覽極觀也。雖然，亦頗擾於農民，三旬有餘，其廑至矣，而功不圖，恐不識者，外之則以為娛樂之遊，內之則不以為干豆之事，豈為民乎哉？且人君以玄默為神，澹泊為德，今樂遠出以露威靈，數搖動以罷車甲，本非人主之急務也，蒙竊或焉。」

墨家是最主張節儉的，所以揚雄設計了一個「子墨客卿」的人物。子墨客卿先從古遠說起：聖主養民，思露畢沾，動不擾民，然後舉出成帝擾民數縣的大獵，對比十分強烈。揚雄在這裡一反他誇張鋪陳的手法，句句寫實，字字皆真。「羅千乘於林莽，列萬騎於山隅」，都是可信之事。

《漢書・揚雄傳》同時記載這次捕獵的規模說：「命右扶風發民入南山，西自褒斜，東至弘農，南驅漢中。」褒斜即褒斜道，自今陝西眉縣沿斜水，經太白縣入漢中。弘農即今河南靈寶縣。西起眉縣，東至靈寶，南抵漢中，如此廣闊的地域苟無數十萬人如何張羅撒網？人如何能驅動深山老林中的猛獸按照人們預定的路線自投網羅？猛獸捕到了，「木雍槍累，以為儲胥」，用木欄圍成獸圈，以資儲備，然後讓「戎胡」拳打腳踢，一頭頭捉了去，真是天下之奇觀極覽！觀覽是觀覽了，可農民卻倒了大楣，捕捉中的死傷不說，「三旬有餘，其廑至矣。」再者，雖然是奇觀極覽，可又不能描之於圖，筆之於書，怕那些「見識不到」的以為此舉於外只是娛樂之遊而於內無補於宗廟祭祀之事，又哪裡是為了百姓呢？況且，尊為人君，當以澹泊安靜為是，今興師動眾，遠遊取樂，實非人主急務。這些意思對成帝的針砭可謂是夠有深度的了，但揚雄的獨有的才華，反話正說，借翰林主人（歷來皇帝身邊的翰林多為阿諛奉承之輩）之口一一批駁了子墨客卿的觀點，於是漢成帝此舉又是英明偉大之至，而成帝讀後也就飄飄然羽化而登仙了。

但做皇帝的也不全是白痴，對揚雄的嬉笑怒罵也不是全無察覺，至少覺得有失敬之嫌。好在早在公元前的西漢比之千餘年後文化昌明的清代進步，並不作興文字獄，揚雄以文章自娛，皇家以權力自重，倒也各自相安，只是揚雄因此終身為郎，未曾得到過任何遷升，老後才為大夫，人稱「朝隱」，即在朝的隱士。

(二)《太玄經》其書

揚雄雖然辭賦不少，也很有名，但真正反映他的思想的還是他的《太玄經》和《法言》，這裡只介紹他的《太玄經》（見圖9－4）。

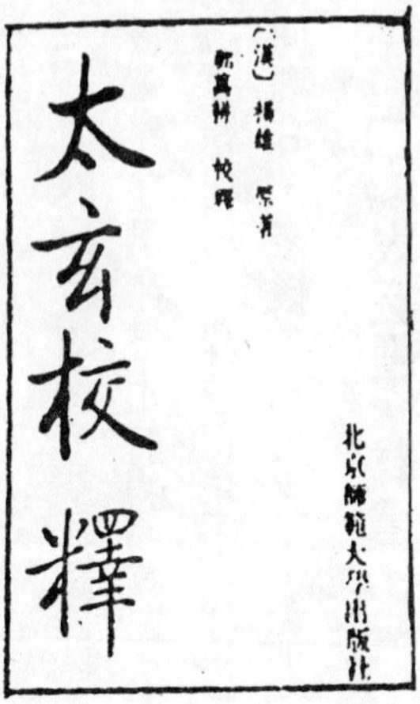

圖 9–4　啓功題《太玄校釋》

《太玄經》是揚雄模仿《周易》製作的，是一部自作的《易經》。《四庫全書·太玄經提要》說：「《太玄經》十卷，漢揚雄撰，晉范望注。《漢書·藝文志》稱揚雄所序三十八篇，《太玄》十九。其本傳則稱太玄三方、九洲、二十七部、八十一家、二百四十三表、七百二十九贊，分為三卷，曰一、二、三，與太初曆相應。又稱有《首》、《沖》、《錯》、《測》、《擒》、《瑩》、《數》、《文》、《掜》、《圖》、《告》十一篇，皆以解剝玄體，離散其文，章句尚不存焉。與《藝文志》十九篇之說迥異。桓譚《新論》則稱太玄《經》三篇，《傳》十二篇，合之乃十五篇。……注其書者，自漢以來，惟宋衷、陸績最著。至晉范望，乃因二家之注勒為一編。」又說：「雄書本擬《易》而作，以《家》准卦，以《首》准《彖》，以《贊》准爻，以《測》准《象》，以《文》准《文言》，以《擒》、《瑩》、《掜》、《圖》、《告》准《繫辭》，以《數》准《說卦》，以《沖》准《序卦》，以《錯》准《雜卦》，全仿《周易》古本經、傳，各自為篇。望作注時析《玄·首》一篇分冠八十一家之前，析

《玄・測》一篇分系七百二十九《贊》之下，始變其舊，至今仍之。」

所謂「全仿《周易》古本經、傳」，指的是《太玄》的體制完全模仿《周易》，《周易》有經、傳他也有。但也不是完全模仿，如《周易》每卦都有卦名，而《太玄》沒有正式的卦名，「天玄陽家一，天玄陰家二；天玄陽家三，天玄陰家四」之類似乎只是《家》的順序而難成為它的名目。雖有《中》、《周》、《礥》、《閑》等，范望注本又看作《首》名（也有作卦名的）。再者，《周易》每卦都有卦辭，而《太玄》相當於卦的《家》卻沒有《家》辭。在構成上，《太玄》與《周易》的區別也不小；當然，也正是這些區別才成為揚雄的獨創。如《周易》卦畫分陰（⚋）、陽（⚊），揚雄的《太玄》，則分一（⚊）、二（⚋）、三（𝌀）。《周易》每卦自下而上有六位，曰初、二、三、四、五、上。《太玄》自上而下分四重，曰方、州、部、家。《周易》遵循的基本原理是「一陰一陽之謂道」，所以用的是二的倍數。所謂「易有太極，是生兩儀，兩儀生四象，四象生八卦」，八卦相重變成六十四卦。《太玄》遵循的基本原理是「道生一，一生二，二生三，三生萬物」，所以採用的是三的倍數。以天下為三方，每方三州共九州，每州三部共二十七部，每部三家共八十一家，每家三表共二百四十三表（今本無表），每表三贊共七百二十九贊。

揚雄作《太玄》，其用意是要說明凡物盈則虧，高則危，極則反，這樣一個自然、社會概莫能外的普通規律。揚雄在《解嘲》一文中以主客問答的形式說明他著《太玄》

的意旨說：「且吾聞之，炎炎者滅，隆隆者絕。觀雷觀火，為盈為實。天收其聲，地藏其熱。高明之家，鬼瞰其室。攫挐者亡，默默者存。位極者宗危，自守者身全。是故知玄知默，守道之極；爰清爰靜，遊神之廷；惟寂惟寞，守德之宅。」

這段基本上用四言韻句組成的哲理短文，將盛極必衰的道理說得至為深透，讀來令人深思，令人驚恐，令人滲汗！沖天的烈火能持續燃燒而不熄滅嗎？隆隆的驚雷能連續作響而不停止嗎？顯赫的世家能代代相傳而不衰敗嗎？最高的權力能始終控制在一人一家手中而不旁落嗎？如果能夠的話，有誰見到了呢？如果不能的話，那又是為什麼呢？揚雄的回答很簡單：都是不可能的；其所以不可能是因為盛極必衰。不是嗎？

耳邊的雷聲，眼前的烈火，驚天動地，倒海翻江，傾刻之間，「天收其聲，地藏其熱」，沸騰到了頂點的宇宙的某個空間，又復歸於寧靜。當然，還可能有更大的烈火升起，有更隆的雷聲響過，但那是另一團烈火，另一陣驚雷了。那麼，現燃著的烈火能否降低點熱度，以便燃燒的時間更長，現響著的驚雷能否減少點音量，使自己響的時間更久一些呢？不能！它們必須把能夠集中的所有熱量和音量用最快的速度，最大的力度，在最短的時間內用最集中的方式表現出來，哪怕只能持續一分鐘，一秒鐘，都在所不惜，這就是雷火本身運行的規律。

當然，自然物畢竟是無知的，無論是驚雷，是烈火，只按自己固有的規律運動，並不計較時間的久遠。那麼，有知有識的人呢？是否能不像驚雷和烈火一樣一發了之，而能考慮長久呢?揚雄要說明的正是這樣一個問題。他首先提出了社會生活中常見的也是相互聯繫的高明亡家、默默存身、位極宗危的三種現象。

高明何以亡家呢?這裡所謂的高即突出，而明即是顯赫。像山岳一樣高聳，像明月一樣亮堂的家族，可謂是已經登峰造極了，但就是這樣的家庭和家族才衰敗得最為迅速、最為徹底，就像通過常年累月的辛苦堆積的乾柴最後升起一把烈火一樣。原因何在呢?「高明之家，鬼瞰其室」，連鬼都在瞪著兩眼看著，何況人呢?這裡的人其實主要不是外人，而是內部;即使是外人，也要通過家裡人自己起作用。而愈是家大業大的人家內部矛盾愈多，其鬥爭也愈激烈殘酷，故其敗亡就愈速愈徹底。

默默者何以存身?就像用柴燒火一樣，邊添柴邊燒火，慢慢添著，慢慢燒著，雖然火力不可能太大，但比之把全部柴草堆積起來燒一陣猛火，其持續的時間就不知道有多少倍了。當然，無論火大火小，凡是已經點燃的終歸都是要熄滅的，但它畢竟延長了時間，而且是一切猛火無法與之倫比的時間，生命不主要也是時間嗎?

人的特點之一就是有一種統治他人的強烈慾望，這是因為人的社會性形成的，所以權位就成了一般人追求不倦的目標。權位給人帶來歡樂，帶來尊榮，帶來其他任何東西都無法取代的價值。然而也和任何其他營業一樣:獲利愈大者風險也愈大。權力是可以獲得一切的，故其風險也得押上一切:身家性命、宗族親友，所以說「位極宗危」。既然位極，就當澤及宗朋，雞犬升天了，何以反而宗危呢?原來「炎炎者滅，隆隆者絕」，待權位到了極點，也就無位了。一旦無位，這因權位所獲得的得利者，乃至並未得利者，其厄運也就隨之而來了。

秦末漢初有女名呂雉者，一普通家庭婦女。因嫁了個農村流氓劉邦，夫榮妻貴，後來做了皇后。劉邦死，竟奪了劉家天下，自己稱制，呂氏因之門庭大振，子侄封侯，權傾朝野。呂雉風光了七八年，可謂炎炎之極，隆隆無以多加了。但烈火驚雷總是要滅、要絕的，公元前一八〇年呂太后死，朝臣當即發難，劉章的《鋤草歌》成了此次政變的宣言書，呂氏家族被「鋤」得沒了人種。這種位極以後的慘局古來甚多，只是揚雄生在漢代，未能目睹魏晉之後更為精彩的場面。

最可憐是劉宋開國皇帝劉裕的後代梁順帝劉昇，蕭道成要做皇帝，順帝必須讓位，他將位置讓出來了，以為無事，趁宮中熱鬧的時候躲進內殿，沒想到跟著就有人進來搜索。他被架走了，知道不是好去處，邊哭邊念：「願來世不再生在帝王家！」他的後來人蕭道成的後代更慘，架去被殺時邊走邊喊：「別殺我呀，不是我願意要做皇帝的呀！」這孩子喊的也可能是真話，可是他的先輩並非不想做皇帝，而是殺了別的皇帝自己做皇帝。以此論之，位極不僅危及宗族，而且危及子孫了。

如上所述，爭做位極的王確乎存在風險，矮一等，做一人之下，萬人之上的相是否就好，是否就不在「炎炎者滅」的劫數內呢？也不一定。

為秦始皇出主意焚書坑儒的大政治家李斯排除異己，鑽山打洞地經營，因而做了丞相，卻死在刀筆吏出身的趙高手裡。趙高借秦二世之手殺了李斯，自己做了丞相，卻又死在看來十分懦弱的子嬰手中。武帝時的公孫賀深知做丞相的艱難，以做丞相為人生最大的不幸，公元前一〇三年，武帝命公孫賀做丞相，公孫賀長跪不起，邊哭邊磕頭，請求饒恕，允許他不做丞相，武帝不許。公孫賀為相小心翼翼，勉強支持了十二年，最後還是未免厄運，父子雙雙被殺。

雖則如此，但歷史上的政治舞臺從來不見空過，人們無不嚮往，所謂中原逐鹿，惟恐足不先登。其實為王為相也並非全無好的結果，關鍵在於如何為王，如何為相。如果把為王為相作為斂財的手段，作惡的資本，惟恐斂財不多，惟恐作惡太少，則其覆亡必然，而且必速。也有開始小心謹慎的，然而官場如賭場，到了那步田地，利令智昏，不能自控，於是厄運也就隨踵而至了，揚雄的《太玄》正是對此而發。

班固在《漢書・揚雄傳》中說得好：「雄以為賦者將以風（諷）也……往時武帝好神仙，相如上《大人賦》，欲比風（諷），帝反縹縹有凌雲之志。由是言之，賦勸不止，明矣。又頗似俳優淳於髡、優孟之徒，非法度所存，賢人君子詩賦之正也，於是輟不復為，而大潭思渾天，參摹而四分之，極於八十一。」這就清楚地說明，揚雄曾經想通過辭賦為皇帝進諫，未能達到預期的效果，而且想到當年司馬相如上《大人賦》，本來是想勸武帝不要信神仙方士之術，不想武帝讀後，其趣更濃。想用淳於髡、優孟的隱言滑稽之法，又覺得非賢人君子之正。想來想去才找到這個「參摹而四分之，極於八十一」，仿《易》作《太玄》的辦法。

可見揚雄作《太玄》，完全不在供人占卜，而是啟人之思，是一種仿《易》形式的特殊政論。其目的是要告誡世人，特別是告誡那些位居至極，集天下生殺於一身，生來管人而無人能管的帝王或帝王似的人們，千萬要謹慎從事，儘可能地放慢腳步，不必疾風閃電似地朝自己的終點狂奔迅跑。

因為《太玄》是仿《周易》的作品，一切全在暗示之中。加之揚雄又喜用古字、生僻字，因而就更難理解。正像揚雄在《解難》一文中借客人之口自我責難所說：「客難揚子曰：『凡著書者，為眾人之所好也，美味期乎合口，工聲調於比耳，今吾子乃抗辭幽說，閎意眇指，獨馳騁於有亡之際，而陶冶大爐，旁薄群生，歷覽者茲年矣，而殊不寤。亶費精神於此，而煩學者於彼，譬畫者畫於無形，弦者放於無聲，殆不可乎？』抗者高也，高其辭而深其說，自然就無法懂了，以致歷覽茲年而不寤，等於看無形的繪畫，聽無聲的音樂。揚子對此雖然有自己的解釋，但說服力不強，概括起來是「勢不得已也」。當然是不得已了，揚雄只不過是個隱居朝廷的郎官，有權誅殺他的人比肩而立，他不如此雲裡霧裡，能剩下性命寫書嗎？但揚雄是個不認輸的人，最後借老子的話自我解嘲說：「老聃有言，貴知我者希，此非其操與！」說自己在有意學老子，因為老子的名言是「知我者希，則我貴矣」。老子的邏輯是理解自己的人愈少則自己愈高貴，因為一般人不能理解，甚至是不配理解。

揚雄的《太玄》究竟是何模樣，限於篇幅，不可能全面介紹，今舉第一方第一州第一部第一家為例，並加詮釋，以見揚雄立意之一般。所舉限於《經》文和置於《經》文前的《首》辭，其他各篇概不涉及。

☰，中，陽氣潛萌於黃宮，信無不在乎中。

中，卦名（一作首名）。晉人范望注：「此首名也，一方一州，一部一家。天玄陽家一，水下下象，中孚卦。」《首》是相當《易傳．彖辭》解卦的文字。本是一篇文章，范望作注時拆開分屬各卦，以統括一卦內容。中是什麼？東南西北中，五方之一。五行以中屬土，故中為土。土者吐也，一切因土而生。土者藏也，一切終歸於土。土色為黃故曰黃宮。一切有生命的東西歸根到底都是從地裡長出來的，故曰「陽氣潛萌於黃宮」。因地之歸藏無所不包，故曰「信無不在其中」。《周易》以《乾》卦開篇，起自天；《太玄》以《中》起始，發自地，既與《周易》相對抗，又與《周易》相聯繫。范望以為《中》相當於《周易》的《中孚》卦，此說的根據主要在於二者同一「中」字，不免有望文生義之嫌。

范望作注說：「萬物萌芽於黃宮之中，故名此首為中也。土為宮性，其色黃，故言潛萌於黃宮也。水色玄，為天，天在地外，天玄地黃，是以為經之首。」范望的這條注釋是得其旨趣的，既解釋了首名何以謂中，又解釋了經名何以為玄。

第一贊：「初一，崑崙旁薄，幽。」崑崙即渾淪，《列子．天瑞》：「氣形質具而未相離，故曰渾淪。渾淪者，言萬物相渾淪而未相離也。」萬物相渾論而不相離，指的是萬物渾然一體而未區別為各具形態的物。旁薄即磅礡，指氣勢宏大。幽指隱暗未明之狀。「崑崙旁薄幽」，說的是大氣充塞於宇宙間的萬物萌發茲始狀態，是首辭「陽氣潛萌」的具體化。古來注家皆以「渾淪」指天，以「磅礡」指地，似不全合揚雄原意。揚子的原意是要說明萬物的起始狀態，也就是陰陽二氣未分的狀態。他在努力揉合《乾卦》有關經、傳兩個方面的思想材料，以說明宇宙萬物的起源。可惜他的立足點有問題，因為宇宙萬物自然也包括地，既然陰陽未判，則地也就不存在了。

第二贊：「次二，神戰於玄，其陳陰陽。」這是陰陽分判的形象描寫。陳者示也，有可見之意。意思是說渾淪、磅礡之氣通過神秘的摩蕩分合，於是判分了陰陽。實則揉合了《易傳・繫辭》「是故剛柔相摩，八卦相蕩，鼓之以雷霆，潤之以風雨，日月運行，一寒一暑，乾道成男，坤道成女」的文意。

第三贊，「次三，三龍出於中，首尾信，可以為庸。」三龍古來有各種不同的解釋，但考慮後兩句的句意及參考《太玄文》的有關章節，這裡的三龍就是《周易・乾卦》中的「潛龍」、「見龍」以及或躍在淵的「躍龍」，指人在仕途中所處的不用、始用、大用三個不同階段。信者守也，守所見而無疑也。庸，用也。揚雄《太玄文》：「君子修德以俟時，不先時而起，不後時而縮，動止微章，不失其法者，其唯君子乎？故首尾可以為庸也。」意思是說人無論處在不用、始用或大用的任何一個階段，其知玄知極，知善知惡的思想要信守不變，只有首尾信守，才能首尾可用。言下之意，一旦不守，也就絕無可用。不僅不能用，乃至不能活。這就是揚雄《易》學思想的政治化傾向所在。當然，從陰陽分判到三龍出中，其跨度確實過大，但《易》理本身就帶有幾分玄的色彩，是無法用通常的邏輯來規範的。

第四贊：「次四，卑虛，無因大受，性命否。」謙卑是好的，滿招損，謙受益，自然、社會同屬一理。但「受益」也是有限度的。水趨下是水的特性，卑虛受益是卑虛的特性，但當水一旦將卑虛灌滿而卑虛自己不加節制，還在一味接受，則水給卑虛帶來的將不是益，而是損，甚至是大損。所以說「無因大受，性命否。」因者故也，「無因大受」說的是無緣無故而過多的接受。「性命否」是說其性其命必否。天下事都是有因有故的，在自然謂之規律，在社會謂之法規，在人情謂之情理。有緣有故是合理的，無緣無故是違理的。無緣無故的接受，已經違規，何況「大受」？無故獲利謂之不義之財，無故收受他人錢財謂之受賄，無故升遷謂之權力走私。所有這些，都在無因之列。無因而受謂之違理，無因而大受謂之罪惡；凡罪惡都應得到懲罰，所以有咎。

第五贊：「次五，日正於天，利以其辰作主。」這是《周易》中的九五之卦，是人位之極的象徵，比之自然如日中天，比之於時正值正午。范望注曰：「五為天子，曰，君象也。五亦為土。君而有土，參明於日，故為天子也。中央之位，四方之所歸，故為主也。日之加，光紹天下，主正四方，故云利也。」需要補充作解的「利以其辰作主」

一句。辰者時也。這正天位，為人主也不是無條件的，條件就是「時」。因其時而做，也就是該做的時候才做，不該做的時候，則不能做。什麼是該做的時候？百姓需要的時候，社會需要的時候。反之就是不該做的時候，這就叫做「以辰作主」，如此才能「利」，既利於己，更利於人。

第六贊：「次六，月闕其博，不如開明於西。」葉子奇注：「六在『中』之偏，盛之極，在水行，月，水之精，盛極故缺也。缺則浸消而至於晦，不如開明於西之漸盈也。《玄》以此贊當冬至子之半，蓋陰退一分而陽始生一分也。」《太玄圖式》將八十一首的七百二十九贊分主一年，每兩贊主一晝夜，共三百六十四日半，以夜半為一天的開始，以朔旦為一月的開始，以冬至為一年的開始。開篇的「中」自然是一年的開始，冬至日。「次五」是冬至日的午夜。「次六」自然略有所偏了，所以說「在中之偏」，雖然是極盛，但已開始衰退了。就在月亮開始西斜的時候，太陽開始上升。同樣，當太陽開始西斜的時候，月亮又悄悄地升起了。一日如此，一月如此，一年如此。比之人事，考之萬物，無不如此。正當某事某物發展到頂點的時候，它的衰退也就隨之開始；與此同時，取代它的新事物也就在人們不注意的地方悄悄地發生、成長了。這就是自然，也就是歷史，是誰也改變不了的法則，也是揚雄「炎炎者滅，隆隆者絕」的細微觀察之所得。炎炎的烈火從什麼時候起開始走向熄滅的呢？從它火焰最高最猛的時候。隆隆的雷聲是從什麼時候開始走向停息的呢？從它聲音最重最響的時候。人的生命從什麼開始走向衰退的呢？從生命力最為旺盛的時候。

第七贊：「次七，酋酋大魁，頤水包貞。」酋，雄也；酋酋，高大貌。頤，養也。高大雄武的身軀，或與之類似的高貴威嚴的爵位，靠什麼來保養、來維持呢？靠的是水一樣的柔和與寬容。《老子》云：「天下莫柔於水，而攻堅強莫之能勝。」揚雄在《太玄文》中自己解釋說：「酋酋之包，何為也？曰仁疾乎不仁，誼（義）疾乎不誼（義）。君子寬裕足以長眾，和柔足以安物，天地無不容也。不容乎天地者，其唯不仁不誼（義）乎？故水包貞。」惟有和柔寬裕，有水一樣的情性和胸懷，才能包你不敗。

第八贊：「次八，黃不黃，覆秋常。」覆者敗也。當黃而不黃，即當熟而無有可熟，便是敗壞了秋收的常道。揚雄自己解釋說：「黃不黃，失中德。」什麼叫失中德？范望作注：「宜中不中，故失德也。」凡物都有中，都應該「宜」，而《易》最強調中，故中不存在宜不宜的問題。中者正也，應有的德謂之中德。以人事言之，內在謂之德，外化謂之責任，君有君的責任，臣有臣的責任，民有民的責任，當盡的責任而不盡，就謂之「失中」。後世韓愈在《原道》一文中概括君、臣、民的職責說：「是故君者，出令者也；臣者，行君之令而致之民者也；民者，出粟米麻絲、作器皿、通貨財以事其上者也。君不出令，則失其所以為君，臣不行君之令而致之民，則失其所以為臣；民不出粟米麻絲、作器皿、通貨財以事其上，則誅。」韓愈雖然解釋了三者的職責，但對君、臣缺乏必要的責任制約。「君者，出令者也」，似乎有了職責，但不出治命盡出亂命怎麼辦？「臣者，行君之令而致之民」，如果為虎作倀，助桀為虐，或搜刮民財，以公營私，又怎麼辦？「民不出粟米麻絲、作器皿、通貨財以事其上，則誅」，若君出亂命、臣行亂命，致使惡吏橫行，冤獄遍地，則其為君，為臣者又該怎麼辦？韓愈之所以只能成為韓愈，就在於本末倒置，韓愈的《原道》是寫給普通百姓讀的，而揚雄的《太玄》是寫給主宰百姓的君上讀的。從來社會之患不在於民，而在於君，君亂而後官亂，官亂而後民亂，民亂而後國亂。

第九贊：「上九，巔，靈氣形反。」范望注：「九為金，萬物之所終，九贊亦終於九也。巔，下也。死，氣為魂，形為魄。魂登於天，魄歸於地，故言及也。登則為神，故謂之靈也。」九為金，金屬冬，一年之終；金主殺，故曰萬物之終。一卦九贊，故又是一卦之終，但巔不是下。山頂曰巔，指的是人的生命的終點。終點如何？自然是死了。人死了會怎樣呢？靈氣與形，各歸原處。用的是《易傳．繫辭》「原始反終，始知死生之說」之意。《禮記．郊特性》：「魂氣歸於天，形魄歸於地。」《淮南子》：「天氣為魂，地氣為魄。」靈氣即魂氣，亦即人的無形的精氣。形指有形的骨骸。人死，無形的精氣擴散大氣之中，所以說「登於天」，骨骸埋在地下，所以說「歸於地」。

死確實是萬物之所終。以人論之，無論他一生如何轟轟烈烈，或平淡無奇，最後的結局無不「魂氣歸於天，喪魄歸於地」。死雖然同，但其價值則有輕重之別，故太史公有泰山、鴻毛之論。一般人也就不足論了，為人君、為人上者，一生因權力的支撐而轟轟烈烈，然而死時究竟能給他人留下什麼，給自己又留下什麼呢？這些似乎都在揚雄總結「一家」的「巔」字中有所暗示了。

對揚雄《太玄經》的評價，歷來褒貶不一，大抵漢人多褒而宋人多貶。王充評價說：「陽成子長作《樂經》，揚子雲作《太玄經》，造於眇思，極窅冥之深，非庶幾之才不能成也。孔子作《春秋》，二子作兩經，所謂卓爾蹈孔子之跡，鴻茂參貳聖之才者也。」（《論衡・超奇篇》）以為《太玄經》是繼孔子作《春秋》之後足能與孔孟相比的著作。張衡則說：「吾觀《太玄》，方知子雲妙極道數，乃與《五經》相擬，非徒傳記之屬，使人難論陰陽之事，漢家得天下二百歲之書也。」（《後漢書・張衡傳》）張衡以為是足可與《五經》相比的漢之二百年來第一部好書。

當然，漢人也有持否定態度的，如揚雄的同事劉歆曾當面對揚雄說：「空自苦！今學者有祿利，然尚不能明《易》，又如《玄》何？吾恐後人用覆醬瓿也。」其實劉歆說的也是老實話。《周易》是朝廷立了學官的，學者有俸祿，尚且人畏其艱深而少有人弄得明白，何況比《周易》更難懂而又無官費資助的《太玄》？所以劉歆擔心揚雄辛辛苦苦寫出的這部《太玄經》將來只有用來作醬瓶蓋了。揚雄對此，「笑而不應」。這不應也可能有瞧不起的意思，因為劉歆是緊跟王莽的，被奉為國師。

比之漢人，宋人的評價就差得多了。邵雍說：「洛下閎改顓帝曆為太初曆，子雲準太初而作太玄，凡八十一卦，九分其兩卦，凡一五隔一四，細分之則四分半當一卦。氣起於中心，故首《中卦》，太玄九日當兩卦，餘一卦當四日半。揚雄作《玄》，可謂見開地之心者也。」邵雍雖然肯定《太玄》，但主要肯定他知太初曆法，並與自己的推算作了比較，「可謂見天地之心」是肯定他以《首卦》起篇的得當。對《太玄》予以全面否定的是程頤。程頤說：「作《太玄》本要明《易》，卻尤晦於《易》。其實無益，真『屋下架屋，床上疊床』。他只是於《易》中得一數為之，於曆法雖有合，只是無益。今更於《易》中推出來，做一百般《太玄》亦得，要尤難明亦得，只是不濟事。」（《程氏遺書》）卷十九）

程頤的批評有對的一面，這就是「本要明《易》而尤晦於《易》」，就是說本來用來說明《易》的，但卻比《易》更晦澀難懂，因此無益，等於在屋下再起屋、床上再架床，全是無用之功。說比《易》更加難懂是實，但說「本要明《易》」就不是事實了，因為揚雄在他的《解嘲》中說得十分清楚，他是仿《易》，並不是解《易》。所以，難懂是《太玄》的缺點，明《易》卻不是它的任務。批評中也有不實事求是的一面，如說「今更於《易》中推出來，做一百般《太玄》亦得」。一百般就是一百種，不要說再從《周易》中推出一百種來，就是讓他程頤再推出類似《太玄》的一種，恐怕也有難度。

攻擊《太玄》最為激烈的，莫過明代的王夫之了。他在《周易外傳・繫辭上傳第四章》中批了何承天等人的卜筮方法之後說：「乃其尤倍者，則莫劇於《玄》焉。其所仰觀，四分曆粗率之天文也；其所俯察，王莽所置方州部家之地理也，進退以為鬼神，而不知神短而鬼長；寒暑以為生死，而不知冬生而夏殺。方有定，而定神於其方；體有限，而限《易》以其體，則亦王莽學周公之故智，新美雄而雄美新，固其宜矣。」

王夫之如果從占卜的角度批評《太玄》粗率，是責無旁貸的，因為作占卜之用，《太玄》與《周易》確實不能相提並論。但從政治上批評揚雄與王莽相唱和，是「新美雄而雄美新」，似有失公允。王莽上臺之後，揚雄未曾得過任何好處，反而因甄豐的案子嚇得跳樓自殺。至於《太玄經》的方、州、部、家是否取之於王莽的行政建制，也非全是事實。天鳳元年（公元十四年）王莽還以天下「合百二十有五郡，九州之內，是二千二百有三。」天鳳三年（公元十六年）五月定吏祿制度，才有「東岳太師立國將軍東方三州一部二十五郡，南岳太傅前將軍保南方二州一部二十五郡，西岳國寧始將軍保西方一州二部二十五郡，北岳國將衛將軍保北方二州一部二十五郡」的說法，但有東南西北四方，而不是三方；部下是郡，而不是家。王莽在地名上是花時間極多的，往往官員任命定了，因地名未定，一等半年。而揚雄死於天鳳五年（公元十八年），這時全國的地方體制是否已經定局，還很難說。即便定了，以《太玄經》的規模，也不是一年半載就能寫好的。特別值得注意的是揚雄的寫作目的，他的目的是要對皇帝有所諷諫，而使他感受最深的是臨近滅亡而又以聖君自許的漢成帝。王莽新即位，揚雄開始時對王莽還抱有希望，作《劇秦美新》，故《太玄經》決不是針對王莽而作；如若針對王莽應該歌頌，而不是譏諷，以此作為訣莽的證據是不合事實的。

那麼，《劇秦美新》是否可以作為訣莽的證據呢？既然題為美新，自然是歌頌新莽了。不過那是在王莽的初期。其實不只揚雄，不少學人都對王莽寄予希望，因為王莽不僅是個陰謀家，而且是個大膽的改革家，而他的改革又都是以古制、以儒家經典為據的，熟悉古制而又嚮往古制的儒生們自然要擁護了。王莽改制失敗，改革家的銜頭沒有了，剩下個陰謀家的稱號被人唾罵。不過王莽也有貢獻，他最大的貢獻是使書生們謹慎起來了，從此不敢輕易言齊家治國平天下，於是中國歷史上的學風為之一轉。

【註 釋】

❶ 林忠軍《象數易學發展史》第一卷，第六十八頁，齊魯書社一九九四年七月第一版。

❷ 羑里：古地名，在河南湯陰。傳說周文王曾被紂關在那裡。

第十章　理學與易學

從漢朝滅亡到北宋建立前，易學史上主要是「晉唐玄學易」，儒學易並未占據主流社會思潮（主要是指「魏晉玄學」和「隋唐佛學」），因此，本書不予論及。公元九六〇年，趙匡胤發動陳橋兵變，建立了宋朝。宋朝初期，儒、道、佛三教並存的多元文化格局，使文化創造活動空前繁榮，北宋王朝積極推行以文立國的方針，重用文人，推崇儒學，開始了復興儒學的運動。儒學的興盛成為一股潮流，但佛、道的影響卻阻礙著儒學的全面復興。佛教和道教都有一套使人感到高深莫測的思辨哲學體系，它們的宇宙論、本體論、人性論等都有抽象的理論思維作論證，而相較之下，儒學則顯得過於直觀單薄，缺乏哲學的思辨性，因而在佛、道的理論挑戰面前，建構一套擁有理論思辨色彩的新儒學就成了當務之急。

從宋太祖初期到宋仁宗末期，復興儒學的運動達八十多年，但效果並不佳，仁宗慶歷年間，社會危機四伏，內憂外患，以范仲淹為首的一批儒臣發出了「先天下之憂而憂，後天下之樂而樂」的改革呼聲，朝野上下產生了一股「居廟堂之高則憂其民，處江湖之遠則憂其君」的強烈的憂患意識。這與《周易》「憂患之學」正相合拍，於是改革時弊、弘揚易學、復興儒學就成了三位一體的事業。在「泛通《六經》，尤長於《易》」的范仲淹的倡導和思想影響下，經過一批門生和支持改革者的不斷努力，終於創立了新儒學的思想體系——理學。

所謂「理學」，張恆壽先生認為其共同精神有二：「(1)世界是真實而不是虛幻的，人的道德在宇宙中有其根源，應以身心性命的修養踐履為本，達到優入聖域的境界。(2)道德修養不侷限於內省修身範圍，必須和人倫日用，治國淑世的事業結合起來，完成有體有用之學。」❶因此理學與易學有著天然的不可分割的關係。

一、范仲淹——理學的先驅

北宋理學思潮的興起，是宋初以來復興儒學運動的產物。其中興於慶歷年間，與慶歷新政的領袖范仲淹的倡導和力行是分不開的，可以說范仲淹是理學的重要先驅者之一。

(一)儒學復興運動的倡導者

范仲淹（九八九—一〇五二年），字希文，謚文正，祖籍邠州（今陝西彬縣）。他出生後的第二年由於喪父，其母改嫁到山東淄州長山縣一戶姓朱的人家，因此，他隨母

親來到朱家改名朱說。（見圖10－1）

范仲淹讀書十分刻苦。據宋釋文瑩《湘山野錄》記載，范仲淹曾在一家寺院讀書，經常煮一鍋粥飯，待粥冷卻後用刀劃成四塊，早晚服用兩塊，再加一點鹼菜，便是一天的飲食。《宋史・范仲淹傳》說他「以糜粥繼之，人不能堪，仲淹不苦也。」經過不懈地苦學，范仲淹對儒學經典相當精通，「泛通六經，尤長於《易》」，終於在宋真宗大中祥符八年（一〇一五年）通過了禮部的省試，又經真宗在崇政殿復試，考取了進士，走上了仕途。

圖10　范仲淹

當時，儒學名義上是正統學術，但並不被人們所重視。一般的讀書人，關注的是科舉時文，而上層的統治者則更看重黃老之術。儒、道、佛三家都同時流行於世，思想界相當活躍，人們完全可以各取所需。這種局面在宋初延續了近八十年，直到宋仁宗時期，一批憂國憂民的讀書人和有識之士積極倡導復興儒學，要求恢復儒學真正的正統地位。范仲淹便是倡導復興儒學的著名領袖人物之一。

范仲淹積極倡導復興儒學，主要原因是內憂外患的政治危機，嚴重威脅著宋王朝的統治。是改革現狀還是維持現狀呢？一批朝中重臣出於自身的所得利益考慮，一心想維持宋初以來的黃老統治思想，因循守制，反對改革。而另一些中下層官僚看到危機四伏的政治現實，強烈要求根據儒家易學「窮則變，變則通，通則久」的思想變革時政。范仲淹於天聖五年（一〇二七年）的《上執政書》中就明確提出，黃老遵守成規的統治思想不過是權宜之計，而儒家的「修理政教，製作禮樂」才是真正的治國之道（《范文正集》卷八）。為此必須大辦教育，以儒學經典為讀本，通過教育達到改革時弊、提高臣民素質的目的。

范仲淹用復興儒學為旗幟，主持了著名的「慶歷新政」。在新政實施過程中，他身體力行地以儒學為理論武器，跟各種思想展開了激烈的鬥爭。儘管「慶歷新政」很快就在反對派設下的層層阻力下夭折了，但作為「慶歷新政」所倡導起來的復興儒學的思想卻產生了深遠的影響，成為理學出現的前奏曲。

(二)儒家易學思想的繼承者

范仲淹對易學下過一番苦功夫，其治《易》的取向是儒家易學，他是通過易學講儒學義理，開了宋儒義理易的先河。

范仲淹專門寫有四千餘字的《易義》著作，對《易經》的乾卦、咸卦、恆卦、遁卦、大壯卦、晉卦、明夷卦、家人卦、睽卦、蹇卦、解卦、損卦、益卦、夬卦、萃卦、升卦、困卦、井卦、革卦、鼎卦、震卦、艮卦、漸卦、豐卦、旅卦、巽卦、兌卦等二十七卦進行了簡明扼要的解釋。其解釋純粹是卦義的發揮，不求字詞的疏解，故曰《易義》。如解乾卦說——

乾上乾下，內外中正，聖人之德，位乎天之時也。德內也，位外也。九二，君之德；九五，君之位。成德於其內，充位於其外。聖人之德，居乎誠而不遷，有時捨之義，故曰：「見龍在田」。德昭於中，故曰：「利見大人」。天下文明，君德也。聖人之位，行乎道而不息，有時乘之義，故曰：「飛龍在天」。位正於上，故曰：「利見大人」。乃位乎天德，於是乎位矣。或者泥於六位之序，止以五為君。曾不思始畫八卦，三陽為乾，君之象也，豈俟於五乎？三陰為坤，臣之象也，豈俟於四乎？震為長子，豈重其卦而始見長子乎？明夫乾君之象，既重其卦，則有內外之分。九二居乎內，德也；九五居乎外，位也；餘爻則從其進退安危之會而言之，非必自下而上次成之也。如卦言六龍，而九三不言龍而言「君子」，蓋龍無乘剛之義，則以君子言之，隨義而發，非必執六龍之象也。故曰：「《易》無體。」而聖人之言豈凝滯於斯乎！

解家人卦說——

家人陽正於外，陰正於內，陰陽正而男女得位，君子理家之時也。明乎其內，禮則著焉；順乎其外，孝弟形焉。禮則著而家道正，孝弟形而家道成。聖人將成其國，必正其家。一人之家正，然後天下之家正。天下之家正，然後孝弟大興焉，何不定之有！

解升卦說——

升地中生木，其道上行，君子位以德升之時也。夫高以下為基，木始生於地中，其舉遠矣。聖人日躋其德而至於大寶，賢者日崇其業而至於公圭，以順而升，物不距矣，故爻無凶咎。

解艮卦說——

艮止之道，必固時而存之。時不可進，斯止矣。高不可亢，斯止矣。位不可侵，斯止矣。欲不可縱，斯止矣。止得其時，何咎之有！故曰：「時止則止，時行則行。動靜不失其時，其道光明。」非君子，其孰能與於此乎？

解漸卦說——

女生而知其嫁也，必漸而及時，然後有歸焉。君子學而知其仕也，必漸而成德，然後有位焉。故升高必自下，陟遐必自邇。乾陽漸進而至於在天，坤陰漸進而至於堅冰。天地不能踰，而況於人乎！

……

透過以上所舉卦義，可以看出范仲淹是以儒家的眼光看待卦義的，其在解釋卦義中提出的諸如「聖人之德，居乎誠而不遷」、「聖人將成其國，必正其家」、「聖人日躋其德而至於大寶」、「欲不可縱，斯止矣」、「君子學而知其仕也，必漸而成德」等思想，明顯是儒家易學的繼承和發揚。其中「欲不可縱，斯止矣」的「止欲」思想實開宋明理學「無欲故靜」和「存天理、滅人欲」之禁欲主義先導。

范仲淹的易學著述還有《四德說》、《乾為金賦》、《易兼三材賦》、《天道益謙賦》、《窮神知化賦》、《蒙以養正賦》、《水火不相入而相資賦》等。後面的幾篇賦探討了一些哲學本體論和認識論問題，與理學開山周敦頤對大本大源宇宙論和人性論的探討有一致性。如周敦頤很看重《周易‧說卦》提出的「立天之道曰陰與陽，立地之道曰柔與剛，立人之道曰仁與義」命題，專門作《太極圖說》解釋這個命題，這明顯受到范仲淹的影響。范仲淹就曾專門作《易兼三材賦》解釋過這個命題。

他說：「若乃高處物先，取法乎天。所以顯不息之義，所以彰行健之權。保合太和，純粹之源顯著；首出庶物，高明之象昭宣。此立天之道也，御陰陽而德全。又若卑而得位，下蟠於地。所以取沉潛之體，所以擬廣博之義。宛然不動，既侔厚載之容；感而遂通，益見資生之利。此立地之道也，自剛柔而功備。於是卑高以陳，中列乎人。剛而上者宜乎主，柔而下者宜乎臣。慎時行時止之間，寧迷進退；察道長道消之際，自見屈伸。此立人之道也，教仁義而有倫。」對天、地、人「三材之道」作了三位一體的解釋，認為「通彼天、地、人謂之《易》，」這是完全符合儒家易學思想的，雖然亦或多或少帶上了理學這種時代精神色彩。

因此，《宋元學案》把周敦頤列為范仲淹的「高平講友」，揭示了其思想相似的一面，說明從范仲淹到周敦頤其宋學精神是一脈相續的。

二、周敦頤引易立論——理學的開創

在范仲淹等慶歷新政思想家們「重《易》」思想的影響下，周敦頤引《易》立論，成為「宋理學之宗祖」（見《性理精義》康熙語）。

(一) 瑤家儒者

周敦頤（一〇一七—一〇七三年），本名敦實，後避英宗諱而改名，字茂叔。學者稱其為濂溪先生。南宋寧宗嘉定十三年（一二二〇年）賜諡「元公」，理宗淳祐元年（一二四一年）追封「汝南伯」（見圖10—2）。

圖 10–2　周敦頤

南宋著名學者度正曾作《濂溪先生年譜》，對周敦頤的家世作過認真而詳細的考證，認為「宋真宗天禧元年丁巳五月五日，先生生於道州營道縣之營樂里樓田保。」❷《宋史·周敦頤傳》亦說：「周敦頤，字茂叔，道州營道人。」（《宋史》卷四百二十七《道學傳》）道州營道營樂里樓田保，即今湖南省道縣久佳鄉樓田村。「營樂里」的名稱今已不復存在，但樓田村附近有個村寨還稱「營樂源」（當地土話「營樂源」和「營樂里」讀音相近）。營樂源一帶毗鄰江永縣和廣西灌陽縣，是宋代著名的「道州千家峒」（或稱「灌陽千家峒、江永千家峒」）瑤家村寨分布地之一。瑤族珍藏歷史文獻《始祖遺傳箇歷》、《千家峒源流記》和《千家峒古本書》經常提到「營樂源」——「忽一日重兵來到道州容羅嶺村上紮營」，「道州太陽（爺）差兵來看，容六嶺小招兵」、「兵將數千駐紮於茶羅嶺」、「天皇兵來到道州容落嶺村上紮營」，這裡的「容羅嶺」、「容六嶺」、「茶羅嶺」和「容落嶺」就是《濂溪先生年譜》講的「營樂里」，也就是今天的營樂源、樓田村一帶。這一帶由於沒有受到五代戰亂的影響，在宋朝時相當富庶，據瑤族文獻記載，這裡「山環水秀、地廣人豐」，「森林茂密，土地肥腴，植物豐富」，千家峒瑤民「開荒種稻植物數千，老少安居樂業」，過著和睦相處，團結友愛的「桃花源」式的生活❸。

周敦頤就是出生在這塊富饒的千家峒瑤家村寨裡，並在這裡生活了十五年，度過了他美好的童年和少年時期。梁師紹輝先生著《周敦頤評傳》❹在正文前有兩幅彩照《鳥瞰敦頤故里》和《濂溪故里》，這兩幅彩照所反映的就是周敦頤的出生地——山清水秀的「瑤族千家峒」景色。在這片富饒的瑤族千家峒裡，有一個被稱之為「月岩」的山洞，離周敦頤的位於濂溪河畔的故宅不到十里路，周敦頤少年時代經常來此讀書。宋度正《年譜》載：「先生好遊其間，相傳睹此而悟太極」，以為周敦頤之所以能創作出博大精深的《太極圖》跟這個月岩有關（見圖10—3，朱宇南先生繪）。這個月岩洞著實

圖 10-3　月岩悟太極

有些特別。洞有東西兩個洞門，東洞門高四十公尺，寬二十九公尺，長二十八公尺，西洞門高九十二公尺，寬七十二公尺，長八十五公尺。中央是一個石壁環合，光頂空圓的大廳，長一百八十公尺，寬一百六十公尺。主洞中橫亙一條南北走向隆起的小山埂。從西洞口橫穿洞至東洞口，觀察所見天空的形狀，宛如一個月內月相的變化，在西洞口一帶，見到的天空是主洞的西邊半圓形和東邊山埂（即山地西坡），當然形如上弦月。開始是一彎明月，狀如娥眉。從西往東走「明月」逐漸由缺而圓。到了主洞當中，見到的是主洞圓形洞口，猶如滿月當空的望月。再往東行見到的是主洞東邊半圓形和西部山埂（即山埂東坡），當然形如下弦月。繼續朝東行，「明月」由圓而缺，至東洞門口時又呈現出娥眉形。因為洞內所見天空形狀變化酷似月相交替，所以取名為「月岩」。《徐霞客遊記》稱讚說：「永南諸岩殿景，道縣月岩第一。」周敦頤因為在愛遐想、好奇的少年時代常來洞中讀書，當然對月岩的奇妙之處印象深刻，以致終身難忘，在創作《太極圖》時從中得到一些啟迪，決不是不可能的。因此說瑤家的「山山」（月岩）「水水」（濂溪）養育了周敦頤，確是事實（周敦頤晚年定居廬山，以家鄉的「濂溪」為其書堂命名，可見其對家鄉山水之難忘。）他一輩子都喜歡「山水之遊」，這無疑與少年時代生活的環境有密切的關係，所以說周敦頤是名副其實的「瑤家儒者」。

(二)濂溪易學主題解

周敦頤的易學思想主要包含在其著作《太極圖說》、《愛蓮說》和《通書》中，史稱「濂學」即濂溪易學。

周敦頤易學是圍繞「如何實踐《易經》聖人之道，以恢復禮義之邦」的主題展開的。當時的北宋是一個內憂外患的時代。一方面宋王朝尚未實現國家統一，西夏又經常發動戰爭；另一方面社會道德不振，中華「禮義之邦」受到了日益墮落的社會風氣的破壞。面對這樣的社會現實，當時有不少仁人志士都在想方設法探索「如何實踐儒家聖人之道，以恢復禮義之邦？」

周敦頤首先從儒家「六經之首」的《易經》中發現了「聖人之道」的精微，提出了「濂學」思想，打破了「聖學不昌」和「道統幽暗」的局面，實現了「聖人之道」的復明，成為「上承孔孟、下啟程朱」的「宋理學之宗祖」。黃百家指出：「孔孟而後，漢儒只有傳經之學，性道微言之絕久矣。元公崛起，二程嗣之，又復橫渠諸大儒輩出，聖學大昌。故安定、徂徠卓乎有儒者之矩範，然僅可謂有開之必先。若論開發心性義理之精微，端數元公之破暗也。」」（《宋元學案》卷十一）誠乎如此。

周敦頤圍繞「如何實踐《易經》聖人之道，以恢復禮義之邦」的主題，闡述了自己的易學思想，主要有「四論」即君子人格論、養心主靜論、師道正蒙論和復禮變樂論。

1.君子人格論

為了實踐聖人之道，恢復中華禮義之邦，周敦頤提出了「君子人格論」，號召人人都要學君子、做君子。他對君子人格作了「五不」規定（原文見《周濂溪集》卷八）：

一是「不染」，「出污泥而不染」。要有抗干擾的能力，雖為「污泥」所包圍，仍保持不同流合污的品格。不貪亦不亂，清白一身。

二是「不妖」，「濯清漣而不妖」。妖者，怪異、邪惡也。《荀子》：「口言善，身行惡，國妖也。」口是心非，言行不一，口蜜腹劍，是內心之妖；故意做作，過份打扮，舉止輕浮，是外表之妖。

三是「不蔓」，「香遠益清，亭亭淨植」。蔓就是攀附。不趨炎附勢，不巴結獻媚，不點頭哈腰，不賣身求榮。

四是「不枝」，「中通外直」。不節外生枝，不搞小動作，不拉幫結派，不親近疏遠，不花枝招展、金玉其外敗絮其中。

五是「不可褻玩」，「可遠觀而不可褻玩」。要能敬人，也能自尊；要仁愛人也要自愛。保持操守，不受屈辱；獨善其身，不玩物喪志，要堂堂正正做人。

以上「五不」規定，只要認真分析，不難發現它實際上已經包括了為人、為事、為政、為國諸多方面。為人要「不妖」，不嘩眾取寵、欺騙朋友。為事要「不染」，不能見利忘義、唯利是圖。為政要「不蔓不枝」，不因人而劃線，要任人為賢，舉賢而用。為國要「不可褻玩」，維護中華民族之大義，保持主權地位，要讓中華禮義之邦屹立於世界之林。這樣，人人學君子、做君子，本著《易經》「天行健，君子以自強不息」的精神，恢復中華禮義之邦就會大有希望。

2.養心主靜論

要做聖賢君子必須加強道德修養。周敦頤提出了「養心」、「主靜」的修養方法。他說：「孟子曰：『養心莫善於寡欲，其為人也寡欲。雖有不存焉者，寡矣；其為人也多欲，雖有存焉者，寡矣。』予謂養心不止於寡焉而存耳，蓋寡焉以至於無。無則誠立、明通。誠立，賢也；明通，聖也。是聖賢非性生，必養心而至之。養心之善有大焉如此，存乎其人而已。」（《周濂溪集》卷八）把「養心」看作是達到聖賢之道德境界的方法。只有「養心」才能做到「無欲」，保持君子之浩然正氣。為此，周敦頤又提倡「主靜」，他說：「聖人定之以中正仁義而主靜，立人極焉。」「養心」和「主靜」是緊密聯繫著的。他說：「聖可學乎？曰：可。曰：有要乎？曰：有。請問焉。曰：一為要。一者，無欲也。無欲則靜虛動直，靜虛則明，明則通；動直則公，公則溥。明通公溥，庶矣乎！」（《易通・聖學》）周敦頤認為「聖可學」，只要不斷加強道德修養，通過「養心」就能做到「無欲」進而就能身心清明，寧靜致遠，做一個有聖賢之道的君子了。周敦頤的主靜論是根據《易經》的「艮」卦思想提出來的。他說：「艮其背，背非見也，靜則止，止非為也，為不止矣。其道也深乎！」（《易通・蒙艮》）

我們知道，艮卦的卦畫是上艮下艮，艮為山，山乃靜止不動之物，故曰：「靜則止，止非為也。」人的精神狀態倘能經常保持「靜」，則能得到心明而不亂為之效。通過「寂靜不動」的「靜」，就能達到更高的「誠」的境界。他說：「寂然不動者，誠也」（《易通・聖》）而「誠者，聖人之本」（《易通・誠上》），誠心專一是做君子聖人的根本所在。「聖，誠而已矣。」這樣，通過「養心」、「主靜」而至「誠」，是做君子的一條有效修養途徑和方法。而這正是周敦頤深悟易道所體會出來的，所以周敦頤講「大哉易也，斯其至矣」，「其道也深乎！」他認為易道廣大，要人們認真領會，努力實踐之。

3.師道正蒙論

要實踐《易經》聖人之道，恢復中華禮義之邦，必須重視教化。為此，周敦頤提出師道正蒙論，強調立師道、正童蒙，教育人們改惡從善，達到高尚的道德境界。

周敦頤根據《易經》的「蒙」卦思想認為：「人生而蒙，長無師友則愚。是道義由師友有之。」（《易通・師友下》）人幼小時候是「蒙」然無知的，沒有師友的教育輔導，長大了還是不免於「愚」，有了師友的教育輔導，就能夠身有「道義」，身有「道義」，則「貴而尊」，可以教化了。他說：「童蒙求我，我正果行」（《易通・蒙艮》），「正蒙」是十分重要的。而要「正蒙」必須立師道。他認為：「曷為天下善？曰：師。」（《易通・師》）師道樹立起來善人才會多起來。他指出：「師道立則善人多」，這樣天下之人都講禮義行善德，中華恢復禮義之邦就大有希望了。「故聖人立教，俾人身易其惡，自至其中而止矣。」（《易通・師》）

每個人都要接受禮義道德的教育，改正不良（「惡」）思想，這樣才能做君子，實踐《易經》聖人之道。周敦頤為此又進一步提出德化思想。他說：「聖人在上，以仁育萬物，以義正萬民。天道行而萬物順，聖德修而萬民化。」（《易通・順化》）聖人修仁義之德，萬民就能夠接受教化，就能夠化而為善。這樣人皆從善，則人人能心誠（「心誠」即「復其本善之動而已矣」），恢復禮義之心，國家就有道德風尚而可治矣。社會道德風尚一旦能復明，恢復中華禮義之邦當是大有希望的。

4.復禮變樂論

浩浩中華是歷史悠久的文明古國，素以「禮義之邦」而立於世界之林。要改變不良的社會風氣，重振道德，必須恢復中華傳統之禮義。周敦頤為此提出了他的「復禮變樂論」。

周敦頤認為，恢復中華禮義之邦，必須恢復被破壞了的從前維持社會一體性那種道德標準即「古禮」。他認為「後世禮法不修」，因而「縱欲敗度」之風盛行，他強

調：「不復古禮，不變今樂，而欲至治者，遠矣。」（《易通‧樂上》）

周敦頤提出：「古者聖王制禮法，修教化，三綱正，九疇敘，百姓大和，萬物咸若。」（《易通‧樂上》）這就是說，古代聖人王天下，修明德教化，三綱得正，九疇得敘，民無不和，萬物無不順。古代之所以有這樣的「禮義之邦」，首先是由於「聖王制禮法」的緣故。何謂「禮」也？周敦頤說：「禮，理也……陰陽理而後和。君君臣臣，父父子子，兄兄弟弟，夫夫婦婦，萬物各得其理然後和。」（《易通‧禮樂》）

他認為，君要像一個君，臣要像一個臣，父要像一個父，子要像一個子，夫要像一個夫，婦要像一個婦；人倫之間，各得其理，各安其分，各盡其道，各循其序，這樣各人處在各人自己相應的位置上不越禮犯分，就能保持社會的「大和」，社會風氣就會好起來。否則，是很難扭轉社會風氣的。

針對社會上到處流行「妖淫愁怨」的所謂「新聲」（新音樂），而這種「新聲」，「導慾增悲」，使人縱慾肆情而「不能自止」，助長了社會上「輕生敗倫」風氣的情況，周敦頤主張「復古禮」的同時，必須「變今樂」。他嘆息說：「嗚呼！樂者，古以平心，今以助欲；古以宣化，今以長怨。」（《易通‧樂上》）

他認為「變今樂」對扭轉社會風氣關係重大，堅決反對靡靡之音敗壞社會風氣，強調要製作有益於身心健康、陶冶人們情操的「樂聲」。由於他這種「復古禮、變今樂」的強烈呼籲，其弟子二程續之，後學朱子繼之，因而宋學精神大放異彩，他開創的宋理學——新儒學（Neo Confucian，不是New Confucian）在宋明時期對恢復中華禮義之邦起了不可估量的作用。

三、《周易程傳》——理學的奠基之作

《周易程傳》的作者是「二程」之一的「小程」——程頤（一〇三三—一一〇七年），字正叔，學者稱其為伊川先生（見圖10—4），河南洛陽人。二程之學稱為「洛學」。

圖 10–4 程頤

圖 10–5 程顥

程頤和他的哥哥「大程」——程顥（一〇三二—一〇八五年），少年時代曾受學於周敦頤，程顥（見圖10—5）曾回憶說：「昔受於周茂叔，每令尋顏子仲尼樂處，所樂何事。」（《二

程集》）因此，二程對理學探求先儒聖賢樂處所下的功夫實出自周敦頤的教誨開化。從道統的意義上說，從周敦頤到二程是一脈相承的，儘管學理上各有千秋。如果說周敦頤是理學的開山人物，那麼，二程則可以說是理學的奠基人物。而作為集奠基人思想之大成的代表作《周易程傳》則全方位地展示了理學的風采。

(一) 暮年問世的易學雄文

《周易程傳》問世於程頤暮年。據朱熹所撰程頤《年譜》記載：「元符二年正月《易傳》成而序之。」元符二年為公元一〇九九年，程頤六十七歲。書寫成後，程頤並未將書示人，一直過了七年，因臥床不起才開始傳授給尹焞和張繹，這時他已是七十四歲高齡的老人了，一年後便離開了人間。其弟子尹焞對《周易程傳》評價很高。他說：「先生踐履盡《易》，其作《傳》只是因而寫成」，「先生平生用意，惟在《易傳》，求先生之學者，觀此足矣。」確實，《周易程傳》為程頤研《易》一生的心血結晶，是其歷經憂患、飽受磨難之傑作。如果從其十四歲受業於周敦頤學《易》算起，到其去世，其研《易》有六十年時間，真可謂是「踐履盡《易》」了。

程頤自己也很看重這部著作。他在為該著作作序中說：「前儒失意以傳言，後學誦言而忘味。自秦而下，蓋無傳矣。予生千載之後，悼斯文之湮晦，將俾後人沿流而求源，此傳所以作也。」（《周易程傳・序》）他又說：「某於《易傳》，今卻已自成書，但逐旋修改，期以七十，其書可出。韓退之稱聰明不及於前時，道德日負於初心，然某於《易傳》，後來所改者無幾，不知如何？故且更期之以十年之功，看如何？」（《程氏遺書》卷十七）自視甚高。

據《外書》卷十二記載《周易程傳》的寫作是很嚴謹的：「門弟子請問《周易》事，雖有一字之疑，伊川必再三喻之，蓋其潛心甚久，未嘗容易下一字也。」這是因為程頤內心是把這部著作當作自己思想的代表作來寫作的。

後世君王也十分欣賞此書。清高宗皇帝親筆為《宋版周易程傳》題詩云：「卜筮書違秦火殃，大程平正傳言常。周張朱介三賢卓，凶悔吝中一吉當。開物無為自成務，仰陰有道在扶陽。幽明通以性命順，內聖由來是外王。」（《欽定四庫全書・經部・伊川易傳》）認為這是一本「內聖」貫通「外王」之作。這是很高明的評論。確實程頤的理學就是通過闡明易學的「幽明」大義，把儒家的內聖外王之道加以弘揚的一種「性命」之學。這種通過打通「幽明」、理順「性命」，開出「內聖外王」治世藥方的學術理路，與范仲淹、周敦頤的理學探索是一致的。當時宋王朝內有激烈的黨爭，且彌漫著「西湖歌舞幾時休」的不良社會風氣，外有強敵臨境，呈現出一派苟安殘敗的氣象。

程頤對此是感受很深的，他經歷仁宗、英宗、神宗、哲宗、徽宗五朝，深感理想與現實的嚴重相悖，迫使他通過《周易程傳》的寫作，探索出一條改革時弊、振興儒學的新路來。因此《周易程傳》也就成了理學奠基的經典著作。

(二) 對立統一的易學要義

《周易程傳》四卷洋洋十五萬餘言，但其易學要義在於其陰陽對立統一哲學的全面闡明，有豐富的辯證法思想。他說：「消長相因天之理也。」（《周易程傳・復》）一語道破了他的「天理」之學就是「消長相因」的對立統一哲學。所謂「理必有對待，生生之本也。有上必有下，有此必有彼，有質則有文。一不獨立，二則為文。非知道者，孰能識之？」（《周易程傳・賁》）便是這個哲學建構的大旨所在。對立統一律見之於宇宙萬物、作用於社會人生。程頤通過對立統一律的演說，揭示了天地、人生的一系列哲理。下面分「宇宙的對立統一」、「社會的對立統一」、「家庭的對立統一」三部分闡述其易學要義。

1.宇宙的對立統一

程頤認為，宇宙萬物都不能孤立地存在。他說：「蓋天下無不二者，一與二相對立，生生之本也。一陰一陽，豈可三也。」（《周易程傳・損》）天下萬物都是對立統一的關係。萬物都是相互對立而又相互依存的。這種關係也就是「陰陽」對立統一的關係。他說：「陰陽，對立之物，謂之初也。」（《周易程傳・鼎》）無論是陽還是陰，只要失去了一方，也就失去了另一方，因而就不可能產生宇宙萬物。陰陽對立面是相輔相成的統一體，它是衍生萬物的根本，任何事物的存在與發展都由它決定，故稱之為

「初」，也即是「生生之本」。

他說：「天地陰陽之氣，相交而和，則萬物生成」（《周易程傳・泰》），而「天地之氣不交則萬物無生成之理」（《周易程傳・否》），陰陽的對立統一推動了宇宙萬物的生成、發展和變化。而這種變化是有規律的。他說：「物理如循環，在下者必升，居上者必降……陽降於下，頭復於上，陰升於上，必復於下，屈伸往來之常理也。」（《周易程傳・泰》）又說：「有始則必有終，既終則必有始，天之道也。聖人知終始之道，故能原始而究其所以然。」（《周易程傳・蠱》）宇宙變化的規律是可以把握的，「聖人知終始之道」，肯定了人們掌握自然規律不僅可能而且可以，這是對不可知論的挑戰。從宇宙萬物存在的對立統一規律的認識出發，程頤又進一步揭示了社會各界的對立統一規律。

2.社會的對立統一

程頤認為「天地長久之道，天下常久之理」（《周易程傳・恆》），社會規律與宇宙規律即「理」與「道」是一致的，因此，社會也存在對立統一。

首先，社會存在「尊卑之位」，所以要遵守社會秩序。他說：「天尊地卑，尊卑之位定，而乾坤之義明矣。高卑既別，貴賤之位分矣。」（《周易程傳・繫辭》）既然社會地位有尊有卑、人的身份有貴有賤，社會要正常運轉，就必須明白這種尊卑、貴賤既對立又統一的關係，嚴守社會等級秩序。這正是封建王朝統治的基礎。

其次，君臣也是對立統一的關係，君為臣綱，是天經地義之道。他說：「陰，從陽也，待唱而後和……臣道亦然。君令臣行，勞於事者，臣之職也。」（《周易程傳・坤》）君與臣這個陰陽對立統一面，必須陰從陽、臣從君，君唱臣和，才是真正的「臣道」。他又說：「以臣於君言之，竭其忠誠，致其才力，乃顯其比君之道也。」（《周易程傳・比》）臣子只有對君王「竭其忠誠」，才是真正的「比君之道」，這種道理是必須明白的，而且也是不可改變的社會規律。

最後，君子與小人也是社會對立統一的關係。他說：「陰柔在內，陽剛在外，君子往居於外，小人來處於內，小人道長，君子道消之時也。」（《周易程傳・否》）又說：「陽為君子，陰為小人，君子來處於內，小人往處於外，是君子得位，小人在下，天下之泰也。」（《周易程傳・泰》）「君子」少，「小人」就多，而君子多，小人就少；「君子得位」天下就安泰，「小人道長」，那麼君子就要受害，國家就不安寧了。程頤總結歷史經驗說：「自古君子得位，則天下之賢萃於朝廷，同志協力以成天下之泰；小人在位，則不肖者並進，然後其黨勝而天下否矣。」（《周易程傳・泰》）又說：「小人得志之時，君子居顯榮之地，禍患必及其身，故宜晦處窮約也。」（《周易程傳・否》）所以，注意君子與小人之辨對治理國家是相當重要的。

3. 家庭的對立統一

程頤認為，男女夫妻組成的家庭也存在各種對立統一關係，他說：「一陰一陽之謂道。陰陽交感，男女配合，天地之常理也。歸妹，女歸於男也，故云天地之大義也。」（《周易程傳・歸妹》又說：「天地萬物之本，夫婦人倫之始」，「物之相感，莫如男女，而少復甚焉。……以至父子、夫婦、親戚、朋友，皆情意相感，則和順而亨通。」（《周易程傳・咸》）由男女交合派生出來的父子、夫婦、親戚、朋友等家庭社會關係都是對立統一的關係，這種關係是互相影響的，他們「情意相感」，貴在一個「情」字，是以感情、愛情、親情為紐帶的社會統一體。只有男女家庭「和順」，各種社會關係才會「亨通」，因此，處理好男女家庭關係對社會安定作用重大，為此，程頤提出了他的治家之道。

他說：「父子、兄弟、夫婦各得其道，則家道正矣。推一家之道，可以及天下，故家正則天下定矣。」（《周易程傳・家人》）父與子、兄與弟，夫與婦都是對立統一關係，處理好這些關係在於「各得其道」，即父有父道、子有子道，兄有兄道、弟有弟道，夫有夫道、婦有婦道，不可亂來。程頤說：「治家者，治乎眾人也。苟不閑之以法度，則人情流放，必至於有悔，失長幼之序，亂男女之別，傷恩義，害倫理，無所不至，能以法度閑之於始，則無是矣。」（《周易程傳・家人》）因此要嚴守法度，明白長幼和男女之有別。程頤又說：「家人之道，必有所尊嚴而君長者，謂父母也。雖一家之小，無尊嚴則孝敬衰，無君長則法度廢，有嚴君而後家道正，家者國之則。」（《周易程傳・家人》）治家還必須樹立父母尊嚴。程頤又說：「治家之道，以正身為本，故

「正宗之本，在正其身，一言一動，不可易也。」（《周易程傳•家人》治家還必須注意家長的言傳身教，家長的一言一行對子女影響很大，所以家長本身正，則家人正，這是很重要的「治家之道」，不可不察。雲反身之謂。」

四、朱熹易學三書——理學易學的集大成

朱熹（一一三〇—一二〇〇年），字元晦、仲晦，別號晦庵、晦翁、雲谷老人、遁翁、滄州病叟、考亭、紫陽，徽州婺源（今屬江西）人（見圖10—6），長期居住在福建建陽，其學被稱為「閩學」。宋寧宗嘉定二年（一二〇九年）賜諡「文」，稱「朱文公」。宋理宗寶慶三年（一二二七年）追封「信國公」，隨後從祀孔子廟。他是中國歷史上最著名的大思想家之一。他曾受學於福建「南劍三先生」之一的思想家李侗，為二程的四傳弟子。他的理學和二程的理學一脈相承，後人稱為「程朱理學」，是南宋後期、元、明、清諸朝的官方哲學，影響巨大。他的易學思想主要體現在號稱「朱子易學三書」的《太極圖說通書解》、《易學啟蒙》和《周易本義》之中。這三本著作都是易

圖10-6　朱熹

學史上的傑作，是集理學易學的集大成之作。

(一)《太極圖說通書解》

《太極圖說》和《通書》是理學開山祖師周敦頤的理學開創之作，由於周敦頤生前的地位不高，這些著作影響並不大，直到朱熹著《太極圖說通書解》後，才產生了巨大的影響，確立了周敦頤的理學開山地位。所以，要了解朱熹易學和理學，不能不了解《太極圖說通書解》這本著作。

《太極圖說通書解》全書分兩大部分，即《太極圖說解》和《通書解》，雖然《太極圖說》全文只有二百四十九個字，《通書》全文只有二千八百三十二個字，但朱熹卻花了前後三十年的時間研讀考訂，才最後編定成書。這部著作雖然是朱熹借題發揮之作，其所解釋的周敦頤思想並非原汁原味，但卻是朱熹理學本體論的奠基之作，集中反映了朱熹的哲學思想。

首先，朱熹校定了《太極圖》。周敦頤的《太極圖說》是對其所作《太極圖》的簡短文字說明。《太極圖》共分五個層次，大小十個單圓，上下左右十條連線，外加圖題二十六個字。原來朱震《漢上易傳》所載的周氏太極圖（見圖10－7），第一個圓下標的文字是「陰靜」，第二個圓下標的文字是「陽動」，朱熹認為「舊傳圖說，皆有謬誤」（見朱熹《答胡廣仲書》），而把朱震所見的《太極圖》作了改動，主要是將圖中

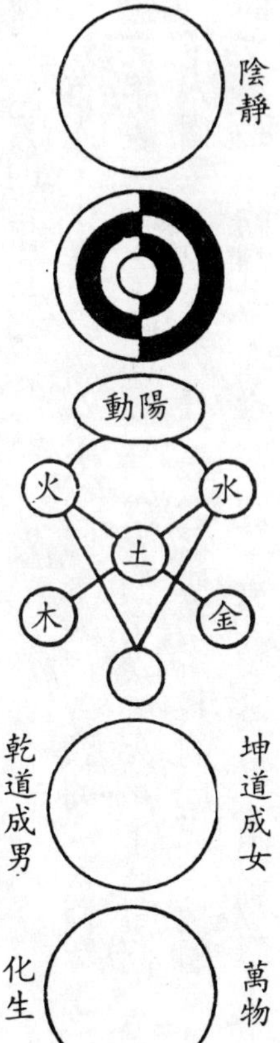

圖 10-7 《漢上易傳》載周氏太極圖

名曰「陰靜」的第一個圓改作「無極而太極」，將第二個圓改作「陰靜、陽動」。朱熹說：「凡所更改，皆有據依，非出於己意之私也。」（董榕編《周子大全》卷三）。朱熹按《太極圖說》來「校定」《太極圖》確實能自圓其說，使《太極圖》與《太極圖說》更加相吻合，所以並不是胡亂篡改。何況朱熹的「校定」也只是將圖旁的注說文字「校定」而已，圖像並未作大的改動（見圖10—8）。清朝學者毛奇齡指責朱熹，認為朱震所見《太極圖》才「最真」（《西河合集・太極圖說遺議》），只是一家之說罷了，不能以此來否定朱熹「校定」《太極圖》之功。不然，著名學者黃宗羲著《宋元學案》何以選取了朱熹「校定」過的《太極圖》呢？這不就是對朱熹的「校定」表示贊同的態度嗎？！所以，朱熹校定《太極圖》確是有可取之處的。

再次，用二程思想解說《太極圖說》、《通書》。朱熹認為：「《易》之為書，廣大悉備，然語其至極，則此圖盡之，其旨豈不深哉！抑嘗聞之，程子昆弟之學於周子

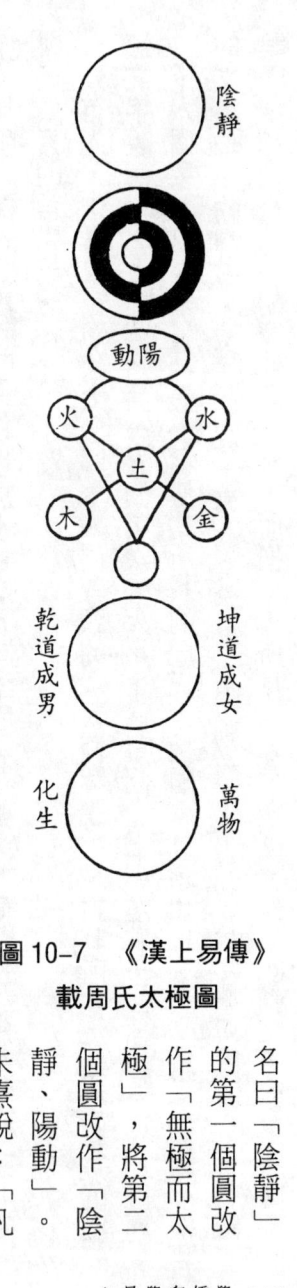

也。周子手是圖以授之。程之言性與天道，多出於此。」（朱熹：《太極圖說解》）把二程易學思想與周敦頤易學思想看作是一脈相承的。由於周敦頤的著述言辭過簡，難於把握，所以，朱熹根據二程與周敦頤有師生關係之緣故，用二程思想對周敦頤的著述作了解說。程頤在《周易程傳》中開創了以「理」說易之先河，朱熹對此十分推崇，他將「太極」解釋為「理」，認為是宇宙之本體，這就為程朱理學找到了哲學本體論之根基，使理學的哲學思辨達到了一個足以跟佛、老抗衡的高度。

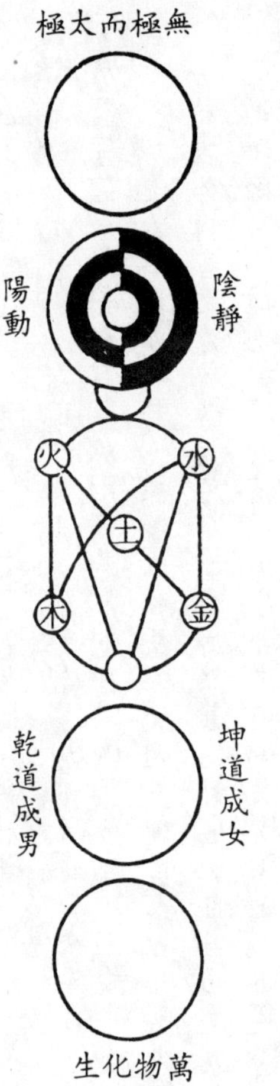

圖 10-8　朱熹校定的周氏太極圖

其次，通過《太極圖》的說解，體現了朱熹「易學三結構」的思想。通常認為易學有兩大部分即易經學和易傳學，而朱熹首次將易圖學納入易學正宗，提出了易學三結構的思想體系，認為易圖學、易經學和易傳學是緊密不可分的三位一體結構，缺少其中的哪一樣，都不是完整意義上的易學。朱熹根據這種「易學三結構」的思想，寫作了《易學啟蒙》和《周易本義》。

(二)《易學啟蒙》

《易學啟蒙》是朱熹與蔡元定合寫的，當時朱熹已五十七歲了。《易學啟蒙》原書分上下兩卷，上卷包括《序》、《本圖書》、《原卦畫》和《明蓍策》，下卷包括《考變占》、《五贊》、《筮儀》和《蓍卦考誤》等附錄。書寫成後，朱熹時有修改。現在流行的本子分成四卷，由《本河圖第一》、《原卦畫第二》、《明蓍策第三》和《考變占第四》組成。胡一桂在《易學啟蒙翼傳》中指出：「《啟蒙》之為書也，《本河圖》則揭『天生神物』章，而《易》之本原正；《原卦畫》則表『易有太極』章而《易》之位列明；《明蓍策》則發明『大衍』章，而掛扐之法定；《考變占》則摶取左氏傳以明斷例，而吉凶趨避之見審。」這一見解是符合朱熹寫作用意的。

朱熹認為《易》本卜筮之書，要搞清卜筮的本來面目，必須明白筮法中的象數，所以《易學啟蒙》看重「易圖」，是因為易圖中蘊涵著「象數」。他說：「在《河圖》、《洛書》，皆虛中之象也。」（《易學啟蒙・原卦畫》）所以，朱熹首倡「易圖學」為易學正宗之一，是有其深刻用意的。他在《啟蒙・序》中說——

聖人觀象以畫卦，揲蓍以命爻，使天下後世人皆有以決嫌疑，定猶豫，而不迷於吉凶悔吝之涂，其功可謂盛矣。然其為卦也，自本而干，而干而支，其勢若有所通，而自不能已。其為筮也，分合進退，縱橫順逆，亦無往而不相值焉。是豈聖人心思智慮之所得為也哉？特氣數之自然，形於法象，見於《圖》、《書》者，有以啟於其心而假手焉耳。近世學者類喜談《易》，而不察乎此。其專於文義者，既支離散漫，而無所根著；其涉於象數者，又皆牽合傅會，而或以為出於聖人心智思慮之所為也。

這段話把「象」（象數）提高到聖人據以畫卦的高度，批評了「近世」學《易》者無所根據談義理、牽強附會談象數的學風，明確肯定「形於法象，見於《圖》、《書》」才是「聖人心思智慮之所得」，所以，要弄懂易學不能不懂筮法中的象數，這樣才找到了易之「本義」。為此，朱熹又寫作了《周易本義》這本全面展示其易學風采的巨著。

(三)《周易本義》

《周易本義》是朱熹對《周易》經傳所作的注釋（見圖10—9）。實際上朱熹早就想為《周易》經、傳全面作注，他於淳熙二年（一一七五年）就開始起草《易傳》，兩年後便完成了這本《周易本義》的前身——《易傳》，便很快刊刻於世。但淳熙八年（一一八一年）

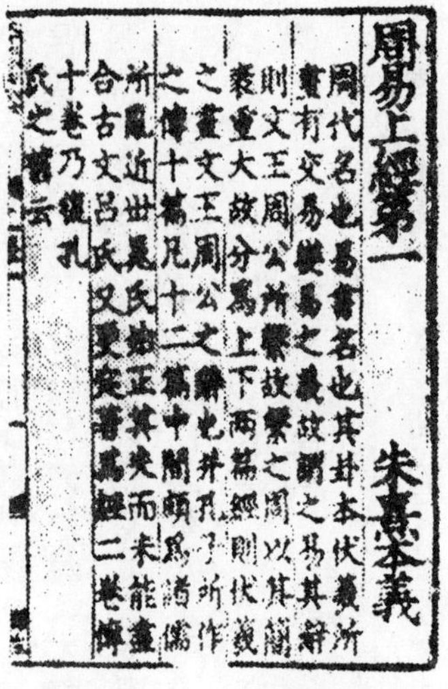

圖 10-9　《周易本義》

五月呂祖謙訂正編出《古周易》十二卷（分上下經二卷、十翼十卷）後，朱熹馬上改從呂氏古易，並改其《易傳》為《本義》，重新作注，淳熙十五年（一一八八年）「已略具備」，至慶元年間才最後定稿，前後達二十多年之久，而且寫成後亦時有所修改。

據著名歷史學家白壽彝先生考證，《周易本義》原本由《序例》、《卷一上經》、《卷二下經》、《卷三彖上傳》、《卷四彖下傳》、《卷五象上傳》、《卷六象下傳》、《卷七繫辭上傳》、《卷八繫辭下傳》、《卷九文言傳》、《卷十說卦傳》、《卷十一序卦傳》、《卷十二雜卦傳》共十二卷組成。現在流行的「四書五經」中的《周易本義》四卷本前的《卦歌》四首、《易圖》九幅非《周易本義》原有，《筮儀》是附在《啟學啟蒙》後的，也非《周易本義》原有。而且四卷本不僅變更了經、傳次第而且變更了一些注文，其中的反切數百條，也是原書中沒有的。

南宋咸淳時董楷著《周易傳義附錄》十四卷，以用王弼本的程頤《易傳》為主，割裂《本義》，以類相從。又匯集程朱與《易》有關的語錄，分別附在《傳》、《義》之後，稱作「附錄」。由於部頭過大，元人就刪去「附錄」，僅存《傳》、《義》，稱作《周易傳義》或《周易經傳》。

明永樂年間，官修《周易大全》，又一次將《本義》卷次割裂，附於程《傳》之後。後來士子厭程《傳》之多，棄去不讀，專用《本義》，而《大全》之本，乃朝廷所頒不敢輒改，於是明成化年間成矩就據監本《傳義》，刪去程《傳》，而以程《傳》之序為《本義》之序，遂成今日流行之四卷本《周易本義》❺。

白壽彝先生根據王懋竑的考訂，認為《易圖》九幅非《周易本義》原有，他把九圖與《易學啟蒙》有關易圖作了比較，發現改變名稱或另作新說者，有《伏羲八卦次序》、《伏羲六十四卦次序》、《卦變》三圖。特別是《卦變圖》與《易學啟蒙》很不一致。王懋竑說：「《卦變圖》，《啟蒙》詳之。蓋一卦可變為六十四卦。《象傳》卦變，偶舉十九卦以為說爾。今圖卦變皆自《復》、《姤》、《臨》、《遯》等十二辟卦而來。以《本義》考之，惟《訟》、《晉》二卦為合，餘十七卦則皆不合。其為謬妄，尤為顯然，必非朱子之舊，明矣。」（《白田草堂存稿・易本義九圖論》）

我們認為，用《易學啟蒙》和《周易本義》二書作比較，論證《易圖》九幅非朱熹所作，證據是不充分的。實際上，《易學啟蒙》是蔡元定寫的初稿，後來朱熹亦時有修改，寫作《周易本義》時亦是反覆修改，因此早於《周易本義》問世的《易學啟蒙》其圖式，到《周易本義》定稿時有所修訂是合情合理的，而且從《周易本義》所注嚴格區分上古伏羲之易（包括天地自然之易）、中古文王周公之易、近古孔子之易來看，《易圖》九幅突出這種區分也是相當明顯的；至於《卦變圖》，《周易本義》與《易學啟蒙》之不同，只是講不同卦變的某種圖示，實質一致。其側重面不同，也正好反映出卦變的複雜性和多樣性。

此外，以朱熹理學後來的「官學」地位，一般人是不敢妄加造假的，且現在可查到的明刻本《周易本義十二卷易圖一卷五贊一卷》，清康熙內府刻本《周易本義十二卷易圖一卷五贊一卷筮儀一卷》，清康熙五十年曹寅刻本《周易本義十二卷易圖一卷五贊一卷筮儀一卷》，文淵閣《四庫全書》本《原本周易本義》都有《易圖》九幅（一卷），明確肯定《易圖》九幅為朱熹所作，從南宋末、元、明、清諸代以來，許多大學者和考據家都不敢輕易懷疑朱熹《易圖》的真實性，個中道理很明白，因為《易圖》為明象數和卜筮而設的思想與朱子《周易本義》的立論意旨是一致的。

朱熹《周易本義》立論的出發點正如《易圖》九幅所附文字說的「有伏羲之易，有文王周公之易，有孔子之易」，他就是要通過嚴格區分這不同之易，來尋找《周易》的「本義」所在。

朱熹認為，《周易》的卦畫是伏羲之易，卦爻辭是文王周公之易，十翼是孔子之易，這三種易各有不同，但都體現了「教人卜筮而可以開物成務之精意」（《周易本義・上經乾》）。由此，在注釋中朱熹注意突出卦畫、卦爻辭、十翼三者之間的差別，從而揭示出《易》原是卜筮之書的本義來。

《周易本義》雖以卜筮為本義，但目的還是明理。他對程頤《易傳》以「理」解易的學風是十分推崇的，他曾說過：「程先生說易，得其理則象數在其中，固是如此。」（《文集・答鄭子上》）他注《繫辭》「易有太極」說：「一每生二，自然之理也。易者，陰陽之變。太極者，其理也。兩儀者，始為一畫而分陰陽。四象者，次為二畫以分太少。八卦者，次為三畫而三才之象始備。此數言者，實聖人作《易》自然之次第，有不假絲毫智力而成者。畫卦揲蓍，其序皆然。」這裡明確提出以太極為理，且太極之理自身蘊涵了兩儀、四象、八卦，這種解說必然導致以理為最高範疇來演說天地萬物由來及其存在的根據的理學本體論，這與其《太極圖說通書解》顯然是一致的。

因此，朱熹通過其易學三書的說解，集理學易學之大成，完成了理學派的本體論體系建構。其標誌著程朱理學的完全成熟，是無可置疑的。

(四) 七百年不動搖的官學

程朱理學，從周敦頤、二程，到朱熹，一步一步走向深入，形成了一個龐大的思想體系，成為封建社會後期用新的思辨哲學論證封建等級秩序、道德綱常和專制集權合理性的有效工具，因而取得了官學的地位。

朱熹病故後十二年，宋寧宗嘉定五年（一二一二年），朝廷將朱熹的《論語集注》和《孟子集注》列入官學；宋理宗寶慶三年（一二二七年）將《四書集注》列入官學；宋寧宗嘉定十三年（一二二〇年）周敦頤被賜謚元公，《太極圖說》、《通書》列入官學；宋理宗淳祐元年（一二四一年）周敦頤、張載、二程、朱熹五人從祀孔子廟，他們的主要理學著作都被列為官學，其中包括朱熹的《太極圖說通書解》、《周易本義》、程頤的《周易程傳》等易學著作。

蒙元時代，程朱理學仍受到官學待遇，成為統治者的思想工具，客觀上促進了中華民族的融合。明代儘管有王陽明心學的崛起，但是程朱理學依舊占據了「正學」地位。到了滿清時代，更是將程朱理學推到「以理殺人」的瘋狂地步，成為統治者鉗制各界人士的得力工具，因而「五四」新文化運動的勇士們給了它一頂「吃人理學」的帽子，這是完全可以理解的。

理學一旦成為官學，發展到至高無上的教條，它的生命力就枯萎了，這種理論在歷史長河中的墮落現象，值得我們深入地反思和加以理性地審視。

【註釋】

❶ 張恆壽：《中國社會與思想文化》第二九五頁，人民出版社一九八九年第一版。

❷ 周文英主編《周敦頤全書》，第六頁，江西教育出版社一九九三年九月第一版。

❸ 見江永縣民族調查組編《湖南省江永縣瑤族古籍資料選編（一）》，第三—四頁，江永縣民委一九八六年四月編印本。

❹ 見匡亞明主編「中國思想家評傳叢書」之七十七，南京大學出版社一九九四年二月第一版。

❺ 白壽彝：《周易本義考》，載《史學集刊》一九三六年第一期。

第十一章　王夫之的以史解《易》

王夫之（一六一九——一六九二年），明清之際思想家、哲學家、史評家。字而農，號姜齋，湖南衡陽人。因晚年居衡陽之石船山，故世稱船山先生（見圖11—1）。清兵南下，曾舉兵抗清，失敗後至廣東肇慶，效力南明王朝。南明滅亡，從廣西桂林潛回湖南，隱伏於湘、西山區（「湘」指湖南、「西」指廣西，指湖南衡陽與廣西桂林的瑤家山區，具體指湘桂之間的雲臺山、邵陽耶姜山、衡陽石船山等地），刻苦著作四十年，有《船山全書》傳世。王夫之一生著作甚多，號稱百餘種。今本《船山全書》收《周易內傳》以下七十種，三百五十八卷，千餘萬字。

圖 11-1　王夫之

王夫之學識淵博，對中國傳統學術思想作過全面深入的研究，於哲學、史學、文學諸多領域有自己的獨到見解。其於《易》學更有他獨特的研究方法。王夫之《易》學的最大特點是繼儒家傳統以史解《易》，從精微博大的《易》理中探究人事之所以興衰，以人事之興衰驗證《易》理的精微博大。王夫之認為，天下萬物都有它自身存在和發展的規律，任何事物的存在和發展必須遵循這一規律而不可違抗，「順之則昌，逆之則亡」，這個可驗而不可見、可循而不可違的規律就是博大精微的《易》理。

王夫之解釋《易》的基本含義說：「文王乃本伏犧之畫，體三才之道，推性命之原，極物理人事之變，以明得失吉凶之故，而《易》作焉。」（《周易內傳》卷一）「三才之道」指的是三畫成卦的結構，「推性命之原」是說《易》的功用，「極物理人事之變，明得吉失凶之故」，就是事物本身的規律所在，得之則吉，失之則凶。

王夫之認為，無論物理人事，吉凶得失是一致的，「失則相易而得，得則相易而失」（同上。本章所引王夫之語，凡未注明出處者，均引自《周易內傳》）。基於這一觀點，所以，王夫之特別注重於引史解《易》。所著《周易內傳》，徵引史實多達一百二十六處。所引大體可分古聖先賢事跡、歷代興亡教訓、大臣進退吉凶、志士仁人行事以及學人修養得失五類。徵引最多的是前三類，其中古聖先賢三十九人次，興亡教訓六十九人次，進退吉凶五十九人次。

王夫之徵引史實解釋卦爻，雖然也注重象數分析，但分析的目的不是由此推斷出吉凶禍福，而是用以解剖徵引的史實以說明何以會有此吉凶禍福。這樣通過《易》理的深刻闡發，加上對史實的精當評點，使人從生動具體的事實中受到教益。

故王夫之的易學實際上是合象數、義理於史實而以總結歷史經驗教訓，指導人們行止為目的的「實用易學」。

一、引古聖先王事跡

㈠「見龍在田」

「見龍在田」是《乾卦》九二爻辭，原文是「九二，見龍在田，利見大人。」「九二」指的是《乾卦》的第二爻。因為是陽爻，曰九；位居第二，故叫九二。二居下卦（內卦）之中，與上卦（外卦）居中的五相呼應，都是顯位。故王夫之解釋說：「二、五居中，皆為君位之定，聖道之成，非占者所敢當，則告以龍之『見』，而占者所利見也。」

二、五是君位，尋常人是擔當不起的，不過如若占著這個卦，如要晉見什麼人，還是吉利的。接著徵引史實進行解釋：「伊尹受湯之幣聘，顏子承夫子之善誘，其此象與！」

根據孟子的說法，「伊尹耕於有莘之野而樂堯舜之道」，因為湯三次派人以幣聘請，才出山為湯輔政。顏子即顏淵，孔子最得意的門徒，後世尊為「亞聖」。王夫之為什麼要引「伊尹受湯之幣聘，顏子承夫子之善誘」來說明「九二」爻象呢？因為「二、五居中，皆君位之定，聖道之成」，非一般可比，按照爻辭的說法，求見的是「龍」，要見的是「大人」，然後才利。也就是說求見的如果不是龍，不一定利；要見的不是大人，也不一定利。只有像伊尹見湯，以賢臣見聖君；像顏淵見孔子，以賢徒見聖師，這才是利。但這樣的情況畢竟不多，於是降格一等，接著說：「而時有大人，愚賤皆利，戴以承其德施，亦通焉。」意思是說，至少這要見的確乎是當時有德行的「大人」，然後才利。

這就告訴人們，求什麼人，晉謁什麼人，要看自己和對方的具體條件。如果對方確實是位「大人」，有幫助自己的條件和意願，而自己又確有接受這種幫助的理由，這樣當然「利」。如果自己的條件和理由不充足，至少所求的人要是肯幫助而又能幫助別人的人，這樣才「利」，否則就不利。這樣又看自己條件，又看對方形情，從爻象、爻辭看，這是《易》理，但同時又是事理，也是情理。

(二)「首出庶物，萬國咸寧」

「首出庶物，萬國咸寧」是《乾卦・彖辭》最後一句，是針對用九爻辭「見群龍無首吉」的反王朝思想而發的。王夫之沒把它直接看成反王朝思想，但在他的解釋中間接將王權作了否定：「唯《乾》言聖人之上治，堯、舜而下，莫敢當焉。」王夫之認為，「首出庶物，萬國咸寧」所描寫的聖人的至治，是堯、舜時代的盛況，而堯、舜以下無人敢當。那麼，這究竟是怎樣一種情況呢？

王夫之解釋說——

此則言聖人體《乾》之功用也。積純陽之德，合一無間，無私之至，不息之誠，則所性之幾發於不容已者，於人之所當知者而先知之，於人之所當覺者而先覺之。通其志，成其務，以建元後，父母之極。《乾》之元亨也，因而施之於天下，知無不明，處無不當，教養勸威，保合於中節之和，而天下皆蒙其利。不失其正，萬國之咸寧，《乾》之利貞也。

根據王夫之的解釋，「首出庶物，萬國咸寧」的局面，就卦象而言，是「純陽之德」，沒有任何雜質。就人與人的關係而言，「合一無間」，相處以誠。就社會的組織和領導者而言，「無私之至」，一心為公。而且要至誠不息，於他人應當知道的，自己先知道；他人應當覺悟的，自己先覺悟，和群眾心相通，事與共。就施政而言，知必明，處理必當，採取教養、勸戒等多種措施，保證社會處於最為協調的中和狀態，使天下所有人都能得到好處，而能各居其正。這就叫「萬國咸寧」。

「合一無間」，彼此間自然沒有欺壓，沒有掠奪，而是和睦相處。「無私之至」，當然沒有任何特殊，沒有王位，沒有王宮，沒有王權，而是以庶民的身份為庶民盡義務，這就是堯、舜時代，（見圖11－2，本章插圖選自《上下五千年》）是堯、舜後任何朝代所不可企及、不可同日而語的時代，也就是「首出庶物，萬國咸寧」的時代。

(三)「無妄，往吉」

「無妄，往吉」，是《周易・無妄》的初九爻辭，全文是「初九：無妄，往吉。」什麼叫「無妄」？王夫之解釋說：「無妄云者，疑於妄而言其無妄也。若非有妄，則不言無妄矣。」妄者亂也，無妄即沒有亂子。既然沒有亂子又何必還要說「無妄」呢？所以王夫之解釋說「疑於妄而言其無妄也，若非有妄則不言無妄矣。」就是說懷疑有亂子，或者可能出亂子，而不是說完全沒有亂子。在這種兩可之間，並無絕對把握的情況下，是往還是不往，是幹還是不幹呢？初九爻辭說：「無妄，往吉。」它是鼓勵大膽前往，大膽施行的。王夫之引古聖先賢事跡解釋說——

圖 11-2　堯舜時代

往吉者，以其無妄而往也。初九承天之命，以其元亨利貞之德信諸心者，動而大有為，立非常之功，如伊尹之放太甲，孔子以匹夫作《春秋》，行天子之事，則先天而天弗違，往斯吉矣。

行大事必有風險，沒有風險便成不了大事，關鍵在於自己的德行、本身的條件。如果自己於心光明正大，於力行之有餘，儘管放手去做，就像伊尹放逐太甲，以臣逐君，孔子作《春秋》，以普通百姓評論天子、諸侯得失，以成空前之功。如果當年伊尹、孔子沒有那種目無王侯的氣魄，不畏輿論的指責，敢冒天下之大不韙，則世無伊尹的勛功，也就沒有使亂臣賊子懼怕的《春秋》。那麼，伊尹為什麼要放逐太甲，又是怎樣放逐太甲的呢？

伊尹是輔佐成湯打敗夏桀，取得政權最大的功臣，成湯得了天下，以伊尹為相，湯死，伊尹輔佐幼主，主持朝政。《史記‧殷本紀》記載說——

湯崩，太子太丁未立而卒，於是乃立太丁之弟外丙，是為帝外丙。帝外丙即位三年，崩，立外丙之弟中壬，是為帝中壬。帝中壬立四年，崩，伊尹乃立太丁之子太甲。太甲，成湯嫡長孫也，是為帝太甲。帝太甲元年，伊尹作《伊訓》，作《肆命》，作《徂後》。帝太甲既立三年，不明，暴虐，不遵湯法，亂德，於是伊尹放之於桐宮。三年，伊尹攝行政當國，以朝諸侯。帝太甲居桐宮三年，悔過自責，反善，於是伊尹乃迎帝太甲而授之政。帝太甲修德，諸侯咸歸殷，百姓以寧。伊尹嘉之，乃作《太甲訓》三篇，褒帝太甲，稱太宗。

原來成湯的兒子們一個個都短命，長子太丁未立而卒，次子外丙在位三年而卒，三子中壬在位四年又卒。最後立了成湯的長孫，也就是太丁之子太甲。這太甲大概是個不怎麼循規蹈矩的小青年，故太甲一接位，伊尹便作《伊訓》等文誥，以資教誨。《伊訓》歷述了夏朝何以敗、商朝何以興的道理，教訓太甲，「立愛惟親，立敬惟長。始於家邦，終於四海。」「居上要明，居下想忠。與人不求備，檢身若不及。」但太甲不聽教誨，在位三年，不遵成湯法典，見事不明，為人暴虐，諸事亂來。伊尹見太甲不成氣候，將他放逐桐宮，自己執政。

太甲在桐宮過了三年監禁生活，翻然改悔，他有名的話是「天作孽，猶可違；自作孽，不可活。」於是伊尹將太甲接回都城，授之以政，自己仍然作宰相，悉心輔佐。太甲從此表現很好，伊尹鼓勵他，作《太甲訓》三篇，歌頌他的功德。尊太甲為太宗。兩人合作默契，直至太甲去世。

伊尹是中國歷史上最為出色的宰相，也是儒家最為推崇的人臣典範，成湯在世全心全意輔佐成湯（見圖11—3），成湯去世全心全意輔佐他們的兒孫。成湯兒孫不肖，誠心誠意開導教悔，直至放逐監禁；一旦悔悟，即時還政，又全心全意地做他的輔宰。這裡最為驚人之舉是毅然將太甲廢黜監禁。為了穩定大局，毅然自己取代。這廢黜帝王，自己取代，是多麼驚天動地的舉動，要冒多大的風險，但伊尹毫不在乎，義無反顧。太甲一旦改悔，立即歸還政權，毫不猶豫，這又該要有多大的度量！

圖 11–3　伊尹輔佐成湯

伊尹因為自己有對成湯高度負責的德行和信心，才敢於冒這樣的風險；也正因為冒了這樣的風險，才能成就為他人難以企及的偉業。這就叫「無妄，往吉」。

(四)「不可涉大川」

「不可涉大川」是《周易・頤卦》六五爻辭的最後一句，全文是「六五：拂經，居貞吉，不可涉大川。」拂者違也，有違反之意。經者常也，正常的意思。全句的意思是：雖然形勢很好，也不能按常規辦事，必須停止前進，不能過河。既然形勢很好，又必須停止前進，所以，違反常規叫「拂經」。那麼，是什麼原因必須停止前進，不能過河呢？王夫之解釋說——

六五不與二應，拂上養下之常經而比於上九，以成止體，以之處常得正而吉。然不厭小人之欲，則緩急無與效力；以之涉險，危矣哉。武王伐殷散鉅橋之粟，漢高推食解衣而韓信效死，飲食之於人，大矣。勿以己之居貞而強人同己，君子達人情，而天下無險阻矣。

王夫之的解釋前幾句是就卦象而言的，由卦象參之人事，之所以能進不進，是因為有些事情需要騰出時間辦理。具體來說，群眾發動不起來，得不到多數的支持，事業就沒有希望，而發動群眾最關鍵的問題是關心群眾的生活，於是舉出了武王伐紂散鉅橋之粟的歷史事實。

其實武王伐紂還不只是散鉅橋之粟的問題，他一面發動群眾，一面耐心等待時機。《史記·殷本紀》記載說——

西伯（文王）既卒，周武王之東伐，至盟津（在今河南孟縣西南黃河上），諸侯叛殷會周者八百。諸侯皆曰紂可伐矣，武王曰：「爾未知天命」。乃復歸。紂愈淫亂不止。微子數諫不聽，乃與大師、少師謀，遂去。比干曰：「為人臣者，不得不以死爭。」乃強諫紂。紂怒曰：「吾聞聖人心有七竅。」剖比干，觀其心。箕子懼，乃詳（佯）狂為奴，紂又囚之。殷之大師、少師乃持其祭樂器奔周，周武王於是遂率諸侯伐紂。

周武王會八百諸侯於盟津，可謂聲勢大，形勢好，但並未過河，解散了隊伍，目的是要等待紂王內部進一步分化，直至微子去，比干死，箕子為囚，然後進兵，一舉滅商。加上鉅橋散粟，便完整地體現了「拂經，居貞吉，不可涉大川」的《易》理。

(五)「觀其自養」

「觀其自養」是《頤卦·彖辭》中的一句，全文是：「彖曰：頤貞吉，養正則吉也。觀頤，觀其所養也。自求口實，觀其自養也。天地養萬物，聖人養賢以及萬民，頤之時大矣哉。」全文是對《頤卦·卦辭》「貞吉，觀頤，自求口實」的解釋。「頤」即下巴，人吃東西時下巴必動，所以「觀頤」和看別人吃東西有關，而「自求口實」則是完全關於自己的吃喝問題了。

王夫之解釋《彖辭》的「自求口實，觀其自養也」一句說——

君子謀道不謀食，非求口實者。然養資於天下之物，豈有不求而自至者哉？求之有道，則謀食即謀道矣。自其小者而言之，如《鄉黨》、《內則》所記，烹割調和之皆有則，不以取一時之便而傷生，即不使不醇不適之物暴其氣，而使沉溺粗悍以亂其性，則雖小而實大。自其大者而言之，九州之貢，可供玉食，而簞食豆羹乞人不屑，故伯夷、叔齊餓於首陽而孔子疏食飲水，樂在其中；禹疏儀狄而為百世師，桓公親易牙而國內亂。所繫者大而必慎之於微，審察觀度，貞不貞，吉不吉，於斯辨矣。

王夫之的解釋拉得較長，從君子謀食的原則說起，說到什麼樣的東西該吃，什麼樣的東西不該吃。吃東西雖然是件小事，但關係重大，關係到身體的健康，關係到名譽的清白，也關係到國家的興亡，並各舉了實例。

東西是不可胡亂吃的，《論語．鄉黨》、《禮記．內則》記得十分清楚。《論語．鄉黨》記孔子的飲食原則說：「食不厭精，膾不厭細。食饐而餲、魚餒而肉敗不食。色惡不食，臭惡不食，失飪不食，不時不食，割不正不食，不得其醬不食。肉雖多，不使勝食氣，惟酒無量，不及亂。沽酒市脯不食，不撤姜食，不多食。祭於公，不宿肉。祭肉不出三日，出三日不食之矣。」

孔子的這些講究，不是講排場、擺闊氣，而是「不以取一時之便而傷生，即不使不醇不適之物暴其氣，而使沉溺粗悍以亂其性」，是養生的必要，也是養性的必要。養生是為了健康的活著，養性是為了活著有一個健康的思想、崇高的精神境界。但為了養性的需要，有時可以放棄養生，這就是後世的絕食，它的先行者便是伯夷、叔齊。《史記・伯夷列傳》記載說——

> 伯夷、叔齊，孤竹君之二子也。父欲立叔齊，及父卒，叔齊讓伯夷。伯夷曰：「父命也。」遂逃去。叔齊亦不肯立而逃之，國人立其中子。於是伯夷、叔齊聞西伯昌善養老，盍往歸焉。及至，西伯卒，武王載木主，號為文王，東伐紂。伯夷、叔齊叩馬而諫曰：「父死不葬，爰及干戈，可謂孝乎？以臣弒君，可謂仁乎？」左右欲兵之，太公曰：「此義人也。」扶而去之。武王已平殷亂，天下宗周，而伯夷、叔齊恥之，義不食周粟，隱於首陽山，採薇而食之。及餓且死，作歌。其辭曰：「登彼西山兮，採其薇矣！以暴易暴兮，不知其非矣。神農、虞、夏忽焉沒兮，我安適歸矣。於嗟徂兮，命之衰矣！」遂餓死於首陽山。

伯夷、叔齊是兩位難得的義士，一個怕違父命，一個不願違背立嗣以長的原則，都不願做孤竹國的國君，於是相繼出走。因向往周文王的仁義，前往投奔，不巧遇上文王去世，武王載著父親的神主，打著文王的旗號，興兵伐紂。伯夷、叔齊以為不可，叩馬勸諫，武王不聽。武王平殷，天下宗周，伯夷、叔齊以為骯髒，毅然不吃周朝的糧食，直至餓死。這是一個為了養性而放棄養生的典型事例。

不吃東西自然會喪身，但亂吃東西不僅可以喪身，而且可以喪國亡家。比如酒，許多人的身家性命，以致國家政權，都因它毀掉。而夏禹有先見之明，知道酒的為害，拒不飲用，而且因此疏遠了會釀酒的儀狄，並警告世人不要喝酒。《戰國策・魏策二》記載說——

昔者，帝女（禹）令儀狄作酒而美，進之禹，禹飲而甘之，遂疏儀狄，絕旨酒。曰：「後世必有以酒亡其國者。」

帝禹的預見果然不錯，後世不僅有因酒誤國的，更有因吃誤國的。稱霸一時的齊桓公就是一例。桓公有個近臣叫易牙，最會調味作羹，又善於奉承，最討桓公歡喜。管仲為相，以易牙奸妄，必將敗事，將他驅逐出宮。臨死，交代桓公，千萬不可召回易牙。但桓公念念不忘易牙的烹調，還是召回了易牙，結果造成內亂，幾至亡國。

(六)「遁之時義大矣哉」

「遁之時義大矣哉」是《遁卦・彖辭》的最後一句，它的全文是「彖曰：『遁亨』，遁而亨也。剛當位而應，與時行也。小利貞，浸而長也，遁之時義大矣哉。」遁，逃走，推之人事，有隱居的意思，古代讀書人崇尚清高，動不動隱居不仕。《遁卦》卦義認為，遁是好的，亨，但要看什麼情況，如果是「剛」當位，應該「與時而行」，而不當「遁」。因為「遁」有個因時而異的問題，所以說「遁之時義大矣哉」。怎麼區別是該「遁」和不該「遁」呢？王夫之舉例解釋說——

遁非其時，則巢、許之逃堯、舜，嚴光、周黨之亢光武也。非其義，則君臣道廢，而徒以全軀保妻子為幸，孟子所謂小丈夫。非精義乘時者，無由以亨。

巢、許即巢文、許由，相傳是堯時的隱士。巢父因巢居樹上而得名。巢父有德行，堯要把帝位讓給他，他拒絕接受。堯又想讓給許由，許由也不受。嚴光，東漢初年會稽餘杭人，是光武帝劉秀的同學。劉秀做了皇帝，他改名隱居，表示不與劉秀合作。周黨也是同類型人物。

文人隱居以抗議某些統治者的反動統治，本來是有進步意義的，但堯是古代社會中最為昌明的時代，在這個時候隱居，就不合時宜了。至於嚴光、周黨，眼看劉秀進行的正義事業需要人才支持而袖手旁觀，全是出於保身家性命的個人考慮，所以，稱之為小丈夫。因此，「遁」是需要精審其含義和深入考慮當時具體情況的，所以說「非精義乘時者，無由以亨」。

(七)「初登於天，後入於地」

「初登於天，後入於地」是《周易・明夷》的上六爻辭。什麼叫「初登於天，後入於地」呢？《象傳》解釋說：「初登於天，照四國也；後入於地，失則也。」原來說的是起初和以後的強烈反差。王夫之解釋說——

四國，四方之國。照，明德被之也。昏暗喪亡，僅云失則者，道二，仁與不仁而已矣。失堯、舜之則，則為桀、紂也。爻辭專象商、周興喪之事，蓋周公因文王艱貞之德而推言之，以見周之革商，乃陰陽理數之自然，而非武王之弋命，且以垂戒後世，為意深切。玩其辭以謹其動，而天命人事昭然矣。

王夫之的解釋著重說明了什麼叫「照四國」和什麼叫「失則」。「照四國」就是威德覆蓋四方之國，而「失則」則是失去了堯舜為君之則。成湯革夏桀之命，一時光照四國，但到了紂王就「入於地」了，於是又有了周的光照四國。其實夏朝在夏禹時也曾光照四國，而周到了周赧王也同樣「入於地」。以此推之，任何朝代都有「照四國」之初，同樣都有「入於地」之後。

那麼，是什麼原因導致「入於地」的呢？沒有別的，因為「失則」，背離了堯舜為君的原則。所以說「垂戒後世，為意深切」。所謂「爻辭專象商、周興衰之事」，其實只是用商、周作為興衰的典型事例，而不是說只有商、周才有興衰。正像《詩經》所說的：「靡不有初，鮮克有終。」作為一個政權，開始都是好的，因為如不相對地好便無法取代別人，「靡不有初，鮮克有終」是一切通過革命手段獲得政權的共同規律，所不同的是存在時間的長短。這個歷史的經驗教訓具有絕對的普遍意義，「玩其辭以謹其動」，對任何一個執政者都具有實踐警策性。

(八)「困於酒食」

「困於酒食」是《周易．困卦》九二爻辭。《困卦》卦體是《坎》下《兌》上（䷮），九二陷在初六與六三之間，所以叫《困》。人的窘困有各種各樣的原因，或因時運不濟而潦倒，或因一時無錢而顛沛，但這裡的困卻另有原因，既非時運，又非錢財，而是「困於酒食」。酒食何以會困？不是多了吃不完，也不是少了不夠吃，而是既不能吃、又不能不吃的兩難之食。

正如王夫之所解釋說的「欲峻拒之而禮有所不可卻，欲受之而固非剛中直道必伸之志。君子所遇之困，困此者也。」拒絕又失禮，接受又違背自己的心願，最難處理的就是這種世故人情之困。所以說「君子所遇之困，困此者也」。這樣的尷尬局面如何解決才好呢？王夫之樹立了一個典範：「如孔子之於陽貨，尚矣。」

陽貨即魯國大夫季桓子的家臣陽虎，是個「陪臣執國命」的典型。魯國當時是季桓子專政，而陽虎竟將季桓子抓了起來，自己一手控制魯國朝政。因此原因，孔子很瞧不起他，不願和他來往。而陽虎很想見孔子，更希望他能上門來，於是主動上門給孔子送去一頭小豬。按照當時禮節，孔子必須上門拜謝。但孔子很是為難，不想去見陽虎。孔子想出一個對付的辦法：打聽到陽虎不在家的時候上門拜謝，這樣既作了回拜，又避免與陽虎見面。可是事有巧合，卻在回家的路上遇見了陽虎。孔子不便迴避，於是在路上站著聽陽虎說話。陽虎勸孔子出來做事，不要懷其寶而迷其邦。孔子不作解釋，只順著陽虎的意思回答是或不是。《論語・陽貨》記載說——

陽貨欲見孔子，孔子不見，歸孔子豚。孔子時其亡也而往拜之，遇諸途。謂孔子曰：「來！予與爾言。曰，懷其寶而迷其邦，可謂仁乎？」曰：「不可。」「好從事而亟失時，可謂知乎？」曰：「不可。」「日月逝矣，歲不我與。」孔子曰：「諾，吾將仕矣。」

後人評論說：「陽貨之欲見孔子，雖其善意，然不過欲使助己為亂耳，故孔子不見者義也。其往拜者禮也，必時其亡而往者欲其稱也。遇諸途而不避者，不終絕也；隨問而對者，理之直也；對而不辨者，言之遜而亦無所詘也。」（見朱熹集注）因為孔子的各種處置都很得當，所以，王夫之說：「如孔子之於陽貨，尚矣。」

(九)「其志不相得」

「其志不相得」是《革卦・彖辭》中的一句，原文是「彖曰：革，水火相息，二女同居，其志不相得，曰革。」什麼叫「革」呢？《彖辭》解釋說：水火不相容，二女同居而各有其志，就叫做「革」。但「革」在這裡不是一般相矛盾、相衝突的問題，指的是社會革命，因為後面還有「天地革而四時成，湯、武革命，順乎天而應乎人，革之時大已哉」的話。王夫之著重解釋「不相得」三字說——

不相得者，爭也。爭則有不兩存之勢，非但桀、紂之甚湯、武，逢、比欲存夏、殷，而伊呂欲亡之，亦不相得之甚矣。有道者勝焉，則革。

社會革命不僅是個人問題，以湯、武革命而言，成湯要革夏桀的命，武王要革殷紂的命，不僅是夏桀和成湯過不去，殷紂和武王過不去，同時，又有關龍逢等許多人幫助夏桀，比干等許多人幫助殷紂。同樣的情況，湯、武也不是一個人起來革命，於是又有伊尹等許多人幫助成湯、呂尚等許多人幫助武王，所以，一場革命要牽涉到幾個政治集團，甚至整個社會。不僅是個人之間的對立，而且是集團之間的對立，甚至是階級的對立。鬥爭的結果會怎樣呢？「有道者勝焉，則革。」就是說進步的力量取得了勝利，就叫革命；反之，進步的力量失敗，就不叫革命，或叫革命失敗。

關龍逢，夏代末年大臣，為人正直，夏桀暴虐荒淫，關龍逢多次直諫，被桀囚禁殺害。

呂尚，即姜太公，輔佐武王滅商，任太師，因功封於齊，是齊國的始祖。

(十)「君子豹變」

「君子豹變」是《周易·革卦》上六爻辭的第一句，原文是：「上六：君子豹變，小人革面，徵凶，居貞吉。」

「豹變」和「虎變」是《革卦》爻辭的專門用語，分別用老虎和豹子身上花紋的明暗來形容「君子」審時度勢的必要。老虎的花紋是鮮明的，而豹子的花紋是暗淡的，君子對待已經變化了的形勢要有老虎花紋一樣的鮮明態度表示支持，而不能像豹子花紋一樣含糊曖昧。所以說「大人虎變，小人豹變」。意思是有見識、識時務的人，旗幟鮮明地改變自己的態度，無見識、分不清是非的人才態度曖昧，甚至堅持原來的立場。上六爻辭說的情況恰好相反，「小人」已經「革面」，而「君子」還在「豹變」，所以「徵凶，居貞吉」。就是說在這樣情況下不能動，動則必凶。王夫之據以解釋說——

若其在下之小人則已改面異向，而從虎變之大人，不可使復遵故國之典物矣。為君子者於此而不安於已廢，欲有所行則凶，武庚之所以終殄；唯知時而自守其作賓之正，則微子之所以存商也。

為了說明這個問題，王夫之舉了武庚和微子的事例。武庚，商紂王的兒子，名祿父。武王滅商，封祿父，率領殷商遺民居邶（今河南湯陰縣東南北城鎮）。為了監督武庚，又於周圍置三國，分派自己的弟弟管叔、蔡叔、霍叔管轄，號稱「三監」。武王死，太子誦年幼，周公攝政當國。蔡叔、管叔等人懷疑周公有私，恰好武庚不服，聯合「三監」反周。於是周公東征，平息叛亂，誅殺武庚和管叔，流放蔡叔。

微子，名開，紂王的庶兄，是個很明智、識時務的人。他看到了商政權的必然滅亡，對太師、少師說：「我祖底遂陳於上，我用沈酗於酒，用亂敗厥德於下。殷罔不小大，好草竊奸宄。卿士師師非度，凡有辜罪，乃罔恆獲。小民方興，相為敵仇。今殷其

淪喪，若涉大水，其無津涯，殷遂喪越至於今。」（《尚書・微子》）

意思是說，我們的祖先艱苦創業於前，而我們貪污腐敗、敗壞祖宗作風於後。如今的殷國，官員無論大小，無不作案犯科，外作強盜，內行奸宄。從卿到大夫，從大夫到士，互相觀望，互相攀比，互相學習，以致案子無法破獲，問題無法解決。而小民四處作亂，與朝廷為敵。今日的殷國，有如洪水中的一舟小船，到處是汪洋大海，看不到邊緣，看不到拯救的希望。殷國就要在今日滅亡了。由於微子看清了形勢，看到殷之必亡，周之必興，所以主動向周投降。武庚被誅，周公封微子於宋，以繼殷祀。因為微子的明智，才使殷朝未斷祭祀，故孔子贊揚說：「殷有三仁焉，微子去之，箕子為之囚，比干諫而死。」

二、引歷代興亡教訓

(一) 關於《隨》

《隨》是《周易》六十四卦之一，卦體是《震》下《兌》上（䷐）。卦辭是：「元亨利貞，無咎。」什麼叫「隨」，什麼叫「元亨利貞無咎」？王夫之解釋說——

以下從上之謂『隨』。此卦《震》陽生於下，以從二陰。《兌》陽漸長而猶從一陰，躡其後而順之行，故為《隨》。陽雖隨陰，而初陽得資始之氣，以司帝之出，得《乾》元亨之德。四、五漸長，陽盛而居中，以大正而利物，得《乾》利貞之德。如是則雖順陰以升，若不能自主，如長男之隨少女，而陽剛不損其健行，可以無咎。使非具四德，而繫戀乎陰，以喪其剛健中正之實，則周赧、漢獻之為君，唐高、宋光之為夫也，其咎大矣。

什麼叫隨呢？下從其上叫隨，如子從父，妻從夫，等等。反之，就不能叫隨。《隨》卦卦體是《震》下《兌》上，《震》為長男，《兌》為少女。如果少女跟著長男，這就叫「隨」，而現在的情況恰好相反，少女在上，長男在下，長男跟著少女，這就反常，不能叫隨，自然不吉利。與之相類似，君跟臣、父跟子等一切以上從下的現象，都不能叫「隨」，都不吉利。但也有例外，如果跟著妻子、兒子、臣下的人自己有主見，有「元亨利貞」之德，不致事事聽人指揮，自己能當家做主，也不會出事，所以說「元亨利貞，無咎」。

但一般跟著別人跑的人很難有「元亨利貞」之德，所以，也就難免受制於人，難免有咎。如果是尋常百姓，也就罷了，敗一事只有一事，敗一家只有一家，如果是一國之君，那就慘了。王夫之舉出了兩組例子，一組是受制於臣下的周赧王姬延和漢獻帝劉協，一組是受制於自己老婆的唐高宗李治和宋光宗趙惇享，所以說「則周赧、漢獻之為君，唐高、宋光之為夫也，其咎大矣」。

周赧王姬延是東周國王，慎靚王之子，前八二八－前七八二年在位。當時正是戰國末年，各國之間的爭奪十分激烈，周也被分裂為東周和西周，周赧王名義上是周朝天子，實則寄居西周，處處受制於人，而且負債累累。相傳因躲債避居宮內臺上，周人謂之債臺。赧王雖然過著寄居躲債的艱苦日子，但在位時間竟長達五十九年，直至前二五六年，西周被秦攻滅，赧王才去世，周朝也隨之滅亡。

漢獻帝劉協（一八一－二三四年），東漢最後一個皇帝，公元一九〇－二二〇年在位。即位時東漢政權已名存實亡，大小事務，全操縱在軍閥董卓手中。獻帝是董卓的傀儡。初平元年（一九〇年），關東諸郡起兵討伐董卓，董卓裹脅獻帝由洛陽遷都長安。興平二年（一九五年），獻帝逃亡至安邑（今山西夏縣西北禹王城），後又逃回洛陽，衣食無著，「百官依頹垣殘壁，饑困不堪。」正在萬分困難之際，曹操派兵迎獻帝至許昌，從此不愁吃穿，但獻帝從此又成了曹操的傀儡，成為曹操挾天子以令諸侯的工具，直到建安二十四年（二一九年）曹操死，漢獻帝延康元年（二二〇年），曹丕廢漢獻帝為山陽公，自稱皇帝，是為魏文帝。魏青龍二年（二三四年），漢獻帝死。漢獻帝活了五十三歲，做了三十年皇帝，同時也做了三十年囚徒。

唐高宗李治（六二七－六八三年），在位三十四年，是個著名的柔懦之主。王夫之在《讀通鑒論》中論述其人說——

夫高宗，柔懦之主也，柔者易以合，然而難以離也。乃合之易而離之亦易者何也？惟其疑而已矣。疑者，己心之所自迷，人情之所自解者也。剛而責物已甚也則疑，柔而自信無據也則疑，兩者異趣同歸，以召敗亡一也。

唐高宗是以柔敗事的典型。永徽六年（六五五年），唐高宗受武則天迷惑，不聽大臣勸諫，廢王皇后，立武氏為皇后，從此被武則天所左右。其中也有兩次因武氏的過於拔扈，高宗想廢掉她，但決心不大，未能成為事實，最後造成武則天篡位。這就是王夫之所說的：「柔者易以合，然而難以離也。」

其實唐高宗也不全是易合而難離，只是對武則天易合難離，而對朝廷大臣則易合也易離。李治用人輕率，王夫之評論說——

高宗在位三十四年，尚書令僕、左右相、侍中、同平章事皆輔相之任，為國心膂者也，而乍進乍退，尸其位者四十三人，進不知其所自，退不知其所亡，無有一人為高宗所篤信而固任者，大臣之賤，於此極矣。長孫無忌、褚遂良、於忠寧、高季輔、張行成，太宗所任以輔己者也，貶死黜廢，不能以一日安矣；保祿位以令終，唯懷奸之李勣耳，自是而外……皆節不足以守筦庫，才不足以理下邑，或循次而升，或一言而合，或趨歧徑而詭遇，竟相踵以贊天工。至其顧命托孤、委畀九鼎者，則裴炎、劉景先、郭正一，二三無賴之徒也。嗚呼！惡有任輔弼大臣如此之輕而國可不亡者乎？（《讀通鑒論》卷二十一）。

宋光宗趙惇（一一四七—一二〇〇年），孝宗趙昚第三子，紹興三十二年（一一六二年）封恭王，乾道七年（一一七一年）立為太子。淳熙十六年（一一八九年），孝宗禪位於太宗，趙惇繼位，是為光宗。繼位當年，皇后孝氏要求立自己的兒子嘉王趙擴為太子，光宗表示支持，但還在做太上皇的孝宗不許，於是皇后李氏在光宗面前埋怨太上皇孝宗，並說太上皇有廢立之意。光宗是個「以陽從陰」的皇帝，信以為真，因而懷恨在心。紹熙五年（一一九四年）六月，孝宗死，光宗稱疾不出，以致喪事無人主持，朝廷騷動。太皇太后吳氏應大臣趙汝愚等所請，立皇子嘉王趙擴為皇帝，尊光宗為太上皇。

(二)「干母之蠱不可貞」

「干母之蠱不可貞」，是《周易・蠱卦》九二爻辭。《蠱卦》卦體為（䷑），《巽》下《艮》上，《巽》為長女，《艮》為少男。如果一個婚姻家庭是女大男小，自然是女的當家。如果是血緣家庭，女大男小，自然是母子關係，母親當家。不僅卦象如此，就各爻爻位而言，亦有此象。王夫之分析說——

> 內卦以一陰承二陽於上，有父母同養之象焉。二陰位在中，為母；三陽位在上，為父。於此二爻不言本爻之德，而言初六所以事之者，蓋《蠱》本以陰承養乎陽為義，而所承之陽其得失可勿論已。《易》之以本爻所值之時位發他爻之旨，若此類者眾矣，在讀者善通之。子之承事父母，柔順卑下，唯命是從，《蠱》之正

> 也。但二以剛居柔，母德不能安靜，以順三從之義，一一順而下之，則且有如漢之竇後，專制內外，而權移於外戚，甚則人彘之禍，傷心含疚而不可如何，故干母之蠱者，有權存乎其間，因其剛而調之，期不失於敬愛而止；必以柔承之而無所裁，則害延於家國，故曰不可貞。

外卦是《艮》，內卦是《巽》，重疊起來，所以一陰在二陽之上。以血緣家庭論，一母有二子，自然是母親當家了。母親在上，兒女在下，作兒女的應該孝順，乃至唯命是從，這是正常的倫理關係，所以說「《蠱》之正也」。無奈這位母親不是一般的慈母，剛有餘而柔不足。從哪裡體現呢？下卦第二爻是陰位，本該為陰（--），而現在卻是陽（—），是剛，這樣的母親就難對付了。如果要一味順著她，就有如漢朝的竇太后，專制內外，導致外戚專權。再甚一點，就會出現「人彘」之禍，徒有傷心而無可奈何。所以，王夫之認為，「干母之蠱」其中有個權宜的原則，止於敬愛而已，不能無原則地遷就，以害延家國。

竇太后指後漢肅宗章帝劉炟的皇后，大司空竇融的曾孫女。建初二年（七七年）入宮，章帝一見傾心，第二年被立為皇后。

竇皇后才貌雙絕，然而狠毒異常。和她同時進宮的宋貴人、梁貴人都生了八子，宋貴人生皇太子劉慶，梁貴人生劉肇，而竇皇后無子，心懷忌嫉，經常在章帝面前挑撥，使其疏遠。然後誣告宋貴人挾邪取媚，逼其自殺，皇子慶廢為清河王。建初八年（八三年），竇后以飛書（匿名信）誣告梁貴人之父梁竦，梁竦死於獄中，梁貴人憂憤而死，於是竇后養劉肇為己子。章和二年（八八年），漢章帝死，太子劉肇繼位，是為和帝，尊竇后為皇太后。

和帝年僅十歲，竇太后臨朝，以其兄梁憲為侍中，執掌朝政。從此梁氏專權，朝廷大事，上自皇帝，下至大臣，莫能過問，而和帝始終柔順，不置一詞。

「人彘之禍」說的是漢高祖劉邦皇后呂雉虐待戚夫人的故事。呂雉是劉邦做亭長時的結髮妻子，生子劉盈。劉邦做了皇帝，立呂雉為皇后，劉盈為太子。劉邦在做漢王時娶定陶戚姬，稱戚夫人，兩人十分相得。此後呂后多留守長安，而戚夫人隨劉邦征戰。戚夫人生子，取名如意，甚得劉邦歡喜。太子劉盈，雖然是劉邦、呂雉親生，但為人仁慈柔弱，既沒有劉邦的剛毅，更沒有呂雉的凶狠，而如意越長越像劉邦自己，於是劉邦產生了廢劉盈而立如意的念頭，加之戚夫人成天在一旁訴說，劉邦廢立的決心越來越堅定。眼看劉盈沒有指望了，急得呂后團團打轉，最後用留侯張良之計，請出四皓，使劉邦誤以為人心都向劉盈，才保住了劉盈的皇太子位。

劉盈位置雖然無虞，但戚夫人與己爭寵，為子爭位之恨猶積胸中，準備到時報復。劉邦也知道呂后日後必定報復，於是封如意為趙王，遠離長安，而且派了最不講情面的周昌為相，以保住趙王不致被害。只要趙王無虞，戚夫人也不會有事。

漢高十二年（前一九五年），劉邦死，太子劉盈繼位，是為惠帝。尊呂后為太后，史稱高后。就在這年，呂后開始了她對戚夫人的報復。她先將戚夫人抓了起來，剃去她的頭髮，命她穿上囚犯的衣服，關在一條長巷子裡，讓她日夜舂米。戚夫人一生是只知道圍著劉邦轉的，劉邦既死，失去依養，成了砧板上的魚肉，自然只有任呂后宰割了。她惟一可以告慰的是還有趙王如意這樣一個兒子。但兒子遠在邯鄲，哪裡知道自己如今的處境？一面舂米，一面在想，想著想著，不禁哼起歌來，歌曰：「子為王，母為虜；終日舂薄暮，常與死為伍。相離三千里，當誰使告汝！」

戚姬這歌也無非哼哼罷了，所謂長歌當哭，哼了出來，哭了出來，心裡便舒服些，殊不知這樣一歌一哭，惹怒了呂后，也提醒了呂后：「啊，是了，這賤人還有個做王的兒子，不殺此子焉能制服賤人！」於是派使去邯鄲，召趙王如意回京。也是劉邦有眼力，看準了周昌，周昌死活不肯放人。使臣接二連三，全都空手而還。周昌最後表示說：「只要我周昌在一日，太后就休想要人！」又是周昌提醒了呂后，於是下令調趙相周昌回京。周昌有理由不放趙王，卻沒有理由自己不服調遣。周昌回京，趙王如意也隨即就被召回長安。

惠帝劉盈知道母親要害弟弟趙王，親自到霸橋迎接。入宮之後，讓趙王和自己住在一起，吃飯自己先嘗了再叫弟弟吃，喝水自己先喝了再叫弟弟喝，處處防範，一連數月，使呂后無法下手。一天，惠帝要出去打獵，本來要帶趙王去，無奈趙王年小貪睡，臨走還未醒來，未能隨行。待惠帝打獵回京，趙王已經死了。惠帝十分後悔。

趙王既死，呂后開始進一步折磨戚姬。先將她手足砍去，將眼睛刺瞎，又把耳朵熏聾，但戚姬嘴巴還在嘶喊，於是又灌啞藥，使她無法出聲，然後將她豬一樣關在一間空屋裡，稱之「人彘」。呂后為了教訓兒子，特讓惠帝去視察人彘。惠帝問清楚是戚夫人之後，哇的一聲大哭不止，因而害病。這就是王夫之說的「傷心含疚而不可如何」。

(三)「消不久也」

「消不久也」是《臨卦・彖辭》的最後一句：「『至於八月有凶』，消不久也。」為什麼到八月又有凶了呢？「消不久也」，凶咎消失不能長久，也就是禍患的根子未能去掉。所以，王夫之解釋說：「除惡務盡，則消而不復長也。」為了說明這個問題，王夫之在分析了卦象之後舉歷史事實證實說——

苻堅雖敗，慕容、拓拔復據中國；呂惠卿乍黜，章惇、蔡京復爭紹述。必待其根株永拔而後成乎泰，非一旦一夕之效也。

苻堅即是以百萬大軍敗於淝水之役的前秦宣昭帝苻堅。苻堅雖以多敗於少，但卻是歷史上度量最大的皇帝，建元六年（三七〇年），苻堅滅前燕；十二年（三七六年）滅前涼；同年又滅代，從而占有了整個黃河流域的廣大地區。苻堅在兼併戰爭中一改過去屠城坑殺的惡習，凡是投降的，不僅不殺，還大膽使用；如果不服，允許再叛再降。他滅燕，用燕王慕容暐做尚書，原吳王慕容金為京兆尹，原中山王慕容沖為平陽太守。也正是苻堅的寬容，所以前燕雖滅，慕容氏的勢力尚存，苻堅淝水戰敗後，很快又建立起了南燕政權。與之相彷彿，苻堅雖敗，但北方的民族分裂勢力仍然存在，不久，拓拔氏建立起更加強大的北魏政權，繼續與代表中原的南朝政權相對抗。這就證明只要根子存在，隱患消除是不可長久的。

呂惠卿、章惇、蔡京，都是王安石新法的先後擁護者。呂惠卿是王安石變法的得力助手，參與制定青苗、免役、水利等新法，起草奏章，與司馬光等人開展辯論，堅持變法主張。熙寧七年（一〇七四年），王安石罷相，呂惠卿任參知政事，繼續推行新法。章惇，元豐三年（一〇八〇年）任參知政事，與司馬光力辯免役法之不可廢罷。哲宗親政，章惇任尚書左僕射兼門下侍郎，使用蔡京、蔡卞等人，倡「紹述」之說，恢復青苗、免役等法。王夫之引諸人事跡的意思是說，主張新法的王安石雖然不在了，但因為新法的影響還在，所以王安石之後有呂惠卿，呂惠卿之後有章惇，章惇之後有蔡京，不斷倡導。

(四)「以宮人寵，終無尤也」

「以宮人寵，終無尤也」是《剝卦》的六五《象辭》。意思是說不越過自己的名份，就不會有問題。《剝卦》卦體是《坤》下《艮》上（䷖），除了最上一爻是陽外，其他全部是陰，而六五是諸陰之長。所以，王夫之解釋道——

能率群陰以承事乎陽，可無尤矣。陰雖處極盛之勢，固有救過之道。後唐明宗焚香祝天，願中國早生聖人，庶幾此義焉。

王夫之受傳統思想的影響，認為陰永遠只能是陰，而不能成陽。所以雖處極盛之勢，也要尋找「救過之道」。「救過」不是挽救過失，而是拯救過頭。於是舉出了後唐明宗李嗣源的事跡以資說明。

李嗣源是沙陀平民，本無姓氏，因長於騎射，被莊宗李克用收為養子，從此跟隨李克用征戰，出生入死，屢立戰功。李嗣源目不識丁，但為人謙和廉靜，有功不自誇，有賞不自得，因而深受部下愛戴。後唐同光四年（九二六年）四月，洛陽兵變，莊宗李克用被殺，李嗣源受百官推戴就皇帝位。

李嗣源做了皇帝，從不放縱自己，也為百姓做了不少好事。他的宮廷組織非常簡單，只有任職事的宮女一百人，宦官三十人，教坊（宮廷樂隊）一百人，鷹坊二十人，御廚五十人，其他各種有名無實的衙門，並無實事的差委，一律撤銷。以往百姓納糧，每年另納省耗一升（即多徵百分之十），他下令只收正數，不得再收「省耗」。規定各節度使和防禦使只在春正、端午等四節才給皇帝「量事進奉」，而且只是「達情而已」，不得鋪張，其費用開銷只能在州府常例中圓融，不得科斂百姓。他下令各州縣，不得以修葺城池為名向百姓科派，更不得假公之名營造私宅。

儘管如此，他總覺得自己是少數民族沙陀人，不該做中國皇帝，以致「焚香祝天，願中國早生聖人」。

(五) 黃離元吉

「黃離元吉。」是《周易·離卦》六二爻辭。王夫之解釋說——

其在治天下之理，則開創之始，天子居中而麗乎剛明之賢，以盡其才，則政教修明而中和建極。若中葉以後更求明焉，雖虛己任賢，論治極詳，且有如宋神宗之只以召亂者。此六二之吉，所為吉以元也。占者得此，當以始念之虛明為正。

王夫之在這裡舉宋神宗事跡的目的是為了說明《離卦》六二爻辭「黃離元吉」只主元吉，也就是只有開頭吉，其中、其後都不吉，不僅思考如此，行事如此，治天下國家亦復如此。王夫之認為，任何朝代創業之初幾乎都是賢明的，但中葉幾代以後，即使想賢明也不會有好結果，於是舉出了宋神宗行新政的事例。

宋神宗趙頊（一〇四八—一〇八五年），英宗之子，治平三年（一〇六六年）立為太子，治平四年即位。北宋王朝自真宗「澶淵之盟」以後，對外屈服，內部腐敗，禍敝相因，國虛民弱，人民負擔極其沉重。特別是差役，因為是按人口攤派的，以致「有父求死以免子當役者，有嫁其祖母及與母分家以避役者」，國家到了危急關頭，人民處境更是水深火熱。

十九歲的神宗登位，極想有一番振作，「思除歷世之弊，務振非常之功。」熙寧元年（一〇六八年）四月，也就是神宗即位的第二年，他召見議論高奇的翰林院學士王安石。王安石說：「今天下之財力日益困窮，風俗日益衰壞，患在不知法度，不法先王之政故也。法先王之政者，法其意而已。」並說「大有為之時正在今日」。神宗問從何入手，王安石回答：「變風俗，立法度，正方今之所急也。」

神宗十分欣賞，謙遜而誠懇地說：「朕自視眇躬，恐無以副卿此意，可悉意輔朕，庶同濟此道。」熙寧二年（一〇六九年）二月，神宗以富弼為宰相，王安石為參知政事，設置三司條例司，起草改革方案。五月，王安石建議興學校，罷詩賦，以經義取士。七月，立淮、浙、江、湖六路均輸法，凡糴買、稅斂上供之物，一律就近、就賤收購，使商賈不得擅輕重斂散之權。九月，行青苗法，以錢貨民，利息二分。十月，因阻撓改革，富弼罷相。熙寧三年（一〇七〇年），王安石任宰相，大張旗鼓地推行新法，司馬光、富弼、曾公亮、文彥博、韓琦、歐陽修、蘇軾等數十人因反對新政，一律罷官，唐介甚至活活氣死。因為阻力太大，加之新法不夠完善，推行又急，而神宗又左右動搖，最後王安石的變法宣告失敗。

新法雖然失敗，但宋神宗仍然不失為一個有為的皇帝。他命王韶開闢熙、洮五州，設熙河路，史稱「熙河開邊」。命章惇開拓梅山地區，史稱梅山之役。進行官制改革，史稱「元豐改制」。但因改革失敗，國內政治局面無法扭轉，經濟不能復甦，國力仍然薄弱，與遼和西夏的戰爭屢戰屢敗，總的成效不大。王夫之因對王安石的改革有偏見，所以說徒以召亂。

㈥「日昃之離」

「日昃之離」是《周易・離卦》九三爻辭的第一句，原文是：「九三：日昃之離，不鼓缶而歌，則大耋之嗟凶。」意思是說，時間不早了，再不抓緊進行，就太晚了，所以說「凶」。王夫之根據卦象解釋說——

九三以剛居剛而為進爻，前明垂盡，不能安命自逸，而懷忿忮以與繼起爭勝，不克則嗟，所謂日暮途窮，倒行逆施者也。生死者，屈伸也，樂以忘憂，唯知此也。衛武公耄而好學，非自勞也，有一日之生則盡一日之道，善吾生者善吾死也，樂在其中矣，「大髦之嗟」豈以憂道哉！富貴利達，名譽妻子之不忍忘而已，馬援跕足於武溪，卒以召光武之疑怒而致凶，況其下焉者乎！

「日昃」指的是太陽西斜，有事情接近盡頭、生命接近末尾之意，對人來說就是「大髦之年」了。人到暮年應該如何對待？王夫之將它一分為二，就生命而言，應該「有一日之生則盡一日之道」，直至最後一息，這就叫善吾生者善吾死。但就富貴利達而言，就應該知難而退，不必和年輕人爭強好勝了。所以說人到老年，自暴自棄，什麼都不在乎不對，但人不服老，去爭富貴利達更不對。於是舉出衛武公和馬援作為兩種不同類型的例證。

衛武公，姓姬名和，康叔之後，衛國第十代君主，在位五十五年。武公一生注意學習，而且愈老愈注意學習，愈注意約束自己。《國語・楚語》記載道——

昔衛武公年數九十有五矣，猶箴儆於國，曰：「自卿以下至於師長士，苟在朝者，無謂我老耄而捨我，必恭恪於朝，朝夕以交戒我；聞一二之言，必誦志而納之，以訓導我。」在輿有旅賁之規，位寧有官師之典，倚幾有誦訓之諫，居寢有褻御之箴，臨事有瞽史之導，宴居有師工之誦。史不失書，蒙不失誦，以訓御之，於是乎作《懿戒》以自儆也。及其沒也，謂之睿聖武公。

所謂「無謂我老耄而捨我」，就是不要以為我老而寬縱，而不作要求，不提意見。武公不僅要求朝臣不管聽到什麼意見，要隨時告訴自己，而且在平時處處布置人對自己的言行加以監督，以便及時提醒。

車上有武衛勇士，出入大門有官師，坐下時有誦訓，寢睡有近御，臨事有瞽史，宴居有樂工。所有這些，既是武公的臣屬，又是武公的老師，以此處事不失，死後被稱為聖明君主。

馬援（前一四－四九年），漢扶風茂陵（今陝西興平東北）人，字文淵。曾任郡府督郵，一次押解重囚犯，馬援見其可憐，私自釋放，自己逃至北地（今甘肅慶陽西北）。不久遇赦，馬援便留在北地，從事畜牧，至有牛馬羊數千頭，穀物萬斛，盡與親友，自己身著羊裘，另謀出路。

王莽末年，任漢中太守。莽敗，依附割據隴西的隗囂，任綏德將軍，甚見信任。後漢光武帝劉秀即位，隗囂與光武帝對壘，馬援奔走其間，為之調停，深得劉秀仰慕。建武四年（二八年），馬援充當隗囂使臣，奉書洛陽，見於宣德殿。劉秀起身迎接，笑著說：「卿遨遊二帝之間，令人慚愧，更令人佩服。」馬援回答說：「當今之世，非獨君擇臣也，臣亦擇君矣。臣與公孫述同縣，從小友善，臣前至蜀，述戒備森嚴。臣今遠來，陛下何知非刺客而不防備。」劉秀笑著回答說：「先生實非刺客，說客罷了。」相顧大笑。

劉秀將馬援作貴客接待，接著馬援隨劉秀巡視黎丘（在今湖北宜城西北），轉至東海（今江蘇灌雲縣），再返回洛陽。然後由太中大夫來歙「持節送援西歸隴右」。馬援回到隴西，「隗囂與援共臥起，問以東方流言及京師得失。」馬援說：「前到朝廷，皇上引見數十次，每飲宴共語，自夕至旦，才明勇略，非人敵也。且開心見誠，無所隱伏，闊達多大節，略與高帝同。經學博覽，政事文辯，前世無比。」隗囂又問：「何如高帝？」馬援十分乾脆地回答：「不如也。高帝無可無不可，今上好吏事，動如節度，又不喜飲酒。」隗囂因而不悅，也無投漢之意。不久，馬援投靠了光武帝劉秀。

馬援投漢，任太中大夫，建武十一年（三五年），任隴西太守。建武十七年（四一年），以馬援為伏波將軍，統兵鎮壓交趾女領袖徵側、徵貳，封新息侯，賜兵車一乘，朝見時位次九卿。建武二十四年（四八年），武威將軍劉尚擊武陵五溪蠻夷（今湖南湘西沅陵一帶），因為深入，全軍覆沒。馬援聞訊，自告奮勇，要求率部出征，這時他年已六十二歲。光武帝念他年老，好言相勸之。馬援不服，一再要求，還披甲上馬，當面表演給光武帝看，表示自己可用。於是「遂遣援率中郎將馬武、耿舒、劉匡、孫永等，將十二郡募士及馳刑四萬餘人征五溪。」

馬援率大軍來到今湖南沅陵地界，前面有兩條進軍道路，一條由壺頭山沿沅江直逼今沅陵、辰溪，一條繞道由大庸經吉首進入鳳凰、麻陽。前者路近，但山高水險，後者路較平坦，但里程太遠，運輸困難，耿舒主張走今大庸，馬援為了盡快平定極亂，堅持走壺頭。「三月，進營壺頭，賊乘高守隘，水疾，船不得上。會暑甚，士卒多疫死，援亦中病，遂困，乃穿岸為室，以避尖氣。賊每升險鼓噪，援輒曳足以觀之。左右哀其壯意，莫不為之流涕。」

馬援陷入了絕境。耿舒寫信給他哥哥耿弇，說了進軍路線的分歧問題。耿弇上奏光武帝。光武派梁松趕赴軍中調查，並代援監軍。恰好梁松是馬援對頭，添油加醋，說了許多壞話。而馬援已經病死，無可對質。光武帝大怒，撤銷了馬援新息侯的封號，繳回了印鑒。

馬援以一個遨遊於二帝之間的風雲人物，投漢後又屢立戰功，封侯拜將，可謂榮耀一時，卻以六十二歲的暮年爭強好勝，以致身敗而名裂，確實是「大髦之嗟」了。

㈦「突如其來如，焚如，死如，棄如」

這是《周易・離卦》的九四爻辭。《離》卦卦體《離》下《離》上（☲☲），《離》為火，火是有光的、明亮的，所以說《離》，麗也。什麼最為明亮呢？一是太陽，二是月亮，所以《彖辭》說「日月麗乎天。」現在上下都是《離》，自然是太陽和月亮了。太陽和月亮輪番照耀大地，太陽下去月亮緊接而來，月亮還未完全落土太陽又緊接而出，一個緊接一個。上下卦銜接的是三、四爻，這裡上卦九四緊接九三而來，所以說「突如其來」。《離》是火，所以說「焚如」。火是能燒死人的，所以說「死如」。死了自然要拋棄了，所以說「棄如」。如，襯音助詞。王夫之解釋說——

前明甫謝，餘照猶存，而失位之剛遽起而乘之，羿、莽是也。占此者，小人雖盛，可勿以為憂。

太陽的光芒剛剛收斂，餘照猶存，月亮就取而代之了，反之亦然。推之人事，此類現象亦不少見，羿與王莽就是例子。

羿即后羿，也叫夷羿。相傳是夏時有窮國的國君，趁太康外出遊獵，奪了他的帝位。《尚書・五子之歌》說——

太康尸位以逸豫，滅厥德，黎民咸貳，乃盤遊無度，畋於有洛之表，十旬弗反。有窮后羿，因民弗忍，距於河。厥弟五人，御其母以從，徯於洛之汭，五子咸怨，述大禹之戒以作歌。

后羿趁太康外出遊獵未返而奪帝位，於情確有不合，但太康身為帝王，丟下國事不管，渡河遊獵十旬不返。而且表現不僅是這一次，貪玩成性，「尸位以逸豫，滅厥德」，以致人民都對他有二心，后羿是因民之不忍而拒他於河外，太康應負主要責任，所以「五子咸怨」主要是怨太康的久遊不歸。王莽篡位（見圖11－4）的情形就不一樣了，被篡的對象是個無辜的小孩。

圖 11-4　王莽篡位

王莽（前四五－二三年），繼西漢之後新王朝的創建者，公元八－二三年在位。字巨君，漢元帝皇后王政君之侄。王莽小時喪父，在滿門公侯的王家中他是最苦的一個。也因為家中貧苦，促使他勤學向上，在王家滿門紈绔中他又是表現最為突出的一個。陽朔三年（前二二年），王莽的伯父、執掌國政的大司馬、大將軍王鳳病重，王家子侄沒一人攏邊，而王莽精心護理，煎湯煮藥，日夜不離左右。王鳳十分感激，臨死，含著眼淚把王莽托付給王太后和在位的成帝。王鳳死，成帝以王莽為黃門郎，不久遷射聲校尉。永始元年（前一六年）封新鄉侯。

王莽表現謙虛，濟人緩急，以致家無餘資。綏和元年（前八年），王莽繼他七叔王根任大司馬，更加禮賢下士，節儉愛人。一次王莽母親害病，滿朝官眷來家拜望，王莽夫人粗布短裙在門口接待，人們以為是他家僕人。後來知道是大司馬夫人，無不為之贊嘆。元壽二年（前一年），哀帝死，九歲的劉衎被立為平帝，王太后臨朝稱制，委政於王莽，號安漢公。元始四年（四年）加「宰衡」稱號，位為上公。接著四十八萬七千五百七十二人次上書，要求加封王莽，王莽的聲望被抬到了無可復加的地步。就在這年，平帝死，王莽立兩歲的子嬰為帝，接著自稱假皇帝，以子嬰為皇太子，稱孺子嬰。改元居攝。居攝三年（八年）王莽接受「神禪」，正式即皇帝位，改國號曰新，立兒子臨為皇太子，廢孺子嬰為定安公。

宣讀詔書之後，王莽握著子嬰的小手，淚流滿面地說：「我本來像周公對待成王一樣，還位於你，迫於天命，實在不得已了。」說罷放聲大哭，由於王莽的假戲真演，朝廷居然覷欷一片。其時最初起用王莽的王太后還健全，確實是「餘照猶存」，而王莽竟毫不客氣地篡位了，可謂迫之太甚。

(八)「六五之吉，離王公也」

這是《周易．離卦》六五《象辭》，是解釋六五爻辭的。《象辭》分兩部分，一是解釋卦辭的，叫《大象》，一是解釋爻辭的，叫《小象》。《離卦》六五爻辭：「六五：出涕沱若，戚嗟若，吉。」意思是說，面臨大事，必須誠惶誠恐，甚至流淚痛哭，悲戚哀傷，才能吉。那麼這樣的大事又是什麼樣的大事，這裡的吉又是指誰的吉呢？《象辭》解釋說：「六五之吉，離王公也。」原來是講的王公大公就位、就職的事。王夫之解釋說——

離，謂麗乎其位也。仰其先烈而欲嗣其耿光，非憂危以處之，不勝其任矣。元祐諸賢輔其君以改熙、豐之政而求快一時，無惻怛不得已之情，未能無過。若曹丕定嗣而抱辛毗以稱快，魏之不長，婦人知之矣。此專為嗣君而言，然君子守先待後，亦可以此通之。

元祐諸賢指宋神宗死後於元祐年間重新上臺的司馬光、呂公著、文彥博等人。元豐八年（一〇八五年）三月，宋神宗去世，十歲的皇太子哲宗趙煦即位，由太皇太后高氏「權同處分軍國事」。高太后是新政的反對派，一上臺就下令罷黜呂惠卿等推行新政最得力的大臣十餘人（此時王安石已死），罷戶馬、保馬諸法，立即召回司馬光，司馬光在回京的路上一路宣傳革除新法，「救急如救火」。於是一切新法全廢，主張新法的人全罷，舊黨人士彈冠相慶。但誰也沒有想到，八年之後，高太后死，十八歲的哲宗親政。而哲宗竟是個新政迷，重新起用新黨，又將舊黨全數趕下臺，這就是王夫之說的「以致熙、豐之政而求快一時」的後果。

曹丕是曹操的長子，但他立為太子卻通過長期的艱苦努力。曹操有嫡子四人，依次為曹丕、曹彰、曹植、曹熊。四子中以曹植最為聰明，十多歲就能出口為論，下筆成章，曹操每次向他提出各種疑難都能應聲而對，因此最得曹操喜歡。且生性簡樸，不尚華麗，又有丁儀、楊修等一批才士輔佐，曹操幾次下決心立他。但立太子的原則從來是立嫡立長，故又舉棋未定，沒有最後拍板。

曹丕非常著急，他請教太中大夫賈詡，賈詡回答說：「待人崇德有禮，事父孜孜不違子道。」曹丕施展各種手段，籠絡人心，以致左右無不說他好，但在父親面前卻拿不出什麼感人的東西。每次曹操出征，他們兄弟送行，曹植稱述父親功德，祝福征伐勝利，以及表達自己思念之情，出口成章，娓娓動聽，曹操聽了，十分歡喜。曹丕雖然聰明，但被這八斗高才的弟弟壓著，黯然失色，甚至根本說不出話來。

一次，眼看曹丕的尷尬局面又要出現了，站在旁邊的吳質輕聲對曹丕說：「你不會說，難道還不會哭麼？」一句話提醒了曹丕。他想到將來可能的失敗，鼻子一酸，居然傷心地抽泣了起來，於是假戲真唱，趁勢深深地向父親拜了下去，曹操被感動了。論者以為曹植多華辭，而誠心不及曹丕。建安二十二年（二一六年），曹操結束了多年的猶疑，毅然立曹丕為太子。

曹丕勝利了，抱著他好朋友辛毗的脖子，像孩子一樣連跳帶蹦地說：「辛君，知我喜不？」辛毗不以為然，回到家裡把曹丕的高興勁告訴女兒憲英。憲英嘆道：「如此，魏國就不會太長久了。」這就是王夫之說的「魏之不長，婦人知之矣」。當然，王夫之繼承孔子的觀點，輕視婦人，是不對的。

(九)「見險而能止」

「見險而能止」，《蹇卦・彖辭》原文是：「《彖》曰：蹇，難也，險在前也。見險而能止，知（智）矣哉。」《蹇卦》卦體《艮》下《坎》上（☵☶），《艮》為止而《坎》為險。前面有險，所以說難，遇險而止，所以說智。但遇險是否一定要止才算「智」呢，而止又該如何止法呢？王夫之發表自己的看法說——

險者天下之必有，以剛果之氣臨之，則雖有險而不見其險；以柔慎之心處之，則集木臨淵，常存乎心目之間，於是始終於柔，止而不迫，則天下之情理無不得，大知（智）之所以善用其止也。抑唯當位而貞，則本無乖異危疑紛亂之境須急於拯救，故可以見險而遂止。為漢文帝之撫南粵，而不為唐太宗之征高麗；為竇融之束身歸漢，而不為馬援之據鞍上馬。斯以為知（智）。若時在陰陽交戰傾危之際，畏難而不敢進，則為宋高宗之稱臣於女真，與持祿全身保妻子之張禹、胡廣。又其下者，閉戶藏頭，禍將自至，下愚不肖之尤者，何稱知（智）哉！

王夫之認為，「險者天下之必有」，是無時無處不存在的。關鍵在於一是以什麼樣的心態對待險，二是善於區別是什麼樣的險。如果不是危疑紛亂之境而不必急須解決的，可以見險而止，比如漢文帝解決南粵問題，就深得其法；而唐太宗之征高麗，就顯得過急，當止而未能止了。相反，如果處在鬥爭的緊急關頭，在完全不該止的情況下中止，則是最大的失誤，宋高宗向女真稱臣，就是典型的事例。

漢文帝是如何撫南粵的呢？南越王尉佗，真定（今河北真定縣）人，姓趙，秦時為龍川令（今廣東龍川縣），趁秦末之亂，占領桂林、象郡，自立為南越武王。漢高祖定天下，承認他為南越王，地與長沙國接界。高后時因關市鐵器問題與長沙王結怨，自號南越武帝，發兵攻長沙，與中原對立。高后派兵征討，無功而還。漢文帝即位，並不派兵，而是派使臣去真定，修復被毀壞了的趙佗祖墳。趙佗家有堂兄弟，文帝給他官職。然後派陸賈去南越，責問趙佗何以要自稱帝號。趙佗謝罪，去帝號，表示願長為藩臣。因為當時趙佗並未對劉漢王朝構成威脅，文帝以「見險能止」的和平方法加以解決，所以收到了良好的效果。

與漢文帝相反，唐太宗處理高麗卻是另外一種態度，也是另外一種效果。貞觀十六年（六四二年），高麗蓋蘇文殺高麗王建武，立武弟藏為王，自專國政，接著，高麗與百濟聯合，發兵攻新羅，新羅向唐求救。貞觀十八年（六四四年），唐太宗決定出兵攻高麗，十九年二月，太宗留太子監國自統大軍攻高麗，三月至定州（今河北定縣），四月渡遼水，拔蓋牟城（在今遼寧撫順市北），繼而破遼東。六月，破白岩城（即今遼陽市東燕洲城）。於是以遼陽為遼州，蓋牟為蓋州，白岩為岩州。唐軍到達安市（今遼寧海城南營城子），大破援軍。九月，唐軍久攻安市不下，加以天寒糧少，只好下令班師。王夫之在《讀通鑒論》卷二十中評述其事說——

隋之攻高麗而不克也，君非其君，將非其將，士卒怨於下，盜賊亂於內，固其宜矣。唐太宗百戰以蕩群雄，李世勣、程名振、張亮，皆戰將也，天下抑非楊廣狼戾以疲敝之天下，太宗自信其必克，人且屬目以待成功，乃其難也，無異於隋，於是而知王者行師之大略矣。太宗自克白岩，將捨安市不攻，徑取建安，策之善者也，而世勣不從。高延壽、高惠真請拔烏骨城，收其資糧，鼓行以攻平壤，而長孫無忌不可。乃以困於安市城下而狼狽班師。夫世勣、無忌豈不知困守堅城之無益而阻撓奇計，太宗自策既審，且喜聞二高之言而終聽二將以遷延，何也？唯天子親將，勝敗所繫者重，世勣、無忌不敢以萬乘嘗試，太宗亦自顧而不能忘豫且之戒也。向令命將以行，則韓信之度井陘，劉裕之入河、渭，出險而收功；即令功墮師撓，固無繫於安危之大數，世勣、無忌亦何憚而次且哉？

王夫之批評的是唐太宗的親征。如果不是親征，各將無顧及「萬乘」安危之憂，放手作戰，自不致有此局面，而歐陽修則根本反對這次的出兵。他論太宗李世民一生的功過：「其除隋之亂，比跡湯、武，致治之美，庶幾成、康。自功征兼隆，由漢以來未之有也。至其牽於多愛，復立浮圖，好大喜功，勤兵於遠，此中材庸主之所常為。」唐太宗竟成中材庸主了。

對高麗無論是該不該出兵，或者該出兵而無需太宗親征，都反映了唐太宗在這個問題上的處理過急，當止而未能止，所以就成了漢文帝的反面教材。

宋高宗趙構（一一〇八－一一八七年），徽宗第九子。宣和三年（一一二一年）封康王，靖康二年（一一二七年）三月，金人擄徽、欽二帝北去，在李綱、宗澤、汪伯彥等人的極力主張下，同年五月一日趙構在應天（今河南商丘市）即位，是為高宗，從此開始了歷史上的南宋王朝。

高宗即位，採取了一些緩和各方面矛盾的措施，穩定了局勢。六月，李綱輔政，提出國是、巡幸、赦令等十議，在前段穩定局勢的基礎上著手懲辦漢奸，表彰死節，裁減機構和冗員，招撫各地義民，構築防禦工事，沿黃河、淮河、長江設置帥府，總兵力達到九十六　七千五百人，別置水軍七十七將。同時使江淮諸路造船，京東、京西造車，河北西路購馬。另於陝西、河北等地新募兵十　，調大軍輪番入衛商丘。用堅決主張抗金的名將宗澤為東京留守，知開封府。

被擄的徽宗從敵營中撕下半隻衣袖寫回「便可即真來救父母」幾字，一同被俘的邢夫人脫下手上金環，托人　：「幸為我白大王，願如此環，得早相見也。」於是高宗激憤，下決心要自留中原，與金人決戰。

商丘雖然是宋太祖趙光胤建基之地，但畢竟不是理想之鄉，而且面臨前敵，不易防守，於是議論遷都。李綱提出去長安，他引歷史的經驗教訓　：「自古中興之主，起於西北則足以據中原盡有東南，起於東南則不能復中原而有西北。蓋天下精兵健馬皆在西北，若委中原而棄之，陛下雖欲還闕，不可得矣。」

宗澤比李綱更加激進，他主張仍回開封。當時金兵駐黃河北岸，與開封「金鼓之聲日夕相聞」，但宗澤自有成竹在胸，他不僅屢敗敵人的進攻，而且造戰車一千二百乘，根據形勢，於開封周圍立堅壁二十四所；沿黃河建立「連珠寨」，連結河東、河北各山、水寨抗金民兵，陝西、京東、京西諸路人馬也自願聽從節制，於是黃河成了抗金的天然屏障，而開封則是統帥諸路人馬、聯絡各方抗金力量的前敵指揮部。

宗澤認為，以開封為都，既顯示了抗金的決心，堅定上下抗金意志，又能更好、更集中地調動全國各方抗金力量。但高宗沒有這個膽略，聽信汪伯彥等人的逃跑主張，「駕幸」揚州，接著便開始了對抗金人士的鎮壓，李綱三番兩次阻攔遷都揚州，於是罷李綱宰相；太學生陳東為李綱辯護，於是殺陳東；撫州歐陽徹步行至商丘上書，於是又殺歐陽徹；許翰表示支持李綱，同情陳東、歐陽徹，於是被罷官；河北招撫使張所力主還都汴京（開封），被送嶺南「安置」。轟轟烈烈的抗金熱潮被鎮壓下去了。

高宗怕宗澤在開封成了氣候，又派投降派郭仲奇為副使，對宗澤進行監視，宗澤憂憤成疾，臨死，反覆念著杜甫的兩句詩：「出師未捷身先死，長使英雄淚滿襟。」

高宗在一伙投降派的簇擁下離開應天南奔揚州，不想金兵從後追趕，於是馬不停蹄，由應天而揚州，由揚州而鎮江，由鎮江而蘇州，最後逃到杭州。以後又喪失多次反攻機會。紹興十一年（一一四一年）十一月，宋金議和，金方提出「劃淮為界，歲幣銀絹各二十五萬，割唐、鄧二州」為義和條件，高宗不敢違抗，紹興十二年二月，宋高宗晉表於金，割地稱臣，三月，金熙宗完顏亶派使去杭州，冊封趙構為宋帝，從此「大宋皇帝」成了金的兒皇帝，勉強守著個殘缺的半壁河山，在西湖之畔朝歌夕舞。正因為他在應天「畏難而不敢進」，所以才稱臣於女真（金）。

(十) 關於《夬》

《夬》卦卦體《乾》下《兌》上（䷪），一至五爻全是陽爻，但「六」為陰爻。王夫之分析卦象說——

為卦，陽盛已極，上居無位，下協眾志；一陰尚存，而處之於外。陽已席乎安富尊榮，而絕陽於無實之地，以是為剛斷之已至矣。乃陰終乘其上而睥睨之，陰固不能忘情乎陽，陽亦豈能泰然處之而不憂？故爻辭多憂，而《彖辭》亦危。

在《周易》的卦象中，陰總是不吉利的。陰雖然不吉利，但處於五陽之外，陽居天位，上下同心，形勢大好，於是陽坐在富貴尊榮之中而對旁邊的「陰」毫不介意。但「陰」並不甘心長處絕地，時時睥睨，等待時機起事。因為有這樣一個基本的卦象，所以全卦爻辭多憂，而《彖辭》也多危象。這就告誡人們，千萬不能忽視小問題，小問題可以發展成大禍患。王夫之接著進一步發揮卦義說——

陰之為德，在人為小人，為女子，為夷狄；在心則為利，為欲。處女子、小人者，置之於中而閒之；處夷狄者，抑之使下而撫之。若使亢焉化外，而徒擯之以重其怒，則其為憂危之府，必矣。以義制利、以理制欲者，天理即寓於人情之中；天理流行而聲色貨利皆從之而正。若恃其性情之剛，遂割棄人情以杜塞之，使不足以行，則處心危而利欲之乘之也，終因間而復發。二者皆危道也。故統帥群陽以擯一陰，而且進且退，終窒礙而不得坦然以自信焉。

王夫之以為這樣抽象評議意猶未盡，於是又聯繫歷史事實發揮說——

嗚呼！天下豈有五陽同力，而不能勝一陰也哉！唯恃其盛而擯之以為不足治，乃不知彼之方逸居於局外，以下窺我之得失也。故三代以下為王者不治夷狄之說，自以為道勝無憂，而永嘉、靖康，憑陵禍發，垂至於祥興海上之慘，今古同悲。野火之燎，一熛未滅，乘風而熺喜，豈在大乎？五王誅武氏，而三思猶蒙王爵；《要典》焚而馮銓猶以故相優游輦下，皆此象也。其在學者，則三月不違之仁，尤當謹非禮於視聽言動之著見。伯禹戒舜，罔若丹朱；召公陳《旅獒》，擬之商紂。一私未淨，戰戰慄慄，尤在慎終，可不戒夫！是以知夬者憂危之府也。日之朔，月之望，有薄蝕焉；盛夏之榮，有靡草焉。天地且然，而況於人乎？

以小人、女子、夷狄比陰之德，這是古人的偏見，不足為訓，但作為次要矛盾上升為主要矛盾的潛在危險，是值得高度注意的。王夫之是明末清初人，當時明朝已經被過去全不起眼的滿清貴族所滅，確實是今古同悲，但作為亡國的遺民，不便明言清興明亡之事，於是借古論今，籠統地說三代以下之不治夷狄，並舉出西晉、北宋及南宋的滅亡作為經驗教訓。

永嘉是晉懷帝司馬熾的年號。西晉永興三年（三〇六年），晉惠帝死，「太弟」司馬熾即位，是為懷帝，改年號曰永嘉，歷時十六年的八王之亂也宣告結束。但懷帝的命運並不比他哥哥惠帝好，由於西晉王朝長期處內亂之中，北方少數民族勢力乘機而起，頻繁向中原進攻。永嘉元年，汲桑、石勒攻破鄴城（今河南安陽），火燒鄴宮，大火旬日不熄。永嘉二年（三〇八年）劉淵攻占平陽（今山西臨汾），隨後遷都平陽。永嘉四年，劉曜、王彌等攻京城洛陽，城內饑荒、秩序大亂。永嘉五年，劉曜再攻洛陽，殺官吏士民三萬餘人，火焚洛陽城，擄懷帝至平陽，封為阿平公。永嘉七年（三一三年）正月，漢主劉聰大會群臣，命懷帝著青衣行酒，侍中庾珉號哭，劉聰厭惡，遂殺懷帝，懷帝死，司馬鄴在長安即位，改元建興。是為愍帝。

當時長安已十分凋零，居民不滿百戶，公私車輛一共才四乘。建興四年（三一六年），劉曜攻長安，愍帝出降，劉曜擄愍帝回平陽。劉曜大會群臣，命愍帝行酒洗盞，晉臣在座者失聲痛哭。不久，劉曜殺愍帝，西晉亡。因為劉聰、劉曜都是北方少數民族，故王夫之歸之於「不治夷狄」。

靖康是宋欽宗趙桓的年號。宣和七年（一一二五年）十月，金兵在完顏宗翰、完顏宗望率領下分兩路攻宋，宋將郭藥師以兵三十萬及燕山諸州縣降金。宋徽宗趙佶見事不可為，準備逃跑，禪位給皇太子趙桓，自稱道君皇帝，東逃亳洲，於是趙桓即皇帝位，號欽宗，改元靖康。

趙桓即位，群臣剛剛朝賀完畢，敗兵從黃河北岸湧來，接著金兵渡河，欽宗害怕，也想逃走，李綱苦勸不從，最後因衛隊不願離開開封，加上城外已經有了金兵，欽宗害怕當俘虜，不得已才留在城內。

正月初七日晚，金兵攻宣澤門，李綱募敢死隊二千人，英勇拼殺。金兵見城中有了防備，天亮後自行撤退。第二天，斡離不派吳孝明為使，入城見欽宗，說以往諸事都不計較，現在少帝（指欽宗）登基，兩國和好，可派親王、宰相入營談判，開價金五百萬兩，銀五千萬兩，牛馬萬頭，衣緞百萬匹，割中山、太原、河間三鎮之地，並以宰相、親王為質。金人一面談判，一面加緊進攻，以為威脅。李綱親自督戰，殺金兵數千人。但欽宗害怕，答應全部條件，下令搜括民家金銀，自己也宣布減膳節用，費盡力氣才籌得金二十萬兩，銀四百萬兩。欽宗命令起草降書，稱金主為「伯大金皇帝」，自稱「侄大宋皇帝」，貢幣、割地、人質，一如其言。十三日，命沈海持降書及三鎮地圖至金營，說明其他銀兩將陸續籌集交付，從此金兵住城外，日夜催促銀兩，欽宗在城內，百計籌措金銀。徽宗見大局無礙，也回開封。因時間太久，宋兵各路援軍陸續來到開封，竟達二十餘萬，而金兵才六萬，於是戰局重開。靖康元年（一一二六年）十一月二十五日，金兵攻陷開封。三十日，欽宗親往金營請和。金以別立新君相要挾，堅持割讓河東、河北之地，索金一千萬錠、銀二千萬錠，帛一千萬匹，並指定取宮中少女一千五百人，押欽宗於營中為質。靖康二年（一一二七年）四月一日，金人以牛車數千輛，分二路載徽、欽二帝及太妃、太子、宗戚三千人北去，「凡法駕、鹵簿、皇后以下車輅、冠服、禮器、法物、大樂、教坊樂器、祭器，以及官吏、內人、內侍、伎藝工匠、倡優、府庫蓄積，為之一空」，史稱靖康之恥。

祥興是南宋最後一個皇帝趙昺的年號。南宋德祐二年（一二七六年）三月，元伯顏攻破宋都臨安（今浙江杭州），擄宋金太后及六歲的恭帝趙顯北去。五月，陸秀夫等在福州立九歲的益王為帝，改元景炎，是為端宗。十一月，元兵入福州，陳宜中、張世杰等奉端宗乘海船南逃至惠州（今廣東惠州市）。元兵追至惠州，又繼續南逃至井澳（今廣東珠江口外）大小橫琴島海灣間，遇颶風壞船，端宗驚嚇成病，於景炎三年（一二七八年）四月十四日死於今廣東吳川縣西南的小島上。十六日，陸秀夫立八歲的廣王趙昺為帝，改元祥興。六月，徙居崖山（在今廣東新會縣南海中）。

圖 11–5　祥興海上之慘

祥興二年（一二七九年）正月，元兵攻

崖山。張世杰集結巨艦千餘艘於海中，用大索連接，四周起樓棚，有如城牆，趙昺居於其中。元軍幾番攻擊，艦隊巋然不動。元軍改用火攻，宋軍大敗。二月六日，元兵開展全面進攻，從清晨激戰至黃昏，宋軍死傷山積。陸秀夫背負趙昺投海而死，南宋亡。這就是「祥興海上之慘」（見圖11－5）。

三、引大臣吉凶進退

(一)關於《訟》

《訟》是《周易》六十四卦之一，卦體《坎》下《乾》上（䷅）。然則《訟》卦何以謂之「訟」呢？王夫之解釋說——

凡勢位不相敵而負直以相亢，懷險以求伸，則訟。此卦三陽上行，有往而就消之勢，已成乎《否》，將成乎《遁》。九二不恤險陷，退而下行，為主於內，以止陽於將消，其為功於《乾》大矣。《乾》乃決志健往，不與之相應，則二懷不平之怨，而與五相訟。如衛元咺之於衛侯鄭者，始於相援，而終以相亢，物情之險，所以難平也。

什麼叫訟，或者說何以會有「訟」呢？王夫之解釋說：勢位不敵的雙方發生矛盾，勢弱剛直而又吃虧的一方不服，即使冒著風險，也要討個公道，這就構成了「訟」（見圖11—6）。從卦象看，三陽在上，只顧自己瀟灑，已經構成了《否卦》的不利之勢。《否卦》卦體為（䷋）（九二變陰即成《否》），進一步就將發展為《遁》（䷠）（六三變陽即成《遁》），就要公開逃跑了。但畢竟還未成《否》、成《遁》，因為有九二撐著，所以九二對上卦《乾》的貢獻是極大的。而以九五為首的《乾》並不領情，依然置九二於不顧。於是九二不平，憤起而與九五相訟，其形情就像歷史上衛大臣元咺與衛侯姬鄭的一場官司。

圖11–6　《訟》

魯僖公二十八年（前六三二年）晉文公伐曹，以報他出亡路過曹國時曹伯之無禮。晉軍到達黃河北岸，向衛國假道，衛侯不肯。於是晉軍改道渡河，偷襲曹國，進而占領衛地五鹿，威脅衛都，衛國上下驚恐。恰逢晉齊會盟，衛侯請求加盟，晉國不許。衛侯火了，想投靠楚國，讓楚國來對付晉軍，但國內人事群起反對。眼看衛國不保，於是有人出了「出其君以取悅於晉」的主意。就是說讓衛侯暫時離開國君的位置，離開衛國，以緩和與晉的矛盾。衛侯儘管心裡不願意，但還是採納了這個建議，離開都城，去居襄中。臨走，委托大臣元咺輔佐他的弟弟叔武主持國政。

元咺是個老練的政治家，知道這事不好辦，因為權力之爭從來都是你死我活的。今日衛侯讓位，他日後悔怎麼辦？說是讓叔武臨時主持，將來叔武不肯還政又怎麼辦？如果不動真的，只作作樣子，晉人不買帳，繼續進攻又怎麼辦？但是衛侯一片誠心，國家又面臨危難，只好勉為其難。不想叔武怕擔關係，不肯接受。於是衛侯派寧武子為使，與元咺等立盟。

《左傳》記載當時的盟誓說——

> 天禍衛國，君臣不協，以及此狀也。今天誘其衷，使皆降心以相從也。不有居者，誰守社稷？不有行者，誰扞牧圉？不協之故，用昭乞盟於大神，以誘天衷。自會以往，既盟之後，行者無保其力，居者無懼其罪。有渝此盟，以相及也，明神先君，是糾是殛。

行者指的是暫時出位的衛侯，居者當然是指代理的叔武了，雙方職責分明，不許後悔。但衛侯離職之後時刻擔心元咺會真的立叔武為國君。疑心是最容易壞事的。一天，衛侯聽人說元咺已經立叔武為君了，衛侯火了，當即將元咺的兒子殺掉，元咺知道衛侯誤會，並未動搖，仍然輔叔武代理國政，等待衛侯回來。衛、晉的緊張關係解除了，衛侯回國，還未進門，殺了叔武。元咺見事不好逃奔晉國。

元咺逃至晉國，不單是為了逃命，而主要是為了告狀。當時是晉文公重耳已經稱霸，元咺在晉文公面前告了衛侯姬鄭不守盟約，無故殺害於國有功而並無私心的叔武。晉文公當即下令傳來衛侯姬鄭。開庭審判結果，處衛侯的辯士士榮死刑，判代理針莊子刖刑。本應當即處衛侯死刑，考慮他是侯爵，不便行刑，於是押送京師，交周王執行。同時委托元咺回衛國，另立國君。

這場官司以元咺的全面勝利而宣告結束。它的受理和宣判，充分反映了晉文公的霸主地位，也反映了文公處理的公道。因而成了中國歷史上以下告上而且勝訴的典型案例。

(二)「歸而逋」

「歸而逋」是《訟卦》的九二爻辭。它的原文是：「九二：不克訟，歸而逋。其邑人三百戶無眚。」這段爻辭是什麼意思呢？王夫之解釋說——

> 「不克」，不勝也。「歸而逋」，退處於二陰之間以自匿也。「邑人」，謂初與三。「三百戶」，盡其邑之人也。災自外至曰「眚」。九二挾德為怨，以訟其上，固無勝理，賴九五中正，曲諒其「有孚」之實，原情而恕其悍，聽其屈服，不加以刑，使得保其封邑而罪不及於初、三，皆得「無眚」，幸也。蓋訟而不勝，枝蔓傍生，且有意外之禍，非遇中正如九五者，將有如衛侯鄭之於元咺，禍延公子瑕，況其陪隸乎！

王夫之的這段解釋是完全根據卦象來的，但也充分反映了他下不能訟上的保守思想，而且與卦辭解釋中對「二」的同情和支持也大相徑庭，以致在對待元咺告衛侯的問題上表現出兩種不同的態度。在卦辭解釋中基本上是同情肯定的，而在爻辭解釋中基本上是否定的。

元咺告倒了衛侯姬鄭，回衛立了公子瑕為國君，僖公三十年（前六三四年），衛侯姬鄭回國殺元咺並公子瑕。孔子著《春秋》記載說「秋，衛殺其大夫元咺及公子瑕。」那麼，衛侯又是怎樣回國的呢？《左傳》記載說——

晉侯使醫衍鴆衛侯，寧俞貨醫，使薄其鴆，不死。公為之請，納玉於王與晉侯，皆十玨。王許之。秋，乃釋衛侯。衛侯使賂周歂、冶廑，曰：苟能納我，吾使爾為卿。周、冶殺元咺及子適（公子瑕）、子儀。

原來這是一筆極其骯髒的政治交易。晉文公本來要處死衛侯姬鄭，因為他是侯爵，所以交給周王去執行。無奈周王遲遲不下手，於是派去醫衍下毒，進行毒殺。一直守著衛侯的寧武子向醫衍行賄，毒藥下得不夠份量，因而未死，事後，用賄賂拉攏魯僖公，透過魯僖公向周王及晉侯行賄，每人都是十玨。雙玉曰玨，十玨就是十雙。（魯僖公得多少，《左傳》未予記載。）於是「王許之」。王許之是因為事先得到了晉文公的同意，而晉文公因為得了十雙玉也賣給周王一個面子。這回可苦了元咺及新立的公子瑕了。通過衛侯高官重爵的收買，「周、冶殺元咺及子適（公子瑕）。」元咺由法庭上公開的贏家成了幕後活動的實際輸家。這也從另一個方面證實了王夫之「以訟其上，固無勝理」的論斷。

為什麼會「固無勝理」？因為官官相護。民告官，官與官相護；小官告大官，大官與大官相護；大臣告君，君與君相護。凡是以下告上者，無不是上與上相護。因為存在著這個「為上」的保護層，所以才「以訟其上，固無勝理」。不是理不能勝，而是勢不能勝，權不能勝，這是一切以權力為中心的各種社會形態的通病。

(三)「或錫之鞶帶」

這是《訟》卦上九爻辭第一句原文：「上九：或錫之鞶帶，終朝三褫之。」錫同賜。鞶是小囊，帶是衣帶（王夫之別有解釋）。褫，剝去。意思是說偶然的機會得到一只小皮囊和一根衣帶的賞賜，不想一個早晨被褫奪了三次。意思是說意外的好處是不可能持久的，幸而至是不吉利的。王夫之解釋說——

> 鞶，車飾，帶，服飾，車、服所以行賞。或者，僥倖偶得之辭。二之訟上，本以《乾》上行而不與己應為猜恨。九五中正，不與相競。四居其間，承上意而以告下。唯上九健往之首，與二隔絕，而驕亢不屈，激成訟者也。其事若出於衛主，故或僥榮賞。而訟定以後二既屈服，其惕中之孚且見諒於五，必惡上之釀禍而亟褫之。晁錯忠而見誅，況傅游藝之一歲九遷乎？

王夫之從卦象分析，以為九五是主持公道的，但上九驕亢不屈，所以才與九二成訟，聯繫對九二爻辭的解釋，不免有些勉強，但總的主旨是清楚的，這就是「雖或賜之，終朝三褫」，也就是偶然得之，必偶然失之。上例中的公子瑕，就是一例，但王夫之這裡沒有舉公子瑕，而是舉了西漢的晁錯和唐時的傅游藝。一忠一奸，兩相對照。

晁錯（前二〇〇～前一五四年），西漢政治家，潁川（在今河南禹縣）人。初從張恢學申不害、商鞅的刑名之學，文帝時任太常掌故，後從故秦博士伏生受《尚書》，任太子捨人，又遷博士，旋為太子家令，為太子（景帝）所信任，號稱智囊。

圖 11–7　晁錯削地

當時匈奴強盛，屢次南下攻掠，他上書言事，在《守邊勸農疏》中建議徙民實邊，鼓勵耕戰，以備匈奴。在《論貴粟疏》中強調以農為本的重要，強調糧食的重要，提出重農抑商，「務民於農桑，薄賦斂、廣蓄積以實倉廩、備水旱」的主張。又遷中大夫。景帝即位，任內史，遷御史大夫，力主削奪諸侯王封地，以加強和鞏固中央集權。他向景帝一再說明削奪諸侯封地的必要（見圖11－7）。景帝同意，將晁錯的意見提交公卿與宗室大臣公開討論，於是全國震動。晁錯的老父急急從家鄉趕到長安，勸晁錯說：「皇帝新即位，將很多事情交給你辦，說明皇上對你十分信任，而你卻侵奪諸侯，疏人骨肉，盡幹得罪人的事。」晁錯坦然回答說：「不這樣，劉氏的天下不安呀？』老父說：「劉氏安了，可是我們晁氏則太危險了。我不願看到我們晁家禍連九族，我還是先走了吧！」於是飲藥自殺。

老父走了，但晁錯並未動搖，依然大刀闊斧地推行他的削奪計劃，而且首先拿勢力最大、且對削奪的反感也最大的楚王戊與吳王濞開刀，削奪了楚王的東海郡和吳王的豫章郡、會稽郡，於是一場以吳王濞為首、以「清君側，誅晁錯」為口號的七王大叛亂開始了。六十二歲的吳王親自出戰，率本國兵二十萬，西渡淮河，與楚軍會合，組成吳楚聯軍，為諸侯之先。初戰於棘壁（在今河南柘城縣西北），殺漢軍數萬人。加上各路諸侯軍搖旗吶喊，聲勢十分壯大，長安上下，惴惴不安。

其實這些早已在晁錯預料之中，計劃實施之前他就向景帝說過：「至於吳楚，削地反，不削地也反。」所以他始終不慌不亂，積極為景帝籌劃軍事，甚至提出請景帝親自出征，自己駐京留守的進軍方案。開始景帝也積極配合，但棘壁之敗以後便沉不住氣了，加上袁盎的從中挑撥，景帝最後下了「吾不愛一人以謝天下」的決心，誘殺了晁錯，將他「朝服腰斬於市」。讓袁盎拿了晁錯的人頭去吳王兵營，商議退兵。

晁錯雖然一心為劉氏著想，他的升遷也不能說是偶然所得，但晁錯的寶全是押在景帝一人身上的，景帝一動，他的根基勢必全動，所以仍在「雖或賜之，終朝三褫」之內。

傅游藝，唐衛州汲（今河南汲縣）人。《新唐書・奸臣傳》記載他的發跡史說：「載初初（六八九年）由合宮主簿再遷左輔闕。武後奪政，即上書詭說符瑞，勸後當革姓以明受命。後悅，擢給事中。間三月，進同鳳閣鸞臺平章事，即拜鸞臺侍郎。後乃黜唐稱周，廢唐宗廟，自稱皇帝，賜游藝姓武氏，以兄神帝為冬官尚書。游藝嘗夢登湛露殿，既寢，以語所親，有告其謀反者，下獄自殺，以五品禮葬之。游藝起一歲，賜袍自青及紫，人號『四時仕宦』，然歲中即敗，前左少其比雲。」

傅游藝之所以稱為奸臣，在於他採用奸詐的手段為篡權奪位的武則天提供改朝換代的理論依據。因為是天意所在，所以武則天改唐為周之後的第一個年號就是「天授」。傅游藝自己也因此「一歲九遷」，最後升到了「同平章事」，即通常說的宰相的地位。卻因為一個美夢送掉了自己的性命。其實他由主簿到同平章事的政治生涯本身就是一個夢，是一個美夢，更是一場惡夢，一方面反映了「終朝三褫」的風險，另一方面更反映了利祿的不可苟得，尤其不可用欺詐手段騙得。

(四)「大無功也」

「大無功也」是《師卦》六三《象辭》，原文是「《象》曰：『師或輿尸』，大無功也。」輿尸是用車子拉著死尸，當然是戰敗的象徵了。但既然是「或」，說明還未成事實，可能敗，也可能不敗。但六三爻辭有個「凶」字，說明已經敗了。為什麼在六三敗呢？王夫之根據卦象解釋說——

「大」謂陽也。九二剛中，足以制勝，而三乘其上，不用命而輕進。三敗，則二功補隳。若先谷之於荀林父，王化貞之於熊廷弼是已。

《師》卦卦體《坎》下《坤》上（䷆），第二爻為陽，三爻為陰。因為三是進爻，又凌駕於九二之上，大有統帥不能節制之象，這就注定三要失敗了。三雖然不聽二的節制，但畢竟是二的下屬，三敗必然牽涉到二，所以說無功。為了說明這個問題，王夫之舉出了兩組歷史上的典型事例。

先谷之於荀林父。這是著名的晉楚邲之戰的典故。宣公十二年（前五九七年），因鄭國的反覆無常，楚莊王統大軍伐鄭，而且決心滅鄭，圍城三個月，鄭國終於屈服，鄭伯投降，楚王退兵三十里，與之訂立和約。

鄭國對楚之所以反覆無常，是因為害怕他後面的晉國。南楚北晉，是當時勢力最強的諸侯國，他鄭國誰也得罪不起；晉、楚也在鄭國的問題上一再顯示自己的力量，爭作霸主。這回楚軍大至，晉國自然不能坐視，於是以荀林父為統帥，將中軍，先谷為副；士會將上軍，郤克為副；趙朔將下軍，欒書為副，同時以趙括、趙嬰齊為中軍大夫，鞏朔、韓穿為上軍大夫，荀首、趙同為下軍大夫，韓厥為三軍司馬，集中晉國一時名將，悉起精銳，南下援鄭。

因為動作緩慢，大軍到達黃河北岸時鄭楚已經訂盟，楚軍早已解圍，正在作全面撤軍往返的準備。面對這種情況，晉軍應當如何處置？是應該迅速渡河與楚軍決戰呢？還是應該就此返回呢？荀林父拿不定主意，召開各軍主要將領會議進行討論。上軍主帥士會首先發言，他引經據典，又從楚國的具體情況進行分析，認為在此種情況下不宜進軍，還是回師的好。大家都表示贊同，但先谷反對。

《左傳》記述先谷的發言說：「不可！晉所以霸，師武臣力也。今失諸侯，不可謂力；有敵而不從，不可謂武。由我失霸，不如死。且成師以出，聞敵強而退，非夫也。命為軍帥，而卒以非夫，唯群子能，我弗為也。」先谷說完氣憤地離開了會場，率領他的部隊渡河去了。

先谷是晉軍將領中出了名的火暴性子，加之又是晉文公勛臣先軫的後代，而荀林父又是個好好先生，拿他半點辦法也沒有。有人怪荀林父不當機立斷，任先谷胡來，荀林父極力申辯，但已無補於事。三軍司馬韓厥以為不能坐視不理，如果讓先谷一軍獨敗，不僅先谷有責任，統帥荀林父也一樣逃不了責任。不如全軍渡河，與楚決一雌雄。如果獲勝，誰也沒了責任；萬一失敗，責任大家分攤，也比一兩人獨任要好。大家同意，於是大軍渡河，在黃河南岸進行了著名的邲地之戰。戰爭的結果，晉軍大敗，中軍損失一半，下軍損失半多。只有上軍，因主帥士會老成，才未曾損失。

王化貞之於熊廷弼。熊廷弼，字飛百，明末抗清名將。江夏（今湖北武昌）人，熊廷弼是個文武兼備的全才，萬曆二十六年（一五九八年）進士，後為御史，萬曆三十六年（一六〇八年）巡按遼東，主持遼東邊務，堅持以守為主的戰略，邊境安然。「在遼數年，杜饋遺，核軍實，按劾將吏，不事姑息，風紀大振。」萬曆四十七年（一六一九年），遼東經略揚鎬輕率進兵，以致大敗，廷議熊廷弼熟悉邊事，以熊廷弼為兵部右侍郎，兼右僉都御史，代楊鎬為遼東經略。

熊廷弼到遼東收拾楊鎬造成的混亂局面，收回一些必爭的據點，然後堅持他的以守為主的戰略。萬曆四十八年（一六二〇年），清兵大舉出動，守邊將士略有損失，於是凡與熊廷弼有過節、有忌怨或雖無過節、忌怨而不了解實際情況的朝臣群起攻擊，甚至說他熊廷弼「軍馬不訓練，將領不部署，人心不親附，刑威有時窮，工作無時止」。熊廷弼是個性格剛烈的人，容不得別人的污蔑，上疏力辯。繳回上方劍，辭官回鄉。臨行，上疏說——

臣蒙恩回籍聽勘，行矣。但臺省責臣破壞之遼遺他人，臣不得一一陳之於上。今朝堂議論，全不知兵。冬春之際，敵以冰雪稍緩，哄然言師老財匱，馬上促戰。及軍敗，始愀然不敢復言。比臣收拾甫定，而愀然者又復哄然責戰矣。自有遼難以來，用武將，用文吏，何非臺省所建白，何嘗有一效？疆場事當聽疆吏自為之，何用拾帖括語，徒亂人意，一不從，輒怫然怒哉！

如果這次熊廷弼真的回籍聽勘，也就好了。無奈邊庭吃緊，瀋陽被清兵攻破，於是廷議再度起用。這回熊廷弼算是大大倒霉了，朝廷派了個全不知兵而最好言兵且又幾次僥倖取勝的進士王化貞為廣寧（今遼寧）巡撫。王化貞一反熊廷弼的戰略，絕口不言守字，鼓吹打過遼河，提出「請兵六萬，一鼓蕩平」，處處與熊廷弼相對抗。朝臣不明虛實，極力支持王化貞。結果西平一戰，王化貞十數萬大軍盡喪，熊廷弼、王化貞都論死。由於奸臣魏忠賢弄權，無辜的熊廷弼於天啟五年（一六二五年）八月被「棄市」，而且「傳首九邊」。

荀林父與熊廷弼遭遇基本一致，但結果完全兩樣。邲地之戰的第二年，晉侯誅先谷，荀林父主動承擔責任，自己請死，士會等人為他說話。晉侯也並沒罰他，仍然讓他做中軍元帥。比較之下，兩千多年後的明代較之春秋當年，其風氣差之遠矣。「愀然者」使一代名將含冤九泉，明朝豈有不被滿清滅亡之理？明代以後又如何呢？

(五)「君子以儉德辟難」

這是《否卦・象辭》中的一句。原文是：「象曰：天地不交，否。君子以儉德辟難，不可榮以祿。」

《否卦》是個不吉利的卦，天地不交，上下不通，百事不順，世將大亂。面對這種世道，君子只有收起自己的理想抱負，避難圖存，千萬不可求功名，求利祿。王夫之解釋說——

否塞而不通，君子有德以通天下之志，無所用之。唯世之方亂，難將及己，則鄉鄰之鬥，閉戶可也。天下溺而不援，德且不欲其豐，而況祿乎！德見，則祿且及之矣。百里奚而不諫虞公，孟子不復發棠，用《否》之道以應《否》之世，不嫌絕物矣。

德不單是道德，還包括了才能，所謂賢良之謂德。人逢亂世，不可露才，「德見，則祿且及之矣」，同樣的道理，祿至則禍及之矣。所以要「儉德群難」。為了說明這個問題，王夫之舉出了百里奚不諫虞公的例子。

百里奚是虞國的大夫，而虞公好貨，貪得晉侯的寶馬璧玉，假道於晉以滅相鄰的虢國。宮之奇反覆說明利害，虞公就是不聽。《左傳》記載說——

晉侯復假於虞以伐虢。宮之奇諫曰：「虢，虞之表也。虢亡，虞必從之。晉不可啟，寇不可玩，一之為甚，其可再乎。諺所謂輔車相依，唇亡齒寒者，其虞虢之謂乎？」公曰：「晉，吾宗也，豈害我哉？」……

無論宮之奇怎麼說，虞公總有理由反駁。百里奚知道虞公不能採納，也知道虞國的滅亡不可避免，所以一言不發，這大概就是王夫之說的「唯世之方亂，難將及己，則鄉鄰之鬥，閉戶可也」的道理了。鄉鄰互鬥，閉戶不管，不是不關心鄉鄰，而是大難將至，管也無用。這就是「用《否》之道以應《否》之世」。不過百里奚不諫虞公，並沒有使自己免於其禍。

《左傳》接著寫道——

冬十二月丙子朔，晉滅虢，虢公丑奔京師。（晉）師還，館於虞，遂襲虞，滅之，執虞公及其大夫井伯。

井伯即百里奚，百里奚不諫虞公，雖然省卻了一場口舌，但並未逃脫厄運，也和虞公一樣做了俘虜。

(六)「隨時」

「隨時」是《隨卦・彖辭》中的幾句：「大亨，貞無咎，而天下隨時。隨時之義大矣哉！」意思是說隨時而變，是天下通理。那麼，什麼叫「隨時」，在什麼情況下才能「隨時」呢？王夫之說——

卦下一陽本自《否》變，乃「傾否」之卦。《乾》德屈而下，撥亂反正，唯聖人順天道以行大用，然後可以隨時，故嘆其時義之大，非可輕用，以枉道從人。近世無忌憚之小人以譙周、馮道隨時取容當之，則廉恥喪，而為世患深矣。

《隨》卦《震》下《兌》上（䷐），與《否》卦正好上、下兩爻相反，第一爻《否》卦，而《隨》為陽，第六爻《否》卦為陽，而《隨》為陰，變《否》卦的《坤》下《乾》上為《震》下《兌》上，因為與《否》卦相反，從而糾正了《否》卦的否氣，故有撥亂反正之象。因為天下在撥亂反正，所以應該「隨」，應該緊跟，應該與之一致。如果不是這樣的情況，僅是改朝換代，僅是城頭易幟，甚至以亂代治，就不能「隨時」，否則就是失氣節，喪廉恥。對於後者，王夫之舉出了譙周與馮道兩個典型人物。

譙周，字允南，三國蜀漢西充國（今四川南部縣）人。幼孤，靠兄長撫養。譙周從小好學，家境雖貧，誦讀不息，以致忘寢廢食。精研《六經》，尤通《尚書》及圖、緯之學，頗曉天文。諸葛亮領益州牧，以譙周為勸學使。後為典學從事，總管益州學政。蜀漢後主立太子，以譙周為僕，轉為太子家令。後主好遊觀聲樂，譙周曾上長疏勸諫，提出「願省減樂官、後宮所增造，但奉修先帝所施，下為子孫節儉之教」，徙為中散大夫。再遷光祿大夫，「位亞九列」。本傳說「周雖不與政事，以儒行見禮，時訪大議，輒據經以對，而後生好事者亦咨問所疑焉。」可見很有人望。

景耀六年（二六三年），魏大將鄧艾攻克江由，諸葛父子戰死綿竹，於是成都震動。後主召群臣議論，有主張東投孫吳的，有主張南走雲貴的，惟譙周力主投降。他批駁投吳的主張是失大投小。認為以天子寄居他國是不可能的，左右都是稱臣，降小不如降大，批駁南逃是為時太晚。一旦拔足，「其變不測。」惟有投降，才是萬全之策。後主動搖，還想南逃，譙周上疏，提出南逃有四不可，並舉出微子投周作為理論根據，於是後主從譙周之議，出城投降。《三國志》的作者站在魏、晉的立場贊揚譙周說：「於是遂從周策，劉氏無虞，一邦蒙賴周之謀也。」

譙周確實為曹魏的統一事業立了大功，故當時的魏相司馬懿封譙周為陽城亭侯，又下書徵譙周去洛陽，另委官職。譙周也欣然前往，行至漢中，因病未進。不久，司馬懿死，司馬炎廢魏元帝曹奐，自立為帝，國號晉。

司馬炎既立，幾次下詔徵譙周入京，於是譙周於泰始三年（二六七年）抱病入洛陽，拜為騎都尉。

譙周一生，歷仕兩國三朝。特別是成都主降，保住了自己和許多人的利祿，也保住了劉氏宗親，更使成都免遭屠戮。就這點來說，不能不說是明智的，以致後來益州刺使董榮還畫譙周像於州學，命從事李通作頌曰——

> 抑抑譙侯，好古述儒，寶道懷真，鑒世盈虛。雅名美跡，終始是書。我後欽賢，無言不譽。攀諸前哲，丹青是圖。嗟爾來葉，鑒茲顯模。

說他「鑒世盈虛」，懂得輕重利害可以，但說他「好古述儒」就不妥了，因為儒家十分注意名節，所以孫綽評論說：「譙周說後主降魏，可乎？曰：自為天子而乞降請命，何恥之深乎！夫為社稷，死則死之；為社稷，亡則亡之。先君正魏之篡，不與同天矣。推過於其父，俯首而事仇，可謂苟存，豈大居正之道哉？」孫盛也說：「《春秋》之義，國君死社稷，卿大夫死位，況稱天子而可辱於人乎？周謂萬乘之君偷生苟免，亡禮希利，要冀微榮，惑矣！」

譙周的行為是合乎「隨時」的原則呢？還是不合呢？王夫之以為是不合的，是喪廉恥的表現。

馮道字可道，五代瀛州景城（今河北交河東北市）人。五代軍閥割據，馮道先為劉守光參軍。劉守光敗，去事宦者張承業，為巡官。張承業以其文學推薦給晉王李克用，為河東節度掌書記。唐莊宗李存勗即位，拜戶部侍郎，充翰林學士。同光三年（九二五年），莊宗被弒，明宗李嗣源即位，拜端明殿學士，遷兵部侍郎。第二年任宰相。明宗問馮道：「天下豐收，百姓如何？」馮道回答說：「穀貴餓農，穀賤傷農。」因誦聶夷中《傷田家詩》：「二月賣新絲，五月糶秋穀；醫得眼下瘡，剜卻心頭肉。我願君王心，化作光明燭；不照綺羅筵，偏照逃亡屋。」明宗聽了，很受感動，命左右抄錄，經常背誦。

據《新五代史》記載——

馮道相明宗十餘年，明宗崩，相愍帝。潞王反於鳳翔，愍帝出奔衛州，道率百官迎潞王入，是為廢帝，遂相之。廢帝即位，愍帝猶在衛州，後三日，愍帝始遇弒，崩。已而廢帝出道為同州節度使。愈年，拜司空。晉滅唐，道又事晉，晉高祖拜道為司空，同中書門下平章事，加司徒，兼侍中，封魯國公。高祖崩，道相出帝，加太尉，封燕國公，罷為匡國軍節度使，徙鎮威勝。契丹滅晉，道又事契丹，朝耶律德光於京師。德光責道事晉無狀，道不能對。又問曰：「何以來朝？」對曰：「無城無兵，安敢不來。」德光誚之曰：「爾是何等老子？」對曰：「無才無德痴頑老子。」德光喜，以道為太傅。德光北歸，從至常山。漢高祖（劉知遠）立，乃歸漢，以太師奉朝請。周滅漢，道又事周，周太祖拜道太師，兼中書令。道少能矯行以取稱於世，及為大臣，尤務持重以鎮物，事四姓十君，益以舊德自處。然當世之士無賢愚皆仰道為元老，而喜為之稱譽。耶律德光嘗問道曰：「天下百姓如何救得？」道為俳語以對曰：「此時佛出救不得，惟皇帝救得。」人皆以謂契丹不夷滅中國之人者，賴道一言之善也。（《新五代史・馮道本傳》）

馮道一生事四朝十位皇帝，始終居宰相之位，自己不倒而頗有人望，古往今來，恐怕也惟此一位了。這又該怎麼評價呢？是合乎「隨時」呢，還是不合「隨時」呢？王夫之認為：「廉恥喪，而為世患深矣。」

(七)「隨有獲」

這是《隨卦》九四爻辭的第一句，原文是：「九四：隨有獲，貞凶。有孚在道，以明何咎？」這是個事敗而義存的卦。王夫之解釋說——

獲，得其心也。五陽得位，而四隨之，必獲其心。乃當隨之時，方競隨陰，而四獨守貞以依其主，萇弘之所以為晉殺，孔融之所以為操害也，雖貞（正義）而凶矣。然其所孚者固道也，能明於倡和之義，上下之分，身雖死而志白於天下，又何咎乎！

什麼叫獲？「得其心也」。為什麼要跟隨他？就是因為心向著他。傳統的觀念凡是自己認準了，跟定了的人，必須跟到底，不管形勢如何，不管他人怎樣，毫不動搖，這就是所謂「列女不嫁二夫，忠臣不事二主」。從卦象分析，《震》下《兌》上（䷐），下卦主爻是陰爻，二、三競相隨，但四不動搖，雖然孤立，仍然跟隨九五不變，儘管他十分清楚九五已經勢單力弱，自己處境也十分危險。在歷史上，這就是周末萇弘和漢末孔融的為人。雖然堅持了正義，但都被殺，這就叫「雖貞（正）而凶。」凶則凶矣，但忠誠所在，道義所在，「身雖死而志白於天下」，王夫之認為這是值得的。

這裡舉出的萇弘和孔融恰好與上例的譙周、馮道相反。前者是因時易主，後者則是為主喪生。

萇弘是春秋末年周敬王時的大夫，是個學問很深而德行很高的人，相傳孔子曾經向他請教過關於樂的理論，所以韓愈的《師說》說「孔子師郯子、萇弘、師襄、老聃」。其時周王朝已十分衰微，但萇弘仍千方百計要維護它的統治。魯昭公二十三年（前五一九年），周王朝內亂，王子朝入居王城，敬王遷至成周。昭公二十六年（前五一六年），在以晉為首的諸侯勢力的干預下，王子朝雖然戰敗，但他的餘黨甚多，敬王不敢回王城。昭公三十二年（前五一〇年），萇弘與劉文公出面，通過在晉國執政的魏獻子，動用晉國的人力物力，為敬王在成周築城。因為耗資巨大，晉人對此非常不滿。正在這時，衛大夫彪傒奚去周，對萇弘此舉並其吉凶發表了評論，《國語・周語》記載說——

衛彪傒奚適周，聞之，見穆公曰：「萇、劉其不歿乎？周詩有之『天之所支，不可壞也；戎所壞，亦不可支也。』……昔孔甲亂夏，四世而隕；玄王勤商，十有四世而興。帝甲亂之，七世而隕，後稷勤周，十有五世而興；幽王亂之，十有四世矣，守府之謂多，胡可興也？夫周，高山廣川大藪也，故能生是良材，而幽王蕩以為魁陵糞土溝瀆，其有悛乎？」

彪傒認為，人算不如天算。凡天要支持的，人是無法破壞的；反之，天要毀掉的，人是無法支持的。而且舉了一連串歷史上由亂到治、由治到亂的例子，指出幽王亂周以來，已有十四世，昔日的高山、廣川、大藪，成了今天的魁陵、糞土、溝瀆，無可復興了。彪傒還指出：「周若無咎，萇弘必為戮，雖晉獻子（魏獻子）亦將及焉。」彪傒不幸言中，就在這年，魏獻子死於此役。哀公三年（前四九二年）晉人殺萇弘。

孔融，字文舉，東漢魯（今山東曲阜）人，孔子二十世孫。從小懂規矩，有禮貌，四歲時與五個弟弟一起吃梨，他總是拿最小的，大人問他，回答說：「我小兒，法當取小者。」稍大好學，廣涉博覽。十六歲時，因藏匿罪爭為其兄替死，開始聞名。後為司空椽，遷虎賁中郎將。董卓篡權，孔融每加匡諫，因忤董卓。當時北海國（治所在今山東昌樂縣）黃巾軍最甚，董卓授意三府同舉孔融為北海相。在北海與黃巾軍作戰，幾經失敗，賴劉備救援，才戰敗黃巾軍。

孔融決心以北海為根基，匡扶漢室，無奈他有文無武，成不了氣候。

《後漢書》說——

融負其高氣，志在靖難，而才疏意廣，迄無成功。在郡六年，劉備表領青州刺史。建安元年，為袁譚所攻，自春至夏，戰士所餘才數百人。流矢雨集，戈矛內接，融隱幾讀書，談笑自若。城夜陷，乃奔東山，妻子為譚所虜。

建安元年（一九六年），曹操迎獻帝居許都（今河南許昌市），以天子名義徵孔融為少府。孔融看出了曹操志在奪權的野心，於是處處和他作對。特別利用他的多才和學問在文字往來和政策議論上對曹操進行挖苦諷刺。曹操攻鄴城，長子曹丕私納袁熙之妻甄氏，孔融寫信給曹操，將此比作「武王伐紂，以妲己賜周公」。曹操左右思量，不知出自何典。後經人提醒才知道是孔融杜撰。曹操甚為不快。有年糧食歉收，又是興兵用糧之際，曹操下令禁止釀酒。孔融卻寫信給曹操，大談酒在歷史上的作用，反對禁酒。曹操對孔融積怨既深，於是令路粹上書誣告孔融漫語不經、大逆不道種種罪狀，於建安十三年（二〇八年）下獄棄市，年五十六歲。其妻和子女皆被誅。

(八)「剝之無咎」

「剝之無咎」是《剝》卦六三爻辭。《剝》卦體《坤》下《艮》上（䷖），全卦只有上九是陽，其他全是陰，王夫之解釋說：「此卦陰自下生，以迫孤陽之去。害自內生，而謂之剝者，主陽而客陰，君子辭也。」君子辭即贊美君子之辭。贊美君子什麼呢？「主陽而客陰」，什麼時候都以陽為主，以陰為客，即使與陰相處，為陰所制，也決不忘陽，決不背陽。王夫之在解六三爻辭說——

謂於《剝》之世，獨能無咎也。與群陰居，不能拔出自奮以拯陽而定其傾，而心不忘於貞順與上相應，如狄梁公之事女主、關羽之為曹操用者，君子曲諒其志。

《剝》之世就是群陰迫陽之世。六三居群陰之中，孤陽遠遠在上（即《剝》卦上九），正位已被陰所占，要使陽恢復到五的地位勢不可能，因為自己無此力量。怎麼辦呢？於是只有身附五陰而心向上陽了，這就叫「身在曹營心在漢」，狄仁傑之於武則天，關羽之於曹操，就是如此，所以受到後人的贊美，關羽降曹不失對劉備之義，狄仁傑為武則天所用不失對李唐之忠。這就叫：「《剝》之無咎」，即處《剝》之世而無凶咎。

狄仁傑，字懷英，唐併州太原（今山西太原市）人。從小有異才，由汴洲參軍升大理丞，一歲之中斷獄一萬七千人，時稱「平恕」。左威衛大將軍權善才、右監門中郎范懷義誤砍了昭陵（唐太宗墓）一棵柏樹，唐高宗堅持要判死刑，狄仁傑力爭，二人免死，幾天以後授御史。後遷度支郎中，轉文昌右丞，出任豫州刺史，武則天天授二年（六九一年），調回長安，以地官侍郎同鳳閣鸞臺平章事。一天，武則天對狄仁傑說：「你在汝南（指豫州刺史任上）頗有善政，但也有不少譖言，你想知道吧？」狄仁傑回答：「陛下以為是過，臣當改之；以為無過，臣之幸也。」

狄仁傑居宰相位不久，酷吏來俊臣大構冤獄，誣狄仁傑謀反，逮捕入獄，審訊時問他，為何要反？狄仁傑卻出人意外地回答：「我本唐臣，如今是周朝革命，本應該反。」於是定案，罪當處死。來俊臣幫凶王德壽對狄仁傑說：「請狄公幫個忙，就說楊執柔是你的同黨，在下包你免死。」仁傑長嘆了一口氣，說：「皇天后土，能讓我狄仁傑作此等事嗎？」於是以頭撞柱，以求速死。王德壽害怕，不敢強求，不久遇赦，貶為彭澤縣令。

武則天萬歲通天元年（六九六年），契丹攻河北，以狄仁傑為魏州刺史，不久轉幽州都督。神功元年（六九七年）復為宰相。武則天欲立侄子武三思為太子，召集宰相們議論。眾人不敢對，狄仁傑說：「臣觀上天與人，都在懷念李唐。前者匈奴犯邊，陛下使梁王（武三思）招募勇士，逾月不足千人，後來以廬陵王取代，不到幾日竟達五萬人，可見人心思唐，立太子非廬陵王不可。」武則天盛怒罷朝。一段時間以後，武則天再問狄仁傑，仁傑回答得十分誠懇，《新唐書》記其事說——

久之，召謂曰：朕「數夢雙陸不勝，何也」？於是仁傑與王雲慶俱在，二人同辭對曰：「雙陸不勝，無子也，天其意者以儆陛下乎！且太子天下大本，本一搖，天下危矣。文皇帝（太宗）身蹈鋒鏑，勤勞而有天下，傳之子孫。先帝寢疾，詔陛下監國，陛下掩神器而取之，十有餘年，又欲以三思為後。且姑侄與母子孰親？陛下立廬陵王，則千秋萬歲後常享宗廟；三思立，廟不附姑。」後感悟，即日遣徐彥伯迎廬陵王於房州。

狄仁傑借武則天搏戲不勝之由大講立太子的利害，使武則天感悟，才沒把權力移交給侄子武三思，終於保住了李唐的天下，而狄仁傑也因此贏得了在周不忘唐的美名。性質與狄仁傑相似，但更為人知曉的自然是蜀漢關羽了。《三國志‧蜀書》關羽本傳記載其事說——

建安五年，曹公東征，先主奔袁紹。曹公擒羽以歸，拜為偏將軍，禮之甚厚。紹遣大將顏良攻東郡太守劉延於白馬，曹公使張遼及羽為先鋒擊之。羽望見良麾蓋，策馬刺良於萬眾之中，斬其首還。紹諸將莫能當者，遂解白馬圍。曹公即表封羽為漢壽亭侯。初，曹公壯羽為人，而察其心神無久留之意，謂張遼曰：「卿試以情問之。」既而遼以問羽，羽嘆曰：「吾極知曹公待我厚，然吾受劉將軍厚恩，誓以共死，不可背之。吾終不留，吾要當立效以報曹公乃去。」遼以羽言報曹公，曹公義之。及羽殺顏良，曹公知其必去，重加賞賜。羽盡封其所賜，拜書先辭，而奔先主於袁軍。左右欲追之，曹公曰：「彼各為其主，勿追也。」

當然，關羽能成其義與曹操的大度分不開，故裴松之評論說：曹公知羽不留而心嘉其志，去不遣追以成其義，自非有王霸之度，孰能至於此乎？斯實曹公之休美。

(九)「君子維有解」

這是《解卦》的六五爻辭，原文是：「六五：君子維有解，吉。有孚於小人。」

什麼叫「解」？「解散其紛亂也。」君子惟有解才吉，不解則不吉。而解必經「有孚於小人」，否則不能解，不能解也就不吉。那麼，是什麼糾紛需要解，如何才能解，又如何才能有孚於小人呢？王夫之解釋說——

君子、小人以位言，五居尊為君子，三則負且乘之小人也。五以柔居尊，道不足，而二以婞好她直自用，則其憂疑不釋，將激而與小人黨，以犯上丑正。幸上之柔和不迫，從容而解之。維其有解，是以吉。君子既得解，則且以道感孚小人，而小人亦化矣。五孚於三，四孚於二，陽不畸而陰不戾，初、上之為功大矣。蕭望之唯不知此，恃其剛以與柔懦之元帝爭得失，而弘恭、石顯之忿愈烈。郭子儀之處程、魚，庶幾得之。

以爻位而言，五為君子，三為小人，但《解卦》的第五爻是陰，所以說「五以柔居尊，道不足」。而二是陽，且倔強剛直，因而與小人三不和，愈鬧愈僵，幸好五柔和不迫，為之和解。在此情況下，如果二更寬容一些，能使小人感化，使之「有孚」，也就吉了。反之，結局肯定不吉。蕭望之唯不知此中利害，「恃其剛以與柔懦之元帝爭得失」，致使與弘恭、石顯的關係愈演愈烈，反而幫助了弘恭、石顯，以致自己喪命。

蕭望之，字長倩，西漢東海蘭陵（今山東蒼山縣）人。曾從夏侯勝學《論語》、《禮記》，名動京師。是時大將軍霍光秉政，長史丙吉推薦，因言語刺傷霍光，終未錄用。宣帝即位，用為謁者，遷諫議大夫，丞相司值，「歲而三遷，官至二千石。」後因事降為太子太傅，以《論語》、《禮記》授太子。

宣帝黃龍元年（前四九年），宣帝病重，召侍中史高、太子太傅蕭望之、少傅周堪入內，拜史高為太司馬車騎將軍、蕭望之為前將軍光祿勛、周堪為光祿大夫受遺詔輔政，領尚書事。同年，太子劉奭即位，是為元帝。元帝即位，因蕭望之、周堪是自己老師，十分尊重，望之、周堪也悉心輔佐。兩人又薦諫議大夫劉更生為給事中，侍中金敞為拾遺。四人同心協力，勸導元帝行古制，致太平，元帝多所採納。然而矛盾也因此產生。宣帝不好儒術，所任多文法之吏，而中書省又多用宦官。其時中書令弘恭、石顯在位已久，熟習前朝典章制度，而大司馬史高又予支持，於是議事強調過去成法，多與望之等不合。而蕭望之等引經據典，條理貫通，弘恭、石顯知其然而不知其所以然，元帝也傾向蕭望之等人，石顯等已感不安。

蕭望之為了能行古制，革前朝之弊，提出「中書省朝政之本，宜用賢明之士，武帝因遊宴後庭，故多用宦官，非國舊制」，因而為史高、弘恭、石顯所痛恨。元帝也支持蕭望之的意見，但元帝是「以柔屬尊」的柔儒之主，加之又是新即位，不敢大刀闊斧，久議不決，以致為石顯所乘。他們利用鄭朋的挑撥離間和言詞反覆，誣告望之、周堪、更生「朋黨相稱舉，數譖訴大臣，毀離親戚，欲以專擅權勢，為臣不忠，誣上不道，請謁者召致廷尉。」

「召致廷尉」是收監關押的意思，元帝初即位，不解其意，誤以為是對質、詢問之類，竟「可其奏」。於是蕭望之等三人同時入獄。幾天以後，元帝有事找三人議論，才知道三人都已下獄，大驚道：「不是叫去問話嗎？怎麼關起來了呢？」因此深責弘恭、石顯。恭、顯叩頭謝罪。元帝火了，下令趕快放出來，照常管事。於是史高又出面說：「皇上新即位，尚未為天下了解，卻在自己師傅問題上表現徇私，不好。不如斷其罪過，然後赦免。」元帝是個最無主見的人，居然也表示同意，於是下詔：「前將軍望之傅朕八年，無它罪過，今事久遠，識忘難明，其赦望之罪，收前將軍光祿勛印綬，周堪、更生皆免為庶人。」

數月之後，元帝又下詔：「國之將興，尊師而重傳。故前將軍望之傅朕八年，道以經術，厥功茂焉，其賜望之爵關內侯，食邑六百戶，給事中，朝朔望，坐次將軍。」其時元帝本已悔悟，覺得還是自己的老師可靠，準備下一步用望之為丞相。

恰在這時，望之的兒子蕭伋上書，提出前次被誣告了，形同翻案，元帝不悅，於是弘恭、石顯乘機進譖說：「望之前為將軍輔政，排斥大臣，專權擅朝。幸得不坐。復賜爵邑，與聞政事，不悔過服罪，深懷怨望，教子上書，歸非於上自以托師傅，懷終不坐，非頗詘望之於牢獄，塞其怏怏之心，則聖朝天以施恩厚。」元帝聽了，以為顯示一下聖朝的威嚴，亦無不可，但又怕望之受不了，問道：「蕭太傅素來剛直，不會出事嗎？」石顯說：「生命畢竟重要，哪有那麼輕生的人？況且望之所犯無非是言語不當的輕罪，心中有數，不必擔心。」於是元帝又「可其奏」。

石顯等領了旨意，又故意張大其辭，大造聲勢，「命太常急發執金吾車騎馳圍其第。」望之受不了如此污辱和委屈，服毒自殺。

石顯是有名的奸臣，望之一心鋤奸，結果反為奸害。他的失誤就在於沒有看準元帝的柔懦以及低估了石顯等人的能耐，似與王夫之解釋的六五爻辭「君子維有解，吉」不全一致。因為元帝始終不是在和解他們的糾紛，實際上是在不斷地加劇他們之間的矛盾，最後致使蕭望之冤死。

郭子儀，唐華州鄭（今陝西華縣）人。以武舉異等累遷朔方節度使。至德二年（七五七年），因平定關中地區叛軍升關內、河東副元帥。不久，授尚書左僕射，率部隨廣平王統軍十五萬收復長安，擊敗安慶緒，叛軍東渡黃河，陝西平定，以功加司徒，封代國公。

乾元元年（七五八年），郭子儀破叛軍盤據的衛州（今河南淇縣），斬首四萬級。再圍相州（今河北臨漳），大敗安慶緒，留守東都，任山南東道，河南諸道行營元帥。幸臣魚朝恩嫉妒郭子儀的功勞，見郭子儀統軍久居洛陽，乘機向肅宗李亨進讒，說郭子儀有異心，於是召郭子儀回長安，以趙王為天下兵馬大元帥，李光弼為副元帥，代郭子儀。

郭子儀雖被褫奪了兵權，但並無怨言，悉心朝廷職事。不久，史思明再陷洛陽，西部少數民族又乘機而起，於是京師震動。迫於形勢，授郭子儀閤寧、划壇（今陝西彬縣、富平一帶）節度使，借以保衛長安，但仍令留守長安。後因許多大臣提出意見，說郭子儀於國有大功，而當前時局又緊，應該讓他實權實職，於是以郭子儀為諸道兵馬都統，統河西、河東諸路軍馬，計劃從邠縣出發，渡黃河，經大同直撲叛軍根據地范陽（今北京市）。但計劃被魚朝恩讒言所阻，於是叛軍再起，李光弼大敗邙山，河陽失守，形勢再變。上元二年（七六一年），以郭子儀為朔方、河中、北庭等州節度行營，兼興平，定國副元帥，進封汾陽郡王。

肅宗去世，代宗李豫立。程元振自恃與代宗親密，離間宿將，一心要弄掉郭子儀的副元帥，不斷在代宗面前進讒，於是罷子儀副元帥，加封實戶七百，派他看管肅宗李亨的陵墓。郭子儀看到了對自己不利的苗頭，也不言語，卻把當年與李豫並肩作戰的往來文書千餘封盡行封好，呈交李豫。李豫大愧，寫信給郭子儀說：「朕不德，詒大臣憂，朕其自愧，自今公勿有疑。」

永泰元年（七六五年），吐蕃聯合回紇，攻河西，破涇州（今甘肅涇川），進逼奉天（今陝西乾縣）、武功（今陝西眉縣），長安吃緊。郭子儀以關內副元帥鎮咸陽，其時手下無兵，隨行僅數十騎。通過說服回紇，打敗了吐蕃，再次穩定了局面。

郭子儀戎馬一生，戰功卓著，身繫李唐安危二十年，卻屢遭奸臣程元振、魚朝恩詆毀，《新唐書・郭子儀傳》於末尾評論說：「子儀事上誠，御下恕，賞罰必信，遭幸臣程元振、魚朝恩短毀。方時多虞，握兵處外，然詔至即日就道，無纖介顧望，故讒間不行。」郭子儀之所以詆毀不倒就在於他心中「無纖介顧望」，行為上不造成疑點（詔至即日就道）。

另外，他為人的大度也為人所難得。他領兵破吐蕃，魚朝恩卻使人挖他的祖墓，正在這時，子儀因事突然回朝，上下都擔心要出大事，皇帝也很緊張，郭子儀卻哭著對皇帝說：「臣統兵日久，不能禁止士卒挖別人祖墳，今別人挖臣家祖墳，是上天對臣的懲罰，與人無關。」最後終於感動了程之振和魚朝恩。

郭子儀對程、魚的處理，比之蕭望之對弘恭、石顯，確實高明多了，也大度多了。但對奸臣任其為奸而不鬥爭揭露，於己雖然無虞，但於世無益，也只屬明哲保身一類了。

第十二章 曾國藩：儒家易學的踐履者

曾國藩這個名字是與中國近代史緊密相連的。章太炎說曾國藩「譽之則為聖相，讞之則為元凶」。曾國藩一生充滿了一系列難解的歷史之謎，不管史學者和政治家如何從正面或反面評價，都自有其存在的理由。這裡，我們只是從儒家易學踐履者的方面來簡略地透視一下曾國藩。

一、「最後一個理學家」

曾國藩（一八一一年—一八七二年），字伯涵，號滌生，謚文正，湖南湘鄉（今雙峰縣荷葉鄉）人（見圖12—1）。

曾國藩從小受到嚴格的儒學教育，《曾國藩年譜》講他五歲時（一八一五年）即「受學於庭，誦讀穎悟」、「稟學於庭者凡八年」。道光六年（一八二六

圖 12–1　曾國藩

年），曾國藩參加童生府試，獲前列第七名，在當地讀書人中已是小有名氣了。道光十三年（一八三三年）曾國藩應縣試中背榜（末名）秀才。道光十四年（一八三四年），曾國藩就讀於「四大書院」之一的長沙岳麓書院，受到湖湘學統經世致用思想的薰染，這年秋試中第三十六名舉人。道光十八年（一八三八年），曾國藩入京會試，中試第三十八名進士。道光二十年（一八四〇年），曾國藩授翰林院檢討，從此登入仕途。

綜觀曾國藩從童生到翰林的經歷，不難看出，他受到被統治者列為官學的程朱理學的薰陶是很深的。據史載，曾國藩從道光二十一年（一八四一年）起，開始拜著名理學家唐鑒（唐鏡海）、倭仁（倭艮峰）為師，用心鑽研義理之學，他每日嚴格按理學家的要求修身養性，受到唐鑒「生平最喜讀《易》」和倭仁「研幾功夫最要緊」的重視易學思想的影響，曾國藩入仕後，《周易》終日與其相伴，終於使他成為名聞天下的儒家理學易的踐履者。

在清王朝風雨飄搖的年代，他站出來以儒家「衛道士」的帶頭人，拉起一支湘軍，用儒家思想把官兵訓練成「能打硬仗的」「衛道兵」，歷盡千辛萬難為清王朝效力，終於血腥鎮壓了太平軍，使最後一個封建王朝在華夏大地上推延了近半個世紀的壽命。他死後，再也沒有那個理學家有他這樣大的能耐了，所以，史學家給了他一頂「最後一個理學家」的稱號。

曾國藩作為理學家，在理論上並沒有多大建樹，但在為人、處事、學習、交友、帶兵、做官、洋務等活動中都處處踐履著程朱理學的信條，直至死前的三、四天，他的手上還捧著《理學宗傳》在閱讀，在死的前一天還寫了閱《理學宗傳》中《張子》一卷的日記。因此，我們可以說他是「在理學中成長又是在理學中死去」的最後一位理學家。

二、曾國藩論《易》

《周易》作為「五經之首」，是曾國藩最喜愛的十七種書之一。在他的日記中常可看到其研讀《周易》的記錄，如同治六年十一月初三日的日記說：「溫《易經・繫辭》朗誦至二更四點」，同治十一年正月十三日的日記說：「溫《周易》中孚、小過二卦三更睡」……等等。他曾在日記中抄錄唐鏡海自言「生平最喜讀《易》」的話自勉。他研讀《周易》隨手寫下的心得，《曾國藩全集・讀書錄》收集了七條，實際上並不止這些。縱觀曾國藩的著述，雖然他沒有寫出一部專門的易學論著，但是，其易學思想從他的若干《易》論中是可以窺視大概的。下面我們根據《曾國藩全集》中的有關《易》論文字，闡述其易學思想。

(一)論《晉》卦初六爻

《周易》晉卦初六爻辭云：「初六：晉如摧如，貞吉，罔孚，裕無咎。」這裡，

「初六」是《晉》卦最下位的爻名，「晉」意為「進」，「摧」意為「退」，按傳統的解釋，此爻辭的意思是：「處於最下位初六爻時，要進退自如，守正就吉利，雖然未被君主信任賜命，也能寬裕自處而無過錯。」曾國藩對此爻議論道：「裕，難矣。《中庸》『明善誠身』一節，其所謂『裕』者乎！」

在身處最下位的「初六」之際，不被君主信任，而要做到心中坦然、寬然自處，這是多麼的「難」！曾國藩對「裕」字是很感慨的。由此，他想到《中庸》「明善誠身」一節，認為《晉》卦初六爻講的「裕」，就是「明善誠身」之意。《中庸》「明善誠身」一節是這樣的——

在下位不獲乎上，民不可得而治矣；獲乎上有道，不信乎朋友，不獲乎上矣；信乎朋友有道，不順乎親，不信乎朋友矣；順乎親有道，反諸身不誠，不順乎親矣；誠身有道，不明乎善，不誠乎身矣。

這一段與《晉》卦初六爻都是講「在下位不獲乎上」的情況下，如何進行自我修養的問題。《中庸》認為在這種情況下必須要顯出自己善的本性來，才能做到內心誠實，這就是「明善誠身」，《周易》則認為在這種情況下必須寬裕自處、心中坦然，這就是「裕」。「明善誠身」和「裕」是一致的。曾國藩解「裕」為「明善誠身」，確實是符合宋儒理學易倫理觀思想的。這反映出曾國藩在易學上的理學傾向，顯然是對程朱理學「義理易」的繼承和發展。

曾國藩治學是為了所謂的「經世致用」，他指出「裕」之難，是因為知難才能認真對待而去重視修身以「濟世」，因而他釋「裕」為「明善誠身」寓意也是相當深刻的，反映出他「學貴在用」的實用主義立場，對此，我們是應該明確的。

(二)論《家人》卦

曾國藩對《周易》的「家人」卦議論較多，這與曾國藩本人極其看重家人教育是分不開的。他寫下了大量的家書，有不少的家訓思想。這裡，我們僅舉要從他對《家人》卦的有關議論，了解其家訓思想。

《家人》卦上九爻辭云：「上九：有孚威如，終吉。」《象》傳曰：「威如之吉，反身之謂也。」

意思是：「最上位的上九爻告訴我們，有誠信的家長就有治家的威嚴，結果就有全家吉利。」《象傳》解釋說：「這種有威嚴的治家之所以吉利，是因為家長自身能反省，以身作則的緣故啊。」

曾國藩議論道：「有孚威如，即《論語》「望之儼然」意。要使房闥之際、僕婢之前、燕昵之友，常以此等氣象對之方好。」

又說：「治家貴嚴，嚴父常多孝子。不嚴則子弟之習氣日就佚惰，而流弊不可勝言矣。故《易》曰：『威如吉』。欲嚴而有威，必本於莊敬，不苟言，不苟笑。故曰：『威如之吉，反身之謂也。』」

這些議論都是家訓的口氣。曾國藩把《家人》卦上九爻的「有孚威如」解釋為《論語》「望之儼然」意，帶有濃厚的儒家倫理觀色彩。《論語・子張篇》云：「子夏曰：『君子有三變：望之儼然，即之也溫，聽其言也厲。』」意思是說，君子給人的感覺有三種印象：遠遠望他感到很莊嚴，接近他感到很溫和，聽他說話感到很嚴厲。「望之儼然」作為君子三變之首，可見儒家之重視。曾國藩亦不例外，他認為作為「上九」處最上位的一家之長，治家必靠威嚴，家人「望之儼然」，才能產生好的效果。

如何達到治家「威如」之效呢？《象傳》的解釋是家長要「反身」，即反省自身，以身作則，這樣才使家人尊敬而產生威嚴。曾國藩發揮說「欲嚴而有威，必本於莊敬，不苟言，不苟笑。」這顯然是受到程頤主敬思想的影響。程頤認為通過莊敬的功夫可以修養好品性，他主張外貌與內心都要同時約束自己，做到莊敬威嚴。曾國藩信奉程朱理學，不僅在理論上莊敬、講威嚴，而且在實踐上也做到了這一點。《清史稿》卷四〇五記載：「國藩為人威重……每對客，注視移時不語，見者竦然。」可見，在實際生活當中曾國藩也是一副儒家「君子」的「儼然」姿態。

「治家貴嚴」是曾國藩家訓思想在其釋《家人》卦義時的體現，他如此嚴於治家是有原因的。他認為治家事關治國，家不治無以治天下，所以，這種家訓思想實際上正是儒家「修身齊家治國平天下」政治思想的一種具體表現。

關於《家人》卦，曾國藩還說過這樣一句話：「《家人》卦以二女為主，重在中饋。」「中饋」指婦女主持家中飲食之事。這種思想是我國封建社會「男人主外，女人主內」傳統的沿襲，但他看到了女人在家庭事務中的主角作用，是有積極意義的。因為女人這種「中饋之重」並不亞於「嚴父」治家的作用，所以曾國藩在講《家人》卦時，既強調「嚴父常多孝子」，又提出「重在中饋」、「以二女為主」，這是比較客觀的態度。

㈢論《睽》卦

《周易》中的《睽》卦緊接在《家人》卦之後，按傳統的理解，「睽」是「離」、「不合」之意。

曾國藩論《睽》卦道：「凡睽起於相疑，相疑猶如自矜明察。我之於某君，其如上九之於六三乎？吳氏謂合睽之道，在於推誠守正，委曲含宏，而無私意猜疑之弊。戒之勉之，此我之要藥也。」

這段《易》論，有一個明顯的特點，那就是為自己揭短的「戒勉」之詞。曾國藩不諱言自己有猜疑而引起不合之弊，所以借議論《睽》卦作了自我反省。「我之於某君，其如上九之於六三乎？」我處在「上九」，某君在「六三」，雖「上九」與「六三」相應卻離異不合，原因何在呢？這就是「凡睽起於相疑」之故啊。曾國藩反思自己的「疑心病」，想起了幕僚吳汝綸的忠告：合睽之道，在於推誠守正，委曲含宏，而無私意猜疑之弊。曾國藩對吳汝綸這名話是很看重的，認為是醫治自己疑心病的「要藥」。我們也可以把句話看作是曾國藩借吳汝綸之言闡述自己的《睽》卦思想。因為這裡的「推誠守正」和「含宏」正是曾國藩注解《晉》卦初六爻時，提到的「明善誠身」和「裕」，它們是彼此相通的，不「明善」如何守正，不「裕」又如何能「委曲含宏」呢？

曾國藩能夠經常反省自己，改正過失，這在其《易》論中表現得很為突出，在下面的論《旅》卦中我們亦可看出這一點，這也算是曾國藩《易》論的一大特色吧。

(四)論《旅》卦九三爻

《周易》旅卦九三爻辭中有「喪其童僕」語，《象》解釋說：「以旅與下，其義喪也。」意思是說，《旅》卦九三爻位於剛爻剛位，過於高傲，所以童僕逃跑了。《象傳》認為這樣非常刻薄地把童僕當成無家可歸之人對待，童僕跑掉是合情合理的。

曾國藩議論道——

余讀《易・旅卦》「喪其童僕」，《象》曰：「以旅與下，其義喪也。」解之者曰：「以旅與下者，謂視童僕如旅人，刻薄寡恩，漠然無情，則童僕亦將視主上如逆旅矣。」余待下雖不刻薄，而頗有視如逆旅之意。故人不盡忠，以後余當視如家人手足也。

曾國藩反省自己有待下「視如逆旅之意」，即把自己的部下當作無家可歸之人的念頭，所以有的部下「不盡忠」，表示以後要「視之如家人手足」，改正過失。這種《易》論針對自己的毛病而立論是非常深刻的，儘管這種議論新意並不多見。

《周易》原本是占卜之書，經過儒家的解釋作傳，便成了一部富含哲理的經典。儒者把它當作修身治國的法寶，認為「《易》是寡過之書」，曾國藩把《周易》亦看作是修身的寶典，所以經常隨身溫讀研習。他的《易》論是地地道道的道德修養論，所以其中多見自我反省之詞，這就不足奇怪了。讀曾國藩的《易》論，其強烈的自責之詞往往能動人心弦，可見，這種結合自身修養讀《易》研《易》的方法是有可取之處的，值得習《易》者重視。

(五)論《中孚》卦

《周易》「中孚」卦，其卦畫為中間二陰爻，表示中間虛心，即心中有誠信，故名之為「中孚」。曾國藩的倫理哲學思想頗重「誠信」，所以他對《中孚》卦有一段較長的議論。

曾國藩是這樣論《中孚》卦的——

讀《中孚》卦，因思人必中虛，不著一物，而後能真實無妄。蓋實者，不欺之謂也。人之所以欺人者，必心中別著一物，心中別有私見，不敢告人，而後造偽言以欺人。若心中了不著私物，又何必欺人哉？其所以自欺者，亦以心中別著私物也。所知在好德，而所私在好色。不能去好色之私，則不能不欺其好德之知矣。是故誠者，不欺者也。不欺者，心無私著也。無私著也，至虛也，是故天下之至誠，天下之至虛者也。當讀書則讀書，心無著於見客也。當見客則見客，心無著於讀書也。一有著則私也。靈明無著，物來順應，未來不迎。當時不雜，既過不戀，是之謂虛而已矣。以此讀《無妄》、《中孚》、《咸》三卦，蓋扞格者鮮矣。

這段《易》論，是曾國藩由《中孚》卦發揮自己的倫理哲學思想，主題是議論「虛心誠實」問題。

「中孚」是心中真實無妄，因而是「誠」的。曾國藩由天道推人道，從「中孚」卦德推出人亦應效法「中孚」天道做「不欺者」。他是從道德論角度來釋「誠」的。《大學》云：「所謂誠其意者，毋自欺也。」這裡釋「誠」為「毋自欺」就是不要欺騙自己，這是對內來立論的，而曾國藩釋「誠」為「不欺」就是不要欺騙別人，這是對外來立論的，無疑這是對《大學》思想的發展。

曾國藩認為「人之所以欺人」是由於「心中別有私見，不敢告人」，也就是懷有個人目的才去欺騙別人，因此，要做到「誠」就必須「不欺」，這樣就達到了「至虛」，所以「天下之至誠，天下之至虛者也」，「至誠」與「至虛」是一致的，「虛」本是

「中孚」的卦德，是天道，「誠」是由天道推出的人道，是天賦予人性的東西，這裡就為「誠」找到了客觀依據。

但是，曾國藩並沒有對「誠」作出本體論的解釋，所以，由這段議論還不足以斷定「誠」的本體論屬性，我們只能從道德論的角度去理解它。

曾國藩認為「不欺者，心無私著也」，明顯受到理學開山祖師周敦頤的思想的影響。周敦頤把克服私心和私欲看作是達到誠的境界的手段，因此曾國藩的這一番「誠」論亦是對宋儒理學易傳統的繼承和發展。

(六)論「寂然不動」

《周易．繫辭上》云：「《易》無思也，無為也，寂然不動，感而遂通天下之故。」曾國藩摘錄「寂然不動」四字議論，頗為精彩。

曾國藩是這樣議論的——

神明則如日之升，身體則如鼎之鎮。此二語，可守者也。惟心到靜極時，所謂未發之中，寂然不動之體，畢竟未體驗出真境來。意者只是閉藏之極，逗出一點生意來，如冬至一陽初動時乎？貞之固也，乃所以為元也。蟄之壞也，乃所以為啟也。穀之堅實也，乃所以為始播之種子也。然則不可以為種子者，不可謂之堅實之穀也。此中無滿腔生意，若萬物皆資始於我心者，不可謂之至靜之境也。然則靜極生陽，蓋一點生物之仁心也。仁心不息，其參天兩地之至誠乎？顏子三月不違，亦可謂洗心退藏，極靜中之真樂者矣。我輩求靜，欲異乎禪氏入定冥然罔覺之者，其必驗之此心。有所謂一陽初動，萬物資始者，庶可謂之靜極，可謂之未發之中、寂然不動之體也。不然，深閉固拒，心如死灰，自以為靜，而生理或幾乎息矣。況乎其並不能靜也，有或擾之，不且憚憚往來乎？深觀道體，蓋陰先於陽，信矣。然非實由體驗得來，終掠影之談也。姑記於此，以俟異日。

這段《易論》，曾國藩說是「掠影之談」，但它包含有一些深刻的思想。「寂然不動」表面上看是靜止的狀態，按朱熹的解釋：「寂然者感之體。」朱熹認為這種寂然不動之體是一種思慮未萌時的狀態，即「未發之中」，這裡「中」是指心的未發狀態，也就是《中庸》說的「喜怒哀樂之未發，謂之中。」由這種「寂然不動之體」真的能感受出「真境」嗎？這個「真境」也就是周敦頤講的「靜無而動有」的「誠」的境界，亦即是「無極之真」。

曾國藩在這裡否認了「心到靜極時」能體驗出真境的看法，指出這種「萬物皆資始於我心者，不可謂之至靜之境也。」周敦頤是「主靜」論者，但這種「靜」並不是朱熹注解的「心到靜極」的那種「寂然不動之體」，據朱震《漢上易傳》所收錄的周敦頤《太極圖》原圖，第一圈就是「陰靜」，它是一個空心圓，表示宇宙起源時的靜虛狀態，到了第二圈才是「陽動」，這時是一個陰陽互動的坎離圓。由周敦頤《太極圖說》

可知「無極而太極」，第一圈「陰靜」是「無極」狀態，這個「無極」是無極之真，並不是虛幻的「無」而是「真」的客觀存在，它是有形的「空心圓」，所以才有可能由這種「無極之真」產生出「二五之精，妙合而凝」的萬事萬物。周敦頤的主靜論原本是樸素的宇宙起源論，帶有真理的顆粒，但朱熹及後人多有誤解。

曾國藩在這段議論的末尾講的「深觀道體，蓋陰先於陽，信矣」是有特定內涵的，這裡「道體」是指周敦頤《太極圖》宇宙起源模型體，這個太極圖模型體就是用來演示自然法則「道」的，所以稱為「道體」，《宋史・道學傳序》指出：「周敦頤出於舂陵……然後道之大原出於天者，灼然而無疑焉。」由於周敦頤發明了這個《太極圖》「道體」所以《宋史》專門列了「道學傳」加以弘揚。如何理解周敦頤這個由「陰靜」演示「萬物化生」的「道體」呢？

曾國藩這段《易》論很好地解決了這個問題。他針對朱熹等人的誤解，提出了「仁心」說，就是在這種靜極的階段有一個如種子一樣的東西——仁心，處於不息的運動中，因此才有了一陽初動，萬物資始的可能。他說「仁心不息，其參天兩地之至誠」，由「不息」的仁心才有了陰陽互動的「參天兩地」，才有了「至誠」即「真境」。否則，如果是「深閉固拒，心如死灰」的「靜極」，哪裡會有「萬物資始」呢？他又指出這種「靜」亦不同於佛教禪宗的「入定冥然罔覺」之靜。顯然，曾國藩這種《易》論是符合周敦頤《太極圖》易學思想的，可謂是周敦頤靜論易理的知音。

周敦頤的易學「靜論」思想，目的是為了「尋孔顏樂處」即尋找聖人孔子、顏回的儒家理想人格「真樂」，所以曾國藩亦悟此諦指出「顏子三月不諱，亦可謂洗心退藏，極靜中之真樂者矣。」《論語・雍也篇》說：「子曰：回也，其心三月不違仁，其餘則日月至焉而已矣。」說的是顏回長久不違仁德，有極深的道德修養。這種道德境界，周敦頤認為是靠無欲主靜修養而至，所以，他竭力提倡主靜的修養工夫。

對此，曾國藩是贊同而身體力行的，由於周敦頤的主靜論還停留在宇宙論階段，所以曾國藩積極發揮，從本體論上加以論述，使這種理論更加成熟，這從學理上看，是湖湘文化理學易傳統從周敦頤開創到曾國藩終結的必然發展過程，研究湖湘文化理學易不可不注意這種內在聯繫。

(七)論「研幾」

《周易・繫辭上》云：「夫《易》，聖人之所以極深而研幾也。」曾國藩對這種「研幾」頗有感慨。他說——

倭良峰前輩先生言：「研幾工夫最要緊。」顏子有善，未嘗不知，是研幾也。周子曰：「幾善惡。」《中庸》曰：「潛雖伏矣，亦孔之昭。」劉念臺曰：「卜動念以知幾。」皆謂此也。失此不察，則心放而難收矣。

這段《易》論，是關於審辨善惡的議論。從研幾中辨善惡是周敦頤提出的一種善惡論觀點。曾國藩把它突出來加以強調，借倭仁提出「研幾工夫最要緊」的哲學命題，提出了自己的研幾思想。有三點值得我們注意：

第一，研幾是一種道德修養工夫。「幾」作為哲學範疇是《易傳》開始提出來的，所謂「幾者動之微」這個命題便提出了「幾」的概念，幾是一種「動之微」，即將動未動時的一種徵兆，《易傳》講「幾」是為了定吉凶。周敦頤發展了「幾」的理論，提出「幾善惡」即從幾上分善惡的觀點，從而使研幾有了道德論的意義。曾國藩繼承這一思想將倭仁提出的「研幾工夫最要緊」的哲學認識論命題改造為倫理學命題，闡明了研幾是最要緊的「道德工夫」，而非僅僅是「認識工夫」的思想，從而完善了周敦頤的修養理論。

第二，卜動念以知幾。任何人的善惡都有一個心理活動過程，時刻明瞭自己心中的萌發念頭就可以知道「幾」的善惡性質了。明朝心學大師劉宗周提出「卜動念以知幾」的命題，是為了更好地修心養性，曾國藩加以吸收也是出於加強個人修養的需要。因為知道心之動念才會使心不放縱難收，而保持道德品性。

第三，研幾是極深的理論。研幾是做聖人的一種極深的理論，顏回之所以成為賢聖之人，就是因掌握了研幾理論，所以「有不善，未嘗不知」。《中庸》說：「知微之顯，可與入德矣。《詩》云：『潛雖伏矣，亦孔之昭。』」這種研幾理論一旦被掌握，就可以見微而知著，具備高尚的道德品性了。曾國藩認為「研幾」就是《中庸》講的

「知微」理論，這也是其易庸相通論觀點的一種體現。曾國藩重視研幾理論的掌握，所以博覽群書「治之終身不厭」，這亦說明了這種研幾理論的「極深」，不下苦功夫是難以弄通的。在本段《易》論中曾國藩列舉了「研幾」造詣很深的三個「聖賢之人」：顏回、周敦頤、劉宗周，決不是偶然的，他告訴了一條學習研幾理論的門徑，即向三位「聖賢之人」學習，便可步入研幾理論的殿堂。

由以上對曾國藩《易》論思想的述評，我們可以看出，曾國藩的易學思想是一種理學易思想，這種理學易是典型的倫理道德哲學，它繼承和發展了周敦頤開創的湖湘文化理學易傳統，沿襲易庸相通論來解《易》，體現出鮮明的道德修養和實用主義特色。因此，研究曾國藩在中國思想史上的地位，不可不了解其易學思想。

第十三章　熊十力的新易學

熊十力（一八八五—一九六八年），原名繼智，又名定中、升恆，字子真、子貞，號漆園、逸翁，湖北黃岡人（見圖13—1）。他在《先世述要》中回憶說：「餘家世貧困……三世皆單丁，都無立錐地。」他的父親熊其相雖是一位鄉塾先生，但因家境貧窮，熊十力只讀過兩年私熟，十三歲那年父母相繼離開人間，他只好一邊勞動一邊自學。一九〇一年，熊十力入武昌新軍凱字營當兵，積極宣傳革命思想。一九一一年辛亥革命爆發，熊十力參與了湖北革命都督府的組織工作。袁世凱篡奪革命成果後，他發表反袁檄文，反對北洋軍閥政府的殘暴行徑。一九一七—一九一八年他參加了孫中山領導的護法運動，並在廣州護法軍政府輔佐孫中山半年。護法運動失敗

圖 13–1　熊十力

後，熊十力內心十分痛苦，「念黨人競權爭利，革命終無善果。」（《十力語要》卷四），於是這位辛亥革命志士慨然棄政從事學術研究，決心以自己的學術改造國民的道德，建設理想社會。經過刻苦的努力，他終於創立了自己的新儒家思想體系——新易學，成為現代新儒學大師。

一、「歸本《大易》」的現代新儒學大師

熊十力目睹辛亥革命以來，中國社會世風日下，道德淪喪的現實，經過對辛亥革命失敗的深刻反思，認為中國問題的解決，不僅僅是富國強兵和普及科學知識的問題，關鍵還是哲學宇宙觀和人生觀的信仰問題。他在《十力語要》中說——

今日中國人之生活最貧乏，其生活內容至空虛，故遇事皆表見其虛狂、詐偽、自私、自利、卑怯、無恥、下賤、屈辱、貪小利而無遠計。蓋自清末以來，浮囂之論，紛紜而起，其信仰已摧殘殆盡。宣聖曰：人而無信，不知其可也。

他認為，為了拯救國民信仰，重建儒家傳統價值系統，從根本上解決中國問題，必須從哲學本體論入手解決宇宙觀、人生觀諸大本大原問題。為此，熊十力對中國傳統的儒、道、釋三大家思想作了深入的研究，最後「歸本《大易》」，完成了他獨特的哲學本體論建構。

他的哲學本體論建構，學術界一般認為一九三二年其《新唯識論》文言文本（原名《境論》）正式出版就已宣告完成，這是不妥的。他自己在一九五二年刪定的《新唯識論》（壬辰刪定本）的《刪定記》中就明確指出：「《新論》文言本，猶融《易》以入佛。至語體本，則宗主在《易》。」即使一九四四年出版《新唯識論》語體文本，其哲學本體論建構亦還在發展之中，他在一九五二年完成《新唯識論》壬辰刪定本後還不滿意「新唯識論」體系，認為「《新論》談體用，在《易》則為內聖學之方面，而於外王學不便涉及……嘗欲造《大易廣傳》一書，通論內聖外王，而尤致詳於太平大同之條理，未知暮年精力能遂此願否。」（《新唯識論（壬辰刪定本）・刪定記》）直到一九六一年完成《乾坤衍》（疑即《大易廣傳》之核心部分），他才認為是「定論」。他在《乾坤衍》第二尾寫道——

先聖《大易》一經廣大至極，無所不包通，而可約之為內聖外王兩方面……本書當急作結果，藉圖息養。原欲續篇，於內聖外王各發二十種大義，兩共四十種大義，今自度不可能也……餘之思想變遷頗繁，惟於儒佛二家學術各詳其體系，用力尤深。本書寫於危病之中，而心地坦然，神思弗亂。此為餘之衰年定論。

即便《乾坤衍》是「定論」，但「內聖外王」闡發尚嫌不夠，還打算寫作《續乾坤衍》（或《乾坤衍續篇》），完成其哲學本體論之內聖外王人生觀之大全。

熊十力「歸本《大易》」的新儒學本體論建構大致可分成三大部分：即體用不二的

宇宙觀、內聖外王的人生觀和乾坤成變的辯證法。下面簡略揭示其要義，以窺視其新儒學的風采。

(一)體用不二的宇宙觀

熊十力認為本體與現象即「體」與「用」的關係問題是哲學的根本問題。傳統哲學的根本缺陷，就在於將本體與現象分割對立起來，造成了世界的二重化。他要重建哲學本體論宇宙觀與人生觀，就必須對體用問題作出新的解釋。

對體用問題的新認識，熊十力在《新唯識論》中已經形成，一九五六年秋至一九五七年冬他又專門寫作了《體用論》「專以解決宇宙論中之體用問題。」（《體用論・贅語》）。他認為，《體用論》「此書既成，《新論》兩本俱毀棄，無保存之必要。」（同前引），所謂「《新論》兩本」指其《新唯識論》之文言文本和語體文本。既然作者本人認為《新唯識論》「無保存之必要」，我們就必須按《體用論》來闡述其體用思想，但坊間許多論「新儒學」和介紹熊十力的思想和生平的書，都還是按《新唯識論》來介紹其體用思想，這就有違作者之意願了。

《體用論》分五章：即第一章明變、第二章佛法上、第三章佛法下、第四章成物、第五章明心，其中末章有目無文（一九五八年作者寫有《明心篇》一書，即是《體用論》之末章）。很明顯，《體用論》之「明變」、「佛法上下」和「成物」諸章，悉依

《新唯識論》（語本文本）之「轉變」、「功能上下」和「成物」諸章修改而成，而《明心篇》即為《新唯識論》（語本文本）之「明心上下」章改定而成（《明心篇》分上下兩篇，篇上為「通義」，篇下為「要略」，但篇下有目無文）。但作者在《新唯識論》的基礎上，又有了新的見解和新的發揮，亦是相當明顯的，對此不可不察。

熊十力認為，以往哲學家在探求宇宙觀中，有三種錯誤的看法，他稱之為「三種見」——

第一種見，計執實體是超脫乎法象之上而獨在。其所執實體，或承襲宗教之上帝，或反對上帝而說為宇宙本體。如佛家破大自在天而建立不生不滅的真如、涅槃，即是一例。唯心論者之絕對精神，亦是此種見。第二種見，計執實體是潛隱於法象之背後。如佛家唯識論，一方承襲舊說之真如而不敢削除，一方又建立種子為諸行生起之因。余衡定唯識宗之種子說，在哲學中屬於多元論，其說以為一切物各各從自己的種子而生，不是共一種子。心則分為八識，亦各各從自己的種子而生。據此，則種子明明是心物萬象的本體，而又保留舊師所建立之真如，則有兩重本體矣。此是佛家唯識論之大缺點……第三種見，計執實體是空洞寂寥，包含宇宙萬象。如老子以太虛為神與氣之所以生，即是無能生有。有從無而生，遂為虛無之所包含。此種見恐是道家所獨有，宋儒亦頗襲其說，張橫渠《正蒙》各明文可證。上述三種見，同犯一大過，即皆脫離宇宙萬有而純任空想去造出一種宇宙實體。

（《明心篇》）

針對上述傳統哲學的錯誤宇宙觀，熊十力提出了自己的本體宇宙觀。這種本體宇宙觀有「三大義」，熊十力在《明心篇・自序》中指出：這三大義「一曰宇宙實體具有複雜性，非單純性；二曰體用不二；三曰心物不可分割。」又說：「此三原理原本《大易》」，這種宇宙觀是從孔子之《周易》悟出來的（熊十力將自己理解的孔子之《周易》稱為《大易》，以區別於今流行的「偽《周易》」）。其中「體用不二」是其宇宙論立論之宗旨，他在《體用論・佛法上》中明確指出：「本論以體用不二立宗。」所謂「體用不二」是指本體與現象（功用）「不可破析為二」，二者相即相離，就如同大海水與眾漚的關係。「眾漚必有大海水為其根源，但大海水即是眾漚的自身，不是在眾漚之外。」（《明心篇》）大海水並不是一個獨立於眾漚之外的東西，它必須通過眾漚顯現出來。離開了眾漚，也就談不上有大海水。

熊氏相信「萬物皆有元」，「宇宙人生確有根源」，這個「根源決不是超脫宇宙人生而獨在」，即所謂「元者，非超脫萬物而獨立，確是萬物內在的根源。」根源只有一個即「本體」，這個本體「只是吾人與諸天體或一切物共同的一元，譬如眾漚同一大海水」，它是具有乾坤兩方面之功用的實體，這個實體變動而成用，故為體用不二，「體用不二，即是實體不在萬物以外。」（《乾坤衍》）。

熊氏以為這個本體有「四義」——

一、本體是萬理之原、萬德之端、萬化之始；二、本體即無對即有對，即有對即無對；三、本體是無始無終；四、本體顯為無窮無盡的大用，應說是變易的。然大用流行，畢竟不曾改易其本體固有生生、健動，乃至種種德性，應說是不變易的。（《體用論・明變》）

熊氏特別強調「本體」不是宗教虛設的造物主「神道」，亦不是超越宇宙萬有之上的「空想」之物。他在《乾坤衍・廣義》中明確指出：

「夫惟《大易》創明體用不二；所以肯定功用，而不許於功用以外求實體，實體已變成功用故。肯定現象，而不許於現象以上尋根源，根源已變成現象故。肯定萬有，而不許於萬有以外索一元，一元已變成萬有故。是故聖人正視萬有而斥絕神道，正視萬有而不涉空想。」

熊氏認為，他的本體宇宙論既不同於傳統的唯物主義（他稱之為「唯物宗」），亦不同於傳統的唯心主義（他稱之為「唯心宗」）。他認為唯物宗和唯心宗都是把本體固有之心物二屬性「橫行割裂」，「各執一性說為本體」，都是持論偏頗的。他在《甲午存稿》中說：「本體不即是物，亦不即是心」，「心物者蓋本體內涵矛盾性。」他在《乾坤衍》中進一步提出，乾為心，坤為物，心物合為本體，「不可破析為二，」進一步深化了「體用不二」本體論。

(二) 內聖外王的人生觀

熊十力在《明心篇》中指出：「吾儒體用不二、天人合一，此為探究宇宙人生諸大問題者，不可違背之最高原理也。」他從「體用不二」的宇宙觀，經過「天人合一」的思維方式推演出「內聖外王」的人生觀。他認為孔子易學「廣大悉備」，「可約之為內聖外王兩方面。」他說——

內聖學解決宇宙人生諸大問題，《中庸》所謂「成己之學」在是也。外王學解決社會政治諸大問題，《中庸》所謂「成物之學」在是也。內外蓋強作分別，己和物本來是一體，成己、成物本來是一事。《論語》載孔子曰：「吾道一以貫之。」誠哉然也。（《乾坤衍》）

熊氏通過人生與天地萬物共有一元本體之宇宙觀之建構，認為「人之所以生者，得天而生也。人既得天而生，則人之外無天也。人之外無天，故完成天道、弘大天道唯在乎人之自成其能耳。」（《明心篇》），他相信「人既得天而生，既稟受天賦生生之德，是為人人皆有之本心」。（《明心篇》）他進而提出——

凡人如能存養本心之仁，自然不至為小己的獨立體所錮蔽，而常不失萬物一體之本然……人之本心常不為小己之私欲私意所錮蔽，廓然與萬物同休戚。人雖隨軀體以起念，造成罪惡，而其本心之仁固常於隱微中譴責之，使人不解不內疚……是

故進德之事唯賴返己工夫真切，真切，自然不忍且不敢違背本心之仁。（《明心篇》）

由是熊氏提倡孔子之內聖外王學，做好「本心之監督」，做好「返己工夫」，做個頂天立地的有益於國家的人。他說「人身最可貴者，即在其構造達於完善，而心靈得以赫然顯露出來，常為吾身內在之監督者。人之所以修其身者，無他道，唯在不違本心之監督而已。」（《明心篇》）

熊氏由《周易》之觀卦爻辭分析，提出「觀生」的內聖功夫。他說——

《易》之觀卦對於人生之觀察深微至極。三爻之辭曰：「觀我生進退。」《象》曰：「未失道也。」云云。此言返觀自我之內部生活，以考驗為進為退，而自警也。生活力充實、純潔、向上，不至陷於小己之私欲以下墜，是為進。反乎是者，則為退。常能以此自警，則不失人生之正道，故《象》曰：「未失道也。」五爻之辭曰：「觀我生」，《象》曰：「觀民也」，云云。按此中義旨深遠。民字古訓：民，冥也，冥然無知也。觀民，猶觀冥也。觀我生而必觀冥者何耶？我之有生，非如幻如化，更非從空無中忽然有生，應說我生自有真性。然而人自有生以後，則為形氣的軀體所錮蔽，乃冥然莫能自識其真性。故觀我生者，必觀察我之奈何無端而陷於冥暗，破其冥暗，則可自識真性矣……上爻之辭曰：「觀其生」，《象》曰：「觀其生，志未平也」云云。按此爻蓋觀於生物而深察生之衝動，是其意志力強健，躍然奮進，不容弛緩，故《象》曰：「志未平也」。生命只是奮進，一息弛緩，生命將絕。觀生入微，莫詳於《易》，觀卦三爻，示其大要。《易經》包含萬有，而反己是其骨髓，觀之三爻皆反己也，其可忽諸。（《明心篇》）

因此，熊氏主張認真體味《易經》內聖外王之人生觀是十分有益的。

(三)乾坤成變的辯證法

熊十力認為：「《易》之為書，是乃世界學術史上發明辯證法之最古者。道源於鴻古之伏羲。因其術而擴充之，以創發內聖外王一貫之學者，大哉孔子！由其出生之世至於今，已二千五六百年矣。《易經》正名定辭，悉依據辯證法。」（《存齋隨筆》）繼而，他提出了「乾坤成變」的辯證法思想。他認為——

坤道承乾而化也。若無坤化，乾又何能獨變乎？《大傳》言坤化，即伏有乾變，……總之，獨乾不能變，獨坤不能化，乾坤兩性交相推動，遂成變化，既成萬物。（《存齋隨筆》）

熊氏認為，乾坤變化之「變」和「化」是有區別的。「乾主變，坤主化，不容混淆。」乾性炤明、剛健、生生，強於自創自造，常捨故創新，故為「變」，而坤性柔暗，不能自創自造，惟順承乾之主道，故為「化」。（《存齋隨筆》）他說——

乾主變以道坤，坤承乾而化，所謂相反相成，是為乾坤合一。萬物共同稟受乾道，以為其生命；共同稟受坤道，以成其形體。每一物都是乾坤合一之獨立體，無數的獨立體互相貫通，互相聯繫，為統一的大體。（《存齋隨筆》）

他認為，乾坤的辯證運動創造了萬事萬物「無數的獨立體」，而「每一獨立體皆由大生命主宰之也。」因此，「萬物既成，則萬物以外無有乾坤，萬物即是乾坤也。乾坤以外無有萬物，乾坤即是萬物也。」（《存齋隨筆》）

他又把乾坤成變說歸結在「心物」關係上，認為「乾為生命和心靈」，而「坤為物質」，「物隨心轉」，突出了「心靈」的作用，強調道德主體在心物關係上的德性自覺，這樣就高揚了人的主體性，奠定了儒家道德形而上學之本體論基礎。

要指出的是，乾坤成變說在其早期著作《新唯識論》中稱為「翕辟成變」說，他在晚年著作《甲午存稿》中指出：「拙著《新唯識論》張翕辟義，亦猶乾坤也。」他說：「辟為精神，翕為物質。」（《體用論》），這樣，乾與辟，坤與翕就是等同的概念了。從「翕辟成變」說到「乾坤成變」說的過程充分體現出熊十力「歸本《大易》」的心路歷程。

二、乾坤易學面面觀

熊十力建構的儒家「新易學」哲學本體論體系，因是「准《大易》之乾坤而立」

（《體用論》），且熊氏認為「《易》書全部六十四卦，三百八十四爻，純是闡明乾坤之德性及其變化之複雜奇妙」（《存齋隨筆》），「易道在乾坤，學《易》者必通乾坤，而後《易經》全部可通也。」（《乾坤衍》）因此，其「新易學」又被稱為「乾坤易學」，他專門寫了闡述其乾坤易學思想的著作《乾坤衍》。下面以《乾坤衍》為藍本，介紹其乾坤易學思想。

(一)「偽《周易》」

《乾坤衍》寫於一九五九年至一九六一年，是作者自認的「定論」之作。它分為兩部分：「第一分辨偽」和「第二分廣義」，前部分為「破」，主要辨析孔子《六經》和「偽《周易》」問題；後部分為「立」，通過演說「孔子易」來確立自己的「新易學」思想。先說「偽《周易》」問題。

熊氏「辨偽」，是通過「《六經》而總辨之」的。他認為——

> 孔子《六經》，皆為小儒所改竄變亂，漢儒傳至今日之《五經》，皆非孔子原本。《六經》本一貫，欲辨正《易經》之偽，不得不通《六經》而總辨之。（《乾坤衍．自序》）

熊氏認為，孔子的思想分為早晚兩個時期，而《六經》作於晚年。早期孔子的思想主要是「小康禮教」思想。晚期思想是指孔子五十歲讀伏羲氏之《易》「神解煥發，其思想境界起根本變化」，於是創作《周易》「立內聖外王之弘規」。《周易》之名，始於孔子門人弟子，「易」為「變易之義」，而「周有二義：曰徧，曰密。」《周易》說理「綜舉大全，不流於偏曲，故云周徧。察及纖悉，不失之疏漏，故云周密。」漢代之人妄說周文王作《周易》，「以周為周代之稱，此無義據，不可從」，文王作《周易》說「蓋小康之儒，以擁護君統之邪說，竄亂孔子之《周易》，欲假托文王以抑孔子耳。」（《乾坤衍・辯偽》）

熊氏在《乾坤衍・辯偽》中認為——

孔子《六經》，無有一經不遭改竄。改竄之禍，非獨不始於漢初，亦不始於呂秦之世，蓋始於六國之儒。

他的證據是《韓非子・顯學篇》記載的孔子死後「儒分為八」，各派自稱為「真孔」，「由此可知，各派必將孔子之《六經》，各就其所取與所捨者盡力改竄，發揚其所取之部分，必刪削其所捨之部分，以為其自稱真孔之實證。」另一個證據是「漢人傳來之《五經》，幾乎完全是小康思想。此乃小康派所改竄之偽《五經》，實非孔子《五經》之真本也。」因為「孔子晚年思想專以大道為宗主，決不兼容小康也」（《乾坤衍・辨偽》）。他進而指出：宗主大道，必定全盤捨棄小康禮教，所謂「大道之學，決不容小康思想雜乎其間，以其私而無公也」。他舉「大道之行天下為公」與「小康禮教」兩相對照，「顯出公私無二道，福禍不同途」，所以，有小康思想的《五經》一定是偽《五經》不可。

至於「偽《周易》」則「實由六國時小儒改變孔子之《易經》而成」，它的特點是把《周易》當作「卜筮之書」，掩蓋「孔子作《易》」，發明內聖外王之大道」；另一個特點是「詭稱文王作《易》，欲以淹沒孔子創造《周易》，發明內聖外王大道之功，斬絕革命思想」以及「欲尊文王為大聖，使後之居天位者知取法耳」。（《乾坤衍・辯偽》）熊十力對「文王憂患作《易》」之說辨析說——

學術上之成功，須實事求是，對自然與人生都有深切體會之功，不是僅有憂患便可成學、著書也。文王有居羑里一時之憂患，遂可作《易》乎？且殷王紂之為人荒淫無深慮，祖伊懼文王之勢力已逼殷，以告紂。紂曰：「不有天命乎？是何能為。」崇侯言於紂，亦猶祖伊之懼，紂乃囚文王於羑里。周之臣閎夭輩，求美女、文馬諸奇怪物獻之紂，紂大悅而釋文王。據此，則文王之英明，審於殷紂之情，亦何足為憂患乎。吾斷定文王無作《易》事。（《乾坤衍・辯偽》）

熊氏認為，今傳「偽《周易》」是占卜術數之《易》，其「根本迷謬」有四——

第一件根本迷謬者，古術數之《易》信有天帝。《易・說卦傳》曰：「乾為天，為圜。」餘按此云「天」者，猶云天帝……第二件根本迷謬者，術數之《易》其言陰陽則云二氣……與古陰陽家言相近……推陰陽二氣之源則以為是天帝之德用，此上古術數家之《易》說也……第三件根本迷謬者，古術數家之《易》以保守君主制度、擁護統治為萬古不易之常道……第四件根本迷謬者，古術數家為占卜而取象，無可免於雜亂之失，已非伏義本旨。（《乾坤衍・辨偽》）現存偽《周易》儘管有諸多不可取的地方，但仍保存了一些「孔子易」真義。據熊十力的理解——

偽《周易》全部，唯乾坤二卦保留原經文義較多。而乾坤二卦中，小儒改變處仍不少。唯《乾卦彖辭》、《坤卦彖辭》，可謂全存孔子之本旨。《乾坤衍・辯偽》

於是他根據乾坤兩彖傳推演出「孔子易」之真義，這便是《乾坤衍》之第二部分「廣義」篇要闡述的內容。

(二)孔子易

熊十力認為，晚年孔子「周流列邦，與民同患，晚而著《六經》，以呼號革命，為萬世開太平之大道」，完全脫離了早期主張「小康禮教」的舊我，是一個有民主和革命思想的仁人志士，其易學著作雖遭到小儒的破壞，但從乾坤兩彖辭中可以推演出真義來。

熊氏認為，孔子《周易》是一本闡發體用不二的本體論的哲學著作，它首先要解決世界由何而來的問題。他說：「宇宙無根源，人生無根源，斷無此理。」孔子作《周易》就肯定「實體是萬物各各所本有的內在根源。」對實體論（本體論）的探究是哲學要解決宇宙人生諸大問題的「急務」，孔子《周易》就提供了一套完整的「極正確極分明」的實體論。

「孔子易」之實體論是從乾、坤兩《彖辭》提出「萬物資始」和「萬物資生」之「乾元」和「坤元」說開始立論的，可稱之為「體用不二的一元實體論」。熊十力認為「乾元」和「坤元」都稱之為元，說明實體只有一元，乾和坤都是一元實體內含的屬性，說明實體內部含藏複雜性，決非一性。而「資始」與「資生」說明萬物是資取於自身本有之內在根源以成其始、以有其生，說明一元實體不在萬物自身以外，「若一元本在萬物以外，則萬物何從資取得來乎？譬如桃樹，自其萌芽以至開華結果無量發展，要皆資取於自身本有種子含藏複雜性，故其發展愈繁愈盛，成始成終耳。若桃樹種子是離開桃芽與根幹乃至華果以外，而別為獨立之一物，則桃芽乃至華果將從何處得有資取，可成其始，可有其生乎？」他總結說——

> 一元實體之內部含藏複雜性，非唯一性，萬物之乾坤二性，皆由一元實體內部含蘊其端，故就萬物之乾陽性而說乾有元，就萬物之坤陰性而說坤有元。聖人以萬物為主，尊重萬物之自力，尊重萬物之威權，不許有離開萬物而獨存之一元。惟以一元歸藏於萬物，又以萬物本有乾陽坤陰二性，不許剖割萬物發展的全體而妄行取捨，萬物不是從空無中幻現，故肯定萬物有一元，肯定萬物之實體內部含藏複雜

性。（《乾坤衍‧廣義》）

熊十力進而指出：「說實體是萬物之內在根源，萬物以外無有獨存之實體，遂成體用不二之論。」這裡顯然，「體」指實體，「用」指萬物，實體與萬物不二，「即是實體不在萬物之外」，這就是乾坤易學所揭示的「體用不二本體論」之要義所在。

熊十力在闡發乾坤易學「體用不二本體論」大義時，批評偽《周易》「太極生兩儀」的學說：「首以主氣之神生陰生陽，是立一大神以統陰陽或萬物，明明是古代宗教之說。」而孔子所作之《周易》「創明體用不二之論，不許立一元以超脫於萬物之上而獨在以主統萬物，正是攻破宗教。」為此，他主張將《太極圖》改為《乾坤一元圖》，他說「此圖表示一元實體之內部含藏乾陽坤陰兩性，即性靈與質能等複雜性皆蘊於其中，全是乾、坤兩《彖傳》之旨。其名為《太極圖》，當是六國時術數家改易之名，其原名今不可考。余斷之以義，今當正名《乾坤一元圖》」，但熊氏取《太極圖》卻反對周敦頤之《太極圖說》，他說：「《太極圖》與《圖說》不可並為一談……《太極圖》必傳自古昔，圖中表示太極本是無對的全體，而內含陰陽二性，正是乾坤二卦義……至於《圖說》，則不論作者是否為周子，實無可取。」認為《太極圖說》講的不過是偽《周易》的「太極生兩儀」說，應當廢除才是。他又指出說：「宋人自周濂溪作《太極圖說》，二程表面上不守師說，而實陰用其術……朱子尊信《圖說》，殆與《六經》同類。宋儒頗欲自別於漢世小儒，其實乃漢人之支流耳。」

他對宋人之「新儒學」（宋學）批評說——

余平生於宋學無甚好感，非敢薄前人，顧此等障礙不指出，孔子之道難明。兩宋以來理學之徒，尊程朱以繼孔，而孔學真絕矣。學《易》者不當為宋人所迷，吾說至此雖未免枝蔓，而實有所容也。宋人迂陋空虛，而以繼孔自居。後之人倘有志乎儒學者，不可不切戒也。（《乾坤衍・廣義》）

由此可見熊氏之「新儒學」與兩宋之「新儒學」有著本質的不同，今之學人有謂熊氏之「新儒學」是宋學發展的新階段，這顯然是不妥的。熊十力認為孔子易學即乾坤易學有豐富的辯證法思想。他透過乾、坤兩卦「用九」與「用六」之求正解，提出了孔子《周易》辯證法的根本原則和最大原則。即「孔子《周易》本以乾陽坤陰相反相成為其根本原則」同時「更有乾陽統坤陰、坤陰承乾陽之最大原則」，而「此是《周易》辯證法之最特殊而又最精密處。」因為「如果只將乾坤或陰陽看作對立，而無一方得為主者，則對立如何可歸於合一」。

《周易・文言傳》說：「乾元用九，乃見天則。」熊十力認為這是「明乾道統坤之定則也。」關於乾卦之「用九」和坤卦之「用六」，熊十力解釋說——

乾卦言用九者，用其純陽以統陰也。坤卦言用六者，用其純陰以順承乎陽也……其言九與六者，蓋以數分陰陽，則奇數為陽，耦數為陰。九者陽數，六者陰數，故用九即用陽，用六即是用陰。用九與用六，自昔群儒莫得正解。餘謂以陽統陰是為用九，以陰承陽是為用六，會合乾坤二卦而觀其大通，吾說有據，確爾不安。乾元用九，乃見天則，此言乾統坤，性統形，是天則不可違也。萬物各各資取乾以成性，資取坤以成形，於是乎乾坤在萬物，萬物以外無有獨在的乾坤。則萬物各各當盡己力，遵循乾統坤性統形之天則，擴大剛健、中正、純粹之乾德。至此，則乾坤之實體乃由萬物發展充盛……萬物生存之意義與價值正在乎是。（《乾坤衍・廣義》）

熊氏又進一步指出——

聖人於乾卦發用九之義，明示乾道用其純健以統御乎陰；於坤卦發用六之義，明示坤道用其純陰以順承乎陽。以此為宇宙開辟所循之天則，亦即是人生自強所不可違之天則，其義深遠極矣。（《乾坤衍・廣義》）

這樣，乾坤易學通過乾坤用九與用六，就將天道與人道有機地統一起來了。

熊十力綜觀《周易》天道與人道，發現孔子《易經》是「思想革命之寶典」。他解釋《乾彖傳》之「首出庶物，萬國咸寧」說：「餘謂『首出庶物，萬國咸寧』者，『萬國』猶言全世界，『庶物』謂萬國民眾。民眾久受壓迫，今乃萬眾同黨，首出而革命，合力推翻統治，本天下為公之道，開大眾互助之基，故萬國皆安也。」他用《周易》革命論分析乾卦五爻義說——

乾卦初爻潛龍之象，表示庶民久受統治階層之壓迫，處卑而無可動作，故以

「潛龍勿用」為譬。二爻「見龍在田」則以庶民因先覺之領導，群起而行革命之事，如龍出潛而見於地面。三爻「終日乾乾」，言君子志乎革命大業，必自持以健而又健，不忘惕厲。四爻「或躍在淵」，此言舉大業者屢經勝敗，或躍而上天，或退墜在淵，此皆勢所必有。五爻「飛龍在天」，則以革命從艱難中飛躍成功，統治階級消滅，一國之庶民從此互相聯合，共為其國之主人。天下之庶民，亦必互相聯合，同聲相應，同氣相求，群起而擔荷天下？平之重任。（《乾坤衍．廣義》）

他解坤卦五爻之象辭「黃裳元吉，文在中也」說——

黃裳為下民群起而推倒上層之象，而稱為「元吉」者何？聖人則曰：「文在中也」。案：文者，言乎其有大美也。美何在？則以下民革去上層，而共主天下事，實行大公大平之制度，蕩除人類相食之惡毒，是乃真正中和之道，故曰：「文在中也」……故聖人於坤卦發明革命之深遠理想，尤為詳盡。（《乾坤衍．廣義》）

因此，孔子《易經》不僅是哲學本體論著作，而且是革命論寶典，它是始終皆貫穿內聖與外王學的「大道之學」。

熊十力倡導的孔子新易學，試圖超越傳統的唯物論與唯心論，但今之一些學人仍認為其學還是屬於唯心論。對此熊十力本人在《乾坤衍》末尾作了回答——

有問：「先生之新易學盛張乾道主變導坤之論，其猶有唯心主義色彩歟？」餘答之曰：「吾子何為有是言乎？西學唯心、唯物之分，本在宇宙基源處橫行割裂，各執一性說為本體。唯心論者直將實體的內部所含有之複雜性而割去其物質性，乃說唯獨有一性，字曰精神，是為本體。唯物論者反對唯心，卻將實體的內部所含有之複雜性而割去其精神性，乃說唯獨有一性，字曰物質，是為本體。唯心、唯物所以分途，其主因在此。孔子之《易》明明無此事，吾子謂吾說《易》有唯心主義色彩，果何所據乎？餘書發明《大易》體用不二義，本以現象為主，此是吾書根底，須識得此意。乾為心靈，坤為物質，乾坤皆現象也。現象有心物兩方面，而不可拆裂心物為各各獨立之兩物。」

熊十力以七十六歲高齡且在病苦中寫作完成《乾坤衍》，確立新易學體系，既是為過去的辛亥革命作理論反思和理論補課，又是為未來的中國哲學與文化發展打開一道探尋人文價值的新路線，因此，其理論探索的洞見力及其思想的原創力是相當強的。他被公認為是現代新儒學的中心開啟性人物，他的新儒學開啟出一些著名的新儒學人物，如唐君毅、牟宗三、徐復觀，在海內外中國哲學界產生了重大而深遠的影響。因此，熊十力哲學是易學與儒學結合得相當成功的哲學。

本章作為《易學與儒學》全書的結尾，從邏輯進程來看，熊氏哲學確實達到了傳統哲學的巍巍高峰，但並不意味著就此止步、不能發展了。熊氏在《明心篇》中說：「人生不易，至道難聞，志乎其大，自有來賢。」先哲之寄語，語重心長，筆者衷心地祈禱能志其大的「來賢」早日在華夏大地上出現，以再創中國哲學的輝煌！

後記

承蒙北京大學哲學博士張其成教授和中醫學碩士趙安民副編審的慨然支持，將本書納入「易學智慧叢書」，並提出了很好的修改意見，付出了辛勤心血；本書特約編輯，副編審賈鴻寶先生對本書進行認真審稿和編輯，付出了大量心智和汗水，謹此致以衷心的謝意！按照本叢書的要求，既要有嚴肅的理論探討又要有必要的喜聞樂見的知識介紹，因此，對原稿理論性過強的色彩作了力所能及的潤飾、修改，不知妥否，請讀者提出寶貴意見。

本書是在梁師紹輝先生的親切指導下完成的。我有幸從讀哲學研究生時起就受到梁師的指點，現已整整十年了。十年來受教匪淺，特此記之，以示不忘梁師深情。梁師淡薄名利，為振興國學，弘揚中華民族精神孜孜耕耘的高尚追求，深深鼓舞著我勇於克服困難，一步一個腳印去開拓新的希望。

此外，要指出的是，本書初稿在四年前就已完成，由於這四年擔任《湖湘論壇》副總編，為提高刊物轉載率和擴大發行量，需要我做諸多繁瑣而細緻的行政工作，因此書稿只好暫時擱下。這四年東奔西跑，飽一餐餓一餐，我患上了嚴重的腸胃病，多虧學校醫院蔣榮清院長和全體醫務人員的精心治療才得以康復。值此書出版之際，特錄康復之日登岳麓山詞一首鳴謝：

雨橫紅楓愁幾許？
四載中堅，
時有心傷處。
吊古麓山悲尾楚，
辦刊坎坷曾虛度。

眺望湘江飛白鷺，
夢幻雲中，
嘆我生多誤。
學問人生須自立，
又何必走功名路！

——《蝶戀花・登岳麓山》

任俊華　於長沙艮止齋

4. 已知的他界科學　陳蒼杰譯　220 元
5. 開拓未來的他界科學　陳蒼杰譯　220 元
6. 世紀末變態心理犯罪檔案　沈永嘉譯　240 元
7. 366 天開運年鑑　林廷宇編著　230 元
8. 色彩學與你　野村順一著　230 元
9. 科學手相　淺野八郎著　230 元
10. 你也能成為戀愛高手　柯富陽編著　220 元
11. 血型與十二星座　許淑瑛編著　230 元
12. 動物測驗一人性現形　淺野八郎著　200 元
13. 愛情、幸福完全自測　淺野八郎著　200 元
14. 輕鬆攻佔女性　趙奕世編著　230 元
15. 解讀命運密碼　郭宗德著　200 元
16. 由客家了解亞洲　高木桂藏著　220 元

・女醫師系列・品冠編號 62

1. 子宮內膜症　國府田清子著　200 元
2. 子宮肌瘤　黑島淳子著　200 元
3. 上班女性的壓力症候群　池下育子著　200 元
4. 漏尿、尿失禁　中田真木著　200 元
5. 高齡生產　大鷹美子著　200 元
6. 子宮癌　上坊敏子著　200 元
7. 避孕　早乙女智子著　200 元
8. 不孕症　中村春根著　200 元
9. 生理痛與生理不順　堀口雅子著　200 元
10. 更年期　野末悅子著　200 元

・傳統民俗療法・品冠編號 63

1. 神奇刀療法　潘文雄著　200 元
2. 神奇拍打療法　安在峰著　200 元
3. 神奇拔罐療法　安在峰著　200 元
4. 神奇艾灸療法　安在峰著　200 元
5. 神奇貼敷療法　安在峰著　200 元
6. 神奇薰洗療法　安在峰著　200 元
7. 神奇耳穴療法　安在峰著　200 元
8. 神奇指針療法　安在峰著　200 元
9. 神奇藥酒療法　安在峰著　200 元
10. 神奇藥茶療法　安在峰著　200 元
11. 神奇推拿療法　張貴荷著　200 元
12. 神奇止痛療法　漆 浩 著　200 元

・常見病藥膳調養叢書・品冠編號 631

2.	武式太極拳	郝少如編著	200 元
3.	練功十八法入門	蕭京凌編著	120 元
4.	教門長拳	蕭京凌編著	150 元
5.	跆拳道	蕭京凌編譯	180 元
6.	正傳合氣道	程曉鈴譯	200 元
7.	圖解雙節棍	陳銘遠著	150 元
8.	格鬥空手道	鄭旭旭編著	200 元
9.	實用跆拳道	陳國榮編著	200 元
10.	武術初學指南	李文英、解守德編著	250 元
11.	泰國拳	陳國榮著	180 元
12.	中國式摔跤	黃　斌編著	180 元
13.	太極劍入門	李德印編著	180 元
14.	太極拳運動	運動司編	250 元
15.	太極拳譜	清・王宗岳等著	280 元
16.	散手初學	冷　峰編著	200 元
17.	南拳	朱瑞琪編著	180 元
18.	吳式太極劍	王培生著	200 元
19.	太極拳健身與技擊	王培生著	250 元
20.	秘傳武當八卦掌	狄兆龍著	250 元
21.	太極拳論譚	沈　壽著	250 元
22.	陳式太極拳技擊法	馬　虹著	250 元
23.	二十四式 三十二式 太極 拳 劍	闞桂香著	180 元
24.	楊式秘傳 129 式太極長拳	張楚全著	280 元
25.	楊式太極拳架詳解	林炳堯著	280 元
26.	華佗五禽劍	劉時榮著	180 元
27.	太極拳基礎講座：基本功與簡化 24 式	李德印著	250 元
28.	武式太極拳精華	薛乃印著	200 元
29.	陳式太極拳拳理闡微	馬　虹著	350 元
30.	陳式太極拳體用全書	馬　虹著	400 元
31.	張三豐太極拳	陳占奎著	200 元
32.	中國太極推手	張　山主編	300 元
33.	48 式太極拳入門	門惠豐編著	220 元
34.	太極拳奇人奇功	嚴翰秀編著	250 元
35.	心意門秘籍	李新民編著	220 元
36.	三才門乾坤戊己功	王培生編著	220 元
37.	武式太極劍精華 +VCD	薛乃印編著	350 元
38.	楊式太極拳	傅鐘文演述	200 元
39.	陳式太極拳、劍 36 式	闞桂香編著	250 元
40.	正宗武式太極拳	薛乃印著	220 元
41.	杜元化＜太極拳正宗＞考析	王海洲等著	300 元
42.	＜珍貴版＞陳式太極拳	沈家楨著	280 元
43.	24 式太極拳＋VCD	中國國家體育總局著	350 元
44.	太極推手絕技	安在峰編著	250 元
45.	孫祿堂武學錄	孫祿堂著	300 元

3. 梁派八卦掌（老八掌） 李子鳴 遺著 220 元
4. 少林 72 藝與武當 36 功 裴錫榮 主編 230 元
5. 三十六把擒拿 佐藤金兵衛 主編 200 元
6. 武當太極拳與盤手 20 法 裴錫榮 主編 220 元

・少 林 功 夫・大展編號 115

1. 少林打擂秘訣 德虔、素法 編著 300 元
2. 少林三大名拳 炮拳、大洪拳、六合拳 門惠豐 等著 200 元
3. 少林三絕 氣功、點穴、擒拿 德虔 編著 300 元
4. 少林怪兵器秘傳 素法 等著 250 元
5. 少林護身暗器秘傳 素法 等著 220 元
6. 少林金剛硬氣功 楊維 編著 250 元
7. 少林棍法大全 德虔、素法 編著

・原地太極拳系列・大展編號 11

1. 原地綜合太極拳 24 式 胡啟賢創編 220 元
2. 原地活步太極拳 42 式 胡啟賢創編 200 元
3. 原地簡化太極拳 24 式 胡啟賢創編 200 元
4. 原地太極拳 12 式 胡啟賢創編 200 元
5. 原地青少年太極拳 22 式 胡啟賢創編 200 元

・道 學 文 化・大展編號 12

1. 道在養生：道教長壽術 郝勤 等著 250 元
2. 龍虎丹道：道教內丹術 郝勤 著 300 元
3. 天上人間：道教神仙譜系 黃德海著 250 元
4. 步罡踏斗：道教祭禮儀典 張澤洪著 250 元
5. 道醫窺秘：道教醫學康復術 王慶餘等著 250 元
6. 勸善成仙：道教生命倫理 李 剛著 250 元
7. 洞天福地：道教宮觀勝境 沙銘壽著 250 元
8. 青詞碧簫：道教文學藝術 楊光文等著 250 元
9. 沈博絕麗：道教格言精粹 朱耕發等著 250 元

・易 學 智 慧・大展編號 122

1. 易學與管理 余敦康主編 250 元
2. 易學與養生 劉長林等著 300 元
3. 易學與美學 劉綱紀等著 300 元
4. 易學與科技 董光壁著 280 元
5. 易學與建築 韓增祿著 280 元
6. 易學源流 鄭萬耕著 280 元
7. 易學的思維 傅雲龍等著 250 元

・婦 幼 天 地・大展編號 16

1.	八萬人減肥成果	黃靜香譯	180 元
2.	三分鐘減肥體操	楊鴻儒譯	150 元
3.	窈窕淑女美髮秘訣	柯素娥譯	130 元
4.	使妳更迷人	成　玉譯	130 元
5.	女性的更年期	官舒妍編譯	160 元
6.	胎內育兒法	李玉瓊編譯	150 元
7.	早產兒袋鼠式護理	唐岱蘭譯	200 元
8.	初次懷孕與生產	婦幼天地編譯組	180 元
9.	初次育兒 12 個月	婦幼天地編譯組	180 元
10.	斷乳食與幼兒食	婦幼天地編譯組	180 元
11.	培養幼兒能力與性向	婦幼天地編譯組	180 元
12.	培養幼兒創造力的玩具與遊戲	婦幼天地編譯組	180 元
13.	幼兒的症狀與疾病	婦幼天地編譯組	180 元
14.	腿部苗條健美法	婦幼天地編譯組	180 元
15.	女性腰痛別忽視	婦幼天地編譯組	150 元
16.	舒展身心體操術	李玉瓊編譯	130 元
17.	三分鐘臉部體操	趙薇妮著	160 元
18.	生動的笑容表情術	趙薇妮著	160 元
19.	心曠神怡減肥法	川津祐介著	130 元
20.	內衣使妳更美麗	陳玄茹譯	130 元
21.	瑜伽美姿美容	黃靜香編著	180 元
22.	高雅女性裝扮學	陳珮玲譯	180 元
23.	蠶糞肌膚美顏法	梨秀子著	160 元
24.	認識妳的身體	李玉瓊譯	160 元
25.	產後恢復苗條體態	居理安・芙萊喬著	200 元
26.	正確護髮美容法	山崎伊久江著	180 元
27.	安琪拉美姿養生學	安琪拉蘭斯博瑞著	180 元
28.	女體性醫學剖析	增田豐著	220 元
29.	懷孕與生產剖析	岡部綾子著	180 元
30.	斷奶後的健康育兒	東城百合子著	220 元
31.	引出孩子幹勁的責罵藝術	多湖輝著	170 元
32.	培養孩子獨立的藝術	多湖輝著	170 元
33.	子宮肌瘤與卵巢囊腫	陳秀琳編著	180 元
34.	下半身減肥法	納他夏・史達賓著	180 元
35.	女性自然美容法	吳雅菁編著	180 元
36.	再也不發胖	池園悅太郎著	170 元
37.	生男生女控制術	中垣勝裕著	220 元
38.	使妳的肌膚更亮麗	楊　皓編著	170 元
39.	臉部輪廓變美	芝崎義夫著	180 元
40.	斑點、皺紋自己治療	高須克彌著	180 元
41.	面皰自己治療	伊藤雄康著	180 元

42. 隨心所欲瘦身冥想法	原久子著	180 元
43. 胎兒革命	鈴木丈織著	180 元
44. NS 磁氣平衡法塑造窈窕奇蹟	古屋和江著	180 元
45. 享瘦從腳開始	山田陽子著	180 元
46. 小改變瘦 4 公斤	宮本裕子著	180 元
47. 軟管減肥瘦身	高橋輝男著	180 元
48. 海藻精神秘美容法	劉名揚編著	180 元
49. 肌膚保養與脫毛	鈴木真理著	180 元
50. 10 天減肥 3 公斤	彤雲編輯組	180 元
51. 穿出自己的品味	西村玲子著	280 元
52. 小孩髮型設計	李芳黛譯	250 元

・青　春　天　地・大展編號 17

1. A 血型與星座	柯素娥編譯	160 元
2. B 血型與星座	柯素娥編譯	160 元
3. O 血型與星座	柯素娥編譯	160 元
4. AB 血型與星座	柯素娥編譯	120 元
5. 青春期性教室	呂貴嵐編譯	130 元
7. 難解數學破題	宋釗宜編譯	130 元
9. 小論文寫作秘訣	林顯茂編譯	120 元
11. 中學生野外遊戲	熊谷康編著	120 元
12. 恐怖極短篇	柯素娥編譯	130 元
13. 恐怖夜話	小毛驢編譯	130 元
14. 恐怖幽默短篇	小毛驢編譯	120 元
15. 黑色幽默短篇	小毛驢編譯	120 元
16. 靈異怪談	小毛驢編譯	130 元
17. 錯覺遊戲	小毛驢編著	130 元
18. 整人遊戲	小毛驢編著	150 元
19. 有趣的超常識	柯素娥編譯	130 元
20. 哦！原來如此	林慶旺編譯	130 元
21. 趣味競賽 100 種	劉名揚編譯	120 元
22. 數學謎題入門	宋釗宜編譯	150 元
23. 數學謎題解析	宋釗宜編譯	150 元
24. 透視男女心理	林慶旺編譯	120 元
25. 少女情懷的自白	李桂蘭編譯	120 元
26. 由兄弟姊妹看命運	李玉瓊編譯	130 元
27. 趣味的科學魔術	林慶旺編譯	150 元
28. 趣味的心理實驗室	李燕玲編譯	150 元
29. 愛與性心理測驗	小毛驢編譯	130 元
30. 刑案推理解謎	小毛驢編譯	180 元
31. 偵探常識推理	小毛驢編譯	180 元
32. 偵探常識解謎	小毛驢編譯	130 元
33. 偵探推理遊戲	小毛驢編譯	180 元

國家圖書館出版品預行編目資料

易學與儒學／任俊華著
——初版，——臺北市，大展，2003〔民92〕
面；21公分，——（易學智慧；10）
ISBN 957-468-244-7（平裝）
1.易經—研究與考訂　2.儒家—中國
121.17　　92012244

北京中國書店授權中文繁體字版

易學與儒學

ISBN 957-468-244-7

著　　者／任俊華
責任編輯／澤　宇
負 責 人／蔡森明
出 版 者／大展出版社有限公司
社　　址／台北市北投區（石牌）致遠一路2段12巷1號
電　　話／（02）28236031・28236033・28233123
傳　　真／（02）28272069
郵政劃撥／01669551
網　　址／www.dah_jaan.com.tw
E－mail／dah_jaan@yahoo.com.tw
登 記 證／局版臺業字第2171號
承 印 者／國順文具印刷行
裝　　訂／協億印製廠股份有限公司
排 版 者／弘益電腦排版有限公司
初版1刷／2003年（民92年）10月

定　價／350元